KB205318

LIES
Women
BELIEVE

여성들이
믿고 있는
거짓말

그리고 이들을
자유롭게 하는
진리의 열매

거짓
분별
시리즈
01

여성들이 믿고 있는 거짓말

그리고 이들을 자유롭게 하는 진리의 열매

초판 1쇄 인쇄 2023년 6월 26일
초판 1쇄 발행 2023년 6월 28일

펴낸이 | 강인구
지은이 | 낸시 드모스 월게머스
옮긴이 | 장혜영

펴낸곳 | 세움북스
등　록 | 제2014-000144호
주　소 | 서울시 종로구 대학로 19 한국기독교회관 1010호
전　화 | 02-3144-3500
이메일 | cdgn@daum.net
교　정 | 류성민

디자인 | 참디자인

ISBN 979-11-91715-83-5 (03230)

거짓
분별
시리즈
01

여성들이 믿고 있는

거짓말

"그리고 이들을 자유롭게 하는 진리의 열매"

LIES
Women
BELIEVE

개정
증보판

낸시 드모스 월게머스 지음

장혜영 옮김

초판 후기

LIES
Women
BELIEVE

이 책은 제 인생을 바꿔 주었습니다. 70세의 나이가 아니라 더 젊었을 때에 이 책을 읽었더라면 얼마나 좋았을까요. 하지만 늦게라도 읽어서 다행입니다.

저희는 바로 얼마 전 근처 여성 교도소에서 이 책으로 주간 성경 공부를 마쳤습니다. 그곳 많은 여성들이 눈물을 흘리며 반복해서 이렇게 말했습니다. "우리가 밖에 있었을 때 누군가 이 진리를 가르쳐 주었더라면!" 하지만 하나님은 이 책을 철창 너머 선교사들로 사용하고 계시고, 많은 여성들이 하나님 말씀의 진리를 듣고 회개하고 믿기를 열망하십니다.

하나님은 이 책을 비참한 결혼 생활을 치유하시는 도구로 사용하고 계세요.

저는 이 책을 가지고 소그룹 안에서 가르치고 있는데, 공부를 마칠 때 (나이 많은) 여성 한 분이 자신이 더 젊었을 때 이 진리들을 알았더라면 절대 이혼하지 않았을 거라고 말씀하셨어요.

제 인생에서 유난히 힘들었던 시기에 《여성들이 믿고 있는 거짓말》을 구매했어요. 저는 오랫동안 교회를 다니면서도 반항심을 가지고 있었는데요. 이 책이 경건한 친구처럼 저를 보살펴 주었어요. 저는 제 삶을 다시 주님께 드렸습니다.

《여성들이 믿고 있는 거짓말》은 말 그대로 제 삶을 변화시켰습니다. 저는 고아이지만, 이 책이 저에게 친언니와도 같습니다.

저는 낙태 이후의 여성들을 위한 성경 공부를 인도하면서 《여성들을 위한 거짓말》을 반복해서 사용해 왔습니다. 이 책은 너무나도 필요했던 자료예요. 이 여성들은 낙태가 이들의 '위기 임신'을 해결해 줄 거라는 거짓말을 포함해 너무나도 많은 거짓말들을 믿어 왔거든요.

《여성들이 믿고 있는 거짓말》은 제가 크리스천이 되고 나서 (성경 다음으로) 가장 큰 영향을 미친 책 중 하나입니다. 이 책은 제 눈을 말씀의 진리와 하나님께서 우리를 여성으로 지으신 사실의 참된 본질로 열어 주었습니다!

《여성들이 믿고 있는 거짓말》이 출간된 직후 저는 이 책을 몇몇 친구들과 함께 읽었습니다. 이때 저는 어린 10대들을 둔 엄마였지요. 이 책은 저에게 너무나도 큰 영향을 주었고 다른 사람들과도 나누고 싶은 마음이 들었습니다. 저는 이제까지 이 책을 가지고 20대의 젊은 여성들로 이뤄진 세 그룹을 인도했고 《젊은 여성들이 믿고 있는 거짓말》로는 여고생으로 이뤄진 세 그룹을 인도했습니다. 저는 이 책의 원리들을 저의 일상에서 늘 적용하고 있으며, 이 책을 다른 사람들에게 스터디 교재로 가장 먼저 추천합니다.

제가 믿기로 이 책은 보스니아 여성들을 위한 유일한 기독교 서적입니다. 가난한 사람들이 많아서 한 번 팔린 책은 여러 번 읽히고 있어요.

《여성들이 믿고 있는 거짓말》은 저의 삶을 변화시켰습니다. 저는 제 자신이 이 세상의 거짓말에 얼마나 속아 왔는지도 전혀 알지 못했습니다. 주님은 이 책을 통해 제 눈을 그분의 진리로 열어 주셨습니다. 저는 이 책을 가지고 지금까지 서로 다른 다섯 그룹을 인도해 왔고 매번 큰 유익이 있었습니다. 이 책이 다른 여성들의 삶에 얼마나 큰 변화를 가져왔는지 모릅니다. 이 책은 이 세상의 모든 교회에서 가르쳐질 필요가 있습니다.

이 책이 계몽적이라고 말하는 것으로는 부족합니다. 평생 동안 저를 통제하고 속박 속에 가두어 온 거짓말들이 굉장히 많습니다! 존귀하신 예수님의 도움으로 이제 저는 저를 묶어 온 밧줄을 끊고 진리 안에서 자유를 찾았습니다!

저는 지치고 무기력하며, 기쁨이 없는 불안한 여성이었습니다. 하지만 3년 전 《여성들이 믿고 있는 거짓말》을 읽고 제가 사탄의 거짓말에 기만당했다는 사실을 깨달은 후 회심하고서 이제는 기쁨과 평화, 만족으로 충만합니다. 저는 말씀 안에 있는 진리를 실제로는 믿지 않는 것처럼 살고 있었습니다. 이제는 그리스도 안에 있는 저의 저 된 모습에 자신감이 생겼습니다. 그분은 저를 내면으로부터 변화시키시기 위해 제 삶 가운데 역사하고 계시고, 저는 이 자유를 다른 여성들과 나누는 일이 가슴 벅찰 만큼 흥분됩니다. 저는 모든 사람들에게 이야기해 왔습니다. "이 책을 꼭 읽으세요!"

엘리자베스 엘리엇을 추모하며

LIES
Women
BELIEVE

엘리자베스 엘리엇(Elisabeth Elliot, 1926 - 2015)은 우리 세대의 많은 이들에게 사랑받는 롤모델이자 멘토이며 영적 어머니였습니다. 제가 그녀를 처음 주목한 것은 28살의 나이에 에콰도르 와오라니 부족에게 순교를 당한 그녀의 첫 남편, 짐 엘리엇(Jim Elliot)의 생애와 죽음에 관한 그녀의 이야기를 통해서였습니다. 그녀는 이후에도 계속해서 여러 책들과 강연 사역을 통해서, 그리고 성경적 지혜와 실제적인 격려로 매일 있던 라디오 프로그램, '기쁨으로 향하는 문(Gateway to Joy)'을 통해서 우리와 친밀하게 소통했습니다. 제가 섬기고 있는 'Revive Our Hearts(우리 마음을 소생시키소서)'는 엘리자베스의 프로그램에 뒤이어 2001년 시작했는데, 이 유산이 얼마나 기쁘고 감사한지 모릅니다.

엘리자베스를 몇 차례 만나기는 했지만 그녀와 깊이 있는 대화를 나눌 기회는 없어서, 저는 그녀를 멀리서 동경하기만 했습니다. 그럼에도 불구하고, 솔직하면서 생각을 자극하는 그녀의 가르침은 젊은 여성으로서의 나의 삶과 사고에 지대한 영향을 끼쳤습니다.《여성들이 믿고 있는 거짓말》을 처음 집필했을 때, 저는 엘리자베스에게 추천사를 써 줄 수 있는지 물었습니다. 다른 누구보다 그녀가 이 메시지의 핵심과 본질을 잘 구현하고 있다고 믿었기 때문입니다. 그녀가 그러겠다고 했을 때, 저는 너무 영광스럽고 감사했습니다.

15년이 지나 엘리자베스가 세상을 떠났다는 소식을 들었을 때, 저는 눈물을 흘리지 않을 수 없었습니다. 그녀의 영원한 유익은 우리의 일시적 상실이었습니다. 그녀가 더 이상 이 땅에서 그리스도를 섬기고 있진 않지만, 우리는 이 책의 개정판에 그녀의 추천사를 그대로 남겨 두기로 했습니다. 저는 새로운 세대의 여성들이 엘리자베스의 책을 읽고 영감을 받아, 주님을 따르며, 진리를 굳게 붙잡고서, 그녀와 같이 자신들의 세상을 그리스도로 흠뻑 젖은 지혜와 은혜로써 살아갈 수 있기를 간절히 소망합니다.

‖ 낸시 드모스 월게머스 (2018)

추천사

LIES
Women
BELIEVE

낸시 레이 드모스(Nancy Leigh DeMoss)는 따뜻한 마음과 날카로운 통찰력을 가진 여성으로서, 여성들이 가지고 있는 착각과 망상, 소망과 두려움, 실패와 슬픔의 깊이를 헤아리고자 용기를 내어 이 작업을 감행했습니다.

물론 이 책에서 말한 거짓말들은 훨씬 이전에 시작했습니다. 하나님께서 첫 번째 남자 아담에게 주신 여자가 "하나님이 그리 말씀하시더냐?"라고 했던 속삭임에 귀를 기울였을 때부터입니다. 하와는 동산에서 뱀의 말에 귀를 기울였습니다. 그러자 그녀의 남편은 이 거짓말로부터 아내를 보호하는 대신에 "아내가 원하는 것이라면 가져야지요."라고 했습니다. 결과적으로 죄가 이 세상으로 들어오고, 죄로 인하여 사망이 들어왔습니다. 결국 하와는 자신에게 주어진 것을 거절했고, 주어지지 않은 것을 억지로 취했으며, 사실상 "나의 뜻이 이루어지리이다."라고 말한 셈입니다.

그러나 하나님의 은혜로 구원을 얻을 수 있게 되었습니다. 한 천사가 나사렛에 살던 초라한 시골 소녀를 찾아와 놀라운 메시지를 전했습니다. "마리아가 하나님 아들의 어머니가 될 것이다." 그녀의 마음은 크게 괴로웠습니다. 하지만 그 메시지를 받고 이렇게 대답했습니다. "주의 여종이오니 말씀대로 내게 이루어지이다."

너무나도 필요했던 이 책을 당신이 읽어 가는 동안 하나님의 영이 당신을 인도하시기를 기도합니다. 저자가 쓴 대로 "참된 구원의 본질은 고백이나 성과의 문제가 아니라 변화의 문제"입니다.

> "그런즉 누구든지 그리스도 안에 있으면 새로운 피조물이라 이전 것은 지나갔으니 보라 새 것이 되었도다"(고후 5:17)

‖ 엘리자베스 엘리엇 (2001)

낸시 여사의 《여성들이 믿고 있는 거짓말》(Lies Women Believe)은 미국에서 2001년에 처음 출간되었다가 2018년에 개정 증보판으로 재출간된 책입니다. 그만큼 오랜 세월 동안 사랑을 받는 책인데, 제목부터 참 흥미롭습니다. 여성들이 믿고 있는 거짓말들이 따로 있을까요? 책을 찬찬히 읽다 보면 우리 여성들이 대부분 동의하는 내용일 것입니다. 물론 저는 남성이라서 아내의 평소 생각과 말을 떠올리며 이 책의 내용을 대입해 보았습니다. 신기하게도 대부분 아내가 평소에 믿고 있는(또는 믿었던) 거짓말들이었습니다. 그래서 《여성들이 믿고 있는 거짓말》은 사실 남성들에게도 필요한 책입니다.

또한 이 책은 실제 인터뷰 내용과 상담 사례들을 풍성하게 소개하여 독자들에게 아주 친근하게 다가갑니다. 많은 경우에 독자가 직접 저자와 대화하고 있다는 느낌을 받을지도 모릅니다. 더욱이 책 속의 내담자들이 회복되는 과정을 지켜보면서 독자 자신도 회복될 수 있다는 소망을 가질 수 있습니다. 자신도 모르게 주입당한 거짓말로부터 해방되는 기쁨을 누릴 것입니다. 무엇보다 성경에 근거하여 수많은 거짓말들을 진단하고 분석하는 것이 이 책의 가장 큰 장점입니다. 책의 부제처럼 "자유롭게 하는 진리의 열매"를 저자로부터 우리가 맛보게 될 것입니다. 이 땅의 여성들이 행복해지기를 간절히 바라는 한 아내의 남편으로서 《여성들이 믿고 있는 거짓말》을 기쁜 마음으로 추천합니다.

‖ **권율** 부산 세계로병원 원목, 《연애 신학》 저자

저는 2008년에 잠시 미국에서 머물 때 이 책을 처음 만났습니다. 내가 하나님의 딸, 아내, 엄마, 그리고 여자로 살아가면서 부대낌과 혼돈 속에 살고 있는 이유가 수많은 거짓말에 속고 기만당하고 있기 때문임을 알고 큰 충격이었습니다. 그 후 교회 자매들과 소그룹으로 이 책을 공부하고, 삶에 적용하기 시작했습니다. "여자들이 믿고 있는 새빨간 거짓말"이라는 이름으로 세미나도 하고 이 주제를 여러 번 반복하면서 10여 년의 세월이 흘렀습니다. 이제 저자의 말처럼 나와 우리 교회뿐 아니라 내 주변의 자매들에게 성경의 진리가 자유와 질서를 가져다주고, 주님께서 의도하신 풍성한 생명을 누리고 열매 맺게 하는 것을 봅니다.

감사하게도 개정판이 번역되어 이 시대의 요구에 맞게 여성들이 싸우는 이슈들에 대

해 더 풍성하게 공부할 기회가 주어졌습니다. 교회 안의 여성들이 이 책을 함께 읽으며 소그룹으로 나눔 하기를 추천합니다. 그 속에서 자신들이 믿고 있는 거짓말, 문화가 말하는 거짓말들을 분별하고 하나님께서 지으신 디자인대로 살아가며 자유와 기쁨을 누리게 될 것입니다. 또 말씀의 진리로 많은 열매를 맺고 여호와를 경외하는 아름다운 여인으로 단장될 것을 알기에 가슴이 뜁니다. 그리스도의 신부로 자라나기를 소망하는 모든 여성들에게 이 책을 강력하게 추천합니다.

‖ **길미란** 주님의은혜교회 사모, 《복음에 견고한 자녀 양육》 저자

최근에 페미니즘은 동물 신학, 환경 신학, 후식민주의 신학 등과 접맥되어 해석 방식에 있어 다양성이 점증하고 있습니다. 그리스도인이라면 이런 이념적 해석 방법론들에 대해 그리스도인의 신앙과 삶의 최종 권위이자 표준이며 진리의 말씀인 성경에 부합하는지 물어보아야 합니다. 모든 이념은 성경의 권위 아래에 겸허히 자리매김하면서, 비평받아 마땅하기 때문입니다.

본서는 여성 그리스도인의 그릇된 시각과 삶의 윤리를 성경적 세계관으로 교정하는 시도입니다. 저자는 선하신 하나님 한 분만으로 만족할 수 있는 성숙한 여성, 자신의 존재 가치를 먼저 하나님과의 관계 안에서 설정해야 하면서 죄와 거짓에 맞서는 용기 있는 여성, 바쁨을 핑계하지 않고 우선순위를 제대로 설정하는 지혜로운 여성, 욕망에 자신의 성을 맡겨 버리지 않고 성경의 불변하는 성 윤리를 귀하게 여기는 정결한 여성, 남편과 자녀와의 관계에 있어 그리스도께서 다스리시는 가정을 이루려는 현숙한 여성, 감정의 기복이나 거대한 상황을 자신의 핑계로 삼기보다는 진리와 은혜 안에서 자유한 여성을 소개합니다.

여성 그리스도인은 거짓을 이기는 진실한 하나님의 사람이어야 합니다. 이것은 남성 그리스도인에게도 해당하므로, 이 책을 모든 그리스도인이 일독하기를 추천합니다.

‖ **송영목** 고신대 신학과 신약신학 교수

나는 무엇을 듣는가? 내게 쏟아지는 수많은 메시지와 소리들 중에 나는 과연 무엇을 선택하고 받아들일 것인가? 진리와 거짓이 뒤섞여 있는 우리의 삶에서 그것을 분별하기란 매우 어렵습니다. 진리는 볼품없으며 시대에 뒤떨어진 모습처럼 다가오고, 거짓은 호감 있으며 매력적인 모습으로 다가옵니다. 그러나 진리는 우리를 구속하고, 거짓은 우리에게 자유를 줄 것처럼 말합니다.

이 책은 우리, 특히 여성들이 착각하는 거짓의 속삭임, 이미 우리 마음에 심겨 자라고 있는 불편한 문제들에 대해 다루고 있습니다. 하나님에 관하여, 자기 자신에 관하여, 성과 결혼, 가정에 관하여 자연스럽게 새겨진 거짓말들을 발견하게 됩니다. 하나님을 믿는 내가 어떻게 이런 거짓말에 속을 수 있을까? 그럴 리가 없다는 생각은 착각입니다. "사탄은 우리에게 결코 한쪽 전선에서만 오해와 다투는 사치를 허락하지 않는다. 거짓말은 양쪽에서 우리를 공격하는 경향이 있다."라는 말은 사실입니다. 예를 들면, 자녀를 양육하는 엄마에게 "너는 자녀의 성장 과정을 통제할 수 있어/없어."라는 상반된 말로써 우리를 속입니다.

거짓은 일관성이 없습니다. 때에 따라 자유롭게 모양을 바꾸고 메시지를 바꾸지만 우리는 속습니다. 그것이 우리의 취약점과 욕망을 겨냥하기 때문입니다. 불완전한 세상을 살면서 변하지 않는 진리를 굳건하게 붙잡는 것과 동시에 거짓을 분별하고 바른 선택을 해야만 합니다. 그 과정 가운데 하나님은 우리를 더욱 정결하고 온전하게 하실 것이며, 우리는 세상 가운데서 아름다운 주님의 자녀로서 살아갈 수 있게 됩니다. 분명한 건, 거짓이 아닌 진리가 우리를 자유케 합니다. 이 책의 일독을 권합니다.

∥ **제행신** 네 아이의 엄마이자 아내, 《지하실에서 온 편지》 저자

《여성들이 믿고 있는 거짓말》의 재출간을 응원합니다. 저자는 성경의 진리에 깊이 뿌리 내린 그리스도인 여성 리더로서, 그리스도인 여성들이 자주 속는 거짓말과 그것에 속는 이유, 그리고 그것에게서 벗어나는 방법에 관하여 들려줍니다.

저자가 말하는 거짓말은 45가지입니다. 모든 그리스도인 여성이 이 거짓말들에게 속는 것은 아니지만, 그 가운데 어떤 거짓말들에는 강력하게 사로잡혀 있다며 우리를 사로

잡고 있는 거짓말로부터 해방되어야 한다고 외칩니다. 저자의 거짓말에 대한 분석과 설명을 위한 방식, 거짓을 이기는 진리의 근거가 되는 성경 구절과 그 해석 및 적용을 읽으면서, 저자의 목회적 섬세함과 신학적 단호함을 봤습니다. 저자는 거짓에 속고 있는 독자 자신을 인정하게 합니다. 그 거짓말에 속아 행한 선택의 비참한 결과를 보여 줍니다. 그리고 우리가 힘을 내어 붙들어야 하는 성경에서 나온 진리를 선포합니다. 모든 종류의 거짓으로부터 '자유케 하는 진리'입니다.

책을 읽으며, 오랜 기간 많은 그리스도인 여성들에게 사랑받았던 이유를 확인합니다. 개정되어 재출간 된 이 책을 통해, 다시 또 많은 그리스도인의 거짓말과의 싸움에 큰 도움이 될 것을 확신합니다. 우리를 사로잡으려고 하는 사단의 거짓말을 이길 지혜를 주는 이 책을 기쁜 마음으로 추천합니다.

‖ **조영민** 나눔교회 담임 목사, 《세상을 사는 그리스도인》 저자

목차

LIES
Women
BELIEVE

3부 진리 안에서 걷기

개정 증보판 서문

LIES
Women
BELIEVE

    마케팅의 관점에서는 지금보다 적합한 제목이 있을 수도 있겠다. 표지에 큰 글씨로 《여성들이 믿고 있는 거짓말》이라고 적힌 이 책을 다른 여성에게 건네며 "네가 꼭 읽어야 하는 책이야!"라고 말하는 것이 다소 어색할 수도 있다. 하지만 주님은 이 메시지가 내가 기대한 것보다 더 따뜻하게 받아들여지고 넓게(26개의 언어로 번역된 사실을 포함해) 퍼져 나갈 수 있도록 해 주셨다. 나는 이것이 진리 안에서 자유롭게 걷기를 원하는 여성들의 마음속 갈망에 대한 증거라고 믿는다. 그런데 왜 개정판일까?

    ♥ 2001년, 이 책이 처음 출판된 이래로 세상은 격심한 문화적 변화로 인해 흔들리고 있다. 예컨대, 당시에는 지금 우리가 알고 있는 SNS가 존재하지 않았다. 그리고 그때 주변부에 머물렀던 특정 성 문제와 주제들은 이제 우리 삶에 대부분 개인적인 방식으로 닿아 있다. 그래서 나는 이번에 성에 관한 거짓말을 다루는 장을 추가했고, 기타 필요한 내용들을 업데이트했다.

    ♥ 몇 년간 나는 하나님의 은혜로 주님과의 동행, 그분의 말씀에 대한 이해, 그리고 복음이 인생의 모든 것들과 어떻게 교차하는지 더 넉넉히 헤아릴 줄 알게 되었고, 그때와는 다르게 말할 수 있는 것들도 있게 되었다. 이러한 변화를 반영할 기회를 주셔서 감사하다.

    ♥ 수백, 아니 수천 명의 여성들이 대화, 편지, 이메일, 온라인 리뷰를 통해 이 메시지에 대한 피드백을 제공해 주었다. 특정 관점에 대해 다른 의견을 표현해 준 사람들도 있었다. 나는 겸손하고 신중하게 경청하려고 했다. 이들의 의견은 내가 메시지를 더욱 분명히 하고 세밀하게 다듬는 데 도움이 되었고, 또한 성경에 충실하면서도 다양한 삶의 상황 가운데 있는 여성들에게 민감하게 반응할 수 있도록 도와주었다.

♥ 수년 전, 나는 이 책을 어렸을 적 처음 읽었다는 여성들을 만난 적이 있다. 이들은 이 메시지가 자신들의 눈을 어떻게 뜨게 해 주었는지와 진리의 기초 위에 삶을 세우는 법을 배우고 몇 년이 지난 지금, 자신들이 누리고 있는 달콤한 열매들을 이야기해 주었다. 나는 내 인생의 지금 시기를 새로운 세대의 여성들이 그리스도와 그분의 말씀을 알고 받아들이도록 하는 데 사용하면 좋겠다고 생각했다. 내가 기도하는 것은 이들이 자신들을 뒤따라오는 여성들을 '자유롭게 할 진리'로 인도하는 것이다.

♥ 내가 이 책을 처음 썼을 때 나는 40대 초반의 미혼이었다. 개정판이 나오는 지금, 나는 환갑을 눈앞에 두고 있고 (경이로움 중의 경의로움!) 결혼 3년 차에 접어들었다. 나는 하나님의 섭리로 진리의 아름다움과 능력을 새로운 방식으로 경험하는 중이다. 이 책 어딘가에 나이가 많은 기혼자의 입장에서 바라본 생각이나 실례들을 추가했다. 내 저서 《단장: 복음의 아름다움을 함께 살아 내다》(Adorned: Living Out the Beauty of the Gospel Together)는 내 인생의 이 시절을 보다 자세히 보여 주고, 내가 이 책에서 다룬 일부 주제들을 보다 깊이 다룬다. 독자들이 이 책에 이어 《단장》을 읽어 보길 바란다.

그리고 몇 가지를 덧붙이자면,

♥ 개정 증보판을 출간하게 된 것은 우리 팀 모두가 노력한 덕분이다. 책 후반부에 나는 다양한 역할을 해준 이들에게 감사를 표했다. 특별히 증보판의 일부를 발전시키는 데 도움을 준 메리 카시안(Mary Kassian)과 다나 그레쉬(Dannah Gresh)에게 감사하고 싶다.

♥ 이 책을 최대한 활용하고 싶다면 친구나 여성들끼리 모인 그룹에서 함께 읽으면 좋겠다. 《여성들이 믿고 있는 거짓말 스터디 가이드》²에는 하나님의 말씀으로 더 깊이 들어가고 그것을 '내 것으로 만들기' 위한 제안들과 그룹 토의를 위한 질문들이 포함되어 있다.

♥ 이 책에 등장하는 여러 주제에 대한 추천 도서의 증보 목록을 포함한 추가 자료는 LiesWomenBelieve.com에서 찾을 수 있다. 또 이 책과 같은 시리즈인 다른 책들, 《젊은 여성들이 믿고 있는 거짓말》(낸시 드모스 월게머스 & 다나 그레쉬와 공저), 《여자 아이들이 믿고 있는 거짓말》과 《여자 아이들이 믿고 있는 거짓말을 위한 엄마의 가이드》(두 권 모두 다나

그레쉬가 썼다), 그리고 《남성들이 믿고 있는 거짓말》(내가 '남편'이라고 부를 수 있어 영광인 로버트 월게머스가 썼다)에 대한 정보도 찾을 수 있다. [3]

마지막으로 나는 이 여정에 오르는 당신을 위해 기도하고 싶다.

> 하나님 아버지, 당신의 진리를 당신의 말씀을 통하여,
> 그리고 당신의 아들 예수 그리스도 안에서
> 우리에게 알게 해 주시니 감사합니다.
> 또한 이 책을 손에 들고 있는 여성이 있음에 감사하오니,
> 그녀의 나이가 어떠하든, 결혼 여부가 어떠하든,
> 그녀가 과거에 당신을 얼마나 많이 경험했든, 혹은 얼마나 조금 경험했든,
> 그녀의 현재 상황과 도전이 무엇이든…
> 그녀가 이 책을 읽어 갈 때 당신을 알게 해 주시기를 기도합니다.
> 그녀가 진리 안에서 걷는 자유와 기쁨을 경험하게 해 주시고,
> 그녀를 다른 이들의 삶에서 은혜와 진리의 도구로 사용해 주옵소서.
> 예수님을 의지하며, 예수님의 거룩하신 이름으로 기도하옵나이다.
> 아멘.

들어가며

에덴에서 추방되고, 동물의 가죽으로 지은 옷을 입고, 남편은 자신에게 실망하고, 첫 살해당한 아이의 엄마이자 살인자의 엄마가 된 하와는 분명 큰 좌절감을 느꼈을 것이다. 혼자인 것 같고, 패배한 것 같고, 실패한 것 같았을 것이다.

에덴 동쪽에서 아담과 함께 살아 남는 것 자체가 투쟁인 세상 속으로 걸어 들어가는 것은 얼마나 힘든 일이었을까? 이미 낙원을 알고 있는데 그곳을 떠나라는 통보는 또 얼마나 힘들었을까? 그 순간 하와가 가장 원했던 것은 무엇일까? **당신이라면** 무엇을 원했을까? 내 생각에 하와는 자신이 금지된 열매를 베어 물기 직전의 순간으로, 즉 자신의 팔이 선악을 알게 하는 나무의 가지를 향해 뻗어 있지만 아직은 탈출이 가능했던 순간으로 되돌릴 수 있기를 온 마음 다해 바랐을 것이다. 그녀는 처음부터 다시 제대로 시작하면 좋겠다고 생각했을 것이다.

우리 모두 그러한 경험이 있지 않은가? 우리는 모두 패배와 실패, 문제와 혼란을 경험해 보았다. 우리는 이기적인 마음과 다루기 힘든 영, 분노, 질투, 괴로움과 맞서 싸우는 것이 무엇인지 알고 있다. 물론 우리의 실패들은 하와의 것만큼 극단적이지 않을 수 있다. 그리 비극적인 일도 아니고 공적인 사건들도 아니다. 단지 '작은' 잘못들에 불과할 수 있다. 하지만 그것들은 여전히 우리의 마음이 마땅히 있어야 할 곳으로부터 얼마나 멀어져 있는지를 드러낸다. 그래서 우리는 모든 것을 다시 시작하고 싶어 하며, 조화와 평화의 삶을 살 수 있기를 바란다.

여성 콘퍼런스를 인도할 때마다 나는 거기 참석한 여성들에게 우리 기도 팀이 주말 동안 참석자들을 위해 기도할 수 있도록 기도 카드를 작성해 달라고 한다. 수년간 나는 이 많은 카드들을 다 읽어 보면서, 눈물짓기도 하고 그토록 많은 크리스천 여성들이 겪고 있는 현실에 마음 아파하기도 했다.

- ● 결혼 생활이 위기일발 상황에 놓인 여성들

- ● 자녀 때문에 마음 아파하는 여성들

- ● 지난날의 실패와 상처로 힘겨워하는 여성들

- ● 개인적 고충이 극심한 여성들

- ● 하나님과의 동행에 대한 의심과 혼란으로 가득 찬 여성들

이 여성들은 실제 있는 여성들이다. 평생 교회를 다닌 사람들도 있다. 이들 중 일부는 당신의 교회와 나의 교회에 출석하고 있다. 어떤 이들은 어린이 사역과 예배 팀을 섬기고, 어떤 이들은 매주 소그룹 모임에 참여하며, 심지어 성경 공부 인도자들일 수도 있다. 당신이 이들의 안부를 물으면 이들은 미소를 지으면서 "저는 잘 지내요."라고 대답할 수도 있다. 겉으로는 평화롭게만 보이는 행실 이면에 존재하는 이들의 혼란과 고통을 당신은 절대 의심하지 못할 수도 있다. 이러한 사례는 결코 고립된 사례가 아니다. 소수의 극단적이고 문제가 있는 여성들에 대해 이야기하는 것도 아니다. 사실, 우리 중에 당혹감이나 두려움이나 상함을 느끼게 하는 일이 우리 안팎에서 일어나지 않는 사람이 어디 있겠는가?

우리 문화는 '정신 질환'이라는 유행병을 경험하고 있는데, 세상 속 '저기 바깥'의 여성들뿐 아니라 교회 안의 여성들 사이에서도 그렇다. 나는 우리 중 다수가 때때로 아래 단어들 중 한 가지 이상의 단어들로 묘사될 수 있다는 사실에, 독자들이 동의할 거라고 생각한다.

> 무기력한, 패배한, 혼란스러운, 예민한,
> 지친, 낙심한, 화난, 두려운,
> 힘겨운, 수치스러운, 좌절한, 외로운,
> 맞다. 심지어 자살 충동까지…

자살 충동? 그렇다. 크리스천 여성들로 이루어진 여느 청중 속에 얼마나 많은 사람들이 최근 몇 주 혹은 몇 달 사이에 스스로 목숨을 끊을까 고심했는지 알게 된다면, 아마 당

신은 깜짝 놀랄 것이다. 얼마 전 나는 한 기독교 사역의 책임 있는 자리에 있으며 평생 자살 충동과 싸워 온 한 여성을 만났다. 이 단락을 읽고 있는 누군가도 진퇴유곡(進退維谷)에 빠질 수 있다. 어쩌면 그 사람이 당신일 수 있다. 당신도 자기 삶이 아무런 가치가 없다고 느낄 수 있다. 내가 당신, 사랑하는 당신에게 전하고 싶은 말은 소망을 가지라는 것이다! 이 책을 읽는다고 해서 당신의 문제들이 사라지지는 않겠지만 당신을 도울 수 있는 누군가의 안내는 받을 수 있으리라 믿는다. 그러니 제발, 제발, 계속해서 읽어 나가라.

많은 크리스천 여성들을 생각할 때, 내 마음에 떠오르는 또 다른 표현은 **'영적 속박'**이다. 실제로 내가 아는 대부분의 여성들의 (때로는 나 자신을 포함해) 삶은 한 가지 혹은 그 이상의 영역에서 자유롭지 못하다. 많은 여성들이 개인적 죄책과 정죄의 암영 아래 살고 있으며, 하나님의 은혜와 사랑을 자유롭게 누리지도 못하고 있다. 또, 많은 이들이 자기 과거의 노예가 되어 있다. 자기 자신의 실패이든 다른 사람의 실패이든, 자신들의 과거가 목에 매달린 무거운 추와 같다. 이들은 어디로 가든지 그것을 짊어지고 다니며 그것에서 벗어나지를 못한다. 어떤 사람들은 성경이 "사람에 대한 두려움"이라고 부르는 것에 속박되어 있기도 한다. 이들은 거절에 대한 두려움, 다른 사람들이 자신을 어떻게 생각할지에 대한 두려움, 그리고 인정에 대한 갈망에 사로잡혀 있다. 감정의 포로가 된 사람들도 있는데, 이들은 걱정과 두려움, 분노, 우울, 그리고 자기 연민의 노예가 되어 버렸다.

여성들이 느끼는 속박의 가장 큰 부분 중 하나는 음식과 관련이 있다: 나는 이러한 사실을 다양한 사이즈, 다양한 몸매의 여성들로부터 들었다. 어떤 사람은 먹는 것을 멈출 수 없다고 하고, 어떤 사람은 먹고 싶어도 먹을 수가 없다고 했다. 이들 모두가 감옥에 갇혀 있는 것이다.

나는 모든 여성들이 정상이 아니라는 이야기를 하려는 것이 아니다. (우리 모두에게 그것이 사실인 순간들이 있지만!) 우리 중 다수가 피상적인 해결이나 치료 그 이상을 요구하는 문제들과 싸우며 깊은 곳에서 분투하고 있다는 사실을 이야기하는 것이다. 우리가 성경으로 돌아갈 때, 우리는 하나님께서 이런 식으로 의도하지 않으셨음을 상기하게 된다. 요한복음에 기록된 예수님의 말씀은 하나님께서 우리를 위해 더 좋은 것을 준비해 놓으셨음을 알려 준다.

내가 온 것은 (이들로) 생명을 얻게 하고 더 풍성히 얻게 하려는 것이
라_요 10:10

당신의 삶을 돌아볼 때, 당신은 예수님께서 주고자 하신 풍성한 삶을 경험하고 있다고 말할 수 있는가? 아니면 그저 존재하고, 대처하고, 살아남는 데만 급급해 하고 있는가? 나는 당신이 별 문제 없는 삶을 살고 있는지를 묻는 것이 아니다. 사실, 내가 아는 가장 매력적이고 기쁨이 넘치는 여성들 중에는 고통스러울 만큼 어려운 결혼 생활 가운데 사는 여성들도 있고, 아들 혹은 딸의 무덤 곁에서 내내 눈물 흘리는 여성들도 있고, 암 진단을 받았거나 알츠하이머에 걸린 노부모를 돌보며 사는 여성들도 있다. 하지만 이 같은 문제와 고통 속에서도 그들은 평안과 확신, 온전함을 가지고서 이 골짜기를 다니도록 하는 생명의 근원을 발견했다.

당신은 어떠한가? 내가 위에서 나눈 이야기 속 여성들 중 공감 가는 이들이 있는가? 당신의 삶에도 영적 속박을 당하고 있는 부분들이 있는가? 당신의 일상이 비참하고, 좌절감을 느끼며, 무언가의 노예가 되는 대신 아래와 같을 수만 있다고 한다면 과연 어떨까?

> 자유로운, 자신감 넘치는, 기쁜
> 관대한, 만족하는, 평화로운
> 사랑스러운, 안정적인, 빛나는

이 단어들은 내가 되고 싶은 여성의 삶을 묘사하고 있다. 아마 당신의 마음도 같을 거라고 생각한다. 당신은 그리스도와 관계 맺고 있다고 하면서도, 현재 포로 된 삶을 살고 있는 여성들을 알고 있을 것이다. 그들에게 자유를 향해 가는 길을 알려 주기 원하는가? 그 방법을 배우기 원하는가? 나는 문제들을 해결해 주는 마법의 공식에 대해 이야기하는 것도 아니고, 손쉬운 삶을 향한 지름길을 제시하려는 것도 아니며, 고통과 어려움이 없다고 약속하는 것도 아니다. 인생은 어렵다. 그것을 우회할 방법은 없다. 하지만 나는 삶의 현실, 그러니까 거절과 상실, 실망, 상처, 심지어 죽음과 같은 것들을 자유와 참된 기쁨으로 헤쳐 나가자고 이야기하는 것이다.

"그게 제가 원하는 거예요! 저 자신을 위해서, 그리고 제가 아는 다른 여성들을 위해서도요. 어디서부터 시작해야 하죠?"

수년 동안 이러한 우리의 부담과 고민들에 대해 여성들과 소통하고, 지혜를 얻고자 하나님의 말씀을 탐구하면서, 나는 우리 대부분이 느끼고 있는 어려움의 근원에 대한 한 가지 단순하지만 심오한 결론에 도달했다.

> 당신과 나는 속았다.
> 우리는 기만당했다.

따라서 이어지는 페이지에서 나는 당신과 함께 우리의 모든 문제들이 시작한 장소, 즉 아담과 하와의 첫 번째 집이자 완벽하고 이상적인 환경인 에덴동산으로 되돌아갈 예정이다. 그곳에서 일어난 일은 오늘날 우리 각자의 삶과 큰 관련이 있다. 나는 당신이 어떻게 이 하나의 거짓말이 우주 역사 속 모든 문제의 시작점이 되었는지를 보기 원한다. 하와는 그 거짓말에 귀를 기울였고, 그것을 믿었고, 그것에 따라 행동했다. 어떠한 의미에서 모든 문제, 모든 전쟁, 모든 상처, 모든 깨어진 관계, 모든 상심은 한 가지 단순한 거짓말로 거슬러 올라간다.

거짓말이 보통 그렇듯 첫 거짓말은 갈수록 더 많은 거짓말을 낳는다. 하와는 그 거짓말을 믿었고 하와의 딸들인 우리도 그녀의 발자취를 따라 잇따른 거짓말들에 귀 기울이며 그것을 믿고 그것에 따라 행동했다. (이 책에서 당신은 '하와의 일기'에서 나오는 허구의 내용들을 보게 될 것이다. 이는 하와가 인생의 여러 시기에 각각 어떤 거짓말에 취약했는지 짐작할 수 있도록 하는 데 있다. 그녀의 일기는 어떠한 지점에서 당신이나 나의 일기처럼 읽힐 수도 있을 것이다.)

에덴동산 이후 인간이 넘어간 속임수의 종류에는 끝이 없다. 이 책의 목표는 이러한 거짓말들 가운데 몇 가지를 폭로하는 것이다. 우리가 살펴볼 거짓말들 중 일부는 너무나도 널리 신망을 받고 있어서 그것을 거짓말로 인식하기 어려울 수도 있다. 하지만 '최고의' 거짓말, 가장 효과적인 거짓말은 진리와 가장 비슷하게 보이는 거짓말이다. 그리고 '최신의' 거짓말은 사실 가장 오래된 거짓말이다.

크리스천 여성들이 흔히 믿는 거짓말들 중 일부를 폭로하면서, 나는 우리에게 그 거짓말들을 하는 자의 정체를 밝히려고 한다. 사탄은 "광명의 천사"(고후 11:14)로 가장하여 행복을 약속하고 우리의 최선의 이익을 염두에 둔 것처럼 행동한다. 하지만 그는 사기꾼이며 파괴자이다. 그는 우리를 하나님께 대적하여 자기 편을 들게 함으로써 하나님을 그분의 왕좌로부터 몰아내려고 단호한 결심을 했다. 나는 당신이 사탄이 어떻게 해서 교묘한 거짓말 혹은 반쪽짜리 진리를 가지고 당신이나 당신이 사랑하는 이들을 속이고 파괴하는지를 보기 원한다.

그런데 우리는 이 사기꾼과 그의 거짓말을 확인하는 것 이상을 해야 한다. 나는 당신에게 진리의 능력을 소개하고, 이 진리를 믿고 따라 행하는 것이 어찌 단순한 생존이나 탈출이 아닌 타락하고 깨어지고 상처 입은 세상 가운데 참되고 영광스러운 자유를 향한 우리의 수단인지를 보여 주기 원한다.

지난 40여 년 동안의 강연과 저술 활동을 하면서 수많은 여성이 나에게 직접적으로 혹은 글로 자신들의 이야기를 나누어 주었고, 이들 중 다수는 이들이 믿었던 거짓말과 그것이 자기 삶에 미친 영향에 대해 솔직하게 털어놓았다. 그리고 그들은 어떻게 이 거짓말들을 거절했고, 어떻게 하나님의 진리를 수용하는 것으로부터 오는 자유를 누리게 되었는지도 나누어 주었다. 이 여성들이 이 책의 원동력이 되었다. 나는 이 책에 이들 간증의 일부를 포함시켰다. 이 책이 당신이 넘어갔을 수도 있는 거짓말들을 인식하게 할 뿐만 아니라, 당신을 격려해 하나님의 말씀과 살아 있는 말씀이신 그리스도 안에서 발견되는 진리로 그 거짓말들을 대체하는 데 도움이 되었으면 한다.

이 책의 초판을 마무리하던 어느 날, 야고보서 5장을 묵상하면서 밖에서 걷고 있었는데, 특별히 마지막 두 구절이 내 주의를 끌었다.

> 너희 중에 미혹되어 진리를 떠난 자를 누가 돌아서게 하면 너희가 알
> 것은 죄인을 미혹된 길에서 돌아서게 하는 자가 그의 영혼을 사망에서
> 구원할 것이며 허다한 죄를 덮을 것임이라 _약 5:19-20

이 책이 처음 출간되었을 때부터 나는 주님께서 이 책을 사용하셔서 진리의 길에서 떠난 여성들을 돌아서게 하시고, 이들이 그분의 은혜와 용서, 풍성한 삶 가운데 자유로이 걸을 수 있게 해 주시기를 소망했다. 그분의 친절과 자비로 그분은 그렇게 하시기를 기뻐하셨다.

하지만 그렇다고 해도 이 책의 어떤 부분은 소화하기 어렵다고 느끼는 이들도 있을 것이다. (어떤 여성은 이 책에서 마주한 어떤 내용 때문에 이 책을 방 저쪽으로 던져 버렸다고 했다.) 나는 논란을 일으키거나 어떤 사람에게 불필요한 상처를 주고 싶은 마음이 전혀 없다. 하지만 우리 중 누군가가 크든 작든 진리에서 벗어날 때는 정치적 공정함과 친절하고 정중한 생각 이상의 것이 필요하다. 때로는 병든 마음을 치유하고 온전하게 하기 위해 우리의 사고와 생활 방식 전체를 바꾸는 극단적인 수술이 요구되기도 한다. 진리는 때때로 아프다. 진리는 대체로 인기가 없다. 하지만 내가 우리를 자유롭게 하는 그 진리를 당신과 나누지 않는다면, 그것은 사랑을 하는 것도 아니요 친절을 베푸는 것도 아니다. 진리의 자유케 하는 능력은 얼마 전 내가 만난 두 명의 여성들 안에서 분명하게 드러났다.

> 저는 자유해요! 이것이 가능할 거라는 소망을 이미 오래 전에 포기했었지만, 하나님은 수년 동안의 영적 속박으로부터 저를 자유롭게 해 주셨어요.

이것은 어떤 비공식적 모임에서 한 젊은 부인이 하나님께서 자기 삶에서 행하고 계신 일들을 나누기 시작하면서 한 말이다. 그녀는 13살 때부터 자위 행위를 했다고 말했다.

> 멈추기 위해서 노력하고 또 노력했어요. 성경 공부, 기도, 친구로부터의 도움을 포함해 제가 알고 있는 모든 것을 동원해 보았지만 계속해서 실패하더라고요. 실수할 때마다 죄를 고백하고 하나님께 용서를 구하면서도 마음 깊은 곳에서는 제가 다시 넘어질 걸 알았어요. 멈출 수가 없었죠.

이 여성은 오랫동안 크리스천이었고 남편과 함께 기독교 사역에 적극적으로 참여했다. 하지만 그녀는 마음속에서 느끼는 엄청난 좌절감과 죄책감을 떨쳐 버릴 수 없었다. 그녀는 자신이 그토록 경험하고 싶었던 자유로움으로 인도된 과정을 설명하면서 더욱 활기찬 모습을 보였다.

> 마침내 저는 용기를 내어서 저보다 나이가 많으신 한 경건한 여성에게 도움을 요청했어요. 그분은 제가 어떤 거짓말들을 믿어 왔는지를 하나님께 물어보라고 조언해 주시더라고요. 솔직히 저는 제가 거짓말을 믿고 있다고 생각하지 않았어요. 하지만 그것에 대해 기도하기 시작했을 때 하나님은 제 눈을 열어 주셨고, 제가 속아 온 특정한 영역들을 보여 주시더라고요. 이 거짓말

> 들이 저를 10년 넘게 속박해 왔던 거죠. 그 진리를 발견한 순간, 저는 그 거짓말들을 믿고 있던 사실에 대해 회개했어요. 그리고 제 삶의 그 영역에서 사탄에게 허용했던 땅을 되찾아 달라고 하나님께 간구했습니다.

그녀의 표정이 그다음 일어날 일을 말해 주었다. 그녀는 말을 이어 나갔다.

> 그 순간부터 저는 제 삶을 지배해 온 이 죄로부터 완전히 자유로워졌어요. 게다가 제가 과거에 유혹을 받았던 다른 부분에서도 하나님은 승리하게 하셨어요. 제가 경험하고 있는 기쁨과 자유를 어떻게 표현해야 할지 잘 모르겠어요. 진리는 정말 놀라울 정도로 강력해요!

나는 이 진리의 능력을 또 다른 상황에서도 목격했는데, 교회 목회자와 감정적으로 얽힌 한 여성과의 대화를 통해서였다. 내가 그 상황을 처음 인지했을 때, 나는 그녀의 남편이 이 상황을 얼마나 알고 있을지 몰랐기 때문에 그녀의 집이 아닌 직장으로 전화를 걸었다. 그녀는 회사에서 접수원으로 일했기 때문에 긴 이야기를 나눌 수는 없을 거라고 생각했다.

내 신분을 밝히고, 그녀에게서 자신의 어려움에 관해 나눌 용기가 있다는 사실을 확인한 다음, 나는 곧바로 본론으로 들어가 어떤 상황을 묘사했다. "한밤중에 창밖을 내다보다가 이웃집에 불이 난 것을 발견하면, 저는 옆집으로 달려가 이들을 깨워 위험에서 끌어내기 위해서 제가 할 수 있는 모든 일을 할 거예요. 한밤중 자신을 깨웠다고 저에게 짜증을 부리면 어떡하나 걱정하지도 않을 거고, 이들 마음이 상할까 싶은 염려도 하지 않을 겁니다."

그리고 나서 나는 또 이렇게 말했다. "저는 정말 자매님이 걱정돼요. 자매님이 굉장히 어려운 상황에 계시다는 걸 알고 있거든요. 저는 자매님이 무언가에 갇혀 있는 것 같고, 감정도 매우 복잡하다는 걸 알아요. 하지만 저는 자매님이 불이 난 집 안에 계시다는 말씀을 드리고 싶습니다. 자매님은 큰 위험에 처했어요. 상황이 절박하기 때문에 저는 자매님이 처한 위험을 경고해 드리고, 더 늦기 전에 자매님을 불이 난 집으로부터 꺼내기 위해 제가 할 수 있는 모든 일을 할 겁니다."

나는 눈물을 머금고 간절히 호소했다. 그녀가 자기 삶에서 일어나고 있는 일의 진실을 깨닫고서 스스로 발을 들인 위험한 상황으로부터 벗어나기 위해 즉각적이고 과감한 조치를 취해 달라고 말이다. 이야기를 나누는 동안 하나님은 이 여성의 마음에 빛을 밝혀 주셨다. "너희 안에서 행하시는 이는 하나님이시니 자기의 기쁘신 뜻을 위하여 너희에게 소원을 두고 행하게 하시나니"(빌 2:13)라는 말씀처럼, 나에게는 그 일에 대한 어떠한 공로 도 없다. 하지만 이 귀한 여성이 자신의 선택과 관련한 진리, 즉 자기 인생, 결혼 생활, 인 간관계에 있어 하나님의 뜻에 관한 진리를 받아들이는 모습을 지켜보면서 얼마나 기뻤 는지 모른다. 그녀가 잇따라 어려운 발걸음을 뗄 때 하나님의 은혜로 그녀는 자기 감정과 오래된 습관, 그리고 뿌리 깊은 (하지만 잘못된) 사고방식을 뛰어넘을 수 있었다. 그녀는 빛 가운데 걷기 시작했다. 그리고 그 빛 안에서 그녀는 완전히 새로운 삶의 방식, 곧 자유롭 고 복된 길을 찾았다. 이것이 바로 진리의 방식이며, 내가 당신에게 바라는 바이다.

나는 10여 년 동안 그리스도와 그분의 말씀을 향한 공통된 사랑을 중심으로 달콤한 우정을 쌓아 온 여덟 명의 여성들로 구성된 그룹의 일원이다. 우리는 서로 다른 두 나라 (6개 주와 도시)에 흩어져 살고 있지만, 계절이 바뀔 때마다 연락을 주고받으며 서로의 삶에 일어나는 일들을 계속해서 업데이트 해 나가는 것을 중요하게 생각한다. 그리고 우리는 우리의 가장 큰 기쁨과 승리를 함께 나누고 축하한다. 그리고 가장 깊은 두려움과 실패, 성취되지 못한 갈망을 나눌 만큼 서로를 신뢰하게 되었다. 정기 모임과 전화 회의에서 우 리는 통증을 느낄 정도로 함께 웃고, 통증을 느낄 정도로 함께 울기도 했다.

우리 모두는 어느 정도의 공적인 이미지가 있다. 사역 홈페이지와 콘퍼런스 홍보물, 책 표지 등에서 미소 짓고 있는 보정된 자기 사진들을 본 적 있을 것이다. 하지만 한 가지 분명하게 말할 수 있는 것은 우리 중 누구도 우리 스스로 세련되었다거나 잘 정돈되었다 는 느낌을 받지 못한다는 것이다. 오히려 우리 각자는 연약하고 부족하며 형편없다고 느 낀다. 우리 각자는 과거와 현재에 부서진 조각과 부분을 가지고 있다. 그리고 우리 각자 는 하나님이나 우리 자신 혹은 우리 환경에 대한 거짓말을 믿으므로 당면한 결과와 씨름 하고 있는 삶의 영역들이 있다.

서로를 도와 이 미혹의 영역들을 빛 가운데로 이끌어 내고, 성령님께서 은혜와 끈기 로 그분의 진리를 사용하셔서 우리의 마음을 새롭게 하시고, 우리를 보다 큰 자유의 자리 로 인도하시는 것을 바라보는 일은 우리에게 얼마나 놀라운 선물인지 모른다. 그리고 우 리는 그 자유로부터 필요에 따라 의미 있는 방식으로 서로를 격려할 수 있다. 소중한 친구들을 주셔서 함께 경험하도록 하신 이 하나님의 은혜의 순환은 얼마나 달콤하고 얼마나 치유되며 얼마나 자유롭게 하는지 모른다.

이 책을 쓰면서 (지금 개정판을 쓰면서) 내가 소망하는 것은 이 여성들과 또 다른 많은 여성들이 나에게 그랬던 것처럼, 내가 당신의 참된 친구가 되어 당신과 내가 함께 협력하는 가운데 하나님께서 회복과 은혜가 필요한 당신 삶의 모든 영역을 만져 주시는 것이다.

우리가 이제 곧 떠나려는 여정이 쉽지만은 않을 것이다. 우리를 포로로 삼은 속임수의 영역들을 찾아내고 그 뿌리를 제거하는 일은 무척이나 어려울 수 있고, 심지어 고통스러울 수도 있다. 하지만 나는 당신을 지극히 사랑하시고, 당신을 위하여 자신의 목숨을 내어 주신 선한 목자를 알고 있다. 당신이 허락한다면, 그분은 당신의 손을 잡고 당신을 푸른 풀밭과 쉴 만한 물가로 인도하실 것이다.

> 그리스도께서 우리를 자유롭게 하려고 자유를 주셨으니 그러므로 굳건하게 서서 다시는 종의 멍에를 메지 말라_갈 5:1

> 수고하고 무거운 짐 진 자들아 다 내게로 오라 내가 너희를 쉬게 하리라 나는 마음이 온유하고 겸손하니 나의 멍에를 메고 내게 배우라 그리하면 너희 마음이 쉼을 얻으리니 이는 내 멍에는 쉽고 내 짐은 가벼움이라 하시니라_마 11:28-30

1부
기초

LIES
Women
BELIEVE

프롤로그

하와의 일기

LIES
Women
BELIEVE

너무 어지럽다. 무슨 말을 어디서부터 시작해야 할지 전혀 모르겠다. 오늘의 시작은 우리가 지금까지 누려 온 여느 날과 마찬가지로 너무나도 완벽했다. 언제나 그랬듯이 아담과 나는 하나님과 함께 산책을 하기 위해서 일찍 일어났다. 이 산책은 언제나 우리 하루의 하이라이트였다.

오늘 아침에는 한동안 아무도 말을 하지 않았다. 그냥 함께 있는 것을 즐겼다. 그러다가 하나님이 노래를 부르기 시작하셨다. 사랑의 노래. 그 노래가 후렴에 다다랐을 때 우리는 함께 노래하기 시작했다. 먼저는 아담의 깊은 목소리로, 그다음에는 내 목소리로…. 우리는 사랑과 별, 기쁨, 하나님에 대해 노래했다. 그리고 우리 모두는 동산 중앙 가까이에 있는 큰 그늘 나무 아래 자리를 잡고 앉았다. 우리는 선하신 하나님께 감사를 드렸고, 우리가 바라는 것은 오롯이 그분을 행복하게 하고 그분 안에서 우리의 행복을 찾는 것이라고 이야기했다. 얼마나 좋은 시간이었는지 모른다. 우리 셋이 함께 보내는 시간은 언제나 그랬다.

그다음 일어난 일을 어떻게 설명해야 할지 모르겠다. 갑자기 이전에는 한 번도 들어보지 못한 목소리가 들렸다. 고개를 돌렸더니 내가 이제까지 본 생물 중에 가장 아름다운 생물이 나를 쳐다보고 있었다. 그는 곧장 나에게 말했다. 그는 나 자신이 정말 중요한 사람인 것처럼 느끼게 해 주었고, 나는 그가 하는 말을 더 듣고 싶어졌다.

그런데 이 시점에 하나님께 무슨 일이 생기셨던 걸까? 그분이 우리를 떠나신 것은 아니었을 테고, 내 생각에는 그분이 그곳에 계신 것을 내가 잊고 있었던 것 같다. 사실 얼마 동안 나는 아담이 그곳에 있는 것도 잊어버렸다. 이 매혹적이고 신비로운 생물과 단 둘이 있는 것처럼 느껴졌나 보다.

이어진 대화가 내 마음에 깊이 다가왔다. 그 생물은 내가 이전에는 한 번도 생각해 보지 못한 질문들을 나에게 던졌다. 그리고 내가 이전에는 한 번도 가져 보지 못했고, 필요하다고 생각해 보지도 않았던 것들을 제시했다. 하나님과 아담으로부터의 '독립', 나는 언제나 하나님과 아담을 우러러보았는데 이제 그들이 나를 우러러볼 것이라면서 언급한 '지위', 하나님만 알고 계신 신비에 대한 '지식', 동산 중앙에 있는 나무의 열매를 먹어도 된다는 '허용'을 말이다.

처음에는 그냥 들으면서 쳐다보기만 했다. 마음속으로만 생각하고 질문하고 논쟁했다. 하나님께서 그 나무의 열매를 먹어서는 안 된다고 하신 말씀을 아담이 여러 번 이야기했기 때문이다. 하지만 그 피조물은 계속해서 내 눈을 쳐다보며 부드러운 목소리로 이야기를 이어 갔다. 그를 믿게 되었다. 정말 옳다고 느껴졌다. 마침내 나는 항복했다. 처음에는 조심스럽게 손을 뻗었고, 그리고는 열매를 손에 쥐었다. 그리고는 먹었다. 아담에게도 건네 주었더니 그도 먹었다. 우리는 그걸 함께 먹었다. 처음에는 내가, 그다음에는 그가….

다음의 순간들은 흐릿하다. 전에는 느껴 보지 못했던 내면의 깊은 감각들, 알면 안 되는 비밀을 알게 된 것 같은 새로운 인식, 동시에 느껴지는 환희와 우울, 해방감, 구속, 상승, 추락, 자신감, 두려움, 부끄러움, 더러움. 이런 나를 하나님께 보여 드릴 수 없어 숨었다.

외롭다. 너무나도 외롭다.

길을 잃었다.

완전히 속았다.

1장
진리, 혹은 그 결과

> "누구나 세계적인 바이올리니스트가 될 수 있습니다!"
>
> "피아노 반주법 한 달만에 마스터!"
>
> "버튼 하나만 누르면 건강해져요!"(주방 가전제품 광고)
>
> "10분 안에 5kg 감량! 잠옷을 입고도 할 수 있는 너무나도 쉬운 운동!"
>
> "하루 5분으로 10년 젊어지세요! 건강하고 행복한 삶을 위한 열쇠!"

당신은 분명 SNS 광고나 대중교통, 마트 등에서 이런 식의 말도 안 되는 주장들을 본 적이 있을 것이다. 이러한 광고는 광고가 존재한 만큼이나 오래전부터 우리 주변에 있어 왔다. 그리고 오늘날에는 이것의 미묘하고 끝없는 변형들이 존재한다. 많은 광고주들은 우리가 이러한 헛된 약속을 믿고서 자신들의 제품을 구매하길 바라고 있다.

이렇게 우리의 문화는 속임으로 가득 차 있다. 물론 때때로 "버튼 하나만 누르면 건강해져요!"라는 주장처럼 거짓임을 알아차리기 쉬울 때도 있다. 하지만 불행하게도 속임을 알아차리는 것이 언제나 쉬운 일은 아니다. 광고 안에 있는 속임은 우리의 본능적인 열망에 호소하기 때문이다. 우리는 어떠한 방법으로든 불가사의하게,

이 원치 않은 몸무게가 정말로 단 10분 안에 사라질 수 있다는 주장을 믿고 싶어 한다. 땀도, 훈련도, 비용도, 노력도, 고통도 없이 말이다. 우리가 인터넷 광고에서 홍보하는 다이어트 약과 다이어트 식품, 그리고 운동 기구를 사는 것도 이것 때문이다.

아담과 하와가 갖고 있는 하나님에 대한 생각을 바꾸기 위해 영리하고 교활한 장사꾼이 첫 광고 캠페인을 기획했다. 사탄의 목적은 하나님과 그분의 피조물 사이를 이간하는 것이었다. 그는 하나님을 향해 전면적인 공격을 펼치자고 해 봐야 남자와 여자가 응하지 않을 거라고 판단했다. 대신 그는 합리적이고 호감이 가면서 완전히 '하나님을 반대'하지 않는 무언가를 제시해, 이들을 교묘하게 속이고 기만하며 유혹해야 한다고 생각했다.

사탄은 명백한 거짓말과 반쪽짜리 진실, 진실을 가장한 거짓을 교묘하게 섞어 하와를 속였다. 그는 그녀의 마음에 하나님께서 실제로 말씀하신 바에 대한 의심의 씨앗을 심기 시작했다. "하나님이 참으로… (말씀)하시더냐?"(창 3:1) 그리고는 하와가 하나님의 말씀을 착각하여, 실제 하나님께서 말씀하지 않으신 것을 마치 말씀하신 것처럼 생각하도록 만들었다. 하나님은 "나무의 열매를 먹지 말라"라고 말씀하셨지만, 하와는 하나님께서 "(그것을) **만지지도** 말라"(3절)라고 하셨다고 인용했다. 사탄은 하와를 속여 하나님의 선하심과 사랑, 동기를 의심하도록 만들었다. 그는 이렇게 물었다. "하나님이 네 자유에 제한을 두신 거니? 그분은 네가 행복하기를 바라지 않으시는 걸까?"

그러나 진리는, 한 가지를 제외한 "동산에 있는 모든 나무의 열매는 네가 '먹고 싶은 대로' 먹어라"(창 2:16, 표준새번역)라고 말씀하셨다는 것이다. 또한 진리는 '하나님은 관대하신 분'이라는 것이다. 광대한 동산 전체에서 하나님은 단 한 개의 접근 금지 표지만을 붙여 놓으셨다. "선악을 알게 하는 나무의 열매는 먹지 말라." 더욱이 하나님께서 부과하신 이 한 가지의 제한은 이 부부의 유익을 위한 것이었고, 이들의 축복과 행복을 오래도록 보장하기 위한 의도에서 이루어진 것이었다. 하나님은 이들이 그 나무의 열매를 먹을 때 죽으리라는 것을 아셨다. 그분과의 관계는 끊어질 것이고 이들이 사탄과 죄와 자아의 종이 될 것을 아셨다.

이 뱀은 하나님께 불순종하기로 선택했을 때의 결과에 대해 거짓말함으로써 하와를 더욱 기만했다. 하나님은 "네가 먹는 날에는 반드시 죽으리라"(창 2:17)라고 말씀하셨지만, 사탄은 "너희가 결코 죽지 아니하리라"(창 3:4)라고 반박했다. 그는 하나님께서 이미 말씀하신 바를 정면으로 부정했다. 이 마귀는 하와가 금지된 열매를 먹음으로써 얻게 될 온갖 종류의 유익을 제시하면서 그녀를 유혹했다(창 3:5). 지식과 경험의 온 세상이 열리고("너희 눈이 밝아져"), 하나님과 동등해져 그녀가 곧 신이 될 것이라고 약속했다("하나님과 같이 되어").

마지막으로 사탄은 그녀가 무엇이 옳고 무엇이 그른지 스스로 결정할 수 있게 될 것이라고 약속했다("선악을 알 줄"). 하나님은 이미 아담과 하와에게 무엇이 옳고 무엇이 그른지를 말씀해 주셨다. 하지만 사탄은 본질적으로 이렇게 말한 셈이다. "그건 그분의 의견이야. 너에게는 너 자신의 의견을 가질 권리가 있어. 무엇이 옳고 무엇이 그른지에 대해 너는 너 스스로 결정을 내릴 수 있어."

사탄은 하나님께서 이미 이 부부에게 말씀하신 것에서 반할 때에도, 하와가 자신이 바라보는 것과 자신의 감정이나 이성이 옳다고 하는 것을 따라 결정을 내리게 함으로써 그녀를 속였다.

여자가 그 나무를 본즉 먹음직도 하고 보암직도 하고 지혜롭게 할 만
큼 탐스럽기도 한 나무인지라 여자가 그 열매를 따먹고 _창 3:6

하와는 열매를 한 입 베어 물었다. 하지만 그녀가 발견한 것은 약속된 보상이 아니었다. 그녀는 수치와 죄책, 두려움과 소외감이라는 벌레가 입안에 가득한 자신을 발견했다. 그녀는 속았다. 기만당했다. 17세기 청교도 목회자인 토마스 브룩스 (Thomas Brooks, 1608?-1680)는 이렇게 말했다.

사탄은 최선을 약속하지만 최악으로 보답한다. 명예를 약속하지만 불명예로 보답한다. 기쁨을 약속하지만 고통으로 보답한다. 이익을 약속하지만 손실로 보답한다. 생명을 약속하지만 죽음으로 보답한다.[1]

동산에서의 첫 만남부터 오늘날에 이르기까지 사탄은 속임을 사용해 우리의 애정을 사고, 우리의 선택에 영향력을 행사하며, 우리의 삶을 파괴해 왔다. 어떤 식으로든 우리가 이 세상에서 겪고 있는 모든 문제는 속임의 열매, 곧 진리가 아닌 것을 믿은 결과이다. 사탄은 '참된 삶'이라는 화려한 약속을 내밀지만, 자신의 제안에 응하는 이들은 반드시 죽는다는 것을 너무나도 잘 알고 있다(잠 14:12). 그렇다면, 우리는 왜 그의 속임에 넘어가는 것일까? 왜 그의 유혹에 넘어가는 것일까?

먼저, 사탄의 거짓말은 노골적으로 말하는 뱀을 통해 우리에게 다가오지 않는다. 대신 베스트셀러 책, 어떤 엄마의 인기 블로그, 영화, 텔레비전 프로그램 혹은 귀에 꽂히는 히트곡의 매력적인 모습으로 가장해 다가온다. 또는 어떤 훌륭한 교수님의 강의, 친척 혹은 친구의 진심 어린 조언, 치료 전문가, 심지어 크리스천 작가나 교사, 상담가의 모습으로 교묘하게 그 모습을 드러내기도 한다.

매일같이 우리는 우리 마음을 파고드는 셀 수 없이 많은 형태의 속임으로 시달림을 받고 있는데, 이들은 지칠 줄 모르는 우리의 원수, 곧 마귀뿐 아니라 우리가 살고 있는 타락한 세상의 시스템, 그리고 우리 각자의 죄악 되고, 연약한 육체를 통해 우리에게 찾아오며, 이들 모두는 하나님과 진리를 반목하게 함으로써 우리를 유혹한다.

직접적 출처와 상관없이 하나님의 말씀과 일치하지 않은 입력이 들어 올 경우 우리의 안테나는 작동해야 한다. 우리가 읽거나 듣는 것이 옳게 들리거나 옳게 느껴지거나 옳게 여겨지더라도, 하나님의 말씀에 반한다면 그것은 옳지 **않은** 것이다. 금지된 열매, 딱 보기에는 너무나도 잘 익어 달아 보이는 열매가 결국 사망과 파괴로 이어졌다는 사실을 기억하길 바란다.

속임의 전략

속임은 사탄의 전략에 있어 매주 중요했으며, 지금도 여전히 중요하다. 예수님에 따르면 속이는 것은 마귀의 본성이다.

> (마귀)는 처음부터 살인한 자요 진리가 그 속에 없으므로 진리에 서지 못하고 거짓을 말할 때마다 제 것으로 말하나니 이는 그가 거짓말쟁이요 거짓의 아비가 되었음이라 _요 8:44

우리가 전부 이해할 수는 없지만, 사탄은 그의 첫 속임의 표적으로 여성을 선택했다. 신약에서 두 번 사도 바울은 속임을 당한 것이 여성이었음을 상기시킨다. "뱀이 그 간계로 하와를 미혹한 것같이"(고후 11:3) "아담이 속은 것이 아니고 여자가 속아 죄에 빠졌음이라"(딤전 2:14).

일부 신학자들은 하와가 창조되는 과정에서 그녀를 더 취약하게 만든 무언가가 있었다고 믿는다. 또 어떤 신학자들은 하나님께서 그녀를 남편의 머리 됨 아래에 두었기 때문에, 그 같은 영적 덮개와 보호로부터 벗어났을 때 그녀가 보다 쉽게 속임을 당했다고 주장하기도 한다. 어쩌면 하와가 가진 더 부드럽고 관계적이며 호응하는 기질이 뱀과 대화함에 있어 그녀를 더 적극적으로 만들었을지도 모르겠다.

어찌 됐든 속이는 자가 여성에게 접근했고 그녀를 속였으며, 그녀는 그의 술책에 넘어갔다. 이후 그녀는 남편을 부추겨 함께 죄를 지었고, 이 둘은 함께 인류를 죄 가운데로 이끌었다. (물론 아담이 하와의 머리로서 궁극적 책임을 졌지만 말이다.)

그날 이후로 이 땅에서 살아온 모든 사람은 죄를 짓는 성향을 가지고 태어났으며 사탄의 거짓말에 속임을 당해 왔다. 그는 우리가 속임에 넘어감으로써 우리 주변의 사람들에게 영향을 미쳐 죄를 짓게 한다는 것과 우리의 죄악 된 선택들이 다음 세대를 위한 본보기가 될 거라는 것도 안다. 그래서 때로는 하와의 경우처럼 사탄이 우리를 직접 속이는 경우도 있다. 또 때로는 다른 사람들을 속임의 도구로 사용하는 경우도 있다.

에베소서 5장에서 바울은 "누구든지 헛된 말로 너희를 속이지 못하게 하라"(6절)라고 경고하며, 하나님의 백성들에게 반복해서 서로 진리를 말하라고 격려한다. 우리가 서로에게 솔직하지 못할 때에는 원수의 대리인이 되어 서로를 속이고 망가뜨림으로써 그를 돕기 때문이다.

성경에 따르면, 우리는 영적 리더들, 곧 하나님의 양떼를 치고 그분의 백성에게 진리를 소통할 책임을 맡은 이들에게도 속임을 당할 수 있다. 하나님은 에스겔 선지자를 통해 진리를 말하지 않으심으로써 자신의 부르심을 남용하는 지도자들과 추종자들에게 다음과 같이 말씀하셨다.

> … 의인의 마음을 너희가 거짓말로 근심하게 하며 너희가 또 악인의
> 손을 굳게 하여 그 악한 길에서 돌이켜 떠나 삶을 얻지 못하게 하였은
> 즉 _겔 13:22

이러한 설명은 구약의 영적 지도자들에게만 한정되지 않는다. 오늘날에도 존경받는 기독교 지도자들과 인플루언서(influencers)들 중에서도 동일한 말을 들을 수 있는 사람들이 있다. 물론 이들이 자기 추종자들을 속이려는 의도가 없을 수도 있고, 자신이 속이고 있다는 사실조차 인식하지 못할 수도 있다. 그럴더라도 이들은 의도적인 불순종과 회개하지 않는 마음 때문에, 아무 자격 없는 사람들에게 하나님의 복주심과 은혜를 약속함으로써 "악인의 손을 굳게"(겔 13:22) 한다. 이들의 가르침은 사람들이 다음의 것들을 합리화하도록 한다.

동시에 이들은 '의인들'이 자신의 죄악 된 선택에 책임을 지고, 섬김의 마음을 보이고, 서약에 충실한 것에 대해 '슬픔' 혹은 '죄책감'을 느끼도록 한다. 또 하나님의 율법을 설교하면서 그 율법을 성취하실 수 있는 유일한 분이신 그리스도를 가리키지 않고, 추종자들을 그릇된 길로 이끌기도 한다. 이러한 행위는 사람들에게서 소망을 앗아가며, 행위나 성과 중심의 종교에 대한 만성적 죄책감과 정죄 아래 거하도록 한다.

분노

"당신은 당신의 감정에
솔직한 것 뿐이에요."

이기심

"당신이 당신 자신을 돌보지 않는다면,
아무도 당신을 돌보지 않을 거예요."

무책임

"당신의 문제와 반응은
모두 다른 사람들이
야기한 것들이에요."

부정

"하나님은 당신이 행복하길 원하세요.
배우자와 이혼하고 당신이 진짜
사랑하는 사람과 결혼해도 괜찮아요."

눈을 떠라

우리 중 다수는 우리가 속고 있다는 사실을 인지하지 못한 채 아무 생각 없이 속아 넘어가고 있다. 이것이 바로 속임의 본질이다. 이 책에서 나의 목표 중 하나는, 크리스천 여성들이 눈을 뜨고 주변에서 일어나고 있는 일들을 판단해 봄으로써 너무나도 만연해 있는 이 속임에서 눈을 뜰 수 있도록 촉구하는 것이다. 우리 라이프 스타일의 너무나도 많은 부분이 사실이 아닌 사고방식에 뿌리를 내리고 있다. 그 결과는 유사(流砂; sinking sand) 위에 지어진 집이다. 하나의 거짓말이 다른 거짓말로, 이후 또 다른 거짓말로 이어진다.

우리는 듣고 보는 모든 것을 무분별하게 받아들이려고 한다. 음악, 라디오, 팟캐스트를 듣고 블로그, 잡지, SNS를 읽으며 이들의 충고에 귀 기울이면서 우리 자신에게 다음과 같이 질문하지 않고 광고에 반응한다.

● 이것의 메시지가 뭐지?

● 이것은 정말로 사실일까?

● 나는 진리에 반하는 사고방식에 속고 있는 것일까?

사탄의 약속은 하와를 애태울 만했다. "너희 눈이 밝아져 하나님과 같이 되어 선악을 알 줄…"(창 3:5) 누가 이렇게 엄청난 제안을 거절할 수 있을까? 그리고 그 금지된 열매는 "**먹음직**도 하고 **보암직**도 하고 지혜롭게 할 만큼 **탐스럽기도**"(6절) 했다. 그렇게 탐스럽지 않았다면 하와가 이 제안에 넘어갔을까? 만약 그 열매가 썩었고 벌레가 기어 다니고 있었다면 하나님께 대한 불순종을 생각이나 했을까? 아마 아닐 것이다. 사탄의 제안이 그토록 매혹적이고 기만적인 것은 그것이 너무나도 옳아 보였기 때문이다.

문제는 하와가 실제로 무슨 일이 일어나게 될지 가늠해 보지 않았다는 것이다. 그녀는 진리와 오류를 분별하는 데 시간을 들이지 않았다. 자신이 하려고 하는 일의 대가와 결과를 잠시도 생각해 보지 않았다. 하와가 자신의 선택에 의한 자기 자신의 삶, 하나님과의 관계, 결혼, 자녀, 자녀의 자녀, 그리고 (그녀와 함께 하나님께 불순종한 남편의 죄를 통하여) 지구상에 살게 될 모든 인간에게 미칠 추하고 고통스럽고 치명적인 결과를 상상할 수 있었다면, 그녀가 사탄의 거짓말에 귀를 기울이고 하나님께 불순종했을까? 그렇지 않았을 것이다.

그러나 우리는 얼마나 자주 뒤따라올 수 있는 결과를 생각하지 않고 선택을 하는가? 우리 중 다수는 당장에 먹고 싶은 것을 먹고, SNS 피드에 올라오는 최신 상품을 구매하고, 최신 유행을 따르며, 친구들의 라이프 스타일과 가치와 우선순위를 수용하는 등 주변 사람들, 환경, 영향에 반응하면서 살아간다. 모든 것이 너무나도 좋아 보이고, 옳게 느껴지고, 아무런 문제가 없어 보인다. 그러나 결국 비난하는 관계가 되고, 빚더미에 앉게 되고, 분노하게 되고, 좌절하게 되고, 갇히게 되고, 힘겹게 된다. 속은 것이다. 거짓말에 속아 넘어간 것이다.

속임과 관련하여 잊기 어려운 사례가 있다. 일곱 명의 어린 자녀를 둔 (이들 중 다섯은 입양한) 한 엄마가 인터넷에서 만난 한 남성과 부정한 관계를 맺고 있었다. 그녀는 이 남성을 위해 남편과 헤어질 생각을 진지하게 하고 있었다. 어느 날 밤 (그녀의 남편이 아이들을 봐주는 동안) 그녀와 쇼핑몰에서 만나 이야기하는데, 그녀는 자신이 하고 있는 일이 잘못되었음을 인정했다. 하지만 그녀는 그 남성에 대해 이렇게 말했다. "그 사람은 저와 제 아이들에게 너무 잘해 줘요."

그녀의 결혼 생활에는 그녀를 서글프게 하고 감정적으로 갈증을 느끼며 다른 남성의 이목을 받기 쉽게 하는 문제가 분명히 있었다. 그래서 그녀는 이것이 슬픔을 행복으로 바꿀 기회라고, 가정에서 직면한 압박과 어려움을 해결할 수 있는 지름길을 찾았다고 생각했다. 하지만 이야기를 듣다 보니 그녀가 결혼 생활을 저버리는 것은 오히려 새로운 문제, 더 큰 문제들을 야기할 것이 뻔했다.

그 후 그녀와 몇 시간 이야기를 나누면서, 나는 그 남성이 그녀나 그녀의 아이들에게 정말로 관심이 있는 것이 아니라는 사실을 깨달았으면 좋겠다고 권면했다. 만일 남성이 그녀와 아이들을 정말로 위했다면 그녀의 결혼 생활을 굳이 깨지 않았을 것이다. 그녀를 정말로 사랑했다면 그녀가 하나님의 율법을 어기도록 그녀를 이끌지 않았을 것이다. 그래서 나는 그녀가 가고 있는 길이 너무나도 매력적으로 보이더라도, 이것이 그녀가 추구하는 자유와 행복으로 이어지지 않을 것이라고 최대한 부드럽게 설명했다. 그리고 그녀가 지금 속고 있음을, 유일한 소망은 진리를 믿고 받아들이는 것임을 깨닫도록 도와주려고 노력했다. 자백, 상담, 기도, 결혼 생활과 자녀에 대한 재헌신이라는 머나먼 길이 결코 쉽지 않겠지만, 이것은 지름길을 찾는 것에서는 결코 발견할 수 없는 아름다움으로 그녀를 인도할 것이다.

속임에서 영적 속박으로 이어지는 과정

이어지는 장들에서 여성들이 믿고 있는 가장 흔하고 파괴적인 거짓말 몇 가지를 살펴볼 예정이다. 그러나 먼저 우리가 어떻게 속고, 또 이 속임이 어떻게 속박으로 이어지는지 살펴보도록 하자.

일반적으로 사람들은 하룻밤 사이 영적 속박에 빠지지 않는다. 어느 날 아침 일어나 보니 자신이 음식에 중독되었고 자신에게 통제할 수 없는 분노가 있음을 깨닫는 것이 아니다. 노예가 되는 과정에는 여러 단계가 있고, 그 시작은 다음과 같다.

"거짓말에 귀를 기울이다"

이것이 에덴동산에서 모든 일이 시작된 경위이다. 하와는 사탄이 하는 거짓말에 **귀를 기울였다.** 나는 그녀가 이 거짓말이 자신과 자기 가족을 끝내 어디로 인도할지 전혀 가늠하지 못했을 거라고 확신한다. 뱀의 이야기를 **들어 보는 것**, 그 말을 들어보고 무슨 말을 하려는지 알아보는 것 자체가 특별히 위험해 보이지는 않았을 것이다. 듣는 것 자체가 불순종은 아니니까 말이다. 하지만 여기서 중요한 핵심은 하나님 말씀에 반대되는 관점에 귀를 기울인 것이 결국 하와를 불순종으로 이끌어 그녀를 육체적, 영적 죽음에 이르게 했던 점이다. 사실이 아닌 것에 귀를 기울이는 것은 영적 속박으로 가는 첫걸음이다. 그렇기 때문에 나는 우리의 마음과 생각으로 받아들이는 모든 정보를 신중하게 검토하는 것이 매우 중요하다고 생각한다.

우리 부모님은 모두 청년 때 예수님을 알게 되었다. 부모님은 결혼할 때부터, 하나님의 견고한 말씀을 기초로 그리스도 중심의 가정을 세워 가고자 열심이셨다. 이분들은 오늘날 크리스천 부모들이 이용할 수 있는 많은 자료들의 혜택을 얻지 못했다. 하지만 하나님은 영적 갈망과 성장에 도움이 되는 가정 분위기를 조성할 수 있도록 지혜와 결단력을 허락해 주셨다. 여섯 명의 동생들과 나는 그리스도와 그분의 말씀, 그분의 백성, 그분의 나라를 향한 부모님의 사랑에 '전염'될 수밖에 없었다. 부모님은 의도적으로 우리 주변에 영적으로 성장하게 해 줄 것들을 배치하셨고, 어린 마음에 해가 되거나 죄에 둔감해질 수 있는 영향으로부터 우리를 지키기 위해서도 그리했다.

자녀 양육에 대한 이러한 접근 방식이 어렸을 적 늘 이해되었던 것은 아니다. 하지만 부모님이 이렇게 말씀하실 용기가 있었다는 사실에 나는 주님께 감사한다. "우리는 우리 아이들의 삶이 이 세상이 선전하는 거짓말에 의해 형성되는 것을 알면서도 가만히 있지는 않을 거야." 이분들은 우리가 자라서 하나님의 말씀과 뜻을 사랑하고, 우리 마음이 진리로 깨어나고, 스스로 진리를 받아들일 수 있기를 진심으로 바라셨다. 그리고 이렇게 보호받는 환경에서 우리를 세상으로 내보내실 때, 이분들은 우리가 계속해서 진리 안에서 걸으며, 거짓되고 기만적인 모든 것을 분별하고 거절하기를 기도하셨다.

나이를 꽤 먹었지만 지금도 나는 내 삶 안으로 들어오는 모든 것들을 신중하게 선택하고, 경건하지 못한 생각을 만들어 내는 것들을 거절하면서 여전히 마음을 지키고 있다. 세상의 거짓된 사고방식은 텔레비전과 잡지, 영화, 음악, 친구, SNS 등 다양한 경로를 통해 우리에게로 오고 있다. 이러한 것들을 꾸준히 관리함으로써 무엇이 가치 있고, 무엇이 아름다우며, 무엇이 중요한지에 대한 관점이 형성될 것이다.

무해한 거짓말은 없다. 세상의 거짓되고 기만적인 사고방식에 우리 자신을 노출시키고서 아무 탈 없이 빠져나올 수는 없다. 하와의 첫 번째 실수는 열매를 먹은 것이 아니다. 그녀의 첫 번째 실수는 뱀에게 귀를 기울인 것이다. 진리에 맞지 않는 조언이나 사고방식에 귀를 기울이는 것은 궁극적으로 우리를 영적 속박 가운데 처하게 하는, 잘못된 믿음을 개발시키는 첫 번째 단계이다.

그리고 우리가 그 거짓말에 귀를 기울이는 순간, 그다음 우리는 …

"거짓말을 곱씹는다"

우리는 그것에 귀를 기울이고, 그것을 곱씹는다. 원수가 이야기한 것을 고민하면서 마음속으로 숙고한다. 그리고 원수와의 대화에 참여한다. 결국 그가 옳을 수도 있다고 생각한다. 이 과정은 농사 혹은 정원 가꾸기에 비교할 수 있다. 먼저 우리가 하나님의 말씀에 위배되는 것에 마음을 여는 것은 '땅을 경작'하는 것이다. 그다음 그 거짓말에 귀를 기울이는 것은 '씨앗을 심는 것'이다. 그리고 그 거짓말을 곱씹는 것은 그 씨앗에 '물과 비료를 주는 것'이다.

그렇게 우리의 생각과 마음이 사실이 아닌 것을 곱씹다 보면 조만간 우리는 …

"거짓말을 믿게 된다"

이 지점에서 심은 씨앗은 뿌리를 내리고 자라기 시작한다. 이것이 정확히 하와에게 일어난 일이다. 먼저 그녀는 뱀이 구매를 권유하는 것에 귀를 기울였다. 그다음 그것을 고민했고, 그것에 대해 뱀과 더 많은 대화를 나누었다. 머지 않아 그녀는 뱀의 말이 하나님께서 말씀하신 진리에 분명히 위배됨에도 불구하고 그 말을 사실이라고 믿었다. 그리고 그 거짓말을 믿고 나서는 다음 단계로 넘어감이 수월해졌다.

그렇게 거짓말에 귀를 기울기고, 그것을 곱씹고, 그것을 믿으면, 조만간 당신은 …

"거짓말에 따라 행동하게 된다"

씨를 심고, 물과 비료를 주고, 뿌리를 내린 씨앗은 이제 열매를 맺기 시작한다. 신앙은 행동을 낳는다. 사실이 아닌 것을 믿으면 죄악 된 행동을 낳는다. 우리의 믿음은 우리가 살아가는 방식으로 드러날 것이다. 반대로 우리가 살아가는 방식은 우리가 믿는다고 **말하는** 것이 아니라, 우리가 실제로 믿는 바에 근거할 것이다. "그 마음의 **생각이** 어떠하면 그의 사람 **됨도** 그러하니"(잠 23:7, 표준새번역)

우리가 기억해야 할 중요한 사실은 우리 삶의 **모든 죄악 된 행동이 거짓말에서 시작한다는 것**이다. 우리는 그 거짓말을 듣고, 그것을 믿기까지 곱씹고, 마침내 그것에 따라 행동한다. 그다음에 무슨 일이 일어나는지 보라. 우리는 아주 사소한 것에서 진리를 거부하고 하나님의 말씀을 거역한다. 그리고 다음번 유혹을 받을 때는 쉽게 죄를 짓고, 그다음에는 더 쉽다는 사실을 발견한다.

우리는 딱 한 번 죄를 짓는 것이 아니라, 마음이 닳아 홈이 생길 때까지, 그러니까 죄악의 패턴이 생길 때까지 계속해서 죄를 짓는다. 무슨 일이 일어나고 있는지 알아차리기 전에 거기에 갇혀 버린다. 죄악의 요새가 세워진 것이다. 사탄은 미끼를 던졌고, 우리는 그것을 물었으며, 이제 그는 줄을 당겨 우리를 자기 먹잇감으로 삼는다. 이러한 과정이 어떻게 시작되었는지 잊지 말길 바란다.

"우리 삶의 모든 속박의 영역은 하나의 거짓말로 거슬러 올라갈 수 있다."

씨앗 하나를 뿌리고, 물과 비료를 주고, 뿌리를 내린 후에는 결국 열매를 맺는다. 그런데 단 하나의 열매가 아니라 영적 속박과 멸망, 죽음이라는 큰 수확이다.

종의 자리에서 자유로 나아가기

우리 대부분은 거짓말에 귀를 기울이고 그것을 믿고 그것에 따라 행동했기 때문에 종 된 삶의 영역들을 가지고 있다. 우리는 어떻게 하면 이 영역들을 탈출해 자유로 나아갈 수 있을까? 영적 속박으로 인도하는 일부 거짓말들과 우리를 자유롭게 하는 진리를 보다 구체적으로 다루기 시작하면서 우리가 유념해야 할 세 가지를 알아 보자.

첫째, 자신의 영적 속박 혹은 죄악 된 행동을 분별하라. 우리는 이 책을 통해 몇 가지 일반적인 영적 속박 혹은 죄악 된 행동들을 살펴보려 한다. 지금 당장 하나님께 당신이 자유롭지 못한 구체적인 영역들을 보여 주시도록 간구해 보라. 성경은 "누구든지 진 자는 이긴 자의 종이 됨이라"라고 이야기한다(벧후 2:19). 당신은 당신의 인생에서 당신을 힘들게 했던 문제를 정확히 짚어 낼 수 있는가?

● 육체적으로 속박되어 있는 영역들이 있는가? (과식, 섭식 장애, 약물 남용)

● 감정적으로 속박되어 있는가? (불안, 공포, 우울, 만성적 정서 장애)

● 성적인 죄에 속박되어 있는가? (자위, 음란물, 정욕, 간음, 동성애)

- 재정적 속박이 삶에 문제가 되고 있는가? (낭비, 탐욕, 인색함)

- 당신을 괴롭히는 죄악 된 습관들이 있는가? (분노, 거짓말)

- 인정받아야 한다는 욕구에 속박되어 있는가?

- 텔레비전이나 컴퓨터 게임, SNS, 로맨스 소설, 성애물 등
  (성적 자극을 위한 '야한' 이야기)에 중독되어 있는가?

하나님께서 당신의 마음에 다른 속박의 영역들을 생각나게 하실 수도 있다. 일단 이 영역들을 확인한 후 단순히 이들을 제거하려고 애쓰지 마라. 헛수고일 것이다. 사실, 당신은 이미 이러한 행동들을 해결하려고 노력했지만 실패했거나 포기하고 싶은 유혹을 받았을 수도 있다. 당신의 땅에서 자라고 있는 독이 든 딸기를 제거하기 원한다면, 나가서 나무에 달린 모든 딸기를 따내는 것으로는 충분하지 않다. 더 많은 딸기들이 그 자리에서 빠르게 자랄 것이다. 독이 든 열매를 영구적으로 제거하는 유일한 방법은 그 나무를 뿌리 째 뽑는 것이다. 그렇기 때문에 다음 단계가 너무나도 중요하다.

둘째, 속박이나 죄의 뿌리에 자리한 거짓말을 분별하라. 당신은 어떤 거짓말에 귀를 기울였고, 믿었고, 따라 행동했는가? 질문에 대한 답이 곧바로 생각나지 않을 수도 있는데, 뿌리는 보통 표면 아래 숨어 있고 본질은 거짓되기 때문이다. 우리가 진실이 아닌 무엇을 믿어 왔는지, 보여 주실 주님의 도움이 필요하다.

이어지는 페이지에서 우리는 우리 삶에 뿌리를 내리고 열매를 맺도록 허용한 수많은 거짓말 중에서 대표적인 45가지의 거짓말을 확인할 것이다. 하나님께 당신이 어떠한 거짓말에 속아 넘어갔는지를 (이 책에 있는 것이든, 혹은 떠오르게 하시는 다른 것이든) 알게 하시고, 이를 회개하게 해 달라고 간구하라. 그렇게 당신이 믿은 특정한 거짓말들을 분별한 후에는 무엇을 해야 할까?

셋째, 거짓말을 진리로 대항하라. 이것은 너무나도 중요하다. 사탄은 막강한 적이다. 그의 주요 무기는 속임이다. 그의 거짓말은 강력하다. 하지만 사탄의 거짓말보다 더 강력한 것이 있는데, 바로 진리이다. 우리를 영적 속박에 놓이도록 한 거짓말을 분별하고 이를 회개할 때 우리는 속임을 이길 효과적인 무기, 곧 진리의 무기를 갖게 된다.

각각의 거짓말은 진리로 대항해야 한다. 우리가 거짓말에 귀를 기울이고 그것을 곱씹고 믿고 그것에 따라 행동한 곳에서, 우리는 진리에 귀를 기울이고 그것을 묵상하고 믿고 그것에 따라 행동하기 시작해야 한다. 이것이 성령의 능력으로 영적 속박에서 참된 자유로 나아가는 방법이다. 이 과정이 언제나 수월하지는 않지만 하나님은 우리에게 그 길의 각 단계마다 필요한 은혜를 허락해 주실 것이다. 거짓말이 드러나고 사슬이 끊어지고 진리 가운데 걷기 시작할 때, 우리는 얼마나 큰 기쁨을 경험하게 될까! 예수님께서 선언하신 대로 당신을 "자유롭게 하"는 것은 진리이다(요 8:32).

인터넷에서 만난 남성을 위해 남편과 아이들을 떠날 생각을 했던 여성의 이야기를 기억하는가? 그녀는 기독교 가정에서 자랐고 기독교 대학을 졸업했다. 그래서 머리로는 많은 진리를 알고 있었다. 하지만 그녀를 처음 만났을 때, 그녀는 제대로 속아 눈이 먼 상태였다. 원수는 그녀의 생각 속에서 많은 일을 해 왔고, 진리에 귀를 기울일 준비나 의지가 없었다.

간단히 말해서, 그 후 몇 년 동안 그녀는 자기가 원하는 길을 가면서 어리석은 선택들을 거듭했고, 그녀와 그녀의 가족은 그에 대한 혹된 대가를 치러야만 했다. 하지만 하나님이 동산에서 아담과 하와를 뒤쫓으셨던 것처럼, 하나님은 자비하심으로 계속해서 그녀를 뒤쫓으셨다. 몇 년이 지나 이 여성은 나에게 편지를 써서 자신의 근황을 알려 왔다.

> 망가져서 쓸모없어지고, 그래서 외롭다고 느낀 저는 마침내 다시 주님을 찾기 시작했습니다. 성경을 읽고, 교회에 출석하고, 기도하기 시작했습니다. 마음의 변화가 거의 순간적으로 일어

나고, 제 영혼에 심긴 진리의 씨앗에 이끌려 계속 나아갔습니다.

주님께서 기적적이고 놀라운 방식으로 제 눈의 비늘을 제거하기 시작하시더라고요! 주님을 나름 안다고 생각했었는데, 주님은 이전보다 훨씬 더 신비로우시고 능력이 많으신 분으로 자신을 보여 주셨습니다. 동시에 너무나도 깊은 그분의 사랑과 긍휼, 그리고 자비도 보여 주셨지요. 주님은 지치고 곤한 제 영혼이 갈망해 온 분일 뿐 아니라 그보다 훨씬 더 큰 분이셨습니다.

오늘 주님은 예수 그리스도의 보혈로 말미암아 저를 거룩하고 완전하며 흠이 없는 자로서 바라보고 계신다는 사실을 확신시켜 주셨어요. 저는 주님께서 제가 주님 안에서만 위안을 얻길 바라셨다는 사실을 거의 36년을 달려오고 나서야 깨달았습니다. 주님께 반항하며 무너뜨리려 했던 모든 것들을 주님은 놀랍게 재건해 주셨어요. 하나님의 사랑은 저항할 수 없는 사랑이라는 것을 이제야 알았습니다.

우리에게는 만물을 새롭게 하시는 구원의 하나님이 계시다. 하나님은 이 여성을 구원하시고 새롭게 하고 계신다. 우리의 과거가 어떠하든지, 우리가 어떤 거짓말을 믿어 왔든지, 그리고 우리가 어떠한 결과를 경험했든지, 하나님은 당신과 나를 위해 동일한 일을 행하기 원하신다. 그분의 은혜와 사랑은 참으로 저항할 수 없다.

2부
여성들이
믿고 있는
거짓말

LIES
Women
BELIEVE

2장
여성들이
하나님에 관하여
믿고 있는 거짓말

하와의 일기

너무나도 혼란스럽다. 어제 아침만 해도 참 많은 것을 확신했었는데, 이제 누구를, 아니 무엇을 믿어야 할지 모르겠다. 지금까지 나는 하나님께서 나를 사랑하신다는 사실을 의심할 이유가 전혀 없었다. 그분이 선하시다는 사실에 대한 수천 가지 이유가 있었다. 그분이 우리에게 하시는 말씀이 전부 진리라는 것도 전혀 의심해 본 적 없다. 나는 그분을 신뢰했고, 그분이 말씀하시는 대로 믿었다.

그런데 지금은 무슨 이유 때문인지, 그분이 매일 아침 우리와 함께 걷고 대화하고 노래하셨던 그 하나님이 아닌 것 같다. 그분이 정말로 선하시다면, 그분은 왜 내가 그 아름다운 생물과 대화를 나누면서 그 열매를 따먹었을 때 나를 멈추지 않으셨을까? 열매는 또 왜 그리 탐스럽게 만드셨을까? 왜 그 나무를 그곳에 두셨을까? 왜 우리가 그 열매를 먹든 말든 관여하시는 걸까?

그분이 너무 멀게 느껴진다. 그리고 두렵다. 그분은 우리가 그 나무의 열매를 먹으면 죽게 될 거라고 말씀하셨다. 죽는다는 것이 무슨 뜻인지도 난 잘 모르겠는데…. 이건 너무 가혹한 벌인 것 같다. 전혀 공정하지 않은 것 같다. 겨우 한 번 잘못한 건데…. 오늘 하나님은 우리더러 에덴을 떠나라고 말씀하셨다. 왜 우리에게 한 번의 기회를 더 주지 않으신 걸까? 우리를 사랑하기는 하시는 걸까?

모든 게 엉망진창이다! 하나님은 왜 아무 일도 안 하시는 걸까?

여성들이 믿고 있는 거짓말 몇 가지를 확인하기 시작하면서, 우리는 이 책에서의 거짓말 목록이 절대 전부가 아니라는 사실을 기억할 필요가 있다. 사탄은 거짓말의 대가이고 그의 거짓말에는 끝이 없다. 이 책에 포함시키고 싶었던 수많은 거짓말들이 있다. 게다가 이 주제들 중 다수는 이미 여러 책들로 쓰여진 바 있다. 나의 목표는 이를 종합적으로 다루기보다는 여성들의 삶과 가정을 무너뜨리는 생각, 즉 우리가 대개 경험하는 영적 속박의 근원이 되는 거짓말들에 대한 폭넓은 개관을 제공하는 것이다. 물론 이 거짓말을 **모두** 믿는 사람은 아무도 없다. 따라서 우리의 원수는 우리 각자가 속임을 당하기에 가장 취약한 부분을 알고서(약 1:14) 그곳을 공격의 표적으로 삼을 가능성이 높다. 당신은 내가 추린 이 거짓말들을 보고 이렇게 생각할 수 있다. "나는 **저 거짓말을** 절대로 믿지 않을 거야." 그런데 사탄의 전략 중 한 가지는 우리가 속고 있다는 것을 감추는 것이다. 우리가 그 진리를 **안다**는 것으로 그 진리를 **믿는다**고 생각하게 만든다.

우리가 실제로 살아가는 방식, 즉 우리의 선택과 우선순위, 고통에 대한 반응은 우리가 진정 무엇을 믿는지를 드러내 준다. 예를 들어, 우리는 하나님이 모든 것을 다스리시고 사랑이 많으시며 선하시고 모든 것에 충분하시며 지혜로우신 분임을 믿는다고 말은 한다. 하지만 내가 생활하면서 받는 스트레스와 압박에 두려움이나 분개, 다른 사람을 조종하는 행위로 반응한다면, 적어도 이 상황에서는 그분이 참으로 선하시거나 지혜롭지 않으시며 상황을 통제하지 못하시는 분이라고 믿는다는 사실을 보여 주는 셈이다. 따라서 이 거짓말들을 살펴보면서 "내가 이 거짓말들을 믿고 있을까?"라고 묻는 것만으로는 부족하다. 우리는 스스로에게 이렇게 물어야 한다. "나는 이 거짓말을 믿고 있는 것처럼 **살고** 있진 않은가?"

이 책에 나열된 거짓말들은 특별히 더 거짓되다. 그것들이 노골적인 거짓말이 아니라 반쪽짜리 진실을 포함하고 있기 때문이다. 그래서 더욱 교묘하고 위험하다. 결국 반쪽짜리 진실은 온전한 거짓말만큼이나 확실하게 당신을 속박시킬 수 있다.

우리가 다루게 될 문제들 중에는 신자들 사이에서 논쟁이 되는 것들도 있다. 그래서 때때로 당신은 이렇게 생각할 수도 있다. "나는 저게 거짓말이라고 생각하지 않아." "이 점에서 나는 저자에게 동의할 수 없어." 나는 당신이 진심으로 동의하기 어려운 소수의 특정한 문제들에 발이 걸려 넘어지지 않기를 당부하고 싶다. 나는 내가 성경이 가르친다고 생각하는 바를 제시할 뿐이다. 이 문제들 중 무엇에 대해서도 나에게는 최종 결정권이 없다. 예수님과 그분의 말씀이 '진리'이다. 내 목표는 당신이 내가 말하는 모든 것에 동의하도록 하는 것이 아니라, 당신이 하나님의 말씀 가운데 드러난 대로 진리를 추구하고, 그 진리의 빛 안에서 당신 삶의 모든 영역을 점검하고 평가하도록 동기를 부여하는 것에 있다.

나는 여성들이 믿고 있는 거짓말 중 가장 먼저 하나님에 관한 거짓말을 다루려고 한다. 이는 우리가 하나님에 관하여 믿는 것이 다른 모든 것에 관한 믿음의 기초가 되기 때문이다. 21세기 작가이자 목사인 A. W. 토저는 그의 대표작 《하나님을 바로 알자》(*The Knowledge of the Holy*)를 열면서 이렇게 말했다.

┃ 우리가 하나님을 생각할 때 우리 마음에 떠오르는 것이 우리에게 가장 중요한 것이다.[1]

이것은 사실이다. 우리가 하나님에 관하여 잘못된 생각을 갖는다면, 우리는 다른 모든 것에 관해서도 잘못된 생각을 갖게 될 것이다. 우리가 하나님에 관하여 믿는 바가 우리 삶의 방식을 결정한다. 우리가 그분에 관하여 사실이 아닌 것을 믿는다면, 우리는 결국 그 거짓말들에 따라 행동하고 다양한 종류의 속박에 처하게 될 것이다.

거짓말 01.
"하나님은 정말로 선하시지 않아."

자신을 크리스천으로 인정하는 여성들 중에 이 거짓말을 의식적으로 믿는 사람은 없다. 우리 중에 "하나님은 정말로 선하시지 않아."라고 말하는 사람은 거의 없을 것이다. 우리는 바보가 아니다. 신학적으로, 지성적으로 우리는 하나님이 선하시다는 사실을 안다. 하지만 우리 중 많은 이들의 마음 깊은 곳에는 그분이 실제로는 선하지 않으실 수 있다는, 적어도 **나에게는** 그렇지 않으셨던 것 같은 의심이 도사리고 있다.

나는 이 거짓말이 하나님에 관한 우리의 잘못된 생각의 핵심에 있다고 생각한다. 본질적으로 이것은 사탄이 동산에서 하와를 유혹하기 위해 사용했던 거짓말이다. 하나님은 남자와 여자의 즐거움을 위해 낙원 전체를 창조하시고 이들에게 복 주셨다. 그리고 이들에게 한 나무만을 제외하고 다른 모든 나무의 열매를 취할 자유를 주셨다. 만일 당신에게 하나님의 선하심에 대한 일말의 의심이라도 있다면, 창세기 1-2장으로 돌아가 그것을 다시 읽어 보라. 거기에서 당신은 인격적이시고 관대하시며 선하신 하나님을 발견할 것이다. 그분이 만드신 모든 것은 좋았다. 하나님의 창조 세계는 하나님의 선하심을 반영한다.

사탄이 여자를 유혹해 하나님을 대적하길 원했을 때, 그는 하나님의 선하심에 대한 의심의 씨앗을 그녀의 마음에 심는 것으로써 그렇게 했다. "하나님이 참으로 너희에게 동산 모든 나무의 열매를 먹지 말라 하시더냐"(창 3:1). 이것의 함의는 "하나님은 선하신 분이 아닌 게 분명해. 선하신 분이라면 네가 정말로 원하는 것을 거절하지 않으셨을 거야"였다.

극심한 어려움, 실망, 고통이 우리의 삶을 찾아올 때, 사랑하는 사람들을 잃게 될 때, 우리가 소망하고 계획한 일들이 이루어지지 않을 때 사탄은 우리를 유혹해 의심하도록 한다. '하나님은 정말로 선하실까? 그렇다면 어떻게 이런 일이 일어나도록 하실 수 있지?', '어떻게 나에게 이걸(좋은 것을) 주지 않으실 수 있지?' 그래서 우리는 노골적으로 내뱉지는 않더라도 자기 상황을 주변 다른 이들의 경험과 비교함으로써 특별히 다음과 같은 의심을 가질 수 있다.

- 하나님은 다른 사람들에게는 선하시지만, 나에게는 아니야.

- 하나님은 다른 사람들을 위해서는 싸워 주시지만, 내 유익은 안중에도 없으셔.

- 하나님은 다른 사람들에게는 복 주시기를 기뻐하시지만, 나에게는 고통을 주려고만 하시는 것 같아.

전쟁과 테러, 성매매, 자연재해가 현실인 이 타락한 세상을 돌아볼 때, 우리는 이러한 속이는 자의 부정적 선전에 충분히 넘어갈 수 있다. '어떻게 선하신 하나님이 홀로코스트(Holocaust, 1933-1945)가 일어나도록 하실 수 있지? 9.11 테러와 다른 테러 공격들은? 총기 난사 사건들은?' 이렇게 하나님의 선하심을 의심하는 순간, 우리는 옳고 그른 것에 대해 우리 스스로 결정을 내리는 것을 정당화하게 된다.

그러나 진리는 '하나님은 선하시다'는 것이다. 그분의 선택이 우리에게 선하게 보이든 그렇지 않든 그분은 선하시다. 우리가 그렇게 느끼든 그렇지 않든 그분은 참으로 선하시다. 그것이 나와 당신의 삶에서 실제로 보이든 그렇지 않든 그분은 여전히 선하시다. 그리고 하나님은 우리의 고통을 기뻐하지 않으신다. 그분은 우리를 진정 사랑하시기에, 우리가 고통을 당할 때 그분도 고통을 당하신다. 그분은 우리의 고통을 외면하지 않으시고 우리를 긍휼히 여기신다.

여호와께서 이르시되 내가 애굽에 있는 내 백성의 고통을 분명히 보고

그들이 그들의 감독자로 말미암아 부르짖음을 듣고 그 근심을 알고 _
출 3:7

나는 하나님의 '선하심'이라는 이 진리 안에서 의식적으로 피난처를 찾았던 인생에서의 첫 위기의 순간을 절대 잊지 못할 것이다. 스물한 번째 생일을 맞아 주말에 부모님과 여섯 동생들이 있는 집을 찾았을 때였다. 당시 나는 버지니아의 한 지역 교회를 섬기고 있었기에 가족들과 함께 시간을 보낸 후 토요일 저녁, 부모님께서 나를 공항으로 데려다 주셨다. 그리고 버지니아 린치버그(Lynchburg)에 도착했을 때 엄마로부터 전화가 왔는데, 아빠가 갑자기 심장 마비를 일으켜 방금 전 주님 곁으로 가셨다는 것이었다. 너무 당혹스러웠다. 아무런 경고도 없었고, 아빠와 마지막 인사를 나눌 시간도 없었다. 마흔 살의 엄마는 졸지에 일곱 명(여덟 살부터 스물한 살까지)의 자녀를 둔 과부로 남게 됐다.

그 후 며칠 동안, 아니 몇 주와 몇 달에 걸쳐 눈물이 제멋대로 흘러내렸다. 모두가 아빠와 너무 친밀한 관계를 맺고 있었기 때문에, 아빠 아트 드모스(Art DeMoss)를 아는 모든 사람들은 아빠가 돌아가셨다는 소식을 접했을 때 다들 엄청난 상실감을 느꼈다. 하지만 주님은 내게 특별한 은혜를 주셨다. 바로 진리를 상기시켜 주신 것이다. 다른 어떤 생각이 들기 전, 눈물이 흘러 나오기 전, 하나님은 며칠 전 읽은 성경 한 구절을 떠올리게 하셨다. 그 구절이 나에게 상시시킨 바를 다른 말로 바꾸어 표현한다면 이것이다. "하나님은 선하십니다. 그분이 행하시는 모든 일이 선합니다."(시 119:68)

아빠는 내 인생 21년 동안 이 진리를 가르쳐 주셨다. 그리고 결정적인 순간 이 진리가 내 마음의 요새가 되어 주고 있음을 확인했다. 나는 아빠가 끔찍하게 그리웠고 지금도 그럴 때가 있다. 성인이 되어서는 아빠를 알아 갈 기회가 없었기에, 아빠와 이야기를 나누고 싶은 것들이 너무나도 많았다. 하지만 그때나 지금이나 내가 확신하는 것은, 하나님은 선하시며 내가 그분의 방식을 다 이해할 수 없을 때에도 그분이 행하시는 모든 일이 선하다는 사실이다.

거짓말 02.
"하나님은 나를 사랑하시지 않아."

이 거짓말은 종종 앞의 거짓말과 관련이 있다. 다시 말하지만, 우리 중에 이것을 믿는다고 실제로 인정할 사람은 거의 없을 것이다. 우리는 하나님께서 우리를 사랑하신다고 믿어야 한다는 것을 알고 있다. 하지만 우리 중 많은 사람들은 지성적으로 아는 것과 감정적으로 느끼는 것 사이에 간극이 있다. 거기에 우리의 문제가 있는데, 바로 우리가 하나님의 말씀이 진리라고 선언하는 것보다 우리의 감정이 우리에게 사실이라고 말하는 것을 더 신뢰한다는 것이다.

우리의 인간관계를 돌아보라. 쓸쓸한 결혼 생활, 배우자의 거절, 전화도 하지 않고 찾아오지도 않는 장성한 자녀들, 마흔이 다 되어 가지만 괜찮은 남자 하나 보이지 않는 상황에서 우리의 감정은 이렇게 이야기한다. "아무도 나를 사랑하지 않아. 심지어 하나님도…. 그분이 세상을 사랑하실 수는 있지. 다른 모든 사람들을 사랑하실 수도 있어. 하지만 나를 사랑하시지는 않아." 물론 이런 말들을 입 밖으로 내뱉지는 않겠지만, 우리는 이것이 사실이라고 **느낀다**. 그러니까 거짓말의 씨앗이 우리 마음에 심기고, 그것이 사실이라고 믿을 때까지 우리는 그 거짓말을 곱씹으며, 결국 우리의 행동은 우리가 실제로 믿는 바를 반영하게 된다. 궁극적으로 이 거짓된 믿음이 우리를 노예로 삼는 것이다.

당신은 아래 빅토리아(Victoria)의 이야기에 공감할 수 있을 것이다.

> 저는 사랑이 언제나 조건적이었던, 서로 간의 관계가 어렵고 소원한 가정에서 자랐어요. 저는 결과적으로 하나님이 저를 무조건적으로 사랑하신다는 사실을 믿는 게 너무 어려웠어요. 이것 때문에 제가 어떠한 실수나 죄를 저지를 때마다 지나친 정죄감을 가지게 되더라고요. 죄가 간과할 수 있는 무엇이라는 뜻이 아니라, 하나님께서 저를 용서해 주실 거라고 믿지 못했다는 뜻이에요.

"하나님은 나를 사랑하시지 않아."라는 거짓말을 받아들이는 것은 결코 사소한 문제가 아니다. 이것은 우리 삶과 관계에 있어 모든 영역에 영향을 미친다. 우리 마음에 뿌리를 내리도록 허용한 아주 작은 씨앗이 자라나서 엄청난 수확을 맺게 된다.

진리는 '하나님께서 우리를 사랑**하신다**'는 것이다. 우리가 사랑받는다고 느끼든 그렇지 못하든, 이제껏 우리가 무엇을 행했든, 우리가 어디에서 왔든 상관없이 그분은 무한하고 이해할 수 없는 사랑으로 우리를 사랑하신다. 하나님은 우리가 선하거나 훌륭해서 사랑하시는 것이 아니라 **자신이 사랑이시기 때문에** 당신을 사랑하고 나를 사랑하시는 것이다. 우리를 향한 그분의 사랑은 우리가 그분을 위하여 행한 것이나 할 수 있는 것에 근거하지 않는다. 우리의 행위에 근거하지 않는다는 것이다. 우리는 그분의 사랑을 받을 자격이 없고 그것을 결코 얻어 낼 수도 없다.

성경은 내가 그분의 원수였을 때, **그분이 나를 사랑하셨다**고 말한다. 당신은 "당신이 어렸을 때 어떻게 하나님의 원수가 될 수 있었을까요?"라고 물을 수 있다. 성경에 따르면, 나는 태어날 때부터 불경건했고 죄인이요 하나님의 원수였으며 그분의 영원한 진노를 받아 마땅한 존재였다(롬 5:6-10). 그분과 그렇게 멀어져 있음에도 불구하고 그분은 나를 사랑하셨고 나를 위해 그분의 아들을 보내 주셨다. 그분은 영원 전부터 나를 사랑하셨고 앞으로도 영원히 나를 사랑하실 것이다. 그분이 나를 덜, 혹은 더 사랑하시도록 내가 할 수 있는 일은 아무것도 없다. 당신도 마찬가지다.

내 친구 멜라나(Melana Monroe)는 유방암과의 길고 힘든 싸움을 싸워 왔다. 그러다가 그녀는 양측 유방 절제술에 대한 남편의 반응을 보며, 하나님의 놀라운 사랑을 가슴 깊이 이해하게 되었다고 얘기해 주었다.

> 그이가 처음으로 내 붕대를 풀었을 때 우리는 울면서 몸을 부들부들 떨었어. 내 모습이 너무나도 못나고 흉한 대머리의 모습이었거든. 다시 그 사람에게 온전한 아내가 될 수 없다는 사실이 얼마나 슬펐는지 몰라. 그이가 나를 꼭 끌어안고 눈물이 차오른 눈으로 이렇게 말하더라. "멜라나, 나는 여전히 당신을 사랑해."

그 순간 남편에게서 그리스도가 보이더라. 이처럼 그분의 신부인 우리도 비록 지금은 죄라는 암에 걸려 상처 입고 훼손되고 추한 모습이지만, 그분은 여전히 우리를 사랑하셔. 우리 안에 있는 어떤 어여쁨도 그리스도의 이목을 끌지 못해. 그분을 우리에게로 이끄는 건 오직 그분의 속성 때문이야.

거짓말 03.
"하나님은 우리 아빠랑 똑같으실 거야."

내 소중한 친구 한 명은 수년간 하나님께서 (그녀의 남편이나 다른 누구도) 자신을 정말 사랑하신다는 사실을 믿기 어려워했다. 그녀는 성경이 하나님의 사랑에 관하여 무엇을 이야기하고 있는지 잘 알고 있었다. 그녀의 남편도 그의 사랑을 의심할 만한 어떠한 것도 그녀에게 준 적이 없었다. 그녀를 아끼는 친구들도 많았다. 하지만 그녀는 감정적으로 갇힌 상태였다. 그녀는 그저 자신이 머릿속으로 알고 있는 진실에 안주할 수 없었다. 그녀의 마음에 자리한 이 '막힌 담'을 탐색하면서, 나는 친구의 아버지가 그녀가 십 대였을 때 자신의 가족을 버렸고 이것이 그녀가 두려움과 불안감, 깊은 신뢰의 문제로 시달리고 있는 이유라는 사실을 알게 되었다. 그러나 안타깝게도 내 친구의 어려움은 그리 드문 일이 아니다.

이 책으로 소그룹 모임을 이끌고 있는 한 여성이 베스(Beth)라는 한 멤버가 모임을 마친 후 개인적으로 자신을 찾아와서, 자신이 "하나님은 우리 아빠랑 똑같으실 거야."라는 거짓말을 믿어 왔다고 고백한 사실을 나누어 주었다. 베스의 아버지는 그녀가 어릴 때 임신과 낙태를 한 사실을 절대 용서하지 않았고, 따라서 베스는 하늘에 계신 아버지도 자신을 용서하지 않으실 거라고 생각했다는 것이다.

여성으로서 하나님에 대하여 가지는 견해는 종종 우리가 알아 온 남성들, 특히 아버지의 영향을 받는다. 하나님에 대한 우리의 인식은 이 남성들에 의해서 긍정적 혹은 부정적으로 형성될 수 있다. 내 아버지는 다정하고 신실하고 자녀의 일에 관심이 많았다. 이것은 내게 복이었고 깊이 감사하고 있다. 이것은 내가 하늘 아버지를 신뢰하고 그분의 사랑을 받는 일을 보다 수월하게 만들었다. 모든 여성들이 나와 동일한 고백을 할 수 있다면 얼마나 좋을까. 하지만 많은 여성들이 정반대의 경험을 하고 있다. 당신의 아버지는 서먹서먹하거나, 부재중이거나, 비판적이거나, 고압적이거나, 엄격하거나, 폭력적이거나, 사랑을 잘 표현하지 못했을 수 있다. 그럴 경우 하나님이 당신의 아버지가 되신다는 사실이 당신을 움츠리게 할 수도 있다. 그리고 이 여성들을 공감할 수도 있다.

> 저는 저에게 아주 잔혹했던 의붓아버지가 있었어요. 그래서 하나님이 그와 같지 않다는 사실을 받아들이는 게 너무나도 어려웠죠.

> 제 아버지는 크리스천이시고 좋은 분이셨어요. 그런데 저는 아버지로부터 격려를 별로 들어 보지 못했어요. 예들 들어, 아버지의 페인트칠을 돕고 난 후 제가 "이야, 너무 멋지구나!"라는 말을 기대하며 "괜찮아 보여요?"라고 물을 때 아버지는 "(그게 무엇이든) _____를 하지 않도록 더 노력해라"라고 말씀하실 뿐이셨죠. 하나님이 저를 무조건적으로 사랑하시고 용납하시는 대신 제 잘못을 찾으실 거라고 생각하는 이유는 아마 이것 때문인 것 같아요.

당신이 아버지 혹은 신뢰했던 다른 남성으로부터 받은 상처가 있다면, 당신은 하나님을 신뢰하기 어려울 수도 있다. 심지어 하나님을 두려워하나 혹은 하나님께 화가 나 있을 수도 있다. 하지만 진리는 '하나님은 우리가 알아 온 어떠한 남성과도 다르다'는 것이다(민 23:19을 보라). 가장 지혜롭고 가장 친절한 이 땅의 아버지라도 우리 하늘에 계신 아버지에 비하면 희미한 반영에 불과하다. 성경에서의 하나님은 가장 훌륭한 아버지보다도 무한히 더 헌신되고 순전하며 사랑이 많으신 분이시다. 그렇기 때문에 하나님에 대한 우리의 견해가 다른 남성들로 결정되지 않도록 하는 것이 너무나도 중요하다. 이들은 기껏해야 흠 있는 하나님의 대표자에 불과하기 때문이다.

우리가 성경으로 돌아갈 때, 우리는 하나님이 정말로 어떠한 분이신지를 알게 된다. 우리는 또한 "하나님의 영광의 광채시요 그 본체의 형상"(히 1:3)이시며, 하나님을 자신의 아버지로 지칭하신 예수님도 알게 된다. 우리가 성경에서 보는 하나님은 긍휼이 많으시고 사랑이 많으시며 자비로우신 분이시다. 그분은 자기 자녀에게 깊은 관심을 가지시며, 자녀를 보호하시고, 그들에게 가장 유익한 것을 마음에 두고 계신다.

그렇다고 우리가 원하는 모든 것을 다 주신다는 뜻은 아니다. 현명한 아버지라면 자녀를 위해 그렇게 하지 않을 것이다. 또 우리가 언제나 그분의 뜻을 이해할 수 있다는 뜻도 아니다. 그러하기에 그분은 너무나도 크시다. 그리고 우리가 절대 고통을 당하지 않도록 하신다는 의미도 아니다. 그분은 보다 큰 그림을 보시고서 우리의 안위보다 우리의 성장과 성화에 큰 가치를 두신다.

오늘날 기독교계 일각에서는 부모의 징계가 사랑을 철회하고 불필요하며 비효율적이라는 가르침이 퍼지고 있다. 하지만 성경은 우리에게 하나님이 지혜롭고 사랑이 많으신 아버지이시며, 그분은 "우리의 유익을 위하여 (징계하사) 그의 거룩하심에 참여하게" 하신다고 말한다(히 12:10). 따라서 우리가 어떻게 느끼거나 생각하든 간에 진리는 다음과 같다.

> 하나님은 선하고 선하신 아버지이십니다.
> 그것이 바로 하나님입니다.
> 하나님은 모든 면에서 완벽하십니다.
> 그것이 바로 하나님입니다.
> 나는 하나님께 사랑받고 있습니다.[2]

수년 동안 나는 아버지에게서 버림받은 내 친구가 이러한 진리를 경험하고서 하나님 아버지의 사랑을 영혼 깊은 곳에서 확신케 되기를 바랐다. 이 확신은 그리 빨리 찾아오지 않았다. 그러나 얼마 후, 그녀가 자기 마음을 말씀의 진리로 권면하는 법을 배워 가면서 의심과 두려움이 점차 물러갔고 믿음이 그 자리를 차지했다. 나는 그녀가 나에게 이렇게 이야기했던 날을 절대로 잊지 못할 것이다. "너도 알고 싶어 할 것 같아서 말해 줄게. 정확히 언제, 어떻게 이 일이 일어났는지는 알 수 없지만, 내가 지난 몇 달 동안 하나님께서 나를 **정말 사랑하신다는 사실을 믿고** 있더라고!" 그때 내 마음이 속삭였다. "아버지, 이 딸에게 아버지를 알게 해 주셔서 감사합니다. 정말 감사합니다!"

거짓말 04.
"하나님만으로는 충분하지 않아."

♥ 그리스도는 나의 모든 것, 나의 전부.

♥ 하나님의 은혜가 충분해요. 하나님의 은혜로 만족해요. 하나님의 은혜가 제게 족해요.[3]

♥ 오직 그리스도 안에 나의 소망이 있네. 그분은 나의 빛, 나의 힘, 나의 노래.[4]

당신은 아마도 교회 예배에서 이런 노래, 혹은 이와 비슷한 가사의 노래를 불러 보았을 것이다. 하지만 교회 문을 나와 험난한 세상으로 나갔을 때에도 당신은 이 노랫말이 정말로 믿어지는가?

앞에 세 가지 거짓말과 마찬가지로, 우리 중 "나는 하나님만으로는 충분하지 않아."라고 스스로 인정하거나 인식하는 사람은 거의 없을 것이다. 하지만 우리가 사는 방식은 우리가 무엇을 믿고 있는지, 무엇에 속고 있는지를 보여 준다. 결국 우리는 하나님의 말씀이 우리 문제를 해결하기에 정말 충분하다고 믿지 않는다. 아, 다른 모든 사람들의 문제는 해결할 수 있어도 **나의** 문제, **나의** 필요, **나의** 관계, **나의** 상황에서는 그렇지 않다고 생각한다.

하나님께서 함께하신다면 당신은 정말 그걸로 충분하다고 믿는가? 아니면 혹시

다음과 같진 않은가? "물론 저는 하나님이 필요해요. 하지만 하나님과 더불어 가까운 친구들이 필요해요. 좋은 건강도 필요하고, 남편도 필요하고, 자녀도 필요하고, 보수가 괜찮은 직업도 필요하고요." 당신은 정말로 하나님만으로 충분하다고 믿는가? 아니면, 음식과 쇼핑, 친구, 취미, 휴가, 직장, 가족 등 다른 물건들과 사람들로 마음의 빈 공간을 채우고 있는 나 자신을 발견하고 있진 않은가?

아삽은 다윗 왕 시대의 성막 합창단에서 재능 있는 가수이자 시인, 그리고 예배 인도자였다. 하지만 때때로 왜 주님을 섬기지 않는 자들이 더 큰 물질의 복과 더 적은 어려움을 겪는지 이해하기 어려웠다. 그가 고개를 들어 불경건한 자들의 번영은 일시적이며 그가 여호와 안에서 지금 그리고 영원토록 필요한 모든 것을 가지고 있다는 사실을 상기할 때까지, 이러한 명백한 부당함이 그를 괴롭히고 무기력하게 했다. 그래서 아삽의 결론은 우리가 이 땅에서 직면할 수 있는 모든 경우와 상황 속에서 우리 마음을 든든히 지켜 줄 확신의 기반이 된다.

> 하늘에서는 주 외에 누가 내게 있으리요? 땅에서는 주 밖에 내가 사모
> 할 이 없나이다 내 육체와 마음은 쇠약하나 하나님은 내 마음의 반석
> 이시요 영원한 분깃이시라 _시 73:25-26

이렇게 말하는 것을 들었다. **"그리스도께서 당신에게 필요한 모든 것이 될 때까지, 당신은 그리스도께서 당신에게 필요한 모든 것 되심을 절대로 알지 못할 것입니다. 그리고 그분이 당신에게 필요한 모든 것이 되실 때, 당신은 그분이 정말로 당신에게 필요한 모든 것 되심을 알게 될 것입니다."**

그렇다. 그러니 우리 모두 이 노래를 계속해서 부르며, 그분의 은혜가 우리 자신과 다른 이들에게 정말 충분하고, 우리의 모든 소망이 진실로 그리스도 안에서만 발견된다는 사실을 상기하자.

2장 여성들이 하나님에 관하여 믿고 있는 거짓말

성경은 반복해서 하나님의 율법이 선하고 우리에게 유익하다는 것을 가르친다. 따라서 순종은 축복과 자유로 가는 길이다. 하지만 사탄은 하나님의 율법이 부담스럽고 비합리적이며 불공평하고, 우리가 그분께 순종한다면 우리가 비참해질 것이라는 생각을 우리의 마음속에 심어 놓는다. 동산에서, 그는 하와로 하여금 하나님께서 주신 한 가지의 제한에 집중하도록 했다. 이 속이는 자의 모토(motto)는 "네 마음대로 해. 아무도 네가 무엇을 할 수 있는지, 할 수 없는지 말할 권리가 없어."이다.

솔직히 말해서, 우리 중 많은 사람들이 사라(Sarah)의 말에 공감할 것이다.

> 저는 제 행동에 제한을 두는 것이 제 기쁨과 유익을 빼앗는다고 생각했어요. 왠지 거절하면 벌을 받는다는 생각에, 원하는 것은 무엇이든, 언제든, 얼마의 양이든 먹었어요.

음식이 왜 그렇게 많은 여성들에게 있어 중요한 문제가 될까? 나는 이것이 창세기 3장과 관련이 있다고 확신한다. 가장 첫 번째 유혹과 첫 번째 죄도 **음식**과 관련이 있기 때문이다. 음식은 좋은 것, 하나님께서 창조하신 것, 우리를 사랑하시는 우리의 창조주로부터 온 선물이다. 하지만 하와는 이 좋은 선물을, 그것을 자신에게 주신 하나님보다 우위에 두게 하는 유혹을 받았다. 그녀는 하나님과의 관계를 먹음직스러운 간식과 기꺼이 교환하려 했던 것이다.

하나님께서 하와에게 허락하신 단 하나의 제한은 그녀에게 너무 과한 제한이었다. 앞에서 언급한 사라처럼, 하와는 하나님의 지시를 따르는 것이 자기의 '기쁨과 유익'을 빼앗아 갈 것이라고 생각했다. '안 된다고 하는 말'로 탐스러운 무언가를 놓치게 될 것이라고 느낀 것이다. 그래서 그녀는 어떻게 했는가? (기억하라. 믿음이 행동을 결정한다.) 사라처럼 그녀도 자신이 원하는 것은 무엇이든 먹었다.

하와가 금지된 열매를 자유롭게 먹을 수 있었던 것처럼, 우리도 자유롭게 자신의 길을 선택할 수 있다. 우리도 하나님의 제한을 무시하고 우리가 원하는 것을 할 수 있다. 그러나 우리가 자유롭게 선택할 수 없는 한 가지가 있다, 그것은 바로 우리 행동의 결과이다. 앞서 말했듯이, 거짓을 믿고 그것에 따라 행동하는 것은 결국 속박으로 이어진다. 하지만 진리는 우리를 자유케 한다. 사라의 간증을 마저 들어 보자.

> 참된 자유는 순종으로부터 온다는 사실을 깨달았을 때, 음식에 대한 속박으로부터 자유로워졌어요. 그랬더니 체중이 30kg이나 빠지고, 우울증도 사라지더라고요.

사라는 기쁨과 유익을 놓치고 싶지 않아 자신이 원하는 음식을, 원하는 시간에, 원하는 만큼 먹기로 결심했다. 자유로워 보이는가? 그러나 그녀의 간증에 따르면 그녀의 자유는 '일시적'이었다. 그녀는 자유를 선택하고서 30kg에 달하는 원치 않는 체중과 우울증을 얻었고, 결국에는 '음식에 대한 속박'에 처하게 되었다. 그런데 "참된 자유는 순종으로부터 온다."라는 사실을 깨닫고 그 진리를 좇아 행한 후에야 그녀를 속박하고 있던 사슬이 끊어졌다.

당신은 다른 영역, 예를 들면 당신의 혀나 소비 습관에 대한 절제, 혼전 순결, 온라인 혹은 직장에서 남편이 아닌 다른 남자와의 관계에 대한 거절, 탕자를 사랑하는 일 등에서 당신의 삶에 대한 하나님의 뜻을 거스르고 있을지도 모른다.

이 책의 개정판을 쓰는 동안, 내 소중한 친구 한 명이 힘겹고 고통스런 여정을 지났다. 그녀는 끔찍한 죄를 짓고, 결국 그 선택을 하게끔 만든 거짓말을 믿어서 벌어진 상황을 해결하기 위해 애를 쓰는 중이다. 경건한 상담가의 도움으로, 그녀는 재를 화관으로 바꾸시고 최악의 상황에서 건져 내시는 진리의 능력과 하나님의 은혜를 발견하고 있다. 하지만 그 과정은 다소 지저분하고 복잡했으며, 간단한 해법도 빠른 해결책도 없었다. 최근에 그녀가 나에게 이러한 편지를 보냈다.

> 많은 사람들에게 상처 주지 않고 이걸 해결할 방법이 없다는 게 나를 몹시 슬프게 해. 이게 하

> 나님이 우리에게 지침을 주시는 가장 큰 이유인가 봐. 그 지침을 떠나니까 필연적으로 우리 자신은 물론 다른 사람들의 깨어짐과 상처로 이어지더라고. 이건 단순한 순종과 복종의 문제 그 이상인 것 같아. 그분은 독단적이지 않으시니까. 그분이 무언가가 잘못되었다고 말씀하실 때, 그건 그분이 우리를 얼마나 사랑하시는지를 보여 주는 것 같아. 그분이 그렇게 말씀하셨기 때문에 그게 나쁜 것이 아니라, 그것의 의도되지 않은 결과가 질병처럼 번져 나가고 있기 때문에 나쁜 것인데 말야. 그래서 그분은 우리에게 방향을 제시함으로써 그러한 결과로부터 우리를 보호해 주셨던 거야.

하나님의 계명은 그분의 거룩하심과 은혜를 반영한다. 그 계명은 우리의 유익과 복을 위한 것이며, 우리를 제한하는 것이 아니라 오히려 우리를 자유롭게 한다. 그래서 바울은 우리에게 "율법은 거룩하고 계명도 거룩하고 의로우며 선하도다"(롬 7:12)라고 상기시킨다. 예수님은 하나님의 율법을 완벽하게 성취하신 유일한 인간이시다. 그리고 하나님의 방법에 '네'라고 대답할 때 느끼는 즐거움을 그분보다 더 잘 아는 사람은 없다.

> 주께서 의를 사랑하시고 불법을 미워하셨으니 그러므로 하나님 곧 주의 하나님이 즐거움의 기름을 주께 부어 주를 동류들보다 뛰어나게 하셨도다 _ 히 1:19

그런데 문제는 우리가 하나님의 계명을 지킬 능력이 없기 때문에, 계명으로는 구원받을 수 없다는 것이다. 그래서 우리에게는 예수님이 필요하다. 그분은 우리의 율법 위반에 대한 형벌을 대신 짊어지시며, 우리도 '즐거움의 기름'으로 기름 부음 받을 수 있도록 그분이 율법을 지키신 공로를 우리에게 건네 주신다. 우리가 이것을 받아들일 때 우리는 하나님의 율법을 한 번도 어긴 적이 없는 것과 마찬가지가 된다. 이것이 바로 참된 자유이다. "놀라운 은혜, 그 음성 얼마나 부드러운가!"

이 사고방식은 두 가지 면에서 거짓되다. 첫째, 하나님을 우리가 벨을 누를 때마다 시중들기 위해 달려오는 종으로, 우리를 기쁘게 하고 섬기기 위해 존재하는 우주의 지니(genie)로 폄하할 수 있다. 이 거짓말은 하나님의 대한 환멸감과 실망감을 안겨 준다. 우리에게 해결되지 않은 문제가 있다면, 분명 하나님께서 우리를 위해 일하지 않으신 것이 되기 때문이다.

둘째, 인생의 목표가 모든 문제로부터 자유로워지는 것, 즉 어렵거나 불쾌한 모든 것을 제거하는 것에 있다고 시사한다. 이로써 우리 사회는 어떠한 문제도 안고 살아서는 안 되며, 모든 문제를 반드시 '해결'해야 한다는 사고에 길들여지게 된다.

상사가 마음에 들지 않으세요?
● 직장을 그만두고 다른 일을 구하세요.

목사님의 설교 스타일이 마음에 들지 않으세요?
● 다른 교회를 찾아보세요.

새 차를 구매할 여력이 없으세요?
● 빌리세요.

남자들이 당신에게 눈길을 주지 않나요?
● 애교도 부리고 그들의 관심을 끌 만한 옷을 입어 보세요.

당신의 남편이 무감각하고, 스포츠에 빠져 있는데다, 연애할 때만큼 낭만적이지도 않나요?
● 직장(혹은 교회)에서 당신에게 관심이 있고 당신 말에 귀를 기울여 주는 남자를 찾아보세요.

이러한 사고방식에서 이른 바 기복 신앙으로 쉽게 넘어갈 수 있다. 기도하고 하나님을 믿기만 하면 매우 **빠르게** 우리의 모든 문제가 사라질 것이라 믿고 싶은 유혹에 빠지기 쉽다.

- 통장에 돈을 두둑히 갖게 될 거예요.

- 친구의 암이 나을 거예요.

- 더 이상 외롭지 않을 거예요.

- 결혼 생활이 회복될 거예요.

- 반항하는 자녀들이 하나님과 화목하게 될 거예요.

- 죄에 대한 즉각적인 승리를 얻었으니 더 이상 나쁜 습관들과 씨름하지 않아도 될 거예요.

- 행복하고 건강해질 거예요.

너무나도 많은 크리스천 여성들이 신앙을 가지고 있으면서도 분노하고 억울해하며 좌절하는 것은 당연하다! 이들은 자신이 예수님을 영접하고 교회에 나가서 '선한 그리스도인의 삶'을 살려고 노력하면 자신의 모든 문제가 사라질 거라고 생각했다. 이들이 속았다고 느끼는 것은 당연하다. 이들은 속았지만 하나님께서 그렇게 하신 것은 아니다.

순종하는 삶을 살면 하나님과 그분의 방식을 떠난 삶의 자연스러운 결과인 많은 문제들에서 벗어날 수 있다. 하지만 그렇다고 해서 그리스도를 따르는 이들이 그 문제에서 면제된다는 뜻은 아니다.

진리는 '인생은 어렵다'는 것이다. 우리는 타락한 세상에서 살고 있다. 구속을 받은 사람들도 육체 안에 살아가면서 유혹과 죄(우리 자신과 타인의 죄), 질병, 상실, 고통, 죽음의 현실을 마주해야 한다. 그리스도인이라고 해서, 심지어는 성숙한 신자라고 해서 고통으로부터 벗어날 수 있는 천상의 보호막 속에 갇혀 있는 것은 아니다. 하나님께서 새 하늘과 새 땅을 만드실 때까지 우리는 죄의 유린으로부터 완전히 자유로워질 수 없다. 그때까지는 눈물과 슬픔, 압박과 어려움이 있을 것이다.

하지만 좋은 소식은, 하나님은 우리의 어려움으로부터 멀리 떨어져 계시거나, 분리된 분이 아니시라는 것이다. 가만히 하늘에 앉아 우리가 생존에 성공할지 지켜만 보는 분이 아니시다. 성경의 하나님은 "환난 중에 만날 큰 도움"이시다(시 46:1). 그렇다고 마법의 지팡이를 휘둘러 우리의 모든 문제를 사라지도록 하신다는 뜻은 아니다. 하지만 그것은 그분이 압박과 어려움을 사용하셔서 우리의 삶을 빚으시며 "받으신 고난으로 순종함을 배우신"(히 5:8) 그분의 아들 예수님을 닮아 가도록 만드신다는 뜻이다. 그리고 이 모든 것을 통해 그분의 임재는 우리가 인내하는 데 필요한 위안과 힘, 맞춤형 은혜를 제공한다.

고통과 아픔을 겪고 싶어하는 사람은 아무도 없다. 하지만 우리의 지혜로우시고 사랑이 많으신 하늘 아버지는 이렇게 말씀하신다. "이 모든 일에는 선하고 아름다운 목적이 있단다. 너의 고통과 어려움을 사용해 너를 변화시키고 나의 은혜와 능력을 세상에 드러내고 싶구나."

G. 캠벨 몰간(G. Campbell Morgan) 박사는 지난 세기 성경 교사들 중 내가 가장 좋아하는 분이다. 그의 말들 중 하나는 수년 동안 나와 함께했다. 하나님을 있는 모습 그대로 바라보는 것의 중요성을 일깨워 주는 문장이다.

> 어려움과 고통의 시간에 가장 필요한 것은 하나님에 대한 새로운 비전입니다. 그분을 뵐 때, 다른 모든 것이 적절한 관점과 비율을 갖게 됩니다.[5]

우리의 초점이 우리 환경, 어려움, 다른 사람, 혹은 우리 자신에 집중한다면, 하나님은 비교적 작거나 멀리 계시거나 아예 계시지 않는 것으로 비쳐질 것이다. 그러나 우리의 눈이 눈물로 가득 차 있을지라도 눈을 들어 그분을 바라본다면, "그분의 영광과 은혜의 빛 안에서 이 땅의 것들은 기묘하게도 희미해질 것"이다.[6]

이것이 우리를 자유롭게 하는 진리이다.

진리로 거짓말에 대항하기

> **거짓말 01.**　하나님은 정말로 선하시지 않아.

진 리
- 하나님은 선하시고 그분이 행하시는 모든 일은 선하다.
  (시 31:19; 34:8; 100:5; 106:1; 119:68; 136:1; 엡 1:3-14)
- 하나님은 결코 실수하지 않으신다. (사 46:10; 롬 8:28-39)

> **거짓말 02.**　하나님은 나를 사랑하시지 않아.

진 리
- 나를 향한 하나님의 사랑은 무한하고 무조건적이다.
  (요 15:13; 롬 5:8; 8:32, 38-39; 엡 3:14-19; 요일 4:7-10)
- 하나님의 사랑이나 은혜를 받기 위해 내가 무언가를 해야 할 필요는 없다.
  (엡 1:4-6)
- 하나님은 항상 나에게 가장 유익한 것을 마음에 두고 계신다.
  (시 21편)

> **거짓말 03.**　하나님은 우리 아빠랑 똑같으실 거야.

진 리
- 하나님은 자신의 말씀에서 자신을 분명하게 드러내셨다.
  (요1:1; 히 1:3)
- 하나님은 이 땅의 어떤 아버지보다 지극히 지혜로우시고 사랑이 많으시며
  관대하시고 친절하신 분이시다. (히 12:9-10)

거짓말 04. 하나님만으로는 충분하지 않아.

진 리 • 하나님만으로 충분하다. 그분이 함께하신다면 나는 필요한 모든 것을 가진 것이다. (시 23:1; 73:23-26; 골 2:9-10)

거짓말 05. 하나님의 방식은 너무 제한적이야.

진 리 • 하나님의 방식이 최선이다. (신 6:24-25; 수 1:8)
• 하나님의 제한은 언제나 내 유익을 위한 것이다. (약 1:19-27)
• 하나님의 방식에 대한 저항과 반항은 갈등과 괴로움을 가져온다.
(시 68:6; 잠 15:32-33)

거짓말 06. 하나님은 내 문제를 반드시 해결해 주실 거야.

진 리 • 이 세상에서 우리는 여러 어려움과 고통을 겪는다. (롬 8:21-22; 요 16:33)
• 우리의 고통과 괴로움에는 목적이 있고, 결국 우리의 유익과 하나님의 영광이 될 것이다. (고후 4:17; 욥 23:10)
• 하나님은 내 고난 가운데서 이루시는 영원한 목적을 가지고 계신다.
(롬 5:3-4; 약 1:2-4)
• 어떠한 어려움에 직면하더라도 하나님의 은혜는 내게 족하다.
(고후 12:7-10)

3장
여성들이
자기 자신에 관하여
믿고 있는 거짓말

지난 몇 주간은 내 인생에서 가장 힘든 시간이었다. 누군가 대화를 나눌 사람이 있었으면 하고 얼마나 바랐는지 모른다. 아담하고는 이사를 해야 하는 순간부터 관계가 썩 좋지 않았다. 그이가 나를 다시 신뢰해 줄지 모르겠지만, 그이를 원망할 수도 없다. 내가 그이의 인생을 망가뜨렸으니까. 내가 너무 바보 같다. 그런데 그이는 그 생물이 나에게 미친 영향을 전혀 이해하지 못하는 것 같다. 정말 저항할 수 없는 존재였다. 어쩔 수가 없었다.

내가 처음으로 아래를 내려다보고 알몸이라는 것을 깨달은 순간이 계속해서 떠오른다. 아담을 흘끗 쳐다보고서 그도 똑같은 생각을 하고 있다는 걸 알게 된 순간, 우리가 만난 후 처음으로 나는 그이의 눈을 똑바로 쳐다볼 수가 없었다. 전에는 한 번도 어색함을 느낀 적이 없었는데 말이다. 우리는 지금까지도 그 어색함을 종종 느낀다. 하나님이 무화과나무 잎사귀들을 대신할 만한 진짜 옷을 주셨는데도 나는 아직까지 벌거벗은 기분이다. 겉모습 뿐 아니라 내면까지도….

나는 내가 아담에게 어떻게 보일지 한 번도 생각해 본 적이 없었다. 나는 항상 그이가 나 얼마 전 한쪽 눈에 문제가 생겼다. 콘택트렌즈를 낄 때마다 통증이 느껴졌다. 처음에는 알레르기 발작이라고 생각해서 약으로 치료해 보려 했다. 하지만 문제는 지속되었다. 통증을 유발했을 뿐 아니라 내 시야도 왜곡되어 렌즈를 끼고도 선명하게 볼 수 없었다. 통증이 너무 심해져 안과 진료를 받을 수 있을 때까지 며칠 동안 렌즈를 빼놓고 있어야 했다.

의사가 내 눈을 검사했을 때, 그는 내 문제가 확실히 알레르기는 아니라고 설명해 주었다. 사실, 문제는 내 눈이 아니라 콘택트렌즈에 있었다. 어찌 된 일인지 렌즈가 손상되어 굴곡이 평평해졌고, 그 뒤틀어진 렌즈가 내 눈과 마찰을 일으킨 것이다. 시력을 회복하기 위해서는 손상된 렌즈를 새 것으로 교체해야 했다.

그것과 마찬가지로, 하나님에 관하여 왜곡되거나 손상된 견해는 우리가 주변의 모든 것과 모든 사람들을 바라보는 방식을 왜곡시킨다. 우리는 우리 영혼 안의 아픔과 혼란이 우리를 화나게 하는 '사람들' 혹은 실망스러운 '환경' 때문이라고 생각할 수 있다. 하지만 진짜 문제는 우리가 손상된 렌즈를 통해, 즉 거짓말을 기초로 한 믿음을 통해 이것들을 바라본다는 데 있다. 이처럼 우리가 하나님에 관하여 무엇을 믿는지 중요한 이유는, 그것이 우리 삶에 있어 다른 모든 것을 통과해 보는 렌즈이기 때문이다. 하나님에 대한 견해는 여러 영역들 중에서도 특히 우리 자신에 대한 견해에 영향을 미친다.

우리가 그분을 있는 그대로 보지 못한다면, 그분에 관하여 사실이 아닌 것을 믿는다면, 우리는 반드시 우리 자신에 대하여 왜곡된 견해를 갖게 될 것이다. 우리가 하나님에 대하여 빈곤한 견해를 가지면 우리 자신에 대한 견해 역시 빈곤할 것이다. 우리가 우리 마음에 혹 연약하고 무력하며 우주의 모든 세부 사항을 다 통제하지 못하는 신을 만들어 두었다면, 우리는 우리 자신을 무력하게 바라봄으로써 주변의 폭풍과 환경에 압도당할 것이다. 우리가 하나님을 무가치하게 여긴다면, 우리는 우리 자신을 무가치한 존재로 바라보게 될 것이다. 우리가 하나님에 관하여 거짓말을 믿어 왔다면, 우리는 우리 자신에 대한 거짓말을 믿어 왔을 가능성이 높다. 따라서 이번 장에서 우리는 이러한 거짓말들 중 몇 가지를 살펴보려 한다.

거짓말 07.
"나는 아무 쓸모없는 사람이야."

이 책을 쓰기 전, 나는 수백 명의 여성을 대상으로 이 거짓말에 관한 설문 조사를 했다. 그런데 거의 절반에 가까운 여성들이 이 거짓말을 믿어 본 적이 있다고 응답했다. 이 여성들의 이야기에서 알 수 있듯이 이 거짓말은 매우 강력한 거짓말이다.

> 오랫동안 저는 제가 아무 쓸모없는 사람이라고 생각했어요. 구원을 받은 다음에도 제 자신을 인간 쓰레기라고 생각했죠. 이런 생각이 저를 우울증에 빠지게 만들더라고요. 점점 제 자신을 고립시켰고, 그러다 보니 하나님께서 저를 위해 의도하신 기쁨의 삶을 살지 못했던 것 같아요.

> 저는 보통 밤에 잠자리에 누워 핸드폰을 보는데, 종종 비참한 기분이 들더라고요. 다른 사람들 모두가 저보다 더 예쁜 집과 착한 아이들, 화려한 휴가, 예쁜 외모를 가지고 있는 것 같았어요. 물론 SNS가 모든 걸 말해 주지 않는다는 사실을 알아요. 그래도 저는 제 주변에 있는 사람들에게서 제 가치에 대해 계속 확인받고 싶어요. 제가 아무 쓸모없는 사람 같거든요. 저를 아시게 되면 아마 동의하실 거예요.

> 결혼 생활의 상처로 인해 저는 제가 쓸모없는 사람이고, 그 누구도, 심지어 하나님도 저를 사랑하실 수 없다고 느꼈어요. 사랑받기 위해서는 항상 완벽해야 한다고 생각해서 그랬는지 하나님도 분명 저를 사랑하지 않을 거라고 생각했죠.

대부분의 경우, 자존감이 낮은 것은 그 사람이 다른 사람들로부터 들은 것들을 믿어 버렸기 때문이다. 즉, 다른 사람들의 의견이 자기 자신에 대한 견해와 가치관을 결정하도록 허용한 것이다. 물론 다른 사람들의 조언이 정확하고 유익할 때도 있다. 하지만 언제나 그런 것은 아니다. 어떤 이유로든, 우리가 만일 귀를 기울이고 있는 사람이 손상된 렌즈를 통해 보고 있다면, 듣는 이의 시각은 왜곡될 것이다. 우리 중에는 거짓되고 깨진 '거울'이 말했던 우리 자신에 대한 이야기를 받아들여 평생을 감정의 감옥에서 살아온 이들이 있다. 그리고 때로는 어릴 때 들었던 한 문장이 수년에 걸쳐 그 사람을 따라다니며 괴롭힐 수도 있다. 그 일이 바로 민디(Mindy)에게 일어났다.

> 제가 일곱 살 때쯤, 누군가 저에게 "너는 살 자격이 없어. 태어나지 말았어야 해."라고 했던 기억이 나요. 누가 그 말을 했는지는 기억나지 않지만, 엄마가 그냥 가만히 서서 아무것도 하지 않으셨던 건 기억나요. 그때부터 저는 위축되기 시작했어요. 사람들과 대화하는 것도 너무 어려웠고요.
>
> 중학교에 올라가면서 저는 특수 교육을 받아야만 했어요. 입학 허가를 받았지만 자리가 없어서 입학을 못 하고 일반 중학교로 진학했죠. 그런데 그곳에서 소속감을 단 한 번도 느끼지 못했어요.
>
> 저는 제가 멍청하고 정상이 아니라서 자물쇠를 채워서 어디든 가둬 두어야 한다고 생각했어요. 중학생 때는 친구도 전혀 없었고, 애들은 오히려 제게 상처를 주기 위해 수단과 방법을 가리지 않았죠. 결과적으로 저는 더 위축되고 우울증이 더 심해지면서 잠만 자려 했고 다시 깨어나고 싶지가 않았어요.

민디의 이야기는 사람들이 속임에 갇혀 버리는 과정을 신랄하게 보여 준다. 먼저, 이 여성은 어린아이로서 끔찍하고 파괴적인 거짓말을 듣고 그것에 귀를 기울였다. 그다음, 그 거짓말을 진리로 대항하기보다 그것이 실제 사실이라고 믿겨질 때까지 그것을 곱씹었다. 결국 그녀는 그것을 따라 행동했는데, 그것의 노예가 된 자신을 발견할 때까지 그렇게 했다. "우울증이 심해져서 잠만 자려 했고 다시 깨어나고 싶지가 않았어요."

자, 여섯 살의 민디는 자신이 들은 거짓말을 알아차리거나 대처할 방법이 전혀 없었을 것이다. 몇 년이 지난 후에야 그녀는 그 거짓말을 진리로 대항해 낮은 자존감을 극복할 수 있었다. 이렇듯 그녀의 이야기는 우리 자신에 대하여 믿는 것이 곧 우리 삶의 방식을 결정한다는 것을 보여 준다. 우리가 거짓말을 믿고 그것에 따라 행동한다면, 우리는 결국 개인적, 영적 속박에 빠지게 될 것이다.

우리 모두는 긍정을 원한다. 자연스레 다른 이들의 인정을 갈망한다. 우리는 본능적으로 다른 사람으로부터 받는 부정적 입력의 저울을 균형 맞추고 싶어 한다. SNS는 이러한 갈망을 키운다. 우리는 모든 기술적 '핑'(좋아요, 공유, 이모티콘)을 우리가 인정받았다는 의미로 해석한다. 하지만 많은 여성들에게 있어 아무리 많은 긍정적 제스처나 핑이라도 자존감을 떨어뜨리는 부정적이고 상처가 되는 표현들보다는 그 효력이 약하다. 아무리 긍정을 말해 줘도 충분하지 않다.

내가 아는 어떤 여성들은 외모와 성취에 대해 백 마디의 칭찬을 들어도 가족 중 한 명이 비판을 하면 큰 타격을 입었다. 왜 그럴까? 다른 사람들이 자신의 가치를 결정하도록 허용했기 때문이다. 즉 자신의 가치를 투표에 부친 셈이다. 이는 아래와 같은 모습일 수 있다.

- 좋아요, 공유, 팔로워에 대한 욕구를 만족시키기 위해 SNS에 괜찮아 보이는 것들을 포스팅해야 할 지속적 필요를 느끼는 모습

- 다른 사람의 인정을 받는 것에 재능이 없거나, 그 순간 그럴 역량이 없는 영역에서 섬기기로 응하는 모습

- 다른 사람들로부터 인정을 받기 위해 다른 사람들이 자기 성과에 대해 말하거나 말하지 않은 것에 따라서 자기 가치를 판단하는 모습

베드로전서에는 예수님의 가치관이 다른 사람들의 좋고 나쁨의 생각이 아니라 하늘에 계신 아버지께서 보이신 진리에 의해 어떻게 결정되었는지를 보여 주는 놀

라운 구절이 있다. 그분은 "사람에게는 버린 바가 되었으나 하나님께는 택하심을 입은 보배로운" 분이셨다(벧전 2:4).

그렇다. 예수님은 **사람에게 버림받으셨다.** 그분이 자신을 위하여 창조하신 사람들, 그분이 사랑하셨고, 자기 목숨을 내어 주신 사람들에게 말이다. 하지만 그것이 그분의 가치를 결정짓지는 않았다. 그분은 **하나님께 택하심을 입었다.** 그것이 그분을 보배롭게 만들었다. 그것이 그분의 가치를 결정지었다.

미술품을 알아보거나 제대로 감상하지 못하는 사람이 그 걸작을 모르고 쓰레기통에 버려 버리는 경우가 있다. 그렇다고 해서 그 그림의 가치가 떨어지는가? 전혀 그렇지 않다. 그 미술품의 참된 가치는 어떠한 미술품 수집가가 그 그림을 발견하고 이렇게 이야기할 때 드러난다. "이건 대단히 귀중한 작품입니다. 이걸 얻기 위해서라면, 저는 그것이 얼마이든 지불할 용의가 있습니다."

하나님께서 그분의 유일하신 아들 예수님을 이 땅에 보내셔서 당신과 나의 죄를 십자가에서 짊어지셨을 때, 그분은 우리 영혼의 가치가 온 세상의 가치보다 크다고 선언하시며 우리에게 가격표를 붙이셨다. 문제는 우리가 누구의 의견을 받아들일 것인가이다. 거짓말을 믿으면 우리는 감옥에 갇혀 버린다. 그러나 진리를 믿으면 우리는 자유로워질 것이다.

거짓말 08.
"나 자신을 더 사랑해야 해."

"너는 너 자신을 사랑하는 법을 배울 필요가 있어."라는 말은 종종 자존감이 낮아 괴로워하는 이들을 위한 세상의 처방이다. SNS를 여러 번 클릭해 보지 않아도, 이러한 메시지를 쉽게 들을 수 있다. 다음은 몇 가지 실제 포스팅된 문구다.

● 자신을 더 사랑하는 22가지 방법

● 다른 누군가가 당신을 사랑해 주기를 기다리지 말고 당신이 당신 자신을 사랑하세요.

● 당신은 충분해요!

● 가장 먼저 자신을 사랑하는 방법

이 메시지는 다른 사람들을 사랑하는 것보다 자기 자신을 사랑하는 것을 중요시하는 듯한 블로그 게시물과 베스트셀러 책(여기에는 크리스천 작가들의 작품도 있다)을 통해 더 크고 분명하게 전파된다. 여러 속임들과 마찬가지로, 이런 종류의 글에 표현된 거짓말들이 언제나 진리와 정반대 되는 것은 아니다. 진리를 조금 왜곡한 것일 수도 있다. 하나님의 말씀에 근거해, 만일 당신이 하나님의 자녀라면 진리는 다음과 같다.

♥ 당신은 하나님의 형상으로 창조되었습니다(창 1:27).

♥ 하나님은 당신을 사랑하시고, 당신은 그분께 귀중한 존재입니다(엡 2:4; 요일 3:1).

하지만 우리는 우리 스스로에게 가치를 부여하지 않는다. 우리가 얼마나 사랑스러운지를 말하는 것으로 하나님 사랑의 온전함을 경험하지도 않는다. 오히려 예수님은 우리가 자신의 생명을 미워하는 것으로 생명을 얻게 된다고 가르치셨다(요 12:25). 자기 사랑의 메시지는 사람들을 오히려 불행으로 향하는 외로운 길에 빠르게 몰아 넣을 수 있다.

당신은 이러한 말을 들어 본 적이 있는가? "저는 지금까지 제 자신을 사랑해 본 적이 없어요." 혹은 "그녀는 자기 자신을 사랑할 줄 몰라요." 성경에 따르면, 진리는 우리가 우리 자신을 몹시 사랑**하고 있다**는 것이다. 예수님께서 이웃을 내 몸과 같이 사랑하라고 말씀하셨을 때, 핵심은 우리가 다른 사람들을 사랑하기 위해서 자기 사랑하는 법을 배워야 한다는 것이 아니다. 예수님은 우리가 본능적으로 나 자신에게 베푸는 것과 동일한 관심과 돌봄을 다른 사람들에게도 베풀어야 한다고 말씀하신다.

나는 이가 아프면, 즉각적으로 문제를 확인하고 통증을 제거할 방법을 찾는다. 내가 만일 '나 자신을 사랑'하지 않는다면, 나는 그 통증을 무시할 것이다. 하지만 다른 사람이 아프면, 그것은 그 사람의 문제라고 여기고 무관심하기 쉽다. 이처럼 우리는 어느 정도 자기 자신을 본능적으로 사랑하고 있다. 하지만 다른 사람, 특히 어떤 식으로든 우리에게 잘못을 했거나 상처를 준 사람을 사랑하는 것은 그리 쉽지 않다.

에베소서 5장에서 바울은 이러한 개념을 결혼에 적용한다. 그는 남편들이 "자기 아내 사랑하기를 (자신이 본능적으로 사랑하는) 자기 자신과 같이" 해야 한다고 말하는데, 이는 **"누구든지 언제나 자기 육체를 미워하지 않고** 오직 양육하여 보호하기를 그리스도께서 교회에게 함과 같이 하"기 때문이다(엡 5:28-29).

우리는 우리 자신의 감정과 필요에 극도로 예민하고, 우리 주변의 일들과 사람들이 나에게 미치는 영향을 의식하면서 지속적으로 자신을 보호한다. 대게 우리가 너무나도 쉽게 상처를 받는 이유는 우리가 우리 자신을 미워해서가 아니라 사랑하기 때문이다. 우리는 누군가에게 인정받고 소중히 여겨지고 좋은 대우를 받길 바란다. 솔직히 우리는 우리 자신에 대해 관심이 많다. 따라서 우리 대부분에게 필요한 것은 자기 사랑하는 법을 더 배우는 것이 아니다. 우리 자신에게 자연스럽지 않은 것, 곧 하나님과 다른 사람을 사심없이 사랑할 수 있도록 하는 '자기 부인'을 배우는 것이 필요하다.

우리에게 있는 가장 흔한 질병은 우리 자신을 낮게 보는 것이 아니라 하나님을 낮게 보는 것이다. 우리의 문제는 빈약한 자아상(self-image)이라기보다 빈약한 하나님상(God-image)이다. 나는 불친절한 부모나 교사, 배우자 또는 이들을 반복적으로 무시하고 얕잡아보고 조롱하고 부정적인 시각으로 바라보는 어떤 사람들로 인해 영혼이 짓밟힌 여성들을 알고 있다. 이들은 자신을 보이지 않는 존재, 무가치한 존재, 사랑받지 못하는 존재라고 느낀다. 당신이 이들 중 하나일 수도 있다. 당신이 얼마나 소중하고 존귀하며, 깊이 사랑받고 있는지를 알기 바란다.

하지만 나는 조심스럽게 제안하고 싶다. 당신에게 가장 필요한 것은 당신 자신을 더 사랑하는 것이 아니라, 하나님께서 당신을 위하여 가지고 계신 놀라운 사랑과 그분께서 자기 형상대로 창조하신 여성으로서 당신에게 부여하신 가치를 당신이 분명하게 인식하고 받아들이는 것이다. 우리가 하나님의 사랑을 믿고 받아들일 때, 우리는 자기 혐오와 비교, 자아도취로부터 자유로워질 수 있다. 그다음 우리는 그분의 사랑이 다른 사람들에게 흘러갈 수 있는 통로가 될 수 있다.

> 거짓말 09.
> ## "나도 어쩔 수가 없어."

이 거짓말은 많은 사람들을 평생 속박하는 또 하나의 거짓말이면서, 우리 모두가 한 번쯤은 믿어 본 거짓말이기도 하다. 아마도 당신은 아래 여성들 중 한 명과 공감할 수 있을 것이다.

> 제가 믿었던 거짓말은 "너는 부모를 닮게 될 거야. 유전이니까 어쩔 수 없어."였어요. 제가 어릴 적에 아빠는 목회자셨는데, 아빠와 엄마는 하나님과 교회를 떠나셨어요. 그래서 저는 사람이 하나님께 영원히 신실할 수 있다고 믿지 않아요. 부모님이 그러지 못하셨으니 저 역시 그럴 수 없을 거라고 생각해요.

> 저는 제가 게으르고 절제력이 부족하다는 걸 늘 변명해 왔어요. 그게 어쩔 수 없는 제 모습이라고 생각했거든요.

우리는 우리 자신에 대해 달라졌으면 하는 것과 주님을 기쁘시게 하지 못하는 것들을 종종 발견한다. 그런데 그러한 우리 자신의 선택과 태도, 행동에 대해 책임을 지려고 하기보다 어쩔 수 없는 101가지의 이유를 나열한다.

- 집이 너무 좁으니까 모든 게 신경 쓰여요.

- 직장에서 받은 스트레스 때문에 집에 와서 아이들에게 화를 낼 수밖에 없어요.

- 매달 이맘때가 되면 직장에서의 압박을 감당할 수가 없어요.

- 우리 가족은 그 문제를 해결할 생각이 없어요. 그저 모든 것을 덮어 두고 아무 문제가 없는 척하죠. 지금까지도 저는 실제로 이 문제를 직면할 수가 없어요.

- 우리 엄마는 단 한 번도 저에게 진짜 엄마가 되어 준 적이 없어요. 아이들을 어떻게 키워야 하는지 직접 보고 배운 모델이 없어서 그랬나 봐요.

- 우리 가족은 문제가 좀 있는 가정이라 서로를 신뢰할 수가 없어요. 그러다 보니 저도 사람들에게 가까이 다가가거나 신뢰하기가 어려워요.

이런 말에 담겨 있는 암묵적 의미는 무엇이겠는가? 나는 다른 사람들이 가한 상처에 반응할 수밖에 없는 '피해자'에 불과하다는 것이다. 하지만 하와의 이야기를 되돌아볼 때 우리는 이 첫 번째 여성이 경험한 불행의 원인이 부모나 배우자, 자녀에게 있지 않다는 사실을 발견한다. 하와의 인생을 망가뜨린 것은 남자가 아니었다. 게다가 자신의 환경도 탓할 수 없었다. 하와의 환경은 성공과 행복을 누리기에 수월한 환경이었다. 아담과 하와에게는 어떤 재정적 문제나 직장 문제도, 어떤 공해나 불쾌한 이웃도, 뽑아야 할 잡초도 없었다. 심지어 시댁이나 처가의 문제도 없었다!

하와가 자신의 결혼과 가정, 환경에서 마주한 문제는 그녀가 뱀의 거짓말에 귀기울이고, 그것을 믿고, 그것에 따라 행동하기로 선택했을 때 시작되었다. 이 선택이 그녀를 속박했고, 그녀의 인생과 가족 그리고 이후 모든 세대에 고통과 불행을 가져다주었다. 물론 하와와 달리 우리에게는 죄악 된 이웃과 부모, 시댁과 배우자가 있다. 우리는 타락한 세상에서 살고, 우리의 삶은 우리의 환경과 과거, 그리고 다른 사람들이 우리에게 한 잘못에 극심한 영향을 받는다. 하지만 이러한 문제들이 우리의 정체성이 되도록 허용하는 것은 우리를 계속해서 가두는 함정일 수 있다.

"나도 어쩔 수가 없어."라는 거짓말을 믿으면, 우리는 우리가 바꿀 수 없고 통제할 수 없는 사람들과 환경의 무력한 피해자라고 생각할 수 있다. 내 모습에 대한 책임이 다른 누군가 또는 다른 무언가에 있으며, 나는 마치 꼭두각시처럼 우리를 조종하는 누군가 혹은 무언가에 의해 통제될 운명이라고 믿는 것이다.

이 거짓말은 우리가 더 이상 달라질 수 없다는 절망으로 이끈다. 우리의 모습이 어쩔 수 없는 것이라고 믿는다면, 우리는 절대 변하지 않을 것이다. 계속해서 영적인 속박 가운데 살아가는 것이다. 스스로 실패할 수밖에 없다고, 죄를 지을 수밖에 없다고, 불행할 수밖에 없다고 믿는다면, 우리는 항상 그렇게 실패 가운데 살아갈 것이다. 계속해서 죄를 지을 것이고, 불행과 좌절 가운데 살아가는 여성들이 될 것이다.

진리는 '우리에게는 선택권이 **있다**'는 것이다. 하나님의 은혜는 우리에게 능력을 주고, 우리가 유익하고 지혜로운 선택을 할 수 있게 한다. 우리는 성령의 능력으로 변화될 수 있다. 우리가 이러한 진리를 알고 받아들인다면, 우리는 우리의 과거와 환경, 심지어 뿌리 깊은 습관의 사슬로부터도 해방될 수 있다. 우리가 그것을 하나님의 관점으로 바라보고 그분의 은혜로 반응한다면, 아무리 힘들었던 과거나 어려운 환경조차도 분명 새롭고 소망 가득한 미래로 변화할 수 있다(렘 29:11 참조).

거짓말 10.
"나에게도 권리가 있어."

어찌 보면, 이 거짓말은 다른 모든 거짓말들의 시작이 되는 거짓말의 핵심이라고 할 수 있다. 뱀은 하와에게 "너는 하나님께서 주신 것보다 더 많은 것을 받을 자격이 있어."라고 하며, 하나님으로부터 부당한 대우를 받고 있음을 시사하면서 하와를 도발했다. 하와의 마음에 처음 심긴 이 씨앗은 인류 안에 깊은 뿌리를 내렸고, 이후로 사람들 마음에 싹을 틔웠다.

"나에게도 권리가 있어."라는 말은 끝없는 전쟁과 혁명, 데모, 시위, 파업, 로비 활동, 정치 운동, 카메라를 향한 외침, 거리의 폭동, 제재, SNS 전쟁, 악플, 교회 분열, 이혼 등의 원동력이 되어 왔다. 그렇다고 불의에 저항하거나 사회악을 바로잡기 위한 행동에 합법적 수단이 없다는 의미는 아니다. 우리 하나님은 가난하고 궁핍한 자들의 부르짖음을 들으시며, 억압받는 자들을 돌보시고, 하나님의 백성들이 하나님의 관심사를 공유함으로써 취약한 자들과 학대받는 자들을 대신하여 공의를 행하길 기대하신다.

하지만 자기 욕심을 채우기 위해 무언가를 요구하며, 지금 자기가 가진 것보다 더 많은 권리가 있다고 느끼는 것이 인간의 본성이다. 게다가 더 많은 인권을 가지면 가질수록 더 많은 것을 누릴 권리가 있다고 느끼는 것 같다.

과거 20세기 중반, 여성들은 자기 권리를 요구하는 것이 곧 행복과 자유로 가는 티켓이라고 들었다. 그래서 "당신이 당신의 권리를 주장하지 않는다면 다른 누구도 그렇게 하지 않을 것이다!"라고 말하기도 했다. 이러한 여성 해방 운동의 초창기 시절이 당신에게는 아득한 과거의 일처럼 보일 수 있다. 그 목표가 진작에 성취되지 않았는가. 그럼에도 이 운동이 서구 문화 가운데 만들어 낸 사고방식은 여전히 생생하게 살아 있다.

그런데 흥미로운 사실은 역사상 유례없는 부와 번영, 인권을 누리고 있는 세계 곳곳에서도 사람들이 그다지 행복해 보이지는 않는다는 것이다. 오히려 무례와 적의(敵意), 불화는 증가하고 있다. 이기적인 권리의 요구는 깊고 지속적인 만족보다는 불만과 불행을 증가시킬 가능성이 더 높기 때문이다. 그래서 나는 매일같이 '자신의 권리에 대한 주장'이 약속된 유익을 가져다주지 못했다는 것을 인정하는 여성들의 이야기를 듣는다.

> "나에게도 권리가 있어."라는 사고방식은 저의 결혼 생활에서 여러 불필요한 논쟁과 불행을 가져왔어요.

▌제 권리를 주장하고 제 방식을 요구하면, 일시적으로는 행복하지만 곧 절망에 빠지게 되더라고요.

사실, 성공적인 관계와 건강한 문화는 권리의 **주장**이 아니라 권리의 **양보**에 기반을 두고 있다. 교통 법규에도 이것이 반영되어 있다. 당신은 "당신에게는 이 길을 마음대로 다닐 권리가 있습니다."라고 써 있는 표지판을 본 적이 없을 것이다. 대신 표지판은 우리에게 자기 마음대로 다닐 권리를 내려놓으라고 지시한다. 그것이 곧 통행이 가장 원활하게 이루어지는 방식이기 때문이다. 우리 인생도 마찬가지다.

그럼에도 불구하고, 권리를 주장해야 한다는 생각은 이미 우리가 숨 쉬는 공기 중에 펴져 있다. 1960년대의 여러 혼란과 반항은 권리를 장려하는 철학에서 비롯되었다. 이 철학은 우리 문화 전반에 은근히 침투해 있으며, 우리의 대화 속에도 스며들어 있다. 그리고 우리의 인생관을 형성했다. 오늘날에는 다음과 같은 생각들이 당연시되고 있지 않은가.

- 우리에게는 행복할 권리, 이해, 존경, 사랑을 받을 권리가 있다.

- 우리에게는 일정한 생활 수준과 공정한 임금, 그리고 적절한 복리후생을 누릴 권리가 있다.

- 우리에게는 친구들과 우정을 나누고 이성과 연애할 권리가 있다.

- 우리에게는 남편에게 존중받고 자녀에게 인정받을 권리가 있다.

- 우리에게는 숙면을 취할 권리가 있다.

그리고 가장 중요한 것은, 우리의 권리가 침해를 당했을 때 우리에게는 분노할 권리가 있다는 것이다. SNS에서 목소리를 낼 권리가 있으며, 우리의 권리를 고집할 권리가 있다는 것이다.

구약의 선지자 요나는 권리를 주장하고 그 권리가 침해당했을 때 분노하는 자연스러운 인간의 경향을 잘 보여 준다. 하나님께서 그를 니느웨로 가라고 하셨을 때, 요나는 자신이 니느웨 사람들을 싫어할 권리가 있다고 생각했다. 이들은 누구보다 잔인했고 주변 나라들도 이들을 매우 두려워했기 때문이다. 게다가 요나는 자신이 섬기고 싶은 장소를 결정할 권리가 있다고 생각했다. 그에게는 니느웨 사람들이 하나님에 의해 심판당하는 것을 지켜볼 권리가 있었다. 그러나 하나님께서 자신이 생각했던 것과 다르게 행동하셨을 때, 요나는 "매우 싫어하고 성"을 냈다(욘 4:1). 그는 너무나도 화가 난 나머지 하나님께 자기 생명을 거두어 달라고 간청했다.

하나님께서 요나에게 응답하실 때, 그분은 요나의 상처받은 마음을 달래 주시지 않았다. 그의 자존심을 치켜세우려고 애쓰시지도 않았다. 대신에, 권리의 문제로 이 뿌루퉁한 선지자를 상대하셨다. "여호와께서 이르시되 네가 성내는 것이 옳으냐?"(욘 4:4) 요나는 질문에 대답하지 않았다. 대신에, 그는 니느웨 외곽으로 가서 임시 초막을 세우고 그곳에 앉아 하나님께서 마음을 바꾸셔서 그 도시를 멸망시키시기를 기다렸다. 그분의 인자와 자비로 "하나님 여호와께서(는) 박넝쿨을 예비하사 요나를 가리게 하셨으니 이는 그의 머리를 위하여 그늘이 지게 하며 그의 괴로움을 면하게 하려 하심이었"고, **요나는 그 "박넝쿨로 말미암아 크게 기뻐"하였다**(욘 4:6).

요나가 자신의 기대와 권리의 충족 여부에 따라 감정이 좌지우지되고 있다는 사실이 보이는가? 하나님께서 요나가 몹시 싫어한 이방인들에게 자비를 베푸셨을 때, 요나는 불만을 품고 분노했다. 그리고 뜨거운 동쪽 태양을 피할 수 있도록 편의를 제공해 주셨을 때, 요나는 몹시 기뻐했다.

하지만 다음 날 아침 하나님께서 벌레를 보내 박넝쿨이 시들해질 때까지 그것을 물어뜯도록 하셨기에 그의 행복은 그리 오래가지 못했다. 이후 하나님은 몹시 무더운 바람과 뜨거운 태양을 보내셔서 요나가 혼미해질 때까지 그를 내리쬐도록 하셨다. 의기소침해진 선지자는 다시 한번 죽기를 간청했다. 그러자 하나님은 다시 한번 요나의 권리에 도전하셨다. "네가 이 박넝쿨로 말미암아 성내는 것이 어찌 옳으냐?"(욘 4:9) 요나는 대답했다. "내가 성내어 죽기까지 할지라도 옳으니이다"(욘 4:9).

요나는 자신에게 자신의 삶과 환경을 통제할 권리가 있다고 생각했다. 또 자신이 원하는 대로 일이 진행되어야 하고, 뜻대로 되지 않을 때는 화를 낼 권리가 있다고 생각했다. 그러나 이러한 요나의 자기 권리에 대한 주장은 그를 정서적으로 불안하게 만들고 고립시켜 하나님으로부터 멀어지도록 했다.

그런데 서글픈 것은 요나의 이야기가 내 이야기처럼 들릴 때가 있다는 것이다. 상황이 내 방식대로 움직이지 않을 때, 나는 짜증이 나거나 당황할 때가 너무 많다. 직장에서 누군가가 내린 결정, 고속도로에서 무례한 운전자, 계산대 앞에 서 있는 긴 줄, 가족이 무심코 내뱉은 말, (실제일 수도 추정일 수도 있는) 남편의 소소한 잘못, 약속을 지키지 못한 친구, 방금 잠들었는데 걸려 온 전화 등과 같이 내가 내 권리들을 주장할 때, 이 권리들 중 아주 작은 침해라도 있으면 나는 기분이 안 좋아지고 예민해지며 때론 분노하게 된다.

이러한 영적, 감정적 롤러코스터로부터 내려오는 유일한 방법은 궁극적으로 모든 권리를 가지신 그분께 우리의 권리를 내려놓는 것이다. 물론 한 번에 가능한 일은 아니다. 새로운 상처와 새로운 침해는 우리의 권리를 포기하고 그리스도의 영으로 반응할 수 있도록 하는 신선한 기회이다.

> 그는 근본 하나님의 본체시나 하나님과 동등됨을 취할 것으로 여기지
> 아니하시고 오히려 자기를 비워 종의 형체를 가지사 _ 빌 2:6-7

역설적이게도, 그리스도와 같은 이러한 겸손과 양보의 자세를 통해 우리는 높임을 받게 된다. 여기서 우리는 그분이 자신의 권리를 기꺼이 내려 놓으심으로, 그분의 모든 소유가 우리의 것이 되었다는 사실을 발견한다(빌 2:6-8; 벧전 5:6; 고전 3:21-23 참조).

이 메시지는 우리 문화가 소녀와 여성들에게 유년기부터 시작해서 열정적으로 전하고 있는 메시지다. 이는 텔레비전과 영화, 음악, 도서, SNS, 디지털 기술로 다듬어진 광고를 통해 거의 모든 방면에서 우리에게 다가온다. 이런 미디어들은 거의 완벽한 한 목소리로 우리에게 정말로 중요한 것이 무엇인지에 대한 그림을 그려 준다. 그리고 여성들에게 가장 중요한 것은 아름다움, 즉 외적 아름다움이라고 주장한다. 심지어 부모, 형제, 교사, 친구들도 이 같은 목소리에 무의식적으로 동참한다. '어여쁜' 아이들은 탄성과 애정 어린 관심을 받지만, 덜 매력적이거나 과제충이거나 마르고 키만 큰 아이들은 불쾌한 말이나 무관심, 심지어 노골적 거절의 대상이 되기도 한다. 이 같은 부정적 반응은 이들의 유년기를 지나 오래도록 여성들의 마음에서 무한 반복될 수 있다.

어떤 의미에서, 외모에 대한 우리의 집착은 최초의 여성으로까지 거슬러 올라갈 수 있다. 하와가 금지된 열매에 매료된 이유가 무엇인지 기억하는가?

> 여자가 그 나무를 본즉 먹음직도 하고 보암직도 하고 지혜롭게 할 만
> 큼 탐스럽기도 한 나무인지라 여자가 그 열매를 따먹고 자기와 함께
> 있는 남편에게도 주매 그도 먹은지라 _창 3:6

이 열매에는 기능적 매력("먹음직도 하고")이 있었다. 또한 지혜에 대한 하와의 열망에도 호소했다. 하지만 그에 못지않게 중요한 것은 이것이 "보암직도" 했다는 사실, 즉 외적인 매력도 있었다는 사실이다. 원수는 여자가 신뢰와 순종같이 눈에 보이지 않는 요소들보다 외적인 것에 더 높은 가치를 두도록 하는 데 성공했다.

그런데 문제는 그 열매가 아름다웠다는 것이 아니라, 하나님께서 그것을 그렇게 만드셨다는 것이었다. 하와가 하나님의 창조 세계의 아름다움을 누리고 감사한 것

은 잘못이 아니다. 하지만 하와가 외적이고 육체적인 아름다움에 대한 갈망을 하나님의 말씀에 대한 순종보다 우선시했을 때 문제가 생겼다. 또한 흥미롭게도 그 순간부터 그녀와 그녀의 남편은 자기 자신과 자기 육체를 다른 눈으로 바라 보았다. 이들은 이들의 벗은 몸, 그러니까 사랑의 창조주께서 완벽히 빚어 주신 몸을 부끄러워하기 시작했다. 이들은 상대가 자신을 볼까 봐 두려워 즉시 자신의 몸을 가리고자 했다.

하와가 외모에 우선순위를 둔 것은 그녀의 아들딸들, 즉 전 인류가 따르려는 경향이다. 또한 외적 아름다움을 마음, 영혼, 삶의 아름다움보다 높이 여기는 이러한 속임은, 남성과 여성 모두로 하여금 자신이 매력적이지 못하고, 부끄러우며, 창피하고, 절망적일 만큼 흠이 있다고 느끼도록 한다. 아이러니하게도, 외적 아름다움에 대한 추구는 늘 만족하거나 도달할 수 없는 목표로서 언제나 우리 손이 닿지 않는 곳에 있는 듯하다. 그래서 가장 매력 넘치고 타인의 동경을 받는 여성들도 자기 외모에 대한 불만을 토로하곤 한다. 어느 할리우드 스타는 자신에 대해 이렇게 이야기했다. "저는 제가 이상하게 생겼다고 생각해요. 만일 제 모습을 바꿀 수만 있다면 저는 좀 더 긴 다리와 작은 발, 작은 코를 갖고 싶어요."[1]

육체적, 외적 아름다움에 지나친 가치를 둔다고 해서 뭐 그리 큰 해를 입겠냐고 의문을 갖는 사람이 있을 수 있다. 그러나 우리가 믿는 것이 궁극적으로 우리가 사는 방식을 결정한다는 전제로 돌아가 보자. 만일 우리가 사실이 아닌 것, 즉 거짓말을 믿는다면, 우리는 이내 그 거짓말대로 행동할 것이고 거짓말을 믿는 것과 거짓말대로 행동하는 것은 우리를 속박으로 인도할 것이다.

> 저는 다른 사람, 특히 남자들이 외적인 아름다움(제 몸)을 기준으로 절 판단해 줄 거라 믿었어요. 너무나도 관심을 받고 싶어서 그걸 적극 활용하기로 마음먹었죠. 그러다 보니 결국 성 중독자가 되고 말았지 뭐예요.

> 우리 언니는 너무 아름다워요. 제가 봐도 너무 사랑스럽죠. 그런데 저는 너무 평범해요. 그래서

> 저는 언제나 제 자신이 열등하다고 믿었고, 다른 사람들에게 인정받기 위해서는 무언가 성과를 내야 한다고 생각했어요. 제 주변에 아름다운 사람들은 언제나 특혜를 누리더라고요. 앞으로 저에게는 그럴 일이 없을 거라 여기며, 그렇게 제 외모에 대한 인식에 속박되어 있어요.

> 저는 평생 제 가치가 제 외모에 달려 있다고 믿었어요. 물론 저는 세상이 기대하는 것만큼 아름답진 않으니 늘 자존감이 낮았죠. 그러다 언제부턴가 섭식 장애가 생겼고 지금은 음식 중독자가 됐어요. 제가 매력적이지 않으니 남편이 늘 매력적인 다른 여성들을 쳐다보고 있다는 생각 때문에 결혼 생활도 너무 힘드네요.

이 여성들은 아름다움에 관하여 사실이 아닌 것을 믿었다. 이들이 믿은 것은 곧 자기 자아에 영향을 미쳤고, 다양한 방식으로 자신을 속박하는 선택들을 내리도록 했다. 비교, 질투, 경쟁, 방탕, 성 중독, 섭식 장애, 야한 옷차림, 이성에게 환심을 사려는 행위 등 아름다움에 관한 잘못된 시각에서 비롯될 수 있는 태도와 행동은 정말 다양하다.

무엇이 우리를 이러한 속박에서 자유롭게 할 수 있을까? 오직 진리만이 우리를 자유롭게 할 수 있다. 하나님의 말씀은 우리에게 외적인 아름다움의 일시적 속성과 지속적인 내면의 아름다움을 추구하는 것의 중요성을 일깨워 준다.

> 고운 것도 거짓되고 아름다운 것도 헛되나 오직 여호와를 경외하는 여자는 칭찬을 받을 것이라 _잠 31:30

> 너희의 단장은 머리를 꾸미고 금을 차고 아름다운 옷을 입는 외모로 하지 말고 오직 마음에 숨은 사람을 온유하고 안정한 심령의 썩지 아니할 것으로 하라 이는 하나님 앞에 값진 것이니라. 전에 하나님께 소망을 두었던 거룩한 부녀들도… 자기를 단장하였나니 _벧전 3:3-5

이 구절들은 단순히 육적 아름다움 자체가 악한 것이라거나 외적인 모습에 관심 갖는 것 자체가 잘못이라고 가르치진 않는다. 이는 외면의 아름다움을 지나치게 강조하는 거짓말에 버금가는 속임이다. 성경 어디에도 외적인 아름다움을 정죄하거나 외적인 모습이 전혀 중요하지 않다고 말하는 구절은 없다. 지적하고자 하는 것은 하나님께서 주신 아름다움으로 자만하거나, 외적 아름다움에 과도하게 집착하거나, 육적인 문제를 돌보느라 마음의 문제를 방치하는 것이다. 이 같은 함정을 피하는 어떤 사람들은 옷차림, 외모, 물질적 환경의 매력을 혐오하는 반대편 극단에 빠지기도 한다. 하지만 그것 역시 성경의 빛에 비추어 볼 때 엄연히 거짓말이다.

크리스천 여성으로서 우리의 모습은 그리스도의 아름다움, 질서, 탁월함, 그리고 은혜를 반영한다. 그리고 우리는 다른 사람들에게 그분이 우리의 삶 가운데 만드시는 변화를 볼 수 있게 하는 숭고하고 거룩한 부르심을 입는다. 우리는 하나님의 자녀이고 왕의 딸이며 그리스도의 신부이다. 그분이 우리를 여성으로 만드셨다. 그래서 그분이 우리에게 두신 환경과 그분이 우리에게 주신 몸을 아름답게 꾸미는 것은 좋은 일이지만, 이 모든 것이 참된 걸작품을 위한, 즉 다른 사람들이 보고 경이하기를 바라는 그리스도의 초상화를 위한 액자에 불과하다는 사실을 잊지 말아야 한다.

우리 중 결혼을 한 이들에게는 이 같은 문제에서 적절한 균형을 찾아야 할 더 많은 이유가 있다. 잠언 31장에서의 "현숙한 아내"는 육체가 건강하고 옷차림이 정갈하다(17, 22절). 그리고 남편을 보완한다. 반면 자신의 외적인 모습을 전혀 돌보지 않는 아내는 자신의 남편과 하늘의 신랑 모두에게 부정적 영향을 미친다.

사도 바울은 교회 안에서 이루어져야 하는 일들에 대해 디모데에게 편지했을 때, 여성의 옷차림에 대해 언급했다. 그의 설명은 여성 내면의 마음가짐과 외면의 옷차림이나 행동 사이의 균형을 보여 준다. 바울은 여성들에게 이렇게 권면한다.

> 단정하게 옷을 입으며 소박함과 정절로써 자기를 단장하고 땋은 머리와 금이나 진주나 값진 옷으로 하지 말고 오직 선행으로 하기로 원하노라. 이것이 하나님을 경외한다 하는 자들에게 마땅한 것이니라 _딤전 2:9-10

이 말씀에서 "단정하게"와 "소박함"이라고 번역된 단어는 '질서 있고 잘 정돈되고 품위 있는'이라는 뜻으로, '조화로운 배치'를 의미한다.[2] 크리스천 여성으로서 우리의 외적인 모습은 사치스럽거나 지나치거나 과도한 노출로 우리 자신에게 이목을 집중시키는 것이 아니라, 순전하고 잘 정돈된 마음을 반영해야 한다. 모든 방면에서 우리의 목표는 우리를 통해 그리스도의 아름다움을 증거하고, 세상에서 복음을 매력적으로 드러내는 것이다.

우아하게 늙어 가기

마흔이 되자마자, 나는 노화를 방지해 준다고 하는 물건들의 카탈로그를 받기 시작했다. 이들은 나에게 피부를 더 젊고 더 맑아 보이게 해 주며, 주름을 줄여 주고, 다크서클을 사라지게 하고, 더 많은 에너지, 더 예쁜 손톱과 머릿결, 향상된 시력과 청력을 약속했다. 이 말은 곧 나이가 들면서 가장 중요한 것이 젊게 보이고 젊게 느끼는 것이라는 사실을 의미한다.

이것은 대략 20년 전의 일이다. 그때나 지금이나 나는 나이가 들**고 있고**, 타락한 세상을 살면서 서서히 몸도 노화되어 거울을 보면 20년 전에는 없던 주름들이 보인다. 머리칼은 20대 초반부터 희기 시작해 운전면허증 머리칼 색도 '회색'으로 바뀐 지 오래다. 원거리 시력도 안 좋아지고 서른 살 때의 체력도 이제 가지고 있지 않다.

하지만 나는 이것이 궁극의 비극이라거나 혹은 어떤 방법으로든 내 생체 시계를 되돌릴 수 있다고 하는 거짓말에 넘어가고 싶지 않다. 그렇다고 노화를 서두르겠다는 것은 아니지만 불가피한 것에 맞서 싸우려고 집착하지 않겠다는 의미이다. 나는 나이가 들어 가면서 하나님께서 가장 중요하다고 하신 일들, 즉 그분의 영이 내 안에서 은혜롭고 지혜롭고 친절하고 사랑하려는 마음을 경작하시는 일에 집중하고 싶다.

내가 어떤 묘약과 상품을 구매하든 간에, 내 육체 안에서 영원히 되돌릴 수 없는 과정이 일어나고 있음을 안다. 그렇지 않다고 믿는 것은 속는 것이다. 하지만 나는 "의인의 길은 돋는 햇살 같아서 크게 빛나 한낮의 광명에 이"른다는 사실 역시 안다 (잠 4:18). 이는 우리의 육체가 부패하고 있음에도 보다 풍성하고 온전해질 수 있는 삶의 차원이 있다는 뜻이다.

사실, 날씬하고 매력 넘치며 젊어 보이는 외모를 유지하는 일에 우리가 우리의 시간과 에너지를 쏟아 붓는다면, 잠시 동안은 이러한 목표를 성취할 수 있다. 하지만 우리가 하나님을 기쁘시게 하고 영원히 지속되는 내면의 아름다움과 성품을 가꾸는 일에 소홀히 한다면, 우리는 결국 불필요한 후회를 하게 될 것이다. 아, 그리고 하나님께 속한 여성으로서 우리가 기다리고 있는 약속, 곧 "우리의 낮은 몸을 자기 영광의 몸의 형체와 같이 변하게 하"실 우리 구주를 만날 소망을 잊지 말자(빌 3:21). 그것은 분명 기다릴 만한 가치가 있는 일이다!

거짓말 12.
"갈망을 충족시키지 못한 채로 살면 안 돼."

이것은 우리의 사고와 생활 방식에 침투한 또 다른 거짓말이다. 우리 사회는 충족되지 못한 모든 갈망에 (가급적이면 빠르고 손쉬운) 해결책이 있다는 (혹은 있어야 한다는) 철학을 받아들였다.

우리는 우리의 갈망을 파악하고 그 '필요'를 충족시키기 위해 할 수 있는 것이라면 무엇이든지 하라는 권유를 받는다. 갖고 싶은 것을 지불할 능력이 안 된다면 카드로 결제하라는 권유를 받고, 연애가 하고 싶다면 남자들의 관심을 끄는 옷을 입거나 그렇게 행동하라는 권유를 받고, 결혼 생활이 외롭고 지루하다면 페이스북에서 옛 남자 친구에게 연락해 보라는 권유를 받는다.

서점에 가서 여성 잡지들을 훑어 보라. 아니면 종종 SNS에서 스쳐 지나가는 광고들을 잠시 주목해 보라. 어디를 보든지 당신은 당신이 상상할 수 있는 모든 갈망을 충족시켜 주겠노라고 약속하는 제안들을 쉽게 접할 수 있을 것이다.

● 영혼의 단짝을 찾은 24가지 신호!

- 깨끗한 에너지, 체중 감소, 맑은 피부를 위한 3일 해독 프로그램!

- 젊어 보이는 25가지 비결!

- 긴 머리 가발과 실패 없는 셀프 태닝으로 자신을 만족시키세요!

- 날씬한 몸매를 유지, 피부 개선, 에너지를 높여 주는 작은 건강 습관!

- 당신 자신에게 투자하는 방법!

- 안락한 인생: 재미난 직업, 멋진 드레스, 엉뚱한 상상, 현명한 해결책!

어딘가에, 어떻게든 당신의 갈망을 충족시킬 방법이 있을지 모른다.

- 지침서

- 연애 소설

- 크루즈

- 새로운 이성 교제

- 새로운 헤어스타일, 의상, 집, 직업

- 치즈가 녹아 흘러 내리는 맛있는 피자

- 완벽한 가정

이러한 사고방식은 많은 여성들의 갈망을 여전히 충족시키지 못한 채, 내면의 공허함을 채울 수 있는 무언가를 찾아 헤매도록 했다. 최악의 경우 깊은 상실감을 유발하기도 했다. 이러한 거짓말은 불안, 분개, 우울증을 불러일으킨다. 여성들이 자신의 곁에 머무르며 교제를 약속한 사람과 순결을 교환하도록 한다. 기혼 여성의 경우에는, 자신의 감정을 돌봐 준다고 말하는 직장 동료의 품에서 만족을 찾게 될 수도 있다. 젊은 여성의 경우에는 잘못된 이유로 혼인 서약을 맺기 위해 예배당 복도를 걸어 내려가기도 하지만, 동일한 여성이 깊이 충족되지 못한 내면의 갈망을 만족시키기 위해 이혼 법정의 복도를 걸어 내려올 수도 있다.

카르멘(Carmen)은 이 거짓말이 자신을 어디로 인도했는지 말해 주었다.

> "갈망을 충족시키지 못한 채로 살면 안 돼."라는 거짓말을 믿은 저는 제가 원하는 것을 원하는 때에 얻었어요. 그것이 옷이든, 유럽 여행이든, 주말 여행이든 신용 카드로 결제하거나 다른 방식으로 돈을 융통했는데, 제가 스물두 살이 될 즈음에는 빚이 대략 천만 원에서 천오백만 원이나 되더라고요.

아일린(Eileen)의 이야기도 이러한 거짓말을 믿을 때 초래되는 정서적, 개인적 파괴의 깊이를 묘사한다.

> 결혼 생활에서 저는 성적으로 만족을 느끼지 못했어요. 그게 전부 남편의 잘못이라고 생각했죠. 남편을 탓하면서, 저는 저를 성적으로 만족시켜 줄 다른 남자를 찾기 시작했어요. 저는 그걸 사랑이라고 여겼지만, 사실 욕망이라는 걸 알았죠. 그런데 그게 제 권리라고 믿었어요. 남편이 제게 성적으로 충족시켜 주지 못하니까요. 한동안은 좋았어요. 하지만 시간이 흐르면서 죄책감, 수치심 등의 상처와 고통이 얼마나 크게 느껴지던지…. 그 짧은 순간 느꼈던 쾌락은 아무 쓸모가 없더라고요.

그렇다면 진리는 이러한 속임의 사슬로부터 어떻게 우리를 자유롭게 할 수 있을까? 먼저, **우리는 천국 가기 전까지 늘 충족되지 못하는 갈망이 있음**을 인정해야 한다(롬 8:23). 사실 이 땅에서 우리의 모든 갈망이 충족될 수 있다면, 우리는 현재의 상황에 쉽게 만족할 것이다. 그리고 우리의 마음은 절대로 더 나은 곳을 갈망하지 않을 것이다.

우리 내면의 갈망이 그 자체로 반드시 죄가 되는 것은 아니다. 우리가 갈망하는 것들로 우상을 삼는 것, 즉 우리의 갈망이 지금 여기에서 충족되어야 한다고 하거나 이러한 갈망을 적절하지 못한 방식으로 충족시키려고 고집하는 것이 죄인 것이다.

하나님께서 성적 욕구를 창조하셨다. 성은 좋은 선물이다(창 2:24-25; 잠 5:18-19; 고전 7:3-5). 한 남자와 한 여자 사이의 언약 결혼 안에서 하나님의 때와 방법으로 성적 친밀함의 갈망을 충족하는 것은 잘못된 것이 아니다. 하지만 이 세상은 우리에게 방법, 시기, 장소, 혹은 상대와 관계없이 성적 욕구를 충족할 권리가 있다고 말한다.

음식도 역시 좋은 선물이다(시 145:15; 딤전 4:3-4). 육체적 배고픔을 느끼는 것이나 음식을 먹는 것은 잘못된 것이 아니다. 잘못된 것은 우리가 감정적, 영적 갈망을 충족하기 위해서 '과식'을 하는 것이다.

마찬가지로 결혼을 하거나 자녀를 가지려는 것도 잘못이 아니지만, 결혼이나 모성이 우리의 가장 깊은 필요를 충족시켜 줄 것이라고 기대하는 것은 착각이다. 우리는 우리가 갈망하는 것에 대해 하나님께 솔직할 수 있다. 하지만 그분께서 그 갈망을 충족하기 위한 적절한 상황을 제공해 주실 때까지, 우리는 충족되지 못한 갈망에 만족하는 법을 배워야 한다.

또한, **우리 마음의 가장 깊은 갈망은 어떤 사람으로도, 어떤 물건으로도 충족될 수 없다**는 사실을 깨달아야 한다. 이것은 나 자신의 영적 여정을 통해 발견한, 나에게 가장 큰 자유를 선사하는 진리 중 하나이다. 수년간 나는 나를 행복하게 해줄 사람과 환경을 찾아다녔다. 그러나 그런 것들이 충족되지 않을 때마다 나는 불만과 실망에 빠지곤 했다. 창조된 모든 것들은 반드시 우리를 실망시킨다. 물건은 불에 타거나 망가지거나 누군가 훔쳐가거나 잃어버릴 수 있다. 사람도 이사를 가거나 변하거나 망하거나 죽을 수 있다. 몇 년 전 가장 사랑하는 친구 몇 명을 잃고 나서야, 나는 비로소 진리를 깨달았다. 내가 만일 내 자아의 깊은 곳을 만족시켜 주기 위해 사람들을 바라본다면, 언제나 실족할 수밖에 없다는 것을 말이다.

나는 많은 미혼 여성들과 외로움에 대한 고충, 하나님께서 남편을 허락해 주시기를 바라는 이들의 갈망에 관하여 대화를 나누었다(그중에는 경건하고 헌신적인 신자들도 있다). 이 귀한 여성들에게 결혼이 꼭 외로움에 대한 치료제가 아니라는 사실, 이들이 머리로는 이미 알고 있는 사실을 상기시켜 주었다. 물론 기혼 여성들도 깊은 외로움이나 고독과 분투하고 있다. 사실, 이 땅에는 여성들의 마음속 가장 깊은 갈망을 충족시켜 줄 수 있는 남성이 없다.

하나님은 우리가 하나님이 아닌 다른 무엇 혹은 다른 사람으로 참된 만족을 절대 얻을 수 없도록 우리를 지으셨다(시 16:11; 34:8-10). 기혼이든 미혼이든, 우리는 충족되지 못한 갈망을 갖고 사는 것이 결코 잘못된 것이 아니며, 이들이 우리를 덜 영적으로 만들지 않는다는 사실을 깨달아야 한다. 또한 이러한 갈망을 용납하고, 하나님께 복종시키며, 우리 마음의 가장 깊은 필요를 충족시켜 주시는 그분을 바라보아야 한다.

엘리자베스 엘리엇(Elisabeth Elliot, 1926-2015)의 사역 아래 성장한 이들은 그녀가 때때로 충족되지 못한 갈망의 문제를 언급했다는 사실을 기억할 것이다. 자신의 묵상집 《내 발에 등》(A Lamp unto My Feet)에서 그녀는 이러한 갈망들이 어떻게 실제로 "제물을 위한 재료"가 되었는지를 설명한다.

> 저는 제가 매우 간절히 원했던 것을 위해 기도했습니다. 저는 그것이 제가 소유할 만하고, 삶을 지금보다 더 쾌적한 것으로 만들어 주며, 제 일에도 전혀 방해가 되지 않을 것 같았습니다. 하지만 하나님은 저에게 그것을 주지 않으셨습니다. 왜일까요? 저는 물론 그분의 모든 이유들을 알지 못합니다. 우주를 통치하시는 하나님께는 제가 헤아릴 수 없는 고려해야 할 많은 선한 것들이 있습니다. 그리고 나는 이것들을 그분에 맡겨 드려야 합니다. 하지만 한 가지 제가 이해하는 것이 있다면, 제가 제 자신의 의지를 포기하는 것의 대가로 그분은 제게 거룩함을 주신다는 사실입니다.
>
> "네가 정말로 나를 알기 원하느냐?" 그분이 물으셨습니다. 저는 그렇다고 대답했습니다. "그렇다면 내가 말하는 것을 행하라." 그분의 대답입니다. "네가 그것을 이해할 때도 그것을 행하고, 이해하지 못할 때에도 그것을 행하라. 내가 너에게 주는 것을 취하라. 내가 너에게 주지 않는 것은 기꺼이 포기하라. 네가 그토록 절박하게 갈망하는 것을 포기하는 일이 네 평생의 기도, '당신을 뜻을 이루소서'라는 기도의 진정성을 참으로 보일 것이다."

> 그래서 이제는 하나님께서 내가 갖기를 원하지 않으시는 것을 얻기 위해 하늘 문을 쾅쾅 두드리는 대신 내 갈망을 제물로 바칩니다. 내가 갈망해 온 것은 제물의 재료입니다. 주님, 여기, 이것은 당신의 것입니다. 주님께서 이 제물을 받으실 줄 믿습니다. 주님은 이것을 구원의 무엇으로 변화시키실 것입니다. 아브라함에게 이삭을 돌려주셨던 것처럼 그것을 다시 돌려주실 수도 있겠지만, 주님은 내가 주님께 순종하기를 온전히 의도했다는 사실을 아실 것입니다.[3]

우리는 하나님에 대한 잘못된 견해가 우리 자신에 대한 잘못된 견해로 귀결되고, 이 두 가지 중요한 영역 가운데 속임이 우리 삶에 크게 영향을 미친다는 사실을 살펴보았다. 그러므로 우리가 하나님이나 우리 자신에 관한 거짓말을 믿게 되면, 우리는 필연적으로 죄에 관하여서도 속게 된다.

진리로 거짓말에 대항하기

거짓말 07.   나는 아무 쓸모없는 사람이야.

진 리
- 나의 가치는 다른 사람들이 나를 어떻게 생각하는지, 혹은 내가 나 자신을 어떻게 생각하는지에 따라 결정되지 않는다. 나의 가치는 하나님께서 나를 어떻게 보시는지에 달려 있다.
  (시 139:1-18; 엡 1:3-8; 벧전 2:4)
- 하나님은 나를 사시기 위해 궁극의 대가를 치르셨다. (요 3:16; 롬 5:6-8)
- 하나님의 자녀인 나는 그분이 소중히 여기시는 소유이고 보물이다.
  (롬 8:15-17; 엡 1:18; 벧전 2:9)

거짓말 08.   나 자신을 더 사랑해야 해.

진 리
- 믿음으로 나를 향한 하나님을 사랑을 받아야 한다.
  (갈 2:20; 롬 8:31-39; 요일 4:16)
- 하나님은 내가 그분의 사랑을 경험하고 나를 통해 다른 사람에게 사랑이 전해지길 원하신다. (마 16:24-26; 요 15:12; 엡 5:29)

거짓말 09.   나도 어쩔 수가 없어.

진 리
- 하나님의 자녀인 나는 하나님께 순종하기로 선택할 수 있다.
  (롬 6:1-14; 8:1-2)
- 내 선택에 대한 책임은 나에게 있다. (신 30:19; 수 24:15)
- 나는 하나님의 성령의 능력으로 변화될 수 있다. (갈 5:16; 빌 2:13)

거짓말 10.　　나에게도 권리가 있어

진 리 ・ 권리를 주장하면 영적 속박에 빠지게 된다. (욘 4; 시 37:1-11; 눅 6:46)
　　　　・ 권리를 내려놓으면 자유로워진다. (요 6:38; 히 10:7)

거짓말 11.　　내적 아름다움보다 외적 아름다움이 더 중요해.

진 리 ・ 우리가 이 땅에 사는 한, 외적 아름다움은 일시적이고 덧없는 것이다.
　　　　　(잠 31:30)
　　　　・ 하나님께 가장 중요한 아름다움은 나의 내면의 영과 성품의 아름다움이다.
　　　　　(삼상 16:7; 딤전 2:9; 벧전 3:3-5)

거짓말 12.　　갈망을 충족시키지 못한 채로 살면 안 돼.

진 리 ・ 천국 가기 전에는 언제나 충족되지 못한 갈망이 남아 있을 것이다.
　　　　　(롬 8:23, 25; 엡 3:11; 히 11:13-16)
　　　　・ 내 마음의 가장 깊은 갈망은 이 세상 그 누구로도, 그 무엇으로도
　　　　　채울 수 없다. (시 16:11; 73:25)
　　　　・ 이것을 용납한다면, 충족되지 못한 나의 갈망은 하나님과 천국을 향한
　　　　　갈망을 증진시킬 것이다. (신 8:3; 시 34:8-10; 빌 3:20-4:1)

3장 여성들이 자기 자신에 관하여 믿고 있는 거짓말

4장

여성들이
죄에 관하여
믿고 있는 거짓말

우리가 에덴을 떠난 지도 6개월이 지났다. 모든 일을 뒤로 할 수 있다면 얼마나 좋을까? 아담은 여전히 모든 난리를 내 탓으로 돌리고 있다. 내가 뱀의 말에 귀를 기울이지 말았어야 했다는 건 안다. 하지만 아담도 그때 거기 나와 함께 있었는데 그이는 왜 아무것도 하지 않은 거지? 자기도 그 열매를 먹었으면서….

솔직히 그때 나는 그게 그렇게 큰일이라고 생각하지 못했다. 지금은 물론 어마어마한 죄책감을 느끼고 있지만 말이다. 하나님이 우리에게 어떻게 해 주셨는데 내가 어떻게 그런 짓을 할 수 있었을까? 우리는 예전과 같은 관계로 다시 회복할 수 있을까? 하나님과 대화해 보려고 할 때마다 우리 사이에 커다란 벽이 가로막고 있는 것 같다.

한 가지 내가 생각하지 못했던 건, 그 열매를 먹은 후 하나님께 순종하는 게 너무 부자연스러워졌다는 거다. 예를 들어, 그날까지만 해도 나는 배가 고프면 먹었고 배가 부르면 그만 먹었다. 그런데 지금은 먹고 싶은 욕구를 멈출 수가 없다. 일단 먹기 시작하면 멈춰야 한다는 걸 알면서도 그럴 수가 없다.

내가 통제 불능인 영역은 그것뿐만이 아니다. 내 혀도 나를 큰 곤란에 빠뜨리는데 특별히 어제 같은 날이 그랬다. 어제가 한 달에 한 번 있는 그날이었는데, 몸이 좀 좋지 않아서 내가 사사건건 아담에게 딱딱거렸던 것 같다. 나도 내가 이런 식으로 행동하는 게 싫은데 말이다. 정말, 우울하고 딱딱해지는 내가 너무 싫다. 그래도 때때로 어쩔 수 없는 것 같다.

로메로(Romero) 부부가 처음 가족 반려 동물로 샐리를 데려왔을 때, 샐리는 겨우 30cm 정도였다. 8년이 지나 샐리는 대략 몸길이 3.5m, 몸무게가 36kg에 달했다. 그리고 1993년 7월 20일 버마왕뱀(Burmese python) 샐리는 15살의 데릭(Derek)을 공격하여 그의 목을 졸라 그를 질식사시켜 버렸다. 끔찍했다. 너무나도 유순하고 무해하게 보였던 이 동물이 한순간에 무서운 야수의 정체를 드러낸 것이다. 가족들은 이를 전혀 예상하지 못하고서 단지 '애완동물'로서 집으로 데려와 보살피고 키웠을 뿐이었다. 그러나 이 동물은 가족들을 공격했고 자신이 위해한 짐승임을 증명했다. 이 일은 어떤 의미에서 그리 놀랄 만한 일이 아니다. 이 왕뱀은 자기 본성에 따라 행동했을 뿐이기 때문이다.

죄도 마찬가지다. 죄는 우리를 즐겁게 해 주고, 우리와 함께 놀고 자며, 우리를 재미있게 해 주기도 한다. 그러나 그 본성은 절대 바뀌지 않는다. 결국 언젠가 일어나 자신과 친구가 된 이들의 목을 조르고 그들을 삼킬 것이다.

이렇듯 모든 속임이 치명적이지만, 특히나 하나님과 죄에 관하여 우리가 믿고 있는 거짓말보다 더 치명적인 거짓말은 없다. 우리 영혼의 원수는 하나님께서 말씀하신 하나님 자신에 관한 것과 죄에 관한 것이 옳지 않다고 우리를 설득한다. 그가 그리는 그림은 하나님의 선하심과 거룩하심은 물론 죄의 사악함까지도 축소하는 것이다. 그는 하나님이 그다지 선하지 않으신 분으로, 죄는 그렇게 악하지 않은 것으로 그려 낸다.

오늘날 사진은 너무나도 드라마틱한 방식으로 보정이 가능해서 아무리 추한 이미지라도 아름답게 보이도록 만들 수 있는데, 죄에 대하여 사탄이 하는 일도 이와 같다. 사탄은 흉측한 모습을 한 기형의 무언가가 아름답고 예술적인 작품으로 보이도록 그 이미지를 교묘하게 포토샵(보정)한다.

하지만 그럴 듯한 옷을 입혀 놓아도 죄의 본질적 본성은 바뀌지 않는다. 너무나도 무해하고 유순해 보였던 왕뱀이 그러했듯이 언젠가 그것의 치명적 본성이 드러나는 순간이 찾아온다. 사탄은 동산에서 속임을 사용해 반란을 일으켰고, 어느 누구의 상상보다 더 큰 대가를 치르게 됐다. 오늘날 그가 우리에게 이야기하는 거짓말은 그가 첫 번째 여성에게 이야기했던 거짓말과 본질적으로 동일하다.

거짓말 13.
"죄를 지어도 별일 없을 거야."

이 거짓말은 사탄이 죄에 관하여 우리에게 말하는 가장 근본적인 거짓말일 수 있다. 하나님은 아담에게 이렇게 말씀하셨다. "이 나무의 열매를 먹는 날에는 반드시 죽으리라." 이 명령은 분명히 "먹지 말라"였다. 불순종의 결과도 역시나 분명했는데, "반드시 죽으리라"라는 것이었다. 하지만 사탄은 하와의 마음에 이러한 명령을 주신 하나님의 선하심과 실제로 그녀의 삶을 통제할 권리가 하나님께 있으신지에 대한 의구심을 일으킨 후, 그것의 결과에 도전하기 시작했다. 하나님 말씀에 직접적으로 정면 공격한 것이다. "뱀이 여자에게 이르되 **너희가 결코 죽지 아니하리라**"(창 3:4).

그러나 시편 10편에서 저자는 "사람들이 하나님께 불순종하는 것은, 그럼에도 별일 없을 거라고 믿기 때문이다."라고 세 번에 걸쳐 지적한다.

그의 마음에 이르기를 나는 흔들리지 아니하며 대대로 환난을 당하지
아니하리라 … 그가 그의 마음에 이르기를 하나님이 잊으셨고 그의 얼

굴을 가리셨으니 영원히 보지 아니하시리라 … 어찌하여 악인이 하나
님을 멸시하여 그의 마음에 이르기를 주는 감찰하지 아니하리라 하나
이까? _시 10:6, 11, 13

원수는 우리로 하여금 다음의 말들을 믿도록 한다.

● 네 죄에 대한 심판은 없을 거야.

● 너는 네가 심은 대로 거두지 않을 거야.

● 네가 오늘 한 선택이 별 영향을 미치지 않을 거야.

● 잠깐 장난 좀 친다고 해서 별일 일어나지 않아.

다시 한번 말하지만, 우리가 이러한 사실을 의식적으로 믿지 않을 수도 있다. 또 이성적으로는 이런 생각을 거부할지도 모른다. 하지만 우리가 죄를 짓기로 선택할 때, 언제나 우리는 우리 자신에게 이러한 거짓말을 한다. 그래서 우리는 세상의 철학을 반영하고 신성 모독과 무례, 부도덕한 행동을 정당화하는 연애 소설이나 TV 프로그램, 음악, 웹사이트 등으로 자신을 즐겁게 하려고만 한다. 그렇게 함으로써 일어나는 다음의 일들을 전혀 생각하지 않은 채 말이다.

♥ 양심이 무뎌지고 죄에 대해서도 관대해짐.

♥ 죄에 대한 욕구는 증가시키고 거룩함에 대한 갈망은 감소시킴.

♥ 하나님과의 교제를 막는 담을 쌓게 됨.

♥ 세상의 방식대로 생각하도록 우리 마음을 프로그래밍함.
  (우리가 생각하는 방식에 따라 우리가 사는 방식이 결정된다.)

♥ 보고 듣는 것을 그대로 행동할 가능성이 높아짐.

♥ 하나님을 두려워하지 않고, 현재 혹은 미래의 결혼 생활을 파괴할 수도 있는
성에 대한 비성경적 관점을 발전시킴.

또한 우리는 우리에게 잘못을 저지른 사람에 대해 원한을 품기로 선택한다. 나중에 그러한 원통함이 다음의 결과를 가져올 것이라는 사실을 무시한 채 말이다.

♥ 이성적으로 사고하는 능력을 파괴함.

♥ 우리를 비참하게 만들고 정서적으로 불안하게 만듦.

♥ 만성 피로, 에너지 소모, 두통, 근육 긴장, 소화 장애와 같은 방식으로
우리 몸에도 영향을 미침.

♥ 우리 죄에 대한 하나님의 용서를 경험하지 못하게 함.

♥ 우리를 함께 살기 어려운 사람으로 만들고, 사람들이 우리 주변에
있고 싶어 하지 않게 만듦.

그리고 우리는 직장이나 온라인에서 만난 괜찮은 남자에게 추파를 던진다. 다음과 같은 일이 벌어질 수도 있다는 사실을 믿지 않으면서 말이다.

♥ 몇 마디 칭찬이나 장난스러운 이모티콘으로 시작된 대화가 쉽게 본격적인
감정 싸움으로 진행됨.

♥ 배우자에게 자기가 한 일을 숨기기 위해 거짓말하거나 그것을 감춤.

♥ 마음과 감정에 불륜의 씨앗을 뿌림.

♥ 남편으로 하여금 날 기쁘게 할 수 있는 기회를 빼앗음.

♥ 그 사람과 간음을 하지 않더라도 미래의 도덕적 실패를 대비함.

♥ 배우자, 자녀, 시댁, 하나님으로부터 소원해지는 결말을 맞이함.

따라서 우리는 사탄이 거짓말쟁이인 것을 계속해서 상기해야 한다. 하나님께서 '죄'라고 부르시는 것을 사탄은 반복해서 우리에게 다음과 같이 이야기한다.

즐겁다	/	대수롭지 않다
안전하다	/	우리의 필요를 충족시킨다
무고하다	/	불가피하다
바람직하다		

그러나 반대로 하나님의 말씀은 우리에게 이렇게 이야기한다.

♥ 죄는 위험하고 치명적이고 파괴적이다.

♥ 네가 심은 대로 거둘 것이다.

♥ 오늘 네가 내린 모든 선택에는 결과가 따를 것이다.

♥ 조만간 네 죄의 결과가 너를 뒤따를 것이다.

♥ 죄가 장성한즉 사망을 낳느니라(약 1:15)

안타깝게도 우리는 자연스럽고 육적인 우리의 선택과 (그것이 현재이든 미래이든) 우리의 삶에서 의도되지 않은 결과 사이의 연관성을 항상 생각하지 못한다.

죄의 기쁨

사탄의 거짓말은 우리가 죄를 지어도 별일 없을 거라고 말하는 것에서 한 걸음 더 나아간다. 동산에서 사탄은 하와에게 이렇게 제안했다. "네가 하나님께 불순종을 해도 부정적인 결과를 피할 수 있을 뿐 아니라, 이 열매를 먹으면 몇 가지 놀라운 유익을 경험할 수 있어."

너희가 그것을 먹는 날에는 너희 눈이 밝아져 하나님과 같이 되어 선
악을 알 줄 하나님이 아심이니라 _창 3:5

사탄은 어떤 결과를 거둔다 해도, 네가 네 마음대로 행동하는 것으로부터 얻게
될 즐거움과 유익으로 보았을 때 더 가치가 있다고 이야기한 것이다. 그래서 하와
는 그를 믿었고 우리도 그렇게 믿었다. 사실 죄를 지어서 얻을 수 있는 즐거움이 없
다면 우리가 뭐하러 죄를 짓겠는가? 《셀프》(Self) 매거진의 칼럼니스트가 다음과 같이
제안한 이유도 바로 이 때문이다. "불륜은 실망스러운 결혼 생활을 견디는 데 도움
이 될 수 있고, 때로는 여성들에게… 형편없는 결혼 생활을 끝내기 위해 필요한 에
너지를 공급하기도 합니다."[1]

죄의 '긍정적' 결과에 대해 사탄이 주장하는 것은 어느 정도 일리가 있다. 그러
나 히브리서 11장 25절에 따르면, 죄는 잠시 동안의 '낙(樂)'을 누리게는 해도 결국
파괴적인 대가를 요구한다. **여기에는 예외가 없다.** 내 친구 한 명은 자기 지갑에 죄
의 결과들을 적어 넣고 다닌다.

♥ 죄는 기쁨을 앗아간다(시 51:12).

♥ 죄는 담대함을 제거한다(요일 3:19-21).

♥ 죄는 죄책감을 가져온다(시 51:3).

♥ 죄는 사탄에게 우위를 내준다(고후 2:9-11).

♥ 죄는 성령을 소멸한다(살전 5:19).

♥ 죄는 우리 몸을 상하게 한다(시 38:1-11; 31:10).

♥ 죄는 우리 영혼을 아프게 한다(시 32:3-4).

♥ 죄는 하나님의 마음을 상하게 한다(엡 4:30).

♥ 죄는 또 다른 죄를 낳는다(사 30:1).

♥ 죄는 하나님과의 교제를 깨어 버린다(사 59:1-2).

♥ 죄는 두려움을 낳는다(잠 28:1).

♥ 죄는 나를 노예로 삼는다(요 8:34; 롬 6:16).

어떠한 문제에서 하나님께 불순종하고 싶은 유혹을 받을 때, 내 친구는 이 목록을 꺼내어 읽는다. 그리고 자신에게 묻는다. '이것이 내가 정말 지불하기 원하는 대가일까? 내가 감당할 수 있는 대가일까?'

때로는 죄의 결과가 몇 달 혹은 몇 년이 지나도록 보이지 않을 수 있다. 심지어 다음 세대까지 모습을 드러내지 않을 수도 있다. 어떤 결과는 우리가 심판대에 계시는 하나님 앞에 설 때까지 미뤄지기도 한다. 그렇기 때문에 우리는 계속해서 죄로부터 무사히 벗어났다고 생각할 수 있다. 우리가 전도서에서 읽는 것처럼, "악한 일에 관한 징벌이 속히 실행되지 아니하므로 인생들이 악을 행하는 데에 마음이 담대"한 것이다(전 8:11).

마지막 심판을 연기하시는 하나님의 목적 중 하나는 우리에게 회개할 시간을 주시기 위함이다. 그분은 "(우리에) 대하여 오래 참으사 아무도 멸망하지 아니하고 다 회개하기에 이르기를 원하"신다(벧후 3:9). 그럼에도 불구하고 심판의 날은 올 것이다. 그때가 되면 우리 모두는 그날에 자신이 지은 모든 죄에서 돌이켜 순종의 길을 택했다면 좋았겠노라고 매우 아쉬워할 것이다.

수년간 죄를 장난감처럼 가지고 놀고, 그것의 '쾌락'을 즐거워했던 솔로몬 왕은 결국 다음과 같은 확신에 도달했다.

> 죄인은 백 번이나 악을 행하고도 장수하거니와 또한 내가 아노니 하나
> 님을 경외하여 그를 경외하는 자들은 잘 될 것이요 … 일의 결국을 다

들었으니 하나님을 경외하고 그의 명령들을 지킬지어다 이것이 모든
사람의 본문이니라 하나님은 모든 행위와 모든 은밀한 일을 선악 간에
심판하시리라 _ 전 8:12; 12:13-14

거짓말 14.
"내 죄는 그렇게까지 나쁘지 않아."

우리 중 특히 착하고 도덕적인 가정에서 자라 오면서 평생 교회 활동을 해 온 이
들이 이 속임에 취약할 수 있다. 당신은 매춘부가 된다거나 낙태를 한다거나 동성
연애 하는 것을 생각해 본 적이 있는가? 또한 하나님을 모독한 적이나 돈을 횡령한
적이 있는가? 그렇지 않다면, 여러모로 보아 당신은 '선량한 크리스천'일 것이다.

그러나 당신이 자기 죄를 다른 사람의 죄와 비교하기 시작할 때, 당신은 쉽게 자
기 죄가 그렇게까지 나쁘지 않다고 하는 거짓말의 희생물이 된다. 속으면 안 된다.
사도 바울은 이렇게 경고한다.

> 불의한 자가 하나님의 나라를 유업으로 받지 못할 줄을 알지 못하느냐
> 미혹은 받지 말라 음행하는 자나 우상 숭배하는 자나 간음하는 자나
> 탐색하는 자나 남색하는 자나 도적이나 탐욕을 부리는 자나 술 취하는
> 자나 모욕하는 자나 속여 빼앗는 자들은 하나님의 나라를 유업으로 받
> 지 못하리라 _고전 6:9-10

당신은 비방(모욕)과 탐욕 등 우리가 그렇게 심각하지 않다고 생각하는 죄들이 음
행, 우상 숭배, 동성애, 술 취함 등 어떤 사람들이 '큰 죄'라고 생각하는 것들과 함께
섞여 있다는 사실을 알고 있었는가? 우리는 시간 낭비, 자기 보호, 지나친 말, 과식
이나 과음, 신랄한 말이나 비판 정신, 낭비, 두려움, 걱정, 이기적인 동기에서 비롯
된 행동, 불평 등과 같은 죄는 그렇게 큰 죄라고 생각하지 않을 수 있다. 어쩌면 이
를 전혀 죄라고 생각하지 않고 그저 연약함이나 어려움, 각자의 개성 정도라고 생각

하고 싶어 할지도 모른다.

하와는 자신의 죄를 이런 방식으로 쉽게 바라보았을 수 있다. 사실 그녀는 자신의 남편을 떠난 것도 아니고, 하나님을 저주하거나 그분의 존재를 부인한 것도 아니었다. 생각해 보면 그녀가 한 일은 하나님께서 먹지 말라고 말씀하신 것을 한 입 베어 문 것뿐이었다. 여기서 무슨 큰일이 있었는가? 큰일이라고 한다면, 하나님께서 "하지 말라"라고 말씀하셨고 하와가 "할래요"라고 말했다는 것이다.

하나님께서 먹지 말라고 하신 것을 먹은 그 단순한 행위가 그녀의 몸과 마음, 의지, 감정, 하나님과의 관계, 그리고 그녀의 결혼 생활에 엄청난 결과를 가져왔다. 그 한 가지 '작은' 죄가 그녀의 남편이 죄를 짓도록 했고, 그것은 또 온 인류가 죄로 곤두박질하는 결과를 낳았다. 연못에 던져진 돌멩이처럼 죄로 인한 파장이 계속해서 퍼져 나갔다.

모든 죄 하나하나가 큰일이고, 모든 죄가 저항이자 우주적 반역 행위이며, 우리가 하나님의 방식 대신 우리의 방식을 선택할 때마다 이 우주의 왕이신 하나님께 대한 반란을 일으키고 있다는 사실을 기억할 수 있으면 좋겠다. 존 번연(John Bunyan)이 말했듯, "하나의 구멍이 배를 침몰시키고, 한 번의 죄가 죄인을 멸망시킨다." 또한 번연과 동시대의 인물인 제레미 테일러(Jeremy Taylor)가 말했듯, "어떠한 죄도 작지 않다. 그것은 시계 장치에 모래 한 알도 들어가서는 안 되는 것과 같다."

로버트와 나는 벽이 흰색으로 된 집에서 살고 있다. 1년 중 대부분은 흰색으로 보인다. 그러나 겨울에 하얀 눈이 내리면, 우리 집은 갑자기 칙칙하고 누렇게 보이기 시작한다. 이와 같이, 우리 자신을 다른 죄인들과 비교할 때는 '깨끗하게' 보이던 것이 하나님의 완벽한 거룩하심과 비교해 볼 때에는 완전히 다른 모습일 수 있다. 죄에 관한 진리를 보는 방법이 있다면, 그것은 하나님이 어떠한 분이신지에 비추어 보는 것이다. 그분의 더렵혀지지 않은 거룩하심의 광채를 바라볼 때, 우리는 우리 죄의 흉측함을 제대로 인지하게 된다.

17세기와 18세기 청교도들은 거룩함과 순종에 대한 헌신으로 유명하다. 겉으로 보기에 그들은 비난받을 일이 거의 없었다. 그러나 그들의 글을 읽다 보면, **그들은 스스로를 큰 죄인이라고 생각했음을** 알게 된다. 그들은 하나님과 친밀한 교제를 나누었기 때문에, 자기 죄가 다른 사람들에게 얼마나 미미하게 보이든 자기 죄에 대해 두려워하는 마음을 가졌다. 이러한 관점은 그들이 드린 기도에서 드러난다.

> 죄의 추악함을 제게 알려 주사,
> 그것을 미워하고 혐오하며 그것으로부터 달아나게 하옵소서.
> 죄의 가증함은 지은 죄 자체에 있는 것이 아니라
> 죄를 지은 사람에게 있다는 것을
> 결코 잊지 않게 하옵소서.[2]

거짓말 15.
"하나님은 내가 한 짓을 용서하실 리 없어."

이 거짓말과 앞의 거짓말 "내 죄는 그렇게까지 나쁘지 않아."는 동일 스펙트럼의 양극단을 대표한다. 만일 당신이 한쪽을 믿지 않는다면, 다른 쪽도 믿고 싶은 유혹을 받을 가능성이 크다. 둘 모두 동일하게 거짓되고 사람들을 영적 속박으로 이끈다.

용서를 주제로 강연을 할 때마다 나에게 이렇게 고백하는 이들이 종종 있다. "제가 한 짓에 대해 생각할 때마다 저는 제 자신을 절대로 용서할 수가 없어요." 자, 성경은 우리 자신을 용서해야 한다고 말한 적이 한 번도 없다. 하지만 내 생각에 이러한 여성들 중 많은 사람들이 실제로 하고 싶은 말은, 자신이 저지른 일에 대해 용서를 받았다고 **느낀** 적이 한 번도 없었다는 것이 아닐까 생각한다.

이들은 여전히 실패에 대한 죄책감과 수치심을 가지고 있다. 하나님께서 자신을 용서하실 수 있다는 사실을 **알지만**, 마음 깊은 곳에서는 자신이 정말로 완전히 용서받았다는 사실을 **믿지** 못하는 것이다. 이들은 하나님의 긍휼과 용서를 받아들이기 어려워한다. 하나님과의 친밀함과 교제를 회복하기 위해서는 속죄를 위한 무언가를 더 해야 하며, '참회'하고, 어떻게든 자신이 저지른 잘못을 보상할 만큼 착해져야 한다고 생각한다.

그런데 문제는 평생의 '착한 행위'가 거룩하신 하나님 앞에서 지은 단 하나의 죄책을 없애지 못한다는 것이다. 어느 세탁소도 제거할 수 없는 짙은 얼룩처럼, 죄는 인간의 어떠한 노력으로도 씻어 낼 수 없는 얼룩을 남긴다. 우리 죄의 죄책감을 씻어 낼 수 있는 유일한 '해결책'이 여기 있다.

> 나의 죄를 씻기는
> 예수의 피밖에 없네
> 다시 정케 하기도
> 예수의 피밖에 없네♪
>
> 나의 죄 속하기는
> 예수의 피밖에 없네
> 나는 공로 없으니
> 예수의 피밖에 없네♪[3]

"내 죄는 그렇게까지 나쁘지 않아."와 "하나님은 내가 한 짓을 용서하실 리 없어."라는 두 가지 거짓말 모두에 대한 진리는 갈보리에서 계시되었다. 시편 85편 10절에서 우리는 예수님과 그분이 십자가에서 우리를 위하여 행하신 일에 대한 아름다운 묘사를 찾을 수 있다.

인애와 진리가 같이 만나고 의와 화평이 서로 입맞추었으며 _시 85:10

십자가에서 죄인들을 향한 하나님의 긍휼과 사랑, 그리고 죄에 대한 그분의 거룩한 증오라는 진리가 만남의 장소를 찾았다. 그곳 갈보리에서 하나님은 세상 모든 죄에 대한 모든 형벌을 예수님에게 지우셨다. 동시에 자신으로부터 멀어진 죄인들에게 평화와 화목의 손길을 내미셨다. 십자가는 하나님께서 우리 죄를 어떻게 생각하시는지 가장 적나라하게 보여 준다. 그리고 우리가 마음속에서 사소하게 여기는 우리의 '연약함'으로부터 우리를 구속하시기 위해 치르신 그분의 놀라운 대가를 드러내며, 죄인 중의 '괴수'를 향한 하나님의 사랑과 긍휼을 눈부시게 시연한다(딤전 1:15).

거짓말 16.
"그건 내 책임이 아니야!"

에덴동산으로 돌아가 보면, 자신의 행동에 책임이 없다는 이러한 생각은 가장 오래된 형태의 속임들 중 하나라는 사실이 분명해진다. 아담과 하와가 금지된 열매를 따먹은 후, 하나님은 이들에게 오셔서 이들의 행동에 대한 책임을 물으셨다. (이는 성경의 반복되는 주제로서, 우리는 우리가 한 모든 행동에 대해 하나님께 설명해야 함을 말한다.)

하나님께서 가족 단위로 이들에게 다가오지 않으셨다는 사실에 주목하라. 하나님은 "너희(복수)가 무엇을 하였느냐?"라고 묻지 않으셨다. 아담과 하와에게 서로의 행위를 설명하라고 하지도 않으셨다. 아담에게 "하와가 무엇을 하였느냐?"라고 묻지도 않으셨다. 하와에게도 "네 남편이 무엇을 하였느냐?"라고 묻지 않으셨다. 그분은 먼저 아담에게, 그다음 하와에게 다가가 이들 각자에게 개별적으로 물으셨다. "네(단수)가 무엇을 하였느냐?"

하나님께서 아담에게 하신 질문은 예리하고 명확했다. "내가 네게 먹지 말라 명한 그 나무 열매를 네가 먹었느냐?"(창 3:11) 마찬가지로 하와에게도 물으셨다. "네가 어찌하여 이렇게 하였느냐?"(13절) 하나님은 진리에 대한 단순한 시인을 요구하셨다. 그러나 이야기가 전개되면서, 우리는 아담과 하와가 자기 행동에 대한 개인적 책임을 지기보다 책임 공방을 하려고 했다는 것을 알 수 있다. 하나님께서 어찌 된 일인지를 물으셨을 때 아담은 이렇게 대답했다. "하나님이 주셔서 나와 함께 있게 하신 여자 그가 그 나무 열매를 내게 주므로 내가 먹었나이다"(12절). 그리고 하와의 반응도 비슷했다. "뱀이 나를 꾀므로 내가 먹었나이다"(13절).

그들의 대답이 틀린 것은 아니었다. 하와는 분명 하나님께서 아담에게 주신 여자였고, 그녀가 그 열매를 남편에게 준 것도 사실이다. 그리고 실제로 뱀이 하와를 속이지 않았는가. 하지만 두 답변 모두 사실상 하나님의 질문을 회피하는 것이었다. 서로에게 책임을 전가함으로써 아담과 하와는 이 문제에 대한 자신의 책임을 축소하려고 했다. 하나님은 이들을 죄짓게 한 자가 누구인지 묻고 계신 것이 아니었다. 그분은 이들에게 자기 행동에 대한 스스로의 책임을 물으신 것이었다. 이들에게 영향을 미친 것이 무엇이든, 그것은 분명 이들의 선택이었다.

아담과 하와가 첫 번째 사람일 수 있지만, 오래 이어져 내려온 책임 공방의 행렬에서 그들이 마지막은 아니었다. 동산에서 시작된 이 공방에 우리 모두가 참여했다. 아래 증언들에서 알 수 있듯이, 사실 우리는 이 공방에 본래 능숙하다.

> 끊임없이 다른 사람들과 상황, 하나님을 탓하면서 저는 제 인생, 죄, 선택에 대해 전적으로 무책임하다는 것을 발견했어요. 이후 저는 무언가에 갇혀 무력감과 통제 불능의 상태에 빠졌죠.

> 전에는 제가 피해자였기 때문에 만성 우울증에 걸렸다고 믿었어요. 제 우울증의 상당 부분이 화를 내려고 하는 것에서 야기되었다는 것을 깨닫기 시작하면서, 저는 제 죄에 대한 책임을 지고 자유를 찾게 되었어요.

> 저는 한 남성 동료와 불경건한 관계를 가졌어요. 남편이 저에게서 무언가를 숨기며 포르노를 보고 저와 '함께 있어 주지' 않았기 때문에, 정서적 지지와 애정을 받고 싶어 그이를 의존했어요. 제가 볼 때, 남편의 그러한 행동이 저를 지금의 관계로 몰아넣었다고 생각해요. 저는 제 자신에게 "그이의 행동에 비하면 이건 그렇게 나쁘지 않아."라고 이야기하면서 이유와 변명을 대고 있었죠.

화가 나거나, 불안하거나, 짜증이 나거나, 조급하거나, 두려울 때, 우리는 자연스레 우리를 그렇게 '만든' 사람이나 정황에 책임을 전가하려는 경향이 있다. 내가 맡아서 진행하고 있던 한 여성 콘퍼런스에서 어느 한 중년의 여성이 간증을 나누었는데, 나는 그 간증을 절대로 잊을 수가 없다. 그녀는 자신이 22년 동안 치료사로 일해 왔다고 했다. 이어진 그녀의 이야기가 마음을 깊이 파고들었다. 띄엄띄엄 그녀는 고백했다.

> 저는 하나님과 자매 여러분 앞에서 회개하고 싶습니다. 저는 여러분을 호도했고 여러분에게 거짓말했습니다. 여러분의 선택에 대해, 타인의 행동에 대한 반응에 대해 여러분이 개인적 책임을 지도록 격려하지 못했습니다. 정말 죄송합니다!

이는 우리가 다른 사람이나 어려운 환경으로 인해 잘못을 저지르거나 상처를 받았을 수도 있다는 사실을 부정하려는 것이 아니다. 또한 다른 사람의 죄책이 우리 자신에게 있다는 것을 암시하려는 것도 아니다. 다만 우리가 하나님이나 다른 사람에게 죄를 지었을 수도 있다는 사실에 대한 우리 자신의 책임을 겸손히 인정하기까지, 우리는 진정으로 자유로울 수 없다는 말을 하려는 것이다.

원수는 만일 우리가 우리 선택에 대한 모든 책임을 받아들인다면, 우리가 불필요한 죄책감에 시달릴 것이라고 말한다. 하지만 진리는 '우리 자신의 행동과 태도에 대한 모든 책임을 받아들여야만 죄책감으로부터 온전히 자유로워질 수 있다'는 것이다. 어느 한 작가가 이런 말을 했다.

> 죄는 현존하는 최고의 소식이자, 우리가 처할 수 있는 곤경에서의 가장 좋은 소식이다.
>
> 왜냐하면 죄가 있는 곳에 출구가 있기 때문이다. 거기에 회개의 가능성이 있다. 부모님에 의해 야기된 혼란이나 심리적 결함을 회개할 수는 없다. 하지만 죄는 회개할 수 있다. 죄와 회개는 소망과 기쁨의 유일한 근거이다.[4]

"어차피 죄에 대하여 늘 승리하며 살 수 없어."

얼마 동안 크리스천으로 살아온 사람이라면, 누구나 힐리에(Hylie)가 털어 놓은 좌절에 공감할 수 있을 것이다.

> 제 삶을 지배하고 있는 죄들이 너무 많아요. 제가 어떻게 해야 자유로워질 수 있을까요? 아무런 희망이 없어요. 이 죄들을 아무리 제거하려고 해도 제거되지 않고, 제 육체를 계속해서 지배하고 있어요. 하나님 앞에 나아가 똑같은 죄들을 반복해서 고백하려니 너무나도 민망하고, 이걸 한꺼번에 끄집어 내자니 더 절망적이에요. 어떻게 이 거짓말로부터 벗어날 수 있을까요? 저는 변화하고 싶어요.

이러한 고백을 들으면, 사도 바울이 했던 애절한 탄식이 생각난다.

> 그러므로 내가 한 법을 깨달았노니 곧 선을 행하기 원하는 나에게 악
> 이 함께 있는 것이로다 내 속사람으로는 하나님의 법을 즐거워하되 내
> 지체 속에서 한 다른 법이 내 마음의 법과 싸워 내 지체 속에 있는 죄의
> 법으로 나를 사로잡는 것을 보는도다 오호라 나는 곤고한 사람이로다
> 이 사망의 몸에서 누가 나를 건져내랴 _롬 7:21-24

이 책을 쓰기 전, 여성들의 믿음에 대한 조사를 했을 때 절반 이상이 "어차피 죄에 대하여 늘 승리하며 살 수 없어."라는 이 거짓말을 믿어 왔다고 인정했다. 우리는 이 거짓말이 어떻게 신자들을 속박할 수 있는지 쉽게 확인할 수 있다.

위의 말씀에서 본 것처럼, 하나님의 참된 자녀는 누구든 새로운 본성, 곧 하나님께 순종하기를 갈망하는 본성이 주어진다. 모든 참된 신자들은 마음 깊은 곳에서 하나님을 기쁘시게 하는 삶을 살기 원한다(요일 5:3; 고후 5:9). 하지만 성경에 따르면, 우리가 거듭난 후에도 우리의 '육체'(우리의 타고난 성향)는 우리 안에 사시는 하나님의 영과 계속해서 전쟁을 벌인다.

> 성령은 말한다. "용서하렴."
>
> 육체는 말한다. "원한을 풀어야지."
>
> 성령은 말한다. "절제하렴."
>
> 육체는 말한다. "뚜껑이 열려도 괜찮아. 너도 분출할 필요가 있어."
>
> 성령은 말한다. "그 돈을 필요한 사람에게 주렴."
>
> 육체는 말한다. "그 돈을 너 자신을 위해서 써."
>
> 성령은 말한다. "말씀과 기도로 시간을 보내자."
>
> 육체는 말한다. "고생했잖아. 늦게까지 넷플릭스 몰아 보고 늦잠 자도 돼."
>
> 성령은 말한다. "말을 아끼렴. 네가 하려는 말은 친절하지도, 꼭 필요하지도 않단다."
>
> 육체는 말한다. "말하고 싶은 대로 이야기해!"

우리가 하나님의 영에 순종하기보다 육체에 굴복하기로 할 때마다 죄가 우리를 지배하게 된다. 반대로 우리가 성령께 '예'라고 대답할 때마다 그분은 우리 삶을 더 잘 통제할 수 있게 된다.

하나님보다 죄에 복종하는 선택을 반복할 때, 우리는 깨뜨리기 매우 어려운 습관을 갖게 되고 죄의 노예로서 살게 된다. 한동안은 옳은 일을 하려고 노력하지만, 그러다 실패하고, 여러 번의 노력과 실패를 반복하는 자신을 발견하게 된다. 바로 그때 마귀는 우리가 결코 달라질 수 없다고, 항상 그 죄악 된 습관의 노예가 될 것이라고 설득하기 시작한다. 그때 우리는 **'이게 다 무슨 소용이지? 나는 또 실수할 게 뻔한데! 어차피 평생 패배할 텐데.'**라고 생각한다. 그래서 우리는 포기한다.

어떻게 된 것인가? 유혹과 죄에 대하여 지속적으로 승리하며 살 수 없다는 거짓말에 속아 넘어간 것이다. 구체적인 사안은 다르지만, 이 여성들에게도 그러한 일이 일어났다.

> 잘못이라는 걸 분명히 알면서도 저는 같은 여성들에게 매력을 느꼈고, 그것과 씨름했어요. 제 안에서의 싸움이 심해질수록 제 생각은 점점 더 악화되었죠. 저는 제 생각을 통제할 수 없다고 생각했어요. 제가 하나님 앞에서 순결하지 못한 것을 알았지만, 제 스스로 깨끗하게 할 수는 없더라고요.

> 오랫동안 저는 분노 조절이 잘 안되었어요. 툭하면 화를 냈죠. 엄마 역할을 할 때는 특별히 더 그렇더라고요. 아이들에게 소리 지르지 않고 하루를 온전히 보낸 적이 언제였는지 기억 나지도 않아요. 폭발하고 나면 제 마음속에는 겁에 질린 아이들의 얼굴이 떠오르면서 너무나도 큰 수치심과 죄책감을 느끼지만, 변화는 제 능력 밖의 일처럼 느껴져요.

> 저는 수년간 음식에 속박되어 있었어요. 매일같이 그 문제로 씨름해야 했죠. 그 모든 걸 변화시키는 건 제 능력 밖의 일 같아요. 다시는 승리할 수 없을 것 같네요. 얼마 동안은 잘 해내다가도, 이 거짓말이 살금살금 다가와 저를 다시 망가뜨려요.

우리가 믿는 것이 우리 삶의 방식을 결정짓는다. 우리가 죄를 지을 것이라고 **믿는다면** 우리는 죄를 지을 **것이다**. 죄의 지배 아래 살 것이라고 **믿는다면** 정말 죄의 지배 아래 살 **것이다**. 승리하는 삶을 살 수 없다고 **믿는다면** 승리를 경험하기 매우 힘들 **것이다**.

위의 두 번째와 세 번째 여성들의 말 중에 "변화는 제 능력 밖의 일"이라는 말은 정말로 옳다. 이상하게 들릴 수 있지만, 그러한 인식은 실제로 죄에 대한 승리를 경험하기 위한 매우 중요한 단계이다. "나를 떠나서는 너희가 아무것도 할 수 없"다고 (요 15:5) 예수님께서 말씀하신 것처럼, 당신과 내가 우리 자신을 변화시킬 힘이 없다는 것은 진리이다. 그렇다면 우리는 어떻게 해야 할까? 어떻게 하면, 습관적인 죄로부터 자유로워질 수 있을까?

우리를 자유롭게 하는 것은 '진리'이다. 진리는 '그리스도께서 십자가에서 완성하신 사역을 통해 우리가 죄로부터 승리할 수 있다'는 것이며, '사탄은 더 이상 우리의 주인이 아니고 우리는 더 이상 죄의 노예가 아니라'는 것이다. 놀라지 마라. 그것은 **당신이 더 이상 죄를 지을 필요가 없다**는 뜻이다!

자, 그렇다고 당신이 더 이상 죄를 짓지 **않을 것**이라는 의미는 아니다. 당신이 이 땅에 있는 동안 당신은 마귀와 세상, 그리고 당신의 육체 안에 남아 있는 죄의 유혹을 받을 것이다. 그러나 당신이 그리스도 안에 있다면,

♥ 당신은 새로운 피조물이다.

♥ 당신은 새로운 통치 아래 있다.

♥ 당신에게는 유혹에 굴복할 의무가 없다.

♥ 당신은 새로운 주님을 사랑하고 따르며 순종할 수 있는 자유를 가진다.

당신이 그리스도 안에 있다면, 진리는 다음과 같다.

> 죄로부터 해방되어 의에게 종이 되었느니라 이는 그리스도 예수 안에
> 있는 생명의 성령의 법이 죄와 사망의 법에서 너를 해방하셨음이라 _
> 롬 6:18; 8:2

죄인들을 위한 좋은 소식

우리가 살펴본 것처럼, 사탄은 하와가 금지된 열매를 먹으면 눈이 밝아지고 하나님과 같이 되어 선과 악을 알게 될 것이라고 약속했다. 하지만 그녀가 열매를 먹는 순간,

♥ 그녀는 영적으로 눈이 멀어 진리를 볼 수 없게 되었다.

♥ 그녀 안에 있는 하나님의 형상은 일그러지고, 어둠이 빛과 같지 않은 것처럼 하나님과 달리 죄의 본성을 갖게 되었다.

♥ 악에 대한 지식(하나님께서 결코 의도하지 않으셨던)은 얻었지만, 하나님과의 교제는 깨어졌고 그녀는 의로워질 수 없게 되었다.

마찬가지로, 그날 이후 지금까지 살아온 모든 남자와 여자, 어린아이는 영적으로 눈이 멀고, 죄인이며, 하나님으로부터 분리되어, 무엇으로도 그분을 기쁘게 할

수 없는 타락한 상태로 태어났다. 우리의 죄로 인해 우리 모두는 하나님의 의로운 심판 아래에 놓여 있다.

좋은 소식, 즉 복음은 예수님께서 이 땅에 오셔서 하와와 우리의 죄 모두에 대한 형벌을 대신 지셨기 때문에, 그 죄의 파괴적 결과를 되돌릴 수 있음을 말한다. 죄 없으신 그분의 삶과 죄인을 대신하여 갈보리에서 죽으시고 승리하신 부활을 통해, 우리는 모든 죄를 완전히 용서받고, 우리가 불쾌하게 했던 하나님과 화해하며, 거룩한 삶을 살 능력을 얻게 되었다.

기독교 가정에서 태어나거나, 교회에서 자라거나, 세례 혹은 입교를 받거나, 선행을 하거나, 강단으로부터의 부름에 응답하거나, 뜨거운 체험을 하거나, 기도문을 암송하거나, 교회 활동을 한다고 해서 거룩하신 하나님 앞에서 이러한 용서와 자격이 주어지는 것은 아니다. 우리는 우리가 이미 행한 무엇, 혹은 언젠가 할 수 있는 무엇을 통해서 구원받지 않는다. 영원한 구원의 유일한 수단은, 예수님께서 십자가에서 우리를 대신해 죽으셨을 때 우리를 위해 행하신 일을 믿는 것뿐이다.

자기 구원을 의심하며 괴로워하는 여성들이 있다. 이 같은 의심에는 다양한 이유가 있을 수 있지만, 적잖은 경우 자기 죄를 진정으로 회개하고 자기를 구원해 주실 그리스도를 믿지 않으므로 그 확신과 평안이 부족하다고 생각한다. 경건한 모습일 수 있고, 정답을 알기도 하지만, 결코 의로워지지는 못한 것이다.

당신은 어떠한가? 원수는 계속해서 당신이 두려움과 의심, 죄책의 노예로 남기를 바라며, 하나님은 당신이 자유와 믿음, 용서의 확신 가운데 걷기를 바라신다. 당신이 얼마나 '선'하든 하나님과 올바른 관계를 맺는 유일한 방법은 그리스도를 믿는 믿음을 통해서다. 당신이 얼마나 큰 죄인이든 당신을 향한 그분의 은혜는 충분하다. 하나님은 그리스도의 죽으심을 통해 당신 죄를 용납할 수 있는 유일한 대속물을 마련하셨다.

만일 당신 죄의 문제를 이 같은 방식으로 다루어 본 적이 없다면, 당신이 하나님의 자녀인 것을 알지 못한다면, 나는 당신에게 다음 장으로 넘어가기 전에 이 문제를 꼭 해결하라고 호소하고 싶다. 원수가 당신의 눈을 가리거나, 더 이상 당신을 인질 삼지 못하도록 해야 한다. 당신의 영원한 운명이 달려 있다.

당신이 하나님의 율법을 어기고 죄를 지었다는 사실과 당신 스스로를 구원할 수 없다는 사실을 하나님께 시인하라. 당신의 죄를 위해 죽으셔서 당신이 받아야 할 형벌을 대신 받도록 예수님을 보내 주신 것에 감사하라. 믿음으로 당신을 구원하실 그리스도를 믿고 그분이 거저 주시는 생명의 선물을 받으라. 당신의 죄로부터 돌이켜 오직 그리스도 안에 모든 신뢰를 두고, 그분이 당신 삶의 주님이 되시기를 원한다고 말씀드려라. 그러고 난 후에는 당신의 죄를 용서해 주신 것에 감사하라. 당신 안에 살기 위하여 오시고 당신이 그분께 복종할 때 죄를 이기고 승리 가운데 걷게 하실 그분의 영을 선물로 주신 것에 감사하라.

당신이 지금 막 하나님의 자녀가 되었든, 여러 해 동안 그분의 가족이었든, 하나님께서 우리를 찾으신 곳과 우리를 위하여 행하신 일을 감안한다면, 시대를 초월한 이 청교도들의 기도는 우리가 예수님을 대면하여 뵙는 그날까지 우리 마음의 부르짖음이 되어야 한다.

> 절대로 잊지 않게 하소서.
> 죄의 엄청난 죄성을,
> 구원의 넘치는 의로움을,
> 그리스도의 지극히 크신 영광을,
> 거룩의 무한한 아름다움을,
> 은혜의 놀라운 경이로움을.[5]

진리로 거짓말에 대항하기

거짓말 13. 죄를 지어도 별일 없을 거야.

진 리
- 오늘 내가 내리는 선택에는 결과가 따른다. 나는 내가 심은 대로 거둘 것이다. (창 3:4-5; 갈 6:7-8)
- 죄가 주는 즐거움은 잠시뿐이다. (히 11:25)
- 죄에는 파괴적인 대가가 따른다. 예외는 없다. (시 10:6, 11, 13)
- 불을 가지고 놀다가는 화상을 입기 마련이다. 누구나 죄의 결과를 피할 수는 없다. (시 32:1-5; 전 8:12; 12:13-14; 약 1:13-15)

거짓말 14. 내 죄는 그렇게까지 나쁘지 않아.

진 리
- 모든 죄의 행위는 하나님에 대한 저항 행위이다. (롬 5:6-7, 10; 요일 1:5-10)
- 어떠한 죄도 작지 않다. (잠 5:21; 20:27; 합 1:13; 롬 6:23; 갈 5:19-21; 약 5:19-20)

거짓말 15. 하나님은 내가 한 짓을 용서하실 리 없어.

진 리
- 예수님의 피는 내가 범한 모든 죄를 덮기에 충분하다. (요일 1:7)
- 하나님께서 용서하시지 못할 만큼의 큰 죄는 없다. (시 85:10; 130:3-4)
- 하나님의 은혜는 누군가가 범할 수 있는 가장 큰 죄보다도 더 크다. (롬 3:24-25; 6:11-14)

거짓말 16.   그건 내 책임이 아니야!

진 리
- 하나님은 나에게 다른 사람의 행동에 대한 책임을 묻지 않으신다. (창 3:11-13; 겔 18:19-22)
- 내 선택에 대한 책임은 나에게 있다. (시 51:1-10; 빌 4:8-9; 골 3:1-17)

거짓말 17.   어차피 죄에 대하여 늘 승리하며 살 수 없어.

진 리
- 하나님의 자녀인 나는 더 이상 죄를 짓지 않을 수 있다. (롬 6:14)
- 나는 죄의 노예가 아니다. 그리스도를 통해 나는 죄로부터 자유로워졌다. (요 8:31-32, 36; 14:6; 롬 6:6-7; 갈 5:1; 히 10:10)
- 하나님의 은혜와 예수님이 십자가 위에서 완성하신 사역을 통해 나는 죄에 대한 승리를 경험할 수 있다. (요 15:5; 고전 6:9-11; 갈 2:20; 5:22-25)

5장
___
여성들이
우선순위에 관하여
믿고 있는 거짓말

하와의 일기

휴! 요즘은 정신이 하나도 없다. 가만히 앉아 종이에 생각을 끄적거려 본 지도 여러 달이 지난 것 같다. 최근에는 숨쉴 시간조차 없을 정도다. 아이들이 너무 활동적이어서 이 아이들을 쫓아다니고 뒷정리하는 데 내 시간을 다 쓰고 있는 것 같다. 얼마나 빨리 주변을 어지르는지, 정말 놀랍다! 아이들은 금세 자라서 어른이 되겠지? 아이들이 아직 어릴 때 함께 놀고 같이 보내는 시간을 즐기면서, 인생에서 정말로 중요한 것을 가르쳐 줄 기회를 놓치고 싶지 않다.

지금은 수확철이다. 아담에게는 1년 중 가장 바쁜 때다. 요즘 우리는 서로를 볼 시간도 별로 없다. 그저 앉아서 우리와 우리 아이들, 우리의 미래에 대해 이야기 나눌 시간이 좀 더 많았으면 좋겠다.

주변에서 일어나고 있는 일들 때문에, 이전처럼 하나님과 함께 걸으며 대화를 나눌 시간이 너무 부족하다. 아이가 태어나기 전에는 모든 게 훨씬 더 단순했었는데, 지금은 매일같이 시간이 부족하다. 밤이면 기진맥진 잠이 들고 그다음 날이 되면 잠자리에서 일어나 똑같은 일상을 살아 낸다. 그다음 날도… 그다음 날도….

지금까지 여성들을 넘어뜨리는 가장 근본적이고 보편적인 속임의 영역 세 가지, 즉 하나님에 관하여, 우리 자신에 관하여, 죄에 관하여 믿고 있는 바를 살펴보았다. 이 세 가지가 다른 모든 것에 관한 우리의 믿는 바를 결정한다. 우리가 이 영역들에서 속았다면 다른 문제에서도 속을 가능성이 매우 높다.

다음 몇 장에 걸쳐 우리는 우리의 '우선순위' 문제를 시작으로 우리가 속기 쉬운 여러 가지 실제 영역들을 살펴보려 한다. 아마도 당신은 다음의 밈(meme)을 본 적이 있을 것이다.

> 나는 여자다.
> 나는 강하다.
> 나는 피곤하다.

이 표현은 1970년대 초반 헬렌 레디(Helen Reddy)의 그래미 수상곡을 연상시키는 표현으로서 우리의 미소를 자아낸다. 하지만 이 표현에는 모든 여성들이 인생의 각 계절마다 찾아오는 수많은 요구와 책임 사이에서 균형을 잡으려는 고군분투가 담겨 있다.

내가 아는 대부분의 여성들은 자신이 강하다고 느끼지 않는다. 오히려 이들은 피곤해한다. 이들의 나이, 결혼 여부, 인생의 계절이 어떻든 이들은 자신이 맡은 여러 직책들을 관리하고 짊어져야 할 다양한 책임들 사이에서 균형을 유지하느라 스트레스를 받고 피곤해하는 것이다. 이 같은 좌절감은 우리의 집단적, 개인적 사고에 심어 놓은 여러 거짓말에 의해 증폭된다. 다음과 같은 거짓말로….

이 거짓말은 내가 끊임없이 싸우고 있는 부분이다. 또한 설문조사에서 여성들이 가장 공감했던 거짓말이기도 했다. 나는 그리 놀라지 않았다. 당신이 어떤 여성에게 "어떻게 지내세요?"라고 묻는다면, 대답은 한숨이나 신음으로 시작해 다음과 같이 이어질 가능성이 높기 때문이다.

- ● 너무 바빠요!

- ● 우리 가족은 일이 너무 많아.

- ● 할 일이 산더미 같은데, 언제 다 하죠?

- ● 힘들어 죽겠어요.

우리는 때때로 해야 할 일은 많은데, 시간이 너무 부족해 스트레스를 받는다. 그 결과 우리 중 다수는 숨 가쁘게 기진맥진한 채로 아무런 의욕 없이 살아간다. SNS는 이 거짓말에 기름을 붓는다. 페이스북이나 인스타그램 피드를 스크롤하다 보면, 인생의 소명을 놓치지 않도록 하기 위해 당신은 아이 위탁 교육, 부엌 리모델링, 매일 아이들과 만들기, 요리, 유기농 농산물을 챙겨 먹기, 정기적으로 휴가 가기, 특별한 방식으로 자녀 양육하기 등을 하며 가능한 한 모든 행사에 참여해야 한다고 생각할 지도 모른다.

몇 년 전, 나는 "오늘날 보통의 여성들은 시간을 절약해 주는 현대 기기와 장비의 도움으로 50명의 풀타임 시종과도 맞먹는 인력을 보유했다."라는 글을 읽은 적이 있다. 우리가 지난 세대 여성들에게는 상상도 할 수 없었던 많은 편리함을 누리고 있는 것은 분명하다. 식기 세척기, 전자레인지, 세탁기, 건조기, 온라인 쇼핑, 무료 배송이 없던 시절로 돌아가거나 실내 배관이나 전기에 대해 들어보지도 못했던 시절로 돌아간다고 상상해 보라.

어린 시절 '미래의 생활 양식'을 상상해 볼 수 있는 세계 박람회 전시를 관람했던 기억이 난다. 첨단 기술과 전자 기기들이 온갖 종류의 집안일과 일상 업무를 대신 수행해 주었고, 사람들은 편히 앉아 쉬거나 보다 '중요한' 일에 시간을 사용할 수 있게 되었다. 자, 그런 미래가 다가왔다. 우리 곁에는 내가 어릴 적 가장 상상력이 풍부하던 사람도 꿈꾸어 보지 못한 기기와 기구들이 있다. 그런데 우리의 삶은 왜 그 어느 때보다도 더 바쁘고 분주한 것일까? 우리는 왜 이렇게 스트레스를 받는 것일까?

여러 가지 설명이 있을 수 있다. 하지만 한 가지 이유는 우리가 이 거짓말, 즉 우리에게는 해야 할 많은 일을 다 해낼 시간이 없다는 거짓말을 받아들였기 때문이다. 사실 우리 각자에게 주어진 시간은 지금까지 살아온 다른 어떤 누구보다 더 많거나 더 적지 않다. 어느 누구도 그 사람의 지위나 책임에 관계없이 하루에 24시간, 일주일에 168시간, 1년에 52주 이상을 소유하지 못했다. (맞다, 한 번의 예외가 있었다. 수 10:13을 참조하라.)

사실, 예수님께서는 구속의 모든 계획을 성취하시기 위해 이 땅에서 단 몇 년의 짧은 시간이 주어졌다. 해야 할 일이 정말 많았다! 그러나 예수님은 생의 마지막 순간에 눈을 들어 아버지를 향해 이렇게 말씀하실 수 있었다. "아버지께서 내게 하라고 주신 일을 내가 이루어 아버지를 이 세상에서 영화롭게 하였사오니"(요 17:4). 정말 놀랍다. 나는 하루가 끝날 때, 그날 하기로 한 일을 완수했다고 밀하는 일이 거의 없다. 오히려 그날 처리하고 싶었던 미완성된 과제 목록을 마음에 품고 잠자리에 드는 경우가 많다.

예수님은 자신의 평생 사역을 어떻게 그렇게 짧은 시간 안에 완성하실 수 있었을까? 우리는 그분의 말씀 안에서 우리가 해야 하는 모든 일에 대한 조급함과 좌절의 부담으로부터 자유롭게 해 줄 강력한 진리의 단서를 발견할 수 있다. 예수님께서 이 땅에 계셨던 33년 동안 어떤 일을 완수하셨는지 주목하라. **"아버지께서 내게 하라고 주신 일을 내가 이루어"**(요 17:4).

바로 이것이다. 예수님은 제자들이 요구했던 모든 일을 다 완수하지 않으셨다. (이들 중 일부는 그분이 로마의 정부를 전복하시기를 바라고 있었다!) 예수님은 군중들이 요구했던 모든 일도 완수하지 않으셨다. (여전히 아프고 외롭고 죽어가는 이들이 있었다.) 그러나 예수님은 **하나님께서** 맡기신 일은 다 완수하셨다.

나의 목록과 그분의 목록

내가 해야 할 모든 일을 함에 있어 하루 24시간은 사실상 충분하지 않다. 그리고 다른 사람들의 일을 해낼 시간도 결코 없다. 나는 나와 커피를 마시고 싶어 하는 모든 사람을 만날 수 없고, 도움이 필요한 모든 사람과 상담할 수 없으며, 내가 잘할 것 같다고 사람들이 생각하는 모든 프로젝트를 다 진행할 수 없다. 또 모든 '긴급한' 문자와 이메일과 전화에 응답할 수 없으며, 내가 꼭 읽어야 한다고 사람들이 추천하는 모든 책을 읽을 수 없고, 나의 모든 친구 및 가족들과 정기적으로 연락을 다 할 수 없다. 그리고 SNS에서 누가 무슨 말들을 하는지 파악할 수 없으며, 언제 올지 모르는 손님을 위해 집안의 모든 방을 깨끗하게 정돈할 수 없고, 많은 이들을 저녁 식사 자리에 초대할 수도 없다. 물리적으로 불가능하다. 그리고 이 모든 것들을 할 필요가 없다는 사실을 깨닫게 되어서 얼마나 다행인지 모른다!

진리는 '내가 해야 할 일은 하나님께서 내게 맡기신 일뿐'이라는 것이다. **내 하루와 내 한 주, 내 인생을 위한 하나님의 목록에 든 모든 일들을 할 수 있는 시간이 있다**는 사실을 받아들일 때, 자유가 있다! 좌절은 하나님의 계획에 없는 책임을 맡으려고 할 때 찾아온다. 하나님께서 원하시는 일이 무엇인지 분별하는 시간을 갖기보다 내 삶의 우선순위를 스스로 정하거나 다른 사람들이 내 삶의 우선순위를 결정하도록 할 때는 결국 절반만 마무리하거나, 제대로 하지 못하거나, 시도조차 하지 않은 프로젝트와 과제들이 남게 될 것이다. 하나님께서 의도하신 평안으로 가득 찬 삶을 누리기보다는 죄책감, 좌절감, 조급함을 느끼며 살아가게 된다.

만일 당신이 어린 자녀를 키우거나, 양가의 노부모님을 돌보거나, 생계를 위해 여러 알바를 병행하고 있다면, 평화롭고 잘 정돈된 삶이 완전히 딴 세상 이야기라고 느낄 수 있다. 이해한다. 하지만 이것은 현관 너머 모든 것이 언제나 깨끗하고 정돈되어 보여야 한다는 말이 아니다. 내 말은 당신의 상황이 어떠하든 매일 하나님께서 당신에게 주신 임무를 완수할 수 있는 시간이 있다는 것이다.

그런데, 당신의 인생을 위한 하나님의 목록이 다른 모든 사람들의 인생을 위한 그분의 목록과 똑같지 않다는 사실을 기억하는 것이 중요하다. 예수님은 '아버지께서 베드로나 요한, 내 어머니에게 하라고 주신 일'이 아니라, "내게 하라고 주신 일을 이루"셨다고 말씀하셨다. 하나님께서 내게 주신 일은 당신이나 당신의 친구, 당신의 동료에게 주시는 일과 똑같지 않다. 세 명의 어린 자녀를 둔 어머니로서 당신을 불러 하도록 하신 일은 당신의 남편이나 젊은 미혼 여성, 혹은 빈둥지 부모에게 주시는 '직무 설명'과도 다를 것이다. 또한, 60대 여성인 나에게 주신 하나님의 과제는 20대에 주신 과제나 노인이 된 후에 나에게 주실 과제와도 같지 않다. 우리의 인생에는 계절이 있고, 하나님께서 주신 계절에 따라 해야 할 일의 목록도 달라질 것이다.

한계를 받아들이기

이와 관련하여 우리 중 다수가 속아 넘어가는 또 다른 거짓말이 있다. 어떻게 보면, 이 거짓말은 우리가 "해야 할 일은 많은데, 시간이 없네."라는 거짓말과 정반대 되는 말이다. 그것은 **"나는 모든 것을 할 수 있다."**라는 믿음이다.

아마도 당신은 이상적인 아내와 엄마가 되어야 하고, 집을 깨끗하게 잘 정돈해야 하며, 가족을 위한 건강한 식사를 준비해야 하고, 자녀의 학교와 교회 및 지역 사회에서 활동해야 하며, 건강한 몸을 유지해야 하고, SNS 프로필을 관리해야 하며, 시사를 파악해야 하고, 풀타임 직업을 가져야 한다는 압박을 느껴 본 적이 있을 것이다. 그리고 이러한 문제를 마주하는 것은 다만 아내와 엄마뿐만이 아니다. 나는 57세의 나이까지 미혼이었다. 그리고 끝없이 이어지는 사역의 책임들을 감당하면서, 가족 및 친구들과 관계를 유지하고, 집을 관리하고, 환대를 베풀고, 올바른 식습관과 규칙적인 운동을 하고, 숨 쉴 틈을 확보하기 위해 자주 고군분투했다.

무의식적으로 이 모든 것을 할 수 있어야 한다고 믿는 여성들은 결국 지치고 시간에 쫓기게 될 가능성이 높다. 그런데 진리는 '어떠한 여성도 이 모든 것을 효율적으로 감당할 수 없다'는 것이다. 조만간 무언가(혹은 누군가)가 고통을 받을 것이다. 즉 하나님께서 우리에게 수행하라고 하지 않으신 것까지 완수하려고 할 때, 우리는 좌절감을 맛본다. 그러나 인생의 각 계절을 향한 하나님의 우선순위를 찾고, 우리를 불러 행하게 하신 모든 것을 감당할 시간과 능력을 그분께서 이미 공급해 주셨다는 사실을 깨달아, 성령의 능력으로 이 우선순위들을 완수해 나아갈 때, 비로소 우리는 자유와 기쁨과 열매 맺음을 경험할 수 있다.

다음의 간증들은 우선순위나 시간과 관련해 우리가 믿고 있는 거짓말들이 어떻게 우리를 속박에 처하도록 하는지, 그리고 진리가 어떻게 우리를 자유롭게 하는 능력을 갖도록 하는지를 보여 준다.

> 저는 제 책임을 적절하게 수행하지 못했습니다. 저희 집은 늘 어질러져 있었고, 아이들은 버릇없게 행동했기 때문에 늘 절박하고 절망적인 감정이었어요. 그런데 하나님께서 저에게 하라고 맡겨 주신 일들을 해낼 시간이 충분하다는 사실을 깨닫고 나니, 그동안 제가 하나님께서 맡겨 주시지 않은 일을 하려고 애써 왔다는 사실을 인정해야 했습니다. 제 삶에 속하지 않은 것들을 발견하는 대로 제거하고 위임할 수 있는 것들을 찾아내려고 했습니다. 남편이 별로 상관하지 않는 것들로부터는 저를 해방하고 그이가 상관하는 것들은 보다 더 분명해지도록 남편과 소통하는 법도 배워 가고 있습니다. 쉬운 과정은 아니었지만 지금까지 몇 가지는 꽤 단순해졌어요.

제 삶이 잘 제어되고 하나님께서 제게 맡겨 주신 일을 자유롭게 할 수 있을 때까지 멈추지 않고 계속해 나갈 수 있으면 좋겠습니다.

저는 교회가 저를 필요로 한다면 언제든 섬기는 것이 저의 의무라고 믿었습니다. 무언가 해야 할 일이 보이면 그 일을 해야만 했죠. 결과적으로 저는 주중 거의 매일 교회에서 무언가를 하며 다소 무리를 하게 되었습니다. 제가 하는 모든 일을 할 수 있는 사람은 저밖에 없다고 생각했던 거죠. 그러다 결국 기력을 다 소진하게 되었는데, 목사님은 저에게 제가 모든 것을 할 필요가 없으니 아버지께서 저에게 하라고 하신 일만 하면 된다는 사실을 깨닫게 해 주셨습니다. 어떤 일들은 지금까지 계속해서 하고 있지만, 그것들은 하나님께서 하기를 원하신다고 알고 있는 것들입니다. 저는 하나님께서 저에게 하도록 하신 일이 아닐 때 거절하는 법도 배웠습니다. 하나님은 저를 분주함의 속박으로부터 자유롭게 해 주셔서, 제가 그분의 참된 종이 되도록 해 주셨습니다.

거짓말 19.
"꾸준한 말씀과 기도의 시간 없이도 나는 잘살 수 있어."

우리가 방금까지 살펴본 거짓말과는 달리, 우리 중 이런 말을 소리 내어 말할 수 있는 사람은 거의 없다. 하지만 이 책을 위해 내가 인터뷰한 여성들의 절반은 자신이 그렇게 믿고 있는 듯 살아왔음을 시인했다.

이 거짓말의 본질은 우리가 하나님과 별개의 삶을 살 수 있다는 것이다. 원수는 우리가 하나님의 존재를 믿든, 많은 성경 구절을 외고 있든, 우리가 우리의 일정을 여러 영적 활동들로 채우고 있든 성령의 능력을 의존해 살기보다 우리 스스로의 힘으로 살아가게 할 수만 있다면 별 상관하지 않는다. 그는 우리가 예수님과의 친밀한 관계를 발전시키지 않고도 그리스도인의 삶을 살 수 있다고 믿을 때 우리가 영적으로 무기력해지고 패배할 것을 안다. 하나님의 말씀과 기도를 통해 그분의 뜻을 구하지 않고도 하나님을 위해 위대한 일들을 많이 행한다면, 우리는 혹 큰 종교적 소란은 일으킬 수 있어도 사탄의 나라에는 어떠한 손해도 입히지 못할 것이다. 사탄은 우리가 하나님으로부터 오는 지혜를 구하기보다 우리 자신의 생각과 방법으로 움직일 때 우리가 종국에 이 세상의 파괴적인 사고방식으로 빨려 들어갈 것임을 안다.

그렇다. 우리의 삶이 그리스도와 그분의 말씀에 닻을 내리지 않고 있을 때, 우리는 삶의 모든 영역에서 속임에 취약해진다. 이베트(Yvette)는 이 거짓말이 자기 인생에 실질적으로 어떤 영향을 미쳤는지 이야기해 주었다.

> 말씀과 기도로 시간을 보낼 때는 일상이 순조롭게 흘러가는 것 같았습니다. 5세 미만의 자녀를 셋이나 키우는데도 말이죠. 하지만 그러다가도 거기에 안주하고, 제 자신이 대단한 원더우먼이라고 생각하면서 말씀과 기도를 더 이상 우선순위로 삼지 않았습니다. 저도 모르는 사이 제 삶은 혼란에 빠졌어요. 아이들에게 고함을 질러 댔고, 아동 학대에 가까운 매질을 할 때도 있었죠. 어쩌다 이렇게 되었는지를 파악하려고 노력했습니다. 이 문제를 해결하기 위해 무얼 할 수 있었냐고요? 불행하게도, 제가 할 수 있는 일이 없다는 사실을 깨닫는 데에는 시간이 꽤 필요했습니다. 저는 하나님이 필요했어요! 사탄의 거짓말은 아주 교묘해서, 말씀 안에 있지 않으면 그 거짓말을 믿기 시작하더라고요.

여호와를 구하는 것의 필요성을 보여 주는 대표적인 예로, 다윗 왕을 들 수 있다. 구약에는 다윗이 "여호와께 물었다"라는 말이 여섯 번이나 나온다(삼상 23:2, 4; 30:8; 삼하 2:1; 5:19, 23). 그는 하나님 없이는 자신이 번영할 수 없다는 사실을 알았다. 실제로 매일 아침 하루의 업무를 시작하기 전에 했던 첫 번째 일은 기도로 자신의 마음을 여호와께로 향하는 것이었다.

> 여호와여 아침에 주께서 나의 소리를 들으시리니 아침에 내가 주께 기도하고 바라리이다 내가 날이 밝기 전에 부르짖으며 주의 말씀을 바랐사오며 _ 시 5:3; 119:147

또 다른 시편에서 다윗은, 자신이 이스라엘의 왕으로서 가졌던 수많은 책임과 관계, 기회 중에서 다른 무엇보다 중요했던 **한 가지**는 하나님을 구하고 아는 것이었다고 말하기도 했다.

> 내가 여호와께 바라는 한 가지 일 그것을 구하리니 곧 내가 내 평생에
> 여호와의 집에 살면서 여호와의 아름다움을 바라보며 그의 성전에서
> 사모하는 그것이라 _ 시 27:4

나는 다윗이 다른 어떤 것보다 갈망한 "한 가지(의) 일"을 이루기 위해 하루하루의 업무가 얼마나 바쁘게 돌아가야만 하는지를 잘 알고 있다. 어떤 날은 이른 아침부터 밤 늦은 시간까지 한 치의 여유도 없는 것만 같다. 19세기 영국의 찬송 작사가인 프랜시스 리들리 하버갈(Frances Ridley Havergal)은 여기에 영적 전쟁이 동반된다는 사실을 깨달았다. "마귀는 성경 공부를 할 때, 우리에게는 무엇을 먹을 여유조차 없다고 설득하기를 즐겨합니다. 우리 손에 들린 것이 소설이나 기발한 잡지라면 절대 그렇게 말하지 않을 거면서 말이죠!"[1]

오늘날 프랜시스가 살아 있었다면 아마도 우리에게 "말씀을 읽고 묵상할 시간은 짬 내기 어려워하면서, SNS와 넷플릭스에는 어떻게든 시간을 할애하려고 한다."라고 했을 것이다. 그녀의 말은 우리가 만일 전자를 놓친다면, 우리의 영혼을 결코 만족시킬 수 없는 세속적 추구와 쾌락은 누리면서도 우리가 구하고 있는 바로 그 기쁨과 온전함은 놓치고 만다는 사실을 상기시킨다.

시편 132편은 여호와를 위한 성전을 짓겠다는 다윗의 결의와 의도를 기록한다.

> 내 눈으로 잠들게 하지 아니하며 내 눈꺼풀로 졸게 하지 아니하기를
> 여호와의 처소 곧 야곱의 전능자의 성막을 발견하기까지 하리라 _ 시
> 132:4-5

이 말씀으로부터 우리는 매일 머리를 뉘이기 전 반드시 시간을 내어 우리 마음 가운데 '여호와의 처소를 발견'하겠다는 다윗의 놀라운 도전을 확인할 수 있다.

나는 매일 하나님의 말씀과 기도로 그분과 독대의 시간을 갖는 것의 가치와 중요성을 잘 알고 있다. 내가 쓴 첫 번째 책도 이 주제에 관한 것이었다.[2] 아버지와 남편 모두 매일 아침 가장 먼저 주님을 찾는 일의 본보기가 되어 주었다. (로버트는 종

여성들이 믿고 있는 거짓말

종 이야기한다. "핸드폰보다 보좌 먼저.") 하지만 솔직히 나는 너무나도 자주 '주님께 묻기' 위한 시간을 먼저 할애하지 않고, 그날의 세부 사항과 업무에 먼저 관심을 기울이는 나를 발견한다. 그렇게 할 때, 내가 실제로 말하는 것은 (실제로는 그것을 입 밖에 낸 적이 없다고 해도) 하나님의 임재와 지혜와 은혜를 떠나 혼자서 그날을 감당할 수 있다는 것이다. 하나님 없이 일하고, 가정을 돌보고, 관계를 맺고, 내 상황을 해결할 수 있다고 말하는 것이다. 이러한 자급자족의 정신은 '교만'이다. 그리고 성경은 "하나님이 교만한 자를 물리치"신다고 가르친다(약 4:6). 내가 교만 가운데 걷는다면, 하나님께서 나와 나의 노력을 물리치실 것을 각오해야 한다. 때때로 나는 하나님께서 나에게 "너 혼자서 오늘을 감당하기 원한다고? 그래. 그렇게 해보렴."이라고 말씀하시는 것처럼 느낄 때가 있다. 기껏해야 나 혼자서 나만을 위해 무익한 하루를 보낸 것이다. 최악의 경우, 결국 하루가 엉망진창이 되기도 한다.

반면 야고보서 4장 6절은 하나님께서 "겸손한 자에게 은혜를 주신다"라고 말한다. 하나님 앞에 겸손히 나아가 나 혼자서는 해낼 수 없으며, 내게는 하나님이 필요하다는 사실을 인정하며 하루를 시작할 때, 나는 하나님께서 나에게 하늘의 힘을 주셔서 그날을 살아 내게 하시리라 기대할 수 있다.

그리스도 안에 거하지 않고 그분과 의식적으로 연합하며 그분을 의존하지 않고서, **우리는 영적인 혹은 영원한 가치가 있는 그 어떤 것도 할 수 없다.** 우리는 여러 활동들을 창출할 수 있고 많은 결정들을 내릴 수 있지만, 결국 우리 삶에 참된 가치를 보여 줄 수 있는 것은 아무것도 없을 것이다.

진리는 '**말씀과 기도로 하나님과의 관계를 발전시키기 위해 지속적인 시간을 들이지 않고서는 하나님께서 창조하신 여성으로 사는 것이 불가능하다**'는 것이다.

"집안일보다 집 밖에서 하는 일이나 다른 활동들이 더 중요해."

타락 이전 아담과 하와는 에덴에서의 완벽한 가정을 꾸리고 단란한 결혼 생활을 누렸다. 하지만 이들의 '화목한 가정'은 '영원히 행복'할 수 없었다. 죄의 결과로 이들은 하나님께서 사랑으로 창조하신 곳으로부터 추방당했다. 그리고 그 이후로부터 사탄은 하나님의 선하시고 사랑 가득한 계획을 방해하기 위해 우리의 가족과 가정에 허락된 복을 빼앗으려 노력해 왔다.

'마음이 머무는 곳'이 집이라는 말을 들어 보았을 것이다. 하지만 애석하게도 우리의 마음은 집이 아닌 다른 곳으로 끌려가는 경우가 너무나도 많다.

> 제가 볼 때 가족이라는 개념이 다소 과대평가되고 있는 것 같아요. 더 이상 가정을 꾸리고 자녀를 낳는 것만이 중요하다고 생각하지 않아요. 여성들에게도 커리어가 필요해요. (《젊은 여성들이 믿고 있는 거짓말》을 위한 포커스 그룹의 15살 소녀)

> 저는 남편을 사랑해요. 아이들도 사랑하고요. 하지만 하루 일정을 마치고 나면 제게는 남편과 아이들에게 더 이상 줄 수 있는 게 아무것도 없어요. 하루 종일 일하고, 연로하신 부모님께 저녁을 대접하고, 아이들을 축구, 밴드, 피아노 학원에 데려다 주고 데리고 오다 보면 하루가 다 지나가 버리죠. 결국 매일 밤 드라이브 스루에서 샌드위치를 사 가지고와 소파에 앉아 텔레비전을 보며 먹어요. 가족에게 더 많은 것을 투자하고 싶지만 어떻게 해야 할지 모르겠어요!

현대의 생활 속도는 사람들이 밤이면 몸을 누이고 아침에 샤워를 한 다음 하루를 시작하면서 수백 가지의 다른 방향으로 흩어지는 물리적 구조물에 불과한 집을 만들어 냈다.[3] 집은 가족 생활, 인간관계, 생산성, 열매 맺는 섬김을 키우는 진원지가 아니라 집 **밖에서** 일어나는 다양한 활동들을 위한 장비(축구화, 도시락, 가방, 전자 기기)를 보관하는 장소가 되어 버렸다. 하지만 거짓말을 분별하고 하나님의 진리로 대항하려고 노력하면서, 우리는 사회적 통념이 반드시 여성들에게나 우리가 사랑하는 이들에게 **최선이 아니라는** 사실을 알게 되었다.

내가 하나님의 말씀에서 가장 좋아하는 구절 중 하나는 디도서 2장에 있다. 실제적이며 시대를 초월한 이 말씀은 모든 시대와 문화 가운데 그리스도를 따르는 자들을 위한 부르심이다. 바울은 그레데 섬에 개척된 신생 교회의 젊은 목회자 디도에게 이 서신을 전했다. 교회에는 거짓 교사들이 등장해 하나님의 말씀에 반하는 가르침을 선전하고 있었다. 동산에서 아담과 하와에게 거짓말했던 동일한 원수가 이 새로운 믿음 공동체의 신자들에게도 거짓말을 하고 있었다. 디도는 이 같은 상황을 다루기 위한 전략이 필요했다. 바울은 성령의 영감 아래 다음과 같은 말을 전했다.

> 오직 너는 바른 교훈에 합당한 것을 말하여 … 늙은 여자로는 … 행실
> 이 거룩하고 모함하지 말며 많은 술의 종이 되지 아니하며 선한 것을
> 가르치는 자들이 되고 그들로 젊은 여자들을 교훈하되 그 남편과 자녀
> 를 사랑하며 신중하며 순전하며 집안 일을 하며 선하며 자기 남편에게
> 복종하게 하라 이는 하나님의 말씀이 비방을 받지 않게 하려 함이라 _
> 딛 2:1-5

디도를 위한 바울의 이 청사진은 우리 삶과 교회에서 거짓말과 다툴 수 있는 도구를 제공해 준다. 우리에게는 '바른 교훈'이 필요하다. 경건한 롤 모델, 즉 의도적이고 세대 간에 이루어지는 제자 훈련이 필요하다. 그리고 복음이 시연되는 가정이 필요하다.

지금 당신의 집은 당신에게 그렇게 중요하게 보이지 않을 수 있다. 선교적인 (missional) 곳이라기보다는 난장판(messy)으로 보일 수도 있다. 어쩌면 기저귀, 점퍼, 보행기, 장난감, 유아용 의자, 카시트 등 어린아이가 살고 있는 흔적들이 널브러진, 말 그대로 난장판일 수 있다. 10대들이 여럿인 집이라면 집안 곳곳에는 운동 기구나 아직 끝내지 못한 숙제, 부엌 조리대 위에 남겨 둔 간식의 '난장'이 눈에 띌 수도 있다. 혹은 SNS에서 조회 수가 폭발할 만큼 그럴 듯해 보이는 공간이더라도 실상은 상처, 방치, 공개적 적대감으로 특징지어질 만한 혼란스러운 관계를 앓고 있는 집일 수도

있다.

디도서 2장은 이러한 혼란스러운 현실에 대해 이야기하며, 가정이 '영적' 생활의 선택적으로 추가되는 곳이 아님을 상기시켜 준다. 또한 크리스천 여성이 어떻게 복음의 빛과 하나님의 진리("바른 교훈"으로도 알려진) 안에서 살아가야 하는지를 묘사하면서, 신앙이 가정에서 보다 분명하게 드러나야 한다는 사실도 상기시킨다.

하나님의 말씀을 처음부터 끝까지 안다고 해도, 매주 성경 공부나 소그룹에 절대 빠지지 않는다고 해도, 교회의 모든 필요를 위해 가장 먼저 자원한다고 해도, 우리가 가정에서 자제력 있는 모습을 보여 주지 못한다면, 자녀나 남편(혹은 룸메이트나 이웃, 손님)이 우리를 친절하다고 말하지 않는다면, 스트레스를 푸는 방식이 고작 에로 문학을 읽는 것이라면, 분명 무언가 잘못되고 있는 것이다. 우리 집 사방의 벽 너머에서 펼쳐지는 일상은 다른 무엇과도 비교할 수 없는 거짓의 열매를 드러낸다. 사랑, 절제, 순결, 친절, 복종. 디도서 2장은 크리스천 여성들이 이러한 자질에서 뛰어나야 하며, 특히 가정에서 더욱 뛰어나야 한다고 말한다.

바울이 이 구절에 포함시킨 한 가지가 더 있는데, 그것은 **"집안일"**을 하는 것이다(딛 2:5). 이것을 어떻게 이해해야 할까? 어떤 이들의 주장대로, 이 말씀은 하나님께서 다만 1세기 여성들에게만 의도하신 것이며, 지금은 이러한 적용을 원하시지 않는 것일까? 어떤 이들의 확신대로, 바울은 어쩔 수 없는 남성 우월주의자였을까? 나는 "집안일"을 하는 것의 개념을 디도서 2장과 관련한 나의 책, 《단장: 복음의 아름다움을 함께 살아 내다》(*Adorned: Living Out the Beauty of the Gospel Together*)에서 보다 풍성하게 다루었다. 성경의 전체에 비추어 이 명령을 간단히 요약하기 위해, 바울이 의도한 바가 아니라고 생각되는 몇 가지 사항을 확인할 필요가 있다.

> ♥ 바울은 여성들이 집에서만 일해야 한다거나, 가정에 불철주야의 돌봄과 관심이 필요하다고 이야기하지 않는다.

♥ 바울은 집안에서 필요한 모든 일을 해야 하는 유일한 책임이 우리(여성)에게 있다고 시사하지 않는다. 아담은 아내와 함께 동산의 집을 "가꾸고 지키라"는 명령을 받았다(창 2:15). 남편과 자녀 및 다른 이들이 함께 가정을 돌보는 것이 적절하다.

♥ 바울은 우리가 집 밖에서 일하는 것을 금지하지 않는다. 바울은 디모데전서 5장 9-10절에서 과부들을 언급하는데, 이때 과부가 가족 밖의 사람들에게 베푸는 선행을 강조했다.

♥ 바울은 우리가 이러한 일로 재정적 보상을 받는 것을 금지하지 않는다. 실례로, 루디아는 "자색 옷감 장사"를 하면서 "하나님을 섬"겼다(행 16:14). 브리스길라는 남편 아굴라와 함께 '천막 만드는 일'을 하면서(행 18:1-3), 바울과 그의 사역에 큰 복이 되었다.

♥ 바울은 여성들에게는 공적 영역에서의 자리가 없다는 것을 암시하지 않았으며, 여성들이 교회나 공동체, 혹은 문화에 기여해서는 안 된다고 암시하지도 않았다.

그렇다면 이 용어(집안일)의 의미는 무엇일까? 먼저 이 용어는 가정이 중요하다는 사실을 상기시켜 준다. 우리는 가정 생활과 그리스도인의 삶을 분리할 수 없다. 그리스도인의 가정은 하나님을 영화롭게 하고 이 세상에서 그분의 사명을 수행하는 데 꼭 필요하다. 물론, 가정이 **가장** 중요한 것은 아니다. 가정은 대중에게 자랑할 박물관이나 수집품이 아니며, 숭배할 우상도 절대 아니다. 하지만 여성들(특별히 가임기에 있는 '젊은 여성들')이 이들의 가정과 관련해 하는 일은 다른 사람을 섬기고 축복하며 그리스도의 왕국을 발전시키는 하나의 중요한 방법이다.

우리가 가정에서 하는 일에는 영원한 가치가 있다. 성령은 사도 바울을 통해 가정을 소홀히 하지 말고, 다른 이들에게 그리스도의 아름다움과 복음을 전하는 수단으로 사용할 기회를 놓치지 말라고 강권하고 있다. 우리가 가정의 책임자가 되는 것이 '덜 중요한' 소명이라는 거짓말을 믿을 때, 가정에서의 일과 관계를 희생하면서 취미나 친구 또는 집 밖에서의 일에 가치와 우선순위를 둘 때, 그리고 주부, 아내, 엄마로서의 중요한 역할을 인식하지 못할 때, 우리는 여성으로서 갖는 소명의 핵심 요소를 놓치게 된다.

가정 안에서, 가정을 통해 그리스도를 높이려는 이러한 마음은 인생의 계절에 따라 다양한 방식으로 표현될 수 있고, 각자 다른 시간과 노력을 필요로 할 수 있다. 하지만 젊어서든 나이가 들어서든, 미혼이든 기혼이든, 집이 자가이든 월세이든, 아파트에 살든 기숙사에 살든, 우리가 '집'이라고 부르는 공간은 그리스도를 높이고 다른 사람들을 축복할 기회를 제공한다.

문화가 중시하는 가치의 추는 계속해서 움직이고 있다. 그것이 우리의 우선순위를 결정해서는 안 된다. 우리 집 현관문 안에서 일어나는 일은 밖에서 일어나는 일만큼이나 우리의 영적 건강을 나타내는 지표가 된다. 우리의 결혼 생활과 자녀, 손님 및 이웃과의 상호 작용은 모두 복음의 이야기를 전하기 위한 것이다.

문화는 가정 안에서 우리가 하는 일의 중요성을 인정하지 않는다. 하지만 하나님은 그것을 가치 있다고 여기신다. 그분은 "살피시는 하나님"이시다(창 16:13). 그분은 우리의 친절한 말 한마디, 아픈 곳을 '호호' 불어 준 것, 설거지, 저녁 식사 준비, 관계 회복을 위해 노력한 것들을 하나도 놓치지 않으신다. 그분은 우리가 집에서 하는 '작은' 일까지도 그분의 영광을 위한 보다 넓은 내러티브로 엮어 가신다.

비록 그것의 현실적 보상은 받지 못할지라도, 하나님은 우리의 수고를 보상해 주실 것이다. 우리가 가정에서 하는 일에는 영원한 가치가 있다. 따라서 바울이 여성들에게 "영원 속에서 중요한 일을 서투르게 하지 말라"라고 말했을 때, 이것은 복음을 위한 전략적인 제안을 하고 있는 것이다.

냉장고에서 온 통찰

우리 집 냉장고는 내 친구들과 가족들 사진의 배경 역할을 한다. 뒷면에 자석이 부착된 아크릴 액자에 든 사진들은 가능한 한 공간 구석구석을 대부분 모두 메우고 있다. 사진에 등장하는 가족들의 수는 90여 명에 달하고, 손주들은 말할 것도 없이 자녀들의 수만도 총 300여 명 정도이다. 최근에 오래된 사진들을 크리스마스에 도착한 새로운 사진들로 교체하는 연례 의식을 두 시간 정도 보냈다. 새 사진들이 모두 제 자리에 놓였을 때, 나는 '큰 그림'을 보기 위해 뒤로 물러나 앉았다. 자녀와 손주의 출생, 결혼, 이사, 이직 등 지난 해 경험한 중요한 사건들 몇 가지를 회상했다.

이 사진들 속 거의 모든 얼굴은 웃고 있다. 하지만 거의 완벽한 몇몇 포즈 이면에는 건강 문제, 재정적 어려움, 사랑하는 사람을 잃은 상심, 해결되지 못한 관계의 갈등, 그리고 비극적 이혼 등 다양한 사연이 숨어 있다는 것을 알 수 있었다. 눈앞에 있는 장면을 보며 곰곰이 생각하면서, 나는 좋을 때나 싫을 때나 가족이 지니는 경이로움과 중요성을 떠올렸다. 가족은 복음의 핵심이며, 우리를 영원한 가족으로 입양하기 위해 선택하신 하나님 아버지의 뜻을 반영한다.

가정이 평안하지 않을 때 인생의 다른 모든 영역이 영향을 받는다. 나는 병아리들에 둘러싸인 어미 닭처럼 앉아 있는 수많은 여성들을 보면서, 그 여성들이 다음과 같을 때마다 보여 주는 가정을 생각하는 마음에 엄청난 고마움을 느꼈다.

- ♥ 모든 식사를 준비하고 모든 빨래를 세탁할 때마다

- ♥ 마트, 학교, 치과, 피아노 레슨, 축구 연습장 등을 다니며 아이들을 챙길 때마다

- ♥ 까진 무릎에 밴드를 붙여 주고 격려의 말을 건넬 때마다

- ♥ 싸움을 중재하고, 밤새 아프거나 무서워하는 아이를 달랠 때마다

- ♥ 아이들과 함께 레고를 조립하고, 색칠을 하고, 수학 문제 풀이를 돕고, 성경 이야기를 읽어 주고, 남편이나 아이가 하루 일과를 이야기하는 것에 귀 기울이며 있을 때마다

- ♥ 가족, 그리고 교회 교우들의 영적 성장과 보호를 위해 기도할 때마다

이 여성들은 하루도 빠짐없이 이들의 가정을 세우고 있다. 생명을 잉태하고 양육한다. 앞으로의 세대를 위해 기초를 다지고, 다음 세대를 이어 갈 기념비를 세우고 있다. 그리고 그 과정에서 지대한 방식으로 창조주를 높이고 있다.

진리로 거짓말에 대항하기

거짓말 18. 해야 할 일은 많은데, 시간이 없네.

진 리
- 하나님께서 나에게 원하시는 모든 일을 할 수 있는 시간은 매일 충분하다.
  (시 90:10-12; 눅 10:38-42; 요 17:4; 행 20:24; 엡 2:10)

거짓말 19. 꾸준한 말씀과 기도의 시간 없이도 나는 잘살 수 있어.

진 리
- 말씀과 기도로 하나님과의 관계를 발전시키는 데 지속적인 시간을 보내지 않고서는 하나님께서 원하시는 여성이 되는 것은 불가능하다.
  (욥 23:12; 시 5:3; 27:4; 119:147; 잠 2:1-6; 3:5-6; 마 6:25-34; 14:23)

거짓말 20. 집안일보다 집 밖에서 하는 일이나 다른 활동들이 더 중요해.

진 리
- 가정을 지키는 것은 우리가 하나님을 영화롭게 하고 그분의 나라의 일을 발전시키는 중요한 방식이다. (딤전 5:9-10)
- 우리가 우리 가정에서 하는 일은 복음을 위한 전략적인 일이다. (딛 2:4-5)

6장
여성들이
성에 관하여
믿고 있는 거짓말

하와의 일기

이 털옷 때문에 더 뚱뚱해 보이는 것 같다. 에덴에서처럼 벌거벗고도 자유로웠던 시절이 너무 그립다. 그땐 내 몸에 대한 의식이 전혀 없었는데…. 지금 내가 단순히 몇 살을 더 먹어서 그런 건 아니겠지? 뭔가 더 있을 것 같다. 예전에 나는 몇 시간이고 아담과 함께 있는 것을 너무 좋아했다. 우리는 서로 이야기하고 또 이야기했다. 하지만 지금은 그렇지 않다. 그 사람이 나를 가끔 만질 때면 나는 너무! 아… 뭐라고 해야 하지?

그 사람은 불만이 많을 거다. 내가 내 몸을 생각하는 방식이 우리 친밀함에 영향을 미친다고 말했다. 하지만 그건 나만이 아니다. 그 사람도 이전과 같은 방식으로 나를 바라보지 않는다! 창피하거나 뭐 그런 거겠지? 다시 그 사람과 둘만 있고 싶어질 때가 있어도 그 사람 눈에서 아득한 시선이 보인다. 그가 나에게 다가오면서 나를 품에 끌어안을 때에도 그의 눈은 너무나도 멀게 느껴진다. 그 사람이 내 옷을 벗기려고 할 때 나는 너무… 수치스럽다. 그래, 바로 그 표현! 벌거벗은 듯 너무 수치스럽다!

그런데 이것에 대해 이야기를 나눌 사람이 아무도 없다. 아담에게도 못하겠다. 하나님께도 못하겠고….

《여성들이 믿고 있는 거짓말》의 초판에는 성에 관한 장이 포함되지 않았지만, 이번 개정판에는 이를 추가하는 것이 좋겠다고 생각했다. 성은 다른 영역들 못지않게 여성들의 삶에 속임이 깊은 영향을 미치는 영역이다. 그리고 세상이 선전하는 성에 대한 거짓말들은 이 책이 처음 출간된 이래, 보다 폭넓게 수용되어 왔다. 원수는 하나님의 계획과 질서를 뒤집어 성의 아름다움을 왜곡하고 많은 이들에게서 이 좋은 선물을 빼앗았다.

내 오래된 친구(이자 《젊은 여성들이 믿고 있는 거짓말》의 공동 저자)인 다나 그레쉬(Dannah Gresh)는 여성들이 성경적 관점에서 자신의 성을 이해하고 성에 대한 하나님의 놀라운 계획을 수용하도록 하는 데 삶의 상당 부분을 헌신해 왔다. 다나는 내가 이번 장을 쓰려고 할 때 흔쾌히 도와주었고, 이번 장은 그녀의 목소리로 쓰였다. 다나의 사역과 저서에 대해서는 PureFreedom.org에서 더 많이 알아볼 수 있다.

- 낸시 드모스 월게머스 -

우리는 지난 수십 년 동안 큰 진보를 이루었지만, 기독교계의 많은 여성들은 성에 관한 주제의 접근이 여전히 금지되어 있다고 느낀다. 원숙한 크리스천 여성에게 낙태 후 우울증, 동성애, 포르노에 관한 조언이 필요함을 말하기가 쉽지 않다. 많은 이들이 사적인 고통과 패배감을 조용히 견디기로 선택한다.

일부 크리스천 엄마들은 자기 자신의 과거로부터 느끼는 수치심 때문에, 가정에서의 성교육을 연기하고 있다고 한다. 우리를 제자 삼아야 하고 우리가 제자 삼아야 할 이들과 대화하는 데 느끼는 불편함은 우리 문화가 이 주제에 대해 가지고 있는 혼란과 혼란스러운 대화를 나누도록 하는 데 메가폰을 쥐어 줄 뿐이다. 낸시와 나의 절친한 친구 메리 카시안(Mary Kassian)은 그녀의 훌륭한 저서 《지혜로워진 여성들》(Girls Gone Wise)에 이렇게 썼다.

> 오늘날 섹스에 대한 통념을 감안할 때, 내가 지금 하려는 말이 급진적으로 들릴 수 있다. 우리는 섹스를 그렇게 많이 하지 않는다. 문제는 섹스에 너무 큰 가치를 두고 있는 것이 아니라 충분한 가치를 두고 있지 않다는 것이다.[1]

성에 관한 이러한 거짓말과 우리를 자유롭게 하는 성에 관한 하나님의 진리를 살펴보면서 당신도 동의할 것이라고 생각한다. 이번 장은 하나님의 아름다운 선물인 성을 공부하고, 토론하고, (만일 당신이 결혼을 했다면) 누릴 수 있는 허가서이다.

거짓말 21.
"아무에게도 말할 수 없어."

당신이 만일 당신의 성 문제에 관하여 누구도 알 필요가 없다는 거짓말을 믿어 왔다면, 당신은 혼자가 아니다. 이것은 아마도 강박적인 중독자이든, 성적 억압을 받고 있는 사람이든 다른 누군가의 성적인 죄의 결과로 고통받고 있는 사람이든 관계없이 여성들에게 사탄이 성에 관해 이야기하는 가장 보편적인 거짓말일 것이다.

- 남편이 인터넷 포르노에 중독된 사실을 누구에게도 말할 수 없어요.

- 제가 포르노를 보고 있다는 사실을 누구에게도 말할 수 없어요.

- 제가 열일곱 살 때 낙태를 했다는 사실을 누구에게도 말할 수 없어요.

- 남편과 몇 달 동안 잠자리를 같이 하지 않았다는 사실을 누구에게도 말할 수 없어요.

- 제가 남자 친구와 성관계를 맺고 있다는 사실을 누구에게도 말할 수 없어요.

- 저는 섹스를 정말로 싫어하고 어떻게든 회피하고 있다는 사실을 누구에게도 말할 수 없어요.

- 저는 다섯 살 때부터 열한 살 때까지 제 양아버지가 적어도 일주일에 한 번 이상 저를 강간하려 했다는 사실을 누구에게도 말할 수 없어요.

이 같은 거짓말이 당신에게는 어떻게 적용될지 모르겠지만, 나는 이 거짓말의 저변에는 수치심의 깊은 뿌리가 있음을 알고 있다. 그리고 이것은 당신의 성에 대한 하나님의 계획의 핵심을 공격하기 때문에 문제가 된다. 사탄은 우리의 성적인 죄, 도전, 결점, 두려움을 수치심으로 덮으려고 한다. 하지만 인류 최초의 결혼을 통해 보듯이, 건강하게 하나님을 높이는 섹스와 성생활에는 수치심이 없다.

> 아담과 그의 아내 두 사람이 벌거벗었으나 부끄러워하지 아니하니라
> _창 2:25

어쩌면 당신은 이렇게 생각할 수도 있다. "하지만 저는 죄를 지었어요. 그러니 부끄러움을 느껴**야 해요**." 우리가 죄를 지을 때 양심의 죄책감은 하나님께서 주신 선물이며, 우리를 위한 최선의 길로 다시 돌아오게 하시려는 하나님의 뜻이다. 하지만 하나님은 우리가 수치심으로 무력화되는 것을 원치 않으신다. '죄책감'과 '수치심'은 종종 교차되어 사용되기도 하지만, 같은 의미는 아니다.

죄책감은 말한다. "넌 나쁜 짓을 했어." 이 메시지는 당신을 십자가, 회개, 회복, 올바른 삶의 자리로 인도하기 위한 것이다. 죄책감은 성화 과정에서의 건강한 요소로서, 죄가 아닌 그리스도와 맺은 관계가 나를 정의한다는 믿음으로 나아가도록 촉구한다. 여기에는 부당한 정죄가 없다(요일 2:1; 롬 8:1).

하지만 **수치심**은 다른 메시지를 전한다. 수치심은 "넌 나쁜 사람이야."라고 말한다. 이 메시지는 당신이 피해 의식을 느끼게 하고, 숨게 하며, 고통 속으로 더 깊이 들어가게 한다. 이것은 당신을 하나님으로부터 멀어지도록 하는 사탄의 도구이다. 절망감을 부채질하고 죄악의 중독과 아성에 더욱 취약하게 만든다. 과거와 현재의 성적 유혹이 당신을 규정한다고 믿기 시작한다.

당신이 수치심을 받아들일 때, 당신의 모습은 동산에서 하나님으로부터 숨어 있는 아담이나 하와의 모습과 매우 흡사해진다(창 3:10). 하지만 하나님은 당신이 그렇게 사는 것을 원치 않으신다. 당신이 자유하기를 원하시고, 그 자유를 찾는 데 필요한 것을 이미 당신에게 주셨다. **당신이 하나님의 용서를 구했고 그분의 말씀에 순종하여 구원받은 여성으로 살기 시작했다면, 당신의 과거와 현재의 성적 유혹은 당신을 규정하지 못할 것이다.**

고린도전서 6장 9-10절에서 바울은 성적으로 타락한 문화 속에 살고 있는 교인들에게 편지했는데, 그중 다수는 수치심에 얽매여 있었다. 사도는 이들에게 과거와 현재의 성적 유혹이 자신을 규정하게 하는 일을 멈추라고 호소했다. 그는 간음과 동성애는 물론 일반적인 성적 죄에 대해서도 언급한다. 그리고 이들에게 이 꼬리표들을 버리고 그리스도의 피로 씻음받은 성도로서의 정체성을 끌어안도록 격려한다.

당신이 진정 죄를 회개했다면, 당신은 더 이상 성 중독자가 아니다. 당신이 진정 죄를 회개했다면, 더 이상 레즈비언이 아니다. 당신이 진정 죄를 회개했다면, 더 이상 외도를 한 여성이 아니다. 당신은 씻음받았다. 깨끗해졌다. 당신의 주 예수 그리스도의 이름으로 의롭다 하심을 받았다. 당신은 당신이 누구인지, 당신에게 무엇이 가장 필요한지, 당신이 어떤 사람이 될 수 있는지를 정확히 아시는 그분께 무한한 가치를 지닌 사랑받는 존재이다.

구원자가 정의한 사람

사마리아 지역을 여행하시던 중 예수님은 우물가에서 한 여인을 만나셨다. (이 이야기는 요한복음 4장에서 찾을 수 있다.) 이 여인은 과거와 현재의 성적인 죄로 자신이 규정되어 있다고 느꼈다. 그녀는 이미 다섯 명의 남편을 거쳤고 지금은 결혼하지 않은 한 남성과 함께 살고 있었다. 아마도 매번의 관계는 그녀를 이전보다 더 부끄럽게 만들었을 것이다. 그래서 그녀는 한낮의 더위에 혼자 그 우물로 걸어갔을지도 모른다. 그녀는 과거가 있는 여자였고, 그것으로부터 벗어날 수 없다고 생각했다.

이 사마리아 여인과 대화를 시작하시는 것으로 예수님은 당시의 사회적 관습을 깨셨다. 다른 사람들의 생각보다 그녀를 구하시는 것에 더 관심을 두신 것이다. 그분은 몇 가지 단도직입적인 질문들을 통해 현재 그녀의 마음과 과거에 있는 가장 내밀한 부분들을 살피셨고, 그녀가 누구에게도 말할 수 없다고 생각했던 것들을 고백하도록 하셨다. 이후 그분은 그녀의 마음이 진심으로 목말라했던 것, 곧 진리의 '생수'를 제시하셨다. 성적인 관계에서 만족과 확인을 구하는 한 그녀는 수치심을 느끼며 만족하지 못했을 것이다. 하지만 예수님께 이 같은 사실을 인정하고, 그분이 제시하시는 것으로 자신의 마음을 열 때, 그녀는 채워지지 못한 자신의 가장 깊은 갈망과 열망을 위한 만족을 찾게 되었다. 그리고 더 중요한 것은 새로운 정체성을 찾게 되었다는 것이다.

예수님을 만난 후 이 여성은 동네를 뛰어다니며 소리쳤다. **"내가 행한 모든 일을 내게 말한 사람을 와서 보라. 이는 그리스도가 아니냐?"**(요 4:29) 그녀는 더 이상 "자신이 행한 모든 일"에 대한 수치심으로 사로잡히지 않았다. 그리스도와의 만남은 그녀의 삶을 재정의했고, 그것에 압도된 그녀는 과거 자신이 한 일을 수치스럽게 여기지 않았다.

그녀는 더 이상 자기 죄에 의해 정의되지 않고 구원자에 의해 정의되었다. 하지만 그러기 위해서 그녀는 숨지 말고 나와야 했다. 성적인 문제로 인한 수치심이 당신을 계속해서 얽매고 있다면, 당신도 숨지 말고 나와야 한다. 물론 예수님은 부엌 싱크대에서 물병을 채우고 있는 당신에게 다가오셔서 당신의 과거에 대해 들리는 음성으로 말씀하시지 않을 것이다. 하지만 그분은 오늘날 고백과 치유를 위한 환경을 제공하기 위해서 이 땅에 그분의 몸 된 교회를 세우셨다.

당신은 당신의 죄를 다른 사람, 예를 들어 당신보다 나이가 많고 더 지혜롭고 신앙이 좋은 신자에게 고백해 본 적이 있는가? 성경이 이렇게 하라고 가르친다. 야고보서 5장 16절은 이야기한다. "너희 죄를 서로 고백하며 병이 낫기를 위하여 서로 기도하라." 물론 하나님만이 죄를 용서하실 수 있다. 하지만 그분은 교회를 우리의 수치심이 치유되는 장소로 설계하셨다. 누군가에게 이야기하라. 지혜롭고 신중하며 신뢰할 만한 사람을 선택하라. 그리고 당신의 비밀과 수치심을 숨기지 말라. 당신의 성적인 죄와 어려움을 누군가에게 털어놓는 것은 가장 두려운 일들 중 하나일 수 있지만, 자유를 향한 여정에서 매우 중요한 걸음이다.

"아무에게도 말할 수 없어."라고 속삭이는 거짓말은 "다시는 이런 일이 없을 거야." 혹은 "내가 알아서 할 수 있어."와 같은 '친구 거짓말(companion lies)'을 동반하곤 한다. 우리는 때때로 **우리가 저지른 일을 멈추기 전에는** 하나님께서 용서하실 수 없다고 생각한다. 이 같은 거짓말은 우리를 우리 자신의 구원자로 만든다. 이는 우리 중 누구도 할 수 없는 일이다. 만일 이런 생각이 당신을 떠나지 않는다면, 열다섯 번째 거짓말 "하나님은 내가 한 짓을 용서하실 리 없어."를 참조하라.

누군가에게 이미 이야기를 **했는데도** 여전히 수치심에 갇혀 있다고 느낄 수 있다. 여러 해 전에 일어난 일로 여전히 고통 가운데 있을 수도 있다. 아니면 고백을 하고 또 했지만 여전히 죄악 된 성적 패턴의 손아귀에 잡혀 있을 수도 있다. "너는 절대로 극복할 수 없어. 영원히!"라는 거짓말로 무력감까지 느낄 수도 있다. 만일 이것이 사실이라면 열일곱 번째 거짓말 "어차피 죄에 대하여 늘 승리하며 살 수 없어."를 참조하라.

깊이 뿌리박힌 성적인 죄의 패턴과 수치심으로부터 자유로워지는 일은 쉽지 않다. 하루 아침에 일어나지 않는다. 하지만 하나님은 신실하시며, 자신을 낮추고 그분의 자비에 자신을 맡기는 이에게 초자연적인 은혜를 베푸신다. 숨고 싶은 본능에 굴복하는 대신 계속해서 그분께 의지하고 지혜로운 조언을 구한다면, 당신은 이러한 거짓말에서 벗어나 빛으로 나아갈 수 있다. 그 빛 안에서 당신은 그리스도의 사랑을 입은 자로서의 정체성이 충만해지고, 더욱 자유로워지는 것을 경험하게 될 것이다.

수치심에서 자유로

물론, 모든 성적 수치심이 우리 자신의 죄에서 비롯되는 것은 아니다. 누군가 우리에게 범한 죄로 인해 생길 수도 있다. 어렸을 적 성폭행을 당했거나, 데이트 강간의 피해자였거나, 혹은 어렸을 적 손위 형제가 당신을 포르노에 노출시켜 줬을 수도 있다. 성폭행을 당한 많은 여성들에게 "아무에게도 말할 수 없어."라는 거짓말은 또 다른 왜곡된 거짓말 "그건 내 잘못이야."를 동반한다. 이 유독한 조합은 극복하기에 매우 어려운 수치심을 만들어 내는데, 이런 류의 수치심에서 자유를 향해 걸어간 한 사람의 아름다운 이야기를 들려주고 싶다.

작가 니콜 브래독 브롬리(Nicole Braddock Bromley)는 아동 성폭행의 침묵에 갇혀 사는 것이 무엇인지 잘 아는 사람이다. 그녀의 계부는 그녀에게 끔찍한 짓을 하면서도, "아무에게도 말하지 말라."고 반복해서 경고했다. (우리의 보호를 맡은 사람들이 하는 거짓말은 얼마나 그럴 듯한가.) 니콜이 열네 살이 되었을 때, 마침내 용기를 내어 침묵을 깨고 어머니에게 이 사실을 알렸다. 어머니는 은혜와 용기로 응답했다. 그러나 일주일 뒤 계부는 자살하고 말았다.

이 사건은 니콜을 다시 비밀과 수치심의 공간으로 밀어 넣었다. 그녀는 계부의 죽음이 자신의 '잘못'이라는 사실을 다른 사람들에게 알리고 싶지 않았다. 하지만 하나님은 니콜을 포기하지 않으셨고, 결국 니콜은 자신의 삶에서 침묵과 수치심을 강력히 깨부수고 다른 이들에게 "침묵을 깨뜨려라"라고 격려하는 강력한 목소리가 되었다. 《쉿: 아동 성폭행 이후 침묵에서 치유로 나아가기》[2]와 같은 니콜의 책들은 많은 여성들을 자유롭게 하는 데 도움을 주었다. 그녀는 또 세계 아동 성매매 근절에 헌신하는 단체의 설립자이기도 하다.[3] 그녀는 정말 자유롭다! 당신도 자유를 찾을 수 있다.

그분의 최선 찾기

비밀과 수치심을 야기하는 것은 죄가 아니라 당신 결혼 생활에서의 불만이나 기능 장애일 수도 있다. 어쩌면 이 거짓말에는 "어쩔 수 없는 일이죠."라고 하는 이미 당신을 설득한 은근한 체념이 동반되어 있을지도 모른다. 한 선교사가 조용히 속삭이면서 나에게 고백한 거짓말이 바로 그것이다. 이 여성은 자신과 자신의 남편이 서로에게 즐거움을 느끼지 못하고 있음을 누구에게도 말할 수 없다고 말했다. 그냥 이대로 상황을 받아들이고 살아야겠다고 했다.

그러나 섹스의 참된 목적에 관한 (다음 섹션에서 살펴 볼) 메시지가 그녀의 마음을 열었을 때 모든 것이 바뀌었다. 그녀는 결혼 생활에서 하나님의 최선보다 못한 무엇에 결코 만족해서는 안 된다는 진리를 깨달았다. 그녀는 남편을 로맨틱하게 만들고 자기 몸도 거기에 반응하는 것을 훈련하기로 결심하고서 가까운 친구에게 도움을 요청했다. 그렇게 함으로써 그녀는 부부의 침실 안에서 표현되는 하나님의 선물을 누리기 위해 필요한 치유법을 발견했다.

만일 당신이 이러한 종류의 불만과 어려움을 겪고 있다면, 용기를 내어 누군가에게, 가장 이상적으로는 당신을 도와 빛 가운데로 걸어갈 수 있도록 해 줄 지혜롭고 경건한 여성에게 이야기해 보기를 부탁하고 싶다. 비밀은 유혹과 수치심의 힘을 강화할 뿐이다. 당신이 성적인 죄(과거이든 현재이든)에 대해 수치심을 느끼고 있든지, 성폭행의 그늘에서 조용히 고통을 받고 있든지, 아니면 당신의 결혼 생활보다 못한 무엇에 안주하고 있든지, 하나님은 당신을 위해 훨씬 더 좋은 것을 가지고 계신다.

> ### 거짓말 22.
> ### "나의 성(性)은 영성과 별개의 문제야."

한 세속 작가는 다음의 글을 통해 어느 한 통념을 영구화시켰다. "기독교와 유대

교의 문서와 가르침에는 섹스에 대한 언급이 없다. 사실 이 두 가지 종교는 섹스와 예배를 거의 혹은 전혀 연관시키지 않는다."[4]

이것은 그야말로 사실이 아니다. 예를 들어, 구약의 아가서는 결혼과 성에 관한 변명의 여지가 없는 칭송으로 종교 서적들 중에서도 단연 돋보인다. 또한 성경은 창세기에서 요한계시록까지, 결혼이나 성적 친밀함과 관련된 언어를 자주 사용하여 섹스에 대한 하나님의 **설계**를 이해시키고 크리스천의 성적 행동을 **정의**해야 할 때 우리에게 가르침을 준다. 이 두 가지 모두 크리스천이 탐구하고 이해해야 할 중요한 주제이다.

애석하게도, 섹스에 대한 많은 기독교적 논의는 성적 행동의 규정, 그러니까 우리가 무엇을 해야 하고 특별히 무엇을 해서는 안 되는지의 규정에 모든 강조점이 있다. 그 결과, 이것들이 **왜** 우리에게 주어졌는지를 이해하지 못한 채 규칙의 목록만 나열되는 경우가 많다. 이러한 접근 방식은 우리 모두의 내면에 바리새인을 만들어 내는 경향이 있다. 우리는 성에 관해 잘 이해하고 있다고 자부하지만, 실상은 그렇지 못할 수 있다. 그리고 "나의 성은 영성과 별개의 문제야."라는 거짓말을 믿을 때 우리는 이것을 매우 매우 잘못 이해하게 된다.

어떤 여성들은 이 거짓말을 사용해 하나님의 말씀에 반대되는 성적 결정을 옹호하기도 한다. 또 자기 몸과 마음을 부부의 침실에서 닫아 버리게 된 경위를 정당화하는 데 이것을 사용하는 여성들도 있다. 이 거짓말의 핵심을 마주하기 위해서는 때때로 간과되는 섹스의 설계를 고려하고, 하나님께서 그것에 보호 경계를 두신 **이유**를 따져 보아야 한다.

섹스에 대한 하나님의 설계

섹스의 설계는 하나님께서 사람을 **남자**와 **여자**로 선하게 창조하신 것으로부터 시작한다.

> 하나님이 이르시되 우리의 형상을 따라 우리의 모양대로 우리가 사람
> 을 만들고 … 하나님이 자기 형상 곧 하나님의 형상대로 사람을 창조
> 하시되 남자와 여자를 창조하시고 _ 창 1:26-27

하나님은 인류를 자신의 형상대로 창조하셨다. 그리고 그 형상을 반영하는 특별한 특성 한 가지를 강조하시는데 바로 '생물학적 성별'이다. 남성 그리고 여성. 하나님은 하나님에 관한 중요한 무엇을 보여 주시기 위해 두 개의 성별을 창조하셨다.

하나님께서 왜 두 개의 생물학적 성별을 창조하셨는지 완전히 이해할 수는 없겠지만, 우리는 하나님이 관계적 존재라는 사실을 깨닫는 것에서 시작할 수 있다. 이러한 본성은 삼위일체에서 볼 수 있다. 성부 하나님, 성자 하나님, 성령 하나님은 각각의 다른 세 위격들이시지만 이들은 한 하나님, 본질적으로 한 분이시다. 구약의 모든 유대인에게 익숙했던 기도인 신명기 6장 4절에서 이러한 연합을 묘사하기 위해 히브리어 '에하드(אֶחָד)'가 사용되었다. "이스라엘아 들으라 우리 하나님 여호와는 오직 유일한(אֶחָד) 여호와시니." 이러한 신격의 놀라운 다양성과 연합은 남자와 여자가 결혼을 통해 하나가 될 때 드러난다.

좀 더 자세히 들여다보자. 최초의 남자와 여자가 만났을 때 어떠한 일이 일어났는가? 이들은 아름다운 에덴동산에서 결혼을 하게 된다. 신부와 신랑이 서로의 앞에 섰을 때 나비들이 색종이 조각처럼 흩날렸을 수도 있다. 이보다 낭만적인 야외 결혼식은 결코 없을 것이다. 그리고 결혼식 종소리가 울리자마자 창조의 주님은 이 결혼을 이후에 이어질 모든 결혼을 위한 원형으로 세우셨다.

> 이러므로 남자가 부모를 떠나 그의 아내와 합하여 둘이 한(אֶחָד) 몸을
> 이룰지로다 _ 창 2:24

이 남자와 여자는 별개의 독립적 두 인간이지만, 이들이 함께 모이면 한(אֶחָד) 몸이 된다. 이 창세기의 기록을 중심으로 하나님 말씀의 온전한 가르침을 살펴보면, 이 하나 됨이 더 큰 경이로움을 가리키고 있다는 사실을 알게 된다. 이것은 결혼에

대한 하나님의 최초 선언을 재언급하며 시작한, 바울이 에베소 사람들에게 보낸 편지에 가장 간결하게 쓰여 있다.

> 그러므로 사람이 부모를 떠나 그의 아내와 합하여 그 둘이 한 육체가
> 될지니 이 비밀이 크도다 나는 그리스도와 교회에 대하여 말하노라 _
> 엡 5:31-32

이 거룩한 연합의 신비와 궁극적 의미는 그리스도 안에서 드러난다. 한 남자와 한 여자의 결합은 신부를 사랑하시고 확고한 은혜의 언약으로 그녀와 영원히 연합하시는 우리 하늘 신랑에 대한 그림이다. 하나님은 처음부터 인간의 성과 결혼이 복음의 그림이 되기를 의도하셨다. 그렇다면 사탄이 우리에게 그것의 가치와 의미, 용도에 대해 거짓말할 동기가 있었다는 사실은 그리 놀랄 일이 아니다.

레오나르도 다빈치의 〈모나리자〉는 세상에서 가장 유명한 그림들 중 하나이다. 피사체의 표정과 그림의 다른 미묘한 부분들의 신비는 수 세기에 걸쳐 연구와 토론의 주제가 되어 왔다. 500년이 지나서도 우리는 여전히 그것을 온전히 이해하고 싶어 한다. 결혼과 성이 그렇다. 오늘날 결혼과 성의 남용 및 오용, 예를 들어 포르노, 성애물, 간음, 이성 친구와의 성관계, 동성 결혼, 그리고 다른 형태의 성적인 죄는 아름다운 모나리자를 스프레이 페인트로 훼손하는 것과 유사하다. 그럼에도 결혼이라는 걸작품은 또 다른 불분명한 위협에 직면해 있다.

1911년, 파리 루브르 박물관 벽에 걸려 있던 〈모나리자〉가 도난을 당했다. 일반 사람들에게는 박물관이 열려 있지 않던 어느 이른 아침 한 수리공이 일을 벌인 것이다. 마침 그날 근무 중인 경비 요원들이 별로 없었다. 이 걸작품을 벽에 걸어 두었던 네 개의 쇠못만을 남긴 채, 이 수리공은 사람들의 주의를 끌지 않고 그림을 들고 도주할 수 있었다. 놀랍게도, 그림이 사라진 후 약 24시간 정도가 지나서야 문제가 제기되었다. 청소나 사진 촬영을 위해 미술 작품들을 건물의 다른 곳으로 잠시 옮기는 일은 드물지 않았다. 따라서 세상에서 가장 위대한 그림이 사라졌을 때, 관리자들은

상황을 인지하지 못했고 **아무 조치도 취하지 않았다.**[5]

성과 영성이 무관하다는 거짓말, 즉 우리가 경건한 여성 신자임에도 결혼을 벗어나 성관계를 가질 수 있다거나 남편과의 성관계에 무관심할 수 있다는 거짓말믿는 것은 곧 우리가 결혼과 성이라는 하나님의 걸작품을 대하는 방식이 어떠한지를 보여 준다. 성이라는 하나님의 귀한 선물을 보호하고 보존할 책임을 맡은 우리가 이 그림이 도난당하도록 할 때, 이것의 목격자들은 더 이상 이 그림이 묘사하고자 하는 경이로운 복음을 보고 경탄하지 못할 것이다.

그림 그리기

성생활이 지루하다고 하는 기혼 선교사 친구와 이 같은 진리를 나누었을 때, 그녀는 새로운 열정으로 다시 불타오를 때까지 부부관계에 관심을 기울이겠다고 했다. 그녀는 자신의 결혼 생활이 그리스도의 사랑의 신비를 보여 주기를 바랐다. 그리고 그 진리는 제나(Jenna)의 마음속에 주님과 남편이 될 남성을 향한 새로운 사랑을 불러일으켰다.

제나는 남자 친구와 함께 살고 있는 젊은 전문직 종사자였다. 그녀의 생각에 둘은 성적으로, 그리고 여러 다른 많은 면에서 꽤나 잘 맞았다. 하지만 그녀는 크리스천이고 남자 친구는 크리스천이 아니었기 때문에, 둘 사이에 영적 단절을 느꼈다. 그것이 조금 걸리기는 했지만, 지금의 상황을 바꿀 만큼은 아니었다.

당신은 그녀가 자신의 성생활과 영적 생활이 서로 무관하다는 거짓말을 믿고 있다는 사실이 보이는가? 그녀는 결혼하지 않은 남성과 성관계를 맺고 동거하면서, 즉 하나님께서 분명하게 말씀하신 지시에 불순종하면서 그것과 별개로 활기찬 영적 생활을 할 수 있다고 믿었다. 어느 주일 아침 제나는 남자 친구를 설득해 함께 교회에 갔다. 몇 주가 지나 "그리스도를 따르라"라는 목사님의 초청에 태너(Tanner)가 반응했고, 그녀는 깜짝 놀랐다. 그녀는 이제 이들의 관계가 자신이 원하던 대로 될 것이라고 생각했다. 그러나 얼마 후 태너는 둘이 더 이상 함께 살 수 없다고 말했다. 그의 마음은 그리스도의 사랑으로 흔들리고 깨어났으며, 이제 그는 그분을 기쁘시게 하는 삶을 살기 원했다. 그가 탐독해 온 그의 새 성경책을 통해 성령께서 그의 마음에 말씀하고 계셨다.

태너의 결심은 거의 결별로 이어졌다. 제나는 이들의 성생활이 영적 생활과는 별개의 문제라고 주장했다. 하지만 태너는 단호했다. 결국, 제나는 진심 어린 회개로 나아왔고 자신의 죄악 된 생각과 삶의 방식으로부터 돌아섰다. 그녀는 집을 나와 하나님의 말씀에 순종하는 것으로써 자신의 성과 영성을 통합했다. 두 사람은 상담을 받고서 1년 후 결혼했다. 오늘날 이들은 하나님의 형상답게 그리스도의 신부인 교회를 향한 그분의 신실한 사랑 이야기를 묘사하면서 복음의 아름다운 그림을 그려 가고 있다.

거짓말 23.
"이게 바로 나야."

남편 밥(Bob)과 내(다나, Dannah)가 언제나 성적 순결의 모범이었던 것은 아니다. 나는 열다섯 살 때 순결의 귀한 선물을 내버렸다. 밥은 포르노와 씨름했다. 내 과거의 죄와 남편의 유혹과의 씨름으로 인해 우리 결혼 생활에서 복음의 그림을 회복하기 위해 함께 싸워야 했던 때가 있었다.

그런 의미에서 낸시가 이번 장을 쓰기 위해 내 도움을 요청한 것은 큰 영광이었다. 그녀는 밥과 내가 원수의 거짓말들을 극복하고 하나님의 치유하는 진리로 이들을 대항하기 위해 어떤 노력을 했는지 직접 목격했다. 게다가 우리 둘 모두를 사랑하는 친구들은 이 과정 동안에 "넌 이 일의 적임자야."라며 나를 격려해 주었다. 내 삶 가운데 하나님의 은혜가 얼마나 큰지 모른다!

나는 우리가 우리 과거의 죄가 아니라 우리 삶 속에 있는 그리스도의 구원의 역사로 정의된다는 사실을 체험적으로 안다. 나는 또 성적 상처가 만들어 낼 수 있는 심적 고통 역시 체험적으로 안다. 내 성인 인생의 첫 10여 년 동안 나는 감정적인 무력감을 느꼈다. 내 과거의 성적인 죄에 너무나도 단단히 얽매여 있어 그것이 단지 내가 저지른 무엇이 아니라 나 자신인 것처럼 느꼈다.

"이게 바로 나야."는 매일같이 나를 절망하게 한 거짓말이었다. 이미 오래전 내 마음을 하나님께로 향했고 성적 순결 가운데 걷고 있었지만, 수년 동안 수치심은 나의 정체성이 되었다. (아마도 당신은 지금 그렇게 느끼고 있거나 과거에 그렇게 느꼈을 수 있다.) 하지만 이 거짓말에 대한 믿음이 언제나 수치심에 뿌리를 둔 것은 아니다. 어떤 이들에게 이것은 하나님께서 창조하신 모습을 받아들이지 않으려는 교만의 한 형태이기도 하다. 오늘의 성 혁명은 소리친다. "자기 자신에게 솔직하세요." "당신은 그렇게 태어났어요." 그리고 개인들이 성전환자나 게이, 레즈비언, 양성애자, 동성애자, 무성애자로 '커밍아웃' 할 때 이들은 박수를 받는다. 따라서 그들은 이렇게 생각했을 수도 있다. "나는 언제나 이렇게 느껴 왔어. 그걸 바꾸려고 모든 걸 다 해보았지만, 이게 바로 나야." 이것은 성적인 죄가 왜 그렇게 극복하기 어려운지를 이해하는 데 도움을 준다. 이는 주로 정체성의 위기이다.

감정이 거짓말할 때

사람들을 이 거짓말에 묶어 두는 것이 수치심이든, 하나님께서 창조하신 모습에 대한 교만한 거절이든, 이들의 공통 분모는 이들의 정체성에 대한 의식이 **감정**에 의해 좌우된다는 것이다. 그리고 그것의 문제는 감정이 사실이 아니라는 데 있다. 실제로 성경은 그리스도께서 거하시지 않고 변화되지 않은 우리의 '마음'이 가장 거짓되고 부패하다고 이야기한다(렘 17:9). 요컨대, 성생활에 있어 가장 중요한 것은 당신이 어떻게 느끼는지가 아니라 하나님께서 말씀하신 것이 참이라는 것이다.

당신의 성과 정체성에 대해 하나님은 뭐라고 말씀하시는가? 그분은 당신이 그분의 형상을 지닌 자이고 당신의 여성성이 그 형상의 일부라고 말씀하신다(창 1:26-27). 이 땅이 만들어지기 전 그분은 당신을 아셨고 당신이 여성이 되도록 정하셨으며, 그 사실은 당신이 그분을 나타내는 방식의 필수 요소이다. 당신은 하나님의 여성 형상을 지닌 존재(female image bearer of God)이다. 하지만 그 여성성(female)은 당신이 하나님께 대하여 어떤 종류의 형상을 지닌 자인지를 묘사하는 형용사에 불과하다는 사실에 주목하길 바란다. 다시 말해, 당신의 여성성은 매우 중요하지만 하나님의 형상을 지닌 자라는 당신의 정체성보다 중요하지는 않다. 하나님의 형상을 지닌 자가 바로 당신이다.

전 레즈비언 교수 '로사리아 버터필드(Rosaria Butterfield)'는 현재 전통적인 결혼 생활을 하는 어머니이자 "동성 간의 끌림과 성 정체성"을 주제로 강연하는 작가 겸 강사이다. 그녀는 이 같은 거짓말을 실제 직면해 보았으므로, 자기 정체성이 자신의 성에 뿌리를 두고 있다고 느끼는 사람들이 얼마나 개인적이며 실질적인 어려움을 겪고 있는지를 안다. 로사리아는 이렇게 관찰한다.

> 성적 성향이라는 범주는 프로이트가 고안해 냈다. … 이전에는 아무도 동성애자나 이성애자에 대해 이야기하지 않았다. 19세기 이전에는 성을 동사로 이해했다. 성은 당신이 하는 무엇이었지, 당신이 누구인지가 아니었다.
>
> 크리스천들이 이것을 깨달아야 하는 중요한 이유 중 하나는 하나님께서 이미 우리에게 앞으로 영원히 지속될 영혼과 더불어 남자 혹은 여자로 태어났다는 정체성을 주셨기 때문이다. 따라서 우리의 정체성은 오직 거룩하신 하나님의 형상을 지닌 남성 혹은 여성이다. 그리고 이것은 모든 인류에게 해당되는 사실이다. …
>
> 이것이 내가 동성애 기독교라는 개념을 거부하는 핵심이다. 나는 사람들이 동성 간의 끌림으로 어려움을 겪는다는 것 자체를 거부하는 것이 아니다. … 문제는 이것이 정체성의 용어가 될 때, 실제로 형상을 지녀야 할 당신의 책임은 물론 그것에 내재된 기쁨을 누리지 못하게 되는 것이다.[6]

우리의 참된 정체성

동성애와 성전환의 죄의 핵심은 그것이 구체적인 죄의 **행위**라기보다는 **사람들이 자신을 누구라고 믿는가** 하는 것에 있다. 궁극적으로 이들은 하나님의 형상을 지닌 자로서의 참된 정체성을 거부한다. 로마서의 첫 장은 남성성과 여성성에 대한 하나님의 정의와 성에 대한 그분의 설계를 무시하는 것이 궁극적으로는 우리 창조주를 영화롭게 하는 것에 대한 거부라고 설명한다. 이러한 반항은 그것이 하나님께서 주신 성별을 거부하는 것이든 동성애 또는 이성애적 죄를 범하는 것이든 성적인 죄의 뿌리에 자리하는 경우가 많다. 당신이 동성과 잠자리를 했을 수도 있고, 고등학교 시절 남학생과 잠자리를 했을 수도 있다. 포르노와 씨름했을 수도 있고, 심지어 매우 심각한 성 중독이 있었을 수도 있다. 하지만 당신이 그리스도 안에 있다면 그것은 **당신이 아니다**. 당신이 **과거에 한 일**이다.

로사리아(Rosaria)는 계속해서 우리가 어떤 죄의 범주와 싸우든 모든 신자의 마음에 은혜가 되는 말을 이어 간다.

> 그리스도 안에 있는… 당신은 천국 가기 전에는 어떤 종류의 죄와도 싸울 수 있지만, 주님과의 화목한 교제 가운데 그렇게 할 수 있다. 그러나 새 예루살렘에서는 전혀 설 자리가 없을 육체의 범주에 있는 (속절없이 노예 된) 사람으로서가 아니라, 의의 옷을 입고 선 아들 혹은 딸로서 하는 것이다.[7]

나(다나)의 성적 죄는 로사리아의 것과 달랐지만, 우리 각자는 우리 자신을 우리 구원자께서 선물하신 의의 옷을 입은 그리스도의 딸로서 바라보기로 선택해야 했다. 우리는 치유를 발견하고 우리의 감정을 변화시키기 위해 우리의 참된 정체성을 받아들여야 했다. 오늘날 우리 각자는 우리처럼 어려움을 겪은 이들에게 위안을 전하고, 성이라는 어려운 주제에 성경적이고 합리적인 접근을 제공하는 풍성한 사역을 경험하고 있다.

우리의 삶은 고린도 교회 내 성적인 죄로 인해 상처받은 이들의 삶이 그랬던 것처럼, 그리스도의 구속의 능력을 증거한다. 바울은 고린도 교회에 보낸 첫 번째 편지 6장에서 다양한 종류의 성적 부도덕을 포함해, 이 신자들이 과거에 저지른 여러 가지 죄를 나열한다. 바울이 11절에서 이들에게 참된 정체성을 상기시키는 것으로 보아, 이들은 아마도 정체성의 위기에 직면하고 있었을 것이다.

> 너희 중에 이와 같은 자들이 있더니 주 예수 그리스도의 이름과 우리
> 하나님의 성령 안에서 씻음과 거룩함과 의롭다 하심을 받았느니라 _
> 고전 6:11

어떤 종류의 성적인 (혹은 다른) 죄로 어려움을 겪었든, 십자가는 우리 각자가 자비와 씻음, 구원을 발견할 수 있는 장소이다. 그러나 그분의 임재 안에서 우리는 우리 감정의 변덕에 굴복하기보다 우리 성에 대한 하나님의 진리에 복종해야 한다. 모든 성적 선택은 곧 영적 선택이다. 믿음으로 진리에 부합하지 않는 감정을 부정하고, 자신의 정체성에 대한 모든 거짓말들을 거부하며, 당신이 창조된 형상을 지닌 자로서의 새로운 정체성을 받아들이기로 선택할 수 있다.

나의 소중한 친구여, 씻음을 받으라. 깨끗해짐을 받으라. 주 예수 그리스도의 이름으로 의롭다 하심을 받고 하나님의 사랑받는 자녀로서의 정체성을 받아들여라. 그것이 바로 당신이다.

거짓말 24.
"섹스에 대한 하나님의 기준은 너무나도 구식이야."

성경은 성적 활동과 죄에 관하여 놀라울 정도로 솔직하다. 핵심 인물들의 잘못과 결함을 얼버무리지 않는다. 성경은 '성'이라는 선물을 다루는 적절한 방식을 정의할 때에도 직접적이다. 그리고 성의 설계자가 우리의 성 윤리를 정의하신다. 달리

말해, 하나님께서 정말로 우리 삶의 주님이 되신다면 그분이 우리 성의 주님이 되셔야 한다는 것이다.

오늘날 대다수의 사람들이 성과 도덕에 관한 성경적 기준을 거부하기 때문에 이 것이 시대에 뒤처진 것이라고 생각하는 것이 매우 일반적이다. 그러나 그것은 그릇된 믿음이다. 하나님의 말씀이 성적 행위에 대해 우리에게 가르치는 것은 절대 유행을 타지 않는다.

사실 구약 시대 문화에서도 끔찍한 성적인 죄는 흔하게 있었다. 동성애, 수간, 근친상간, 일부다처제, 그리고 이방 신전 숭배와 관련된 컬트 매춘은 특정 지역에서 모두 공개적으로 이루어졌다(창 38:22; 레 18; 삿 19:22; 왕상 11:1 - 8 참조). 그리고 신약의 신자들은 성적인 죄로 가득한 헬라, 로마 문화의 배경에서 이들의 신앙을 실천했다. 방탕, 간음, 소아애, 동성애, 그리고 공개 매춘은 폭넓게 수용되었다. 실제로 바울은 고린도 교회 어떤 이들이 그리스도의 피로 씻음받기 전 이러한 일들에 동참했다고 기록한다(고전 6:9).

구약과 신약의 신자들이 처했던 세상은 오늘날 우리가 사는 세상과 크게 다르지 않았다. 성에 관한 하나님의 가르침은 오늘날 우리와 마찬가지로 당시 만연했던 문화와 극명한 대조를 이루고 있었다. 우리의 영적 조상들은 하나님의 방식이 선하고 옳음을 신뢰해야 했고, 우리가 성령의 능력으로 그렇게 할 수 있고 그렇게 해야 하는 것처럼 이들의 문화를 거슬러 오르기로 선택해야 했다.

크리스천 여성을 위한 성 윤리

우리가 우리의 성과 영성이 서로 별개가 아니라는 사실에 동의한다면, 우리는 크리스천 작가인 줄리 슬래터리(Juli Slattery) 박사가 말하는 '성적 온전함'을 받아들여야 한다. 그녀는 이것을 이렇게 정의한다.

> ┃ 당신의 성적 선택은 당신의 관계적, 영적 헌신의 지속적 표현이다.[8]

　오늘날 여대생들이 대학 생활 동안 평균 7.2명의 섹스 파트너를 갖는다는 사실, 욕구를 만족시키기 위한 방식으로 '잠자리를 함께 하는 남사친'이 흔하게 받아들여지고 있다는 사실, 혹은 여성들이 성애물 서적과 포르노를 평범하고 허용할 만한 것으로 받아들이고 있다는 사실은 이제 더 이상 놀랄 일이 아니다. 그저 길을 잃은 사람이 길을 잃은 행동을 하는 것일 뿐이다. 이것은 이들의 관계적, 영적 헌신과 일치한다. 하지만 그리스도를 따르는 우리는 어떠한가? 우리에게 성적 온전함을 가지고 행한다는 의미는 무엇인가?

　크리스천 여성의 성 윤리는 이 세상의 성 윤리와 어떤 면에서도 유사할 수 없다. 우리는 우리의 행동과 관계를 하나님의 말씀에 일치시켜 복음을 드러내도록 부름받았다. 줄리는 자신의 성경 연구 《섹스와 미혼 여성》(Sex and the Single Girl)에서 성경적 성 윤리를 두 가지 핵심 약속으로 나누어 설명한다.[9]

첫 번째 약속
"결혼을 벗어난 성관계는 갖지 않습니다."

　작가이자 교사인 조셉 딜로우(Joseph Dillow)는 성경에서 명백히 금지한 성적 행위의 목록을 다음과 같이 정리했다.[10]

> ♥ **음행** ┃ 결혼을 벗어난 성관계를 폭넓게 지칭하는 용어(고전 7:2; 살전 4:3), 계부와 동침하는 것(고전 5:1), 창녀와 잠자리를 하는 것(고전 6:15), 간통(마 5:32).

> ♥ **간음** ┃ 배우자가 아닌 사람과 잠자리를 하는 것. 예수님은 간음을 육체적 행위뿐 아니라 정신과 마음의 감정적 행위를 의미하는 것으로 확대하셨고, 여기에는 포르노와 성애물이 포함될 수 있다(마 5:28).

> ♥ **동성애** ┃ 다른 남자와, 혹은 여자가 다른 여자와 잠자리를 하는 것(레 18:22; 20:13; 롬 1:26-27; 고전 6:9).

여성들이 믿고 있는 거짓말

♥ **불결** | 헬라어 '몰루노'은 세속적이거나 이방인의 라이프 스타일을 사는 것으로 인해 순결을 잃거나 더러워지는 것을 의미할 수 있다(계 14:4). 헬라어 '루포스'는 일반적으로 도덕적 부정을 의미한다(계 22:11).

♥ **매춘** | 성관계를 위해 돈을 지불하거나 받는 것(레 19:29; 신 23:17; 잠 7:4-27).

♥ **색욕** | 자기 배우자가 아닌 남성이나 여성을 향한 무절제하고, 무차별적인 성적 욕망(골 3:5; 살전 4:4-5).

♥ **남색** | 구약 성경에서 남색은 남성이 다른 남성과 항문 성교를 하는 것을 지칭한다.

♥ **외설과 상스러운 농담** | 성적인 유머(엡 5:3-4).

♥ **근친상간** | 가족이나 친척들과 잠자리를 하는 것(레 18:7-18; 20:11-21).

기본적으로, 위의 목록은 다음과 같이 요약할 수 있다. 성관계는 한 남자와 한 여자 사이의 언약 결혼 안에서만 경험되도록 하나님께서 창조하셨다. 따라서 연령을 불문하고 모든 크리스천 여성들을 위한 성경적 성 윤리는 '결혼을 벗어난 성관계를 갖지 않는 것'이다.

두 번째 약속
"결혼 생활 안에서의 성관계는 서로가 만족스러워야 하며 정기적으로 이루어져야 합니다."

우리가 성 윤리를 확인함에 있어 **하지 말아야** 할 것에만 집중한다면, 우리의 성적인 삶과 영적인 삶을 일치시키지 못한다. 성에 관한 하나님의 규칙은 "간음하지 말라"라는 한 가지 커다란 규칙이 아니다! 성경적 성 윤리는 하나님께서 우리에게 **꼭 해야 한다**고 명령하신 것을 잘 지켜 행하는 데 주의를 기울이며, 성경은 남편과 아내 사이 상호 만족스럽고 빈번한 성적 즐거움을 이야기한다. 잠언 5장 18-19절과 같은 본문과 아가서 전체는 부부간의 성적 즐거움의 선물을 독려하고 있으며, 우리도 그래야 한다! 고린도전서 7장 3-5절은 신약 성경에 나오는 그러한 구절 중 하나이다.

> 남편은 그 아내에 대한 의무를 다하고 아내도 그 남편에게 그렇게 할
> 지라 … 서로 분방하지 말라 다만 기도할 틈을 얻기 위하여 합의상 얼
> 마 동안은 하되 다시 합하라 이는 너희가 절제 못함으로 말미암아 사
> 탄이 너희를 시험하지 못하게 하려 함이라 _고전 7:3-5

결혼한 남성과 여성은 정기적으로 서로를 만족케 하는 잠자리를 갖기 위해 노력해야 한다. 각 커플에게 '만족'이나 '정기적'이라는 의미는 상이하겠지만, 남편과 아내 모두 이들 부부의 침실에 열정적으로 다가서고 서로가 만족감을 느껴야 한다. 한 가지 예외가 있다면, 기도의 시간에 집중하기 위해 서로 잠자리를 절제할 필요가 있다고 동의하는 경우이다.

일부 크리스천 자매들의 마음을 상하게 하기 전, 이 말씀이 가장 먼저는 남성들에게 이들의 아내를 기쁘게 하도록 명령하고 있다는 사실을 언급하고 싶다. 하지만 이 책을 남성들을 위해 쓰고 있지 않다. 이 책은 우리 여성들을 위한 책이다. 그래서 더 솔직하게 말하는 것이다.

여성들이 잠자리를 갖고 싶지 않은 데는 여러 이유가 있을 수 있다. 이들 중에는 정당한 이유, 심지어 심각한 이유들도 있다. 육아나 다른 업무 때문에 기진맥진했을 수도 있고, 어쩌면 본인이 바랐던 잠자리가 전혀 아니었기 때문일 수도 있다. 깊은 슬픔이나 우울의 시절을 지나고 있을 수도 있고, 신체적으로 장애를 갖고 있을 수도 있다. 어쩌면 남편이 음란물을 가까이 했다는 배신감으로부터 치유되는 중일 수도 있다.

이 모든 것이 때때로 혹은 한동안 잠자리를 절제할 정당한 이유가 될 수 있다. 그런데 이 시간에 기도의 시간을 포함시키지 않는다면, 당신이 마주한 문제를 해결

하기 위해 필요한 지혜와 은혜를 어떻게 받을 수 있겠는가? 기도라는 요소 없이 남편과의 잠자리를 보류하는 것은 당신의 삶과 결혼을 위한 하나님의 최선에 반하는 것이다. 이 영역에서 당신을 위한 하나님의 최선은 이 세상이 선하거나 옳다고 여기는 모든 것을 훨씬 뛰어넘는다.

거짓말 25.

"나도 성적 욕구를 해소할 수 있는 출구가 필요해."

나(다나)는 순결의 삶을 살기 원하면서도 "제가 평생을 미혼으로 살아야 하는 운명이라면, 제 성적 욕구를 어떻게 해야 충족시킬 수 있죠?"에 대한 답을 원하는 미혼 여성들로부터 편지를 많이 받는다. 남편이 육체적으로 불구가 되었거나, 관심이 없거나, 혹은 이들의 침실이 지루해진 기혼 여성들도 성적 활기를 되찾고 싶어 편지를 보내곤 한다.

이 책의 앞 부분에서 낸시는 천국 가기 전에 있는 우리는 언제나 충족되지 못하는 갈망이 있을 거라는 사실을 상기시켜 주었다(롬 8:23). 나는 그녀가 나를 위해 쓴 글을 좋아하며, 여기에 약간의 내용을 덧붙여 당신이 '성적' 갈망으로 무엇을 할 수 있을지를 깨닫는 데 도움을 주고 싶다.

먼저, 갈망이 그 자체로는 죄가 아니라는 사실을 거듭 말하고 싶다. 사실 우리의 '성적' 갈망은 정당한 욕구라고 볼 수 있다. 당신은 이번 장에서 내가 '성적'이라는 단어를 계속해서 따옴표 속에 집어 넣고 있다는 사실을 눈치챘을지도 모르겠다. 그렇다면 당신은 중요한 발견을 위한 준비를 갖춘 것인데, 기혼 여부와 상관없이 당신은 섹스 이상을 찾고 있기 때문이다. 당신의 몸과 마음, 영혼은 다른 사람과의 참된 친밀함을 갈망하도록 창조되었다. 그것은 우리가 하나님의 형상을 나타내는 방식의 한 부분이다. 하지만 친밀함을 위한 정당한 갈망을 섹스를 위한 육체적 욕망과 혼동하지 않도록 주의하길 바란다.

우리가 섹스와 친밀함을 구분하면서 같은 맥락에서 이해할 수 있도록 좀 더 자세히 설명해 보려 한다. 섹스의 행위가 성경에서 처음으로 언급된 것은 바로 이 부분이다. "아담이 그의 아내 하와와 동침하매…"(창 4:1) 다른 번역본(CSB)의 표현을 빌리자면 "남자가 그의 아내와 친밀해지매"이다. 여기에서 사용된 히브리어 동사는 '알다, 알려지다'라는 뜻으로," 육체적 행위를 넘어 정서적으로 친밀한 깊이 있는 앎을 말한다.

섹스의 육체적 행위는 한 남자와 여자가 결혼 언약 가운데 연합하여 서로를 깊이 알아 가는 관계적이고 신성한(divine) 의미와 결코 분리되어서는 안 된다. 하지만 우리 문화는 육체적 측면에만 몰입하고, 정서적이고 영적인 친밀함의 중요성과 아름다움을 간과하는 경향을 갖는다. 또 친밀함이 없는 섹스는 값싼 위조품에 불과하다. 그렇기 때문에 포르노, 성애물, 이성 친구와의 잠자리 같은 것들에 중독되는 사람들이 많은 것이다.

하나님께서 경험하도록 설계하신 방식, 즉 서로를 알아 가는 언약의 약속을 벗어난 성적 활동은 참된 친밀함을 대신하는 공허한 대체물이며 결코 우리를 만족시키지 못할 것이다. 더 많은 것을 갈망하게 되고, 끊기 어려운 중독과 견고한 아성(牙城)으로 이어질 수 있다.

자유로움으로 만족을 찾다

찰라(Charla)는, 줄리 슬래터리(Juli Slattery) 박사와 내가 많은 크리스천 여성들이 자기 성적 욕구를 해소하기 위한 출구로써 사용하거나 '부부의 침실에 활기를 더하'려고 사용하는 성애물에 관한 프로젝트를 진행하면서 인터뷰했던, 중년의 크리스천 홈스쿨링 엄마다. (성애물은 사진이 아닌 단어나 이야기를 사용하여 흥분하게 하는 포르노의 일종이다.) 찰라는 가족에 집중하기 위해 금융계의 전도유망한 경력을 뒤로 했다. 그녀의 남편은 지역 상공회의소 기업 지도자로 바쁜 일상을 살았으며 교회 장로이기도 했다.

몇 년 후 찰라는 애정 표현 및 성적인 측면에서 무시를 당하는 감정을 느끼기 시작했다. 드물었던 성생활은 그녀를 지루하게 만들었고, 남편은 그것을 이해하지 못했다. 그녀는 자신의 성적 욕구를 해소하기 위한 일종의 출구가 필요하다고 믿었고, 한 친구가 성애물을 건네 주었다. 그녀는 이것을 좋아했다. 성애물이 자기에게 필요했던 해방감을 느끼게 해 주었기 때문이다. 머지않아 그녀는 성애물을 단순히 이따금 즐기는 것이 아니라 꽤 오랜 시간을 즐겼고, 이내 중독이 되고 말았다. 그녀는 더이상 남편과의 섹스를 원하지 않았고 '자신의 욕구를 충족하기 위해' 처음에는 인터넷에서 남자들과, 그다음에는 다른 여자들과 성적인 대화를 나누기 시작했다.

첫 번째 성애 소설을 읽고 2년이 채 되지 않았을 때, 찰라는 온라인에서 알게 된 여성을 만나기 위해 가방을 싸고 있는 자신을 발견했다. 문을 열고 집을 나서려는 순간, 그녀는 사실 그 어떤 것도 자신을 만족시키지 못했다는 사실을 깨달았다. 충족되지 못한 성적 갈망은 점증되어 보다 죄악 된 행동을 정당화하게 되었다. 성경은 우리에게 결코 만족할 수 없는 것들의 노예가 되지 말라고 경고한다.

> 그리스도께서 우리를 자유롭게 하려고 자유를 주셨으니 그러므로 굳
> 건하게 서서 다시는 종의 멍에를 메지 말라 _갈 5:1

이 구절은 우리가 어떻게 자유를 잃어버리는지 생생하게 보여 준다. "메다"로 번역된 헬라어는 보통 '마치 무언가 덫에 걸린 모습'처럼 갇힌 상태를 묘사하기 위해 사용된 단어이다.[12] 자, 당신이 사냥에 관심이 없을 수도 있겠지만, 여기서 배울 수 있는 중요한 교훈이 있다.

걸려들다!

그 덫은 철제 이빨이 달린 고통스럽고 위험스럽게 보이는 일반적인 철제 발목 덫이 아니다. 어떠한 덫은 훨씬 더 교묘하다. 고리를 형성하는 단순한 전선 조각으

6장 여성들이 성에 관하여 믿고 있는 거짓말

로, 전혀 위협적이지 않은 것처럼 보인다. 동물은 이 덫을 지나갈 때 침착하게 걸어 간다. 아무것도 느끼지 못한 채 걸어 지나가는 것이다. 곧 약간의 긴장감이 느껴지 지만 터벅터벅 그냥 계속 걸어간다. 동물은 긴장이 커질수록 그것을 더 강하게 당기 고, 계속해서 앞으로 나아갈수록 올가미는 더 조여 온다. 머지않아 스스로 움직이 는 힘이 자신을 덫의 노예로 만든다. 미리 물러났다면 도망칠 수 있었을 것이다. 하 지만 자신이 덫이 걸려 들었다는 사실을 안 순간에는 너무 늦었다. 포획은 교묘하게 이루어지며 **동물 자신의 행동으로 그 힘이 더욱 강화된다.**

이것이 찰라에게 일어난 일에 대한 생생하고 섬뜩한 그림이다. 그리고 이것의 모든 시작은 "나도 성적 욕구를 해소하기 위한 출구가 필요해."라는 거짓말이었다. 죄는 그냥 일어나지 않는다. 우리는 우리 자신의 행동으로 죄에 힘을 실어 준다. 그 리고 때때로 이러한 행동을 부채질하는 것은 전혀 '사실이 아닌 것에 대한 믿음'이 다. 찰라는 자신에게 필요한 것이 섹스라고 잘못 생각했지만, 실제로는 관계적으로 나 영적으로 고립되고 외로운 상태에 이른 것이었다. 그래서 조금씩 이 덫에 걸려들 고 있었다.

정신을 차린 찰라는 깨어진 결혼을 회복하기 위해 교회에 있는 두 명의 성숙한 여성들에게 연락해 도움을 요청했다. 나이가 많고 지혜로운 그들이 가장 먼저 이해 시켜 준 것은 찰나의 갈망이 섹스가 아니라 '친밀함'이라는 것이었다. 찰나의 가장 큰 필요는 침실에서의 기술을 연마하는 것이 아니라 남편과의 소통을 위해 노력하 는 것이었다. 남편은 그녀의 마음을 돌보기로 기꺼이 동의했다. 그리고 부부는 함께 서로를 돌보는 것뿐만 아니라 예수님과의 교제와 친밀함을 위해 노력했다. 그렇다. 찰라의 성생활을 바로잡은 것은 예수님과의 관계를 바로잡는 것과 깊은 관련이 있 었다.

친밀함을 위해 창조됨

예수님께서 우물가의 여인을 만나셨을 때, 그녀에게는 남편이 다섯 명이나 있었고 현재 함께 살고 있는 남자는 남편도 아니었다. 예수님은 그녀의 충족되지 못하는 성적 갈망에 집중하거나 그녀에게 이러한 갈망을 멈출 3단계 과정을 말씀하시지도 않으셨다. 그녀의 목마름을 만족시킬 유일한 것, 즉 그분 자신에게 주목하기를 원하셨다. 그분은 그녀를 그분 자신과의 깊고 친밀한 관계로 부르셨다.

결혼이 그리스도와 우리의 관계를 보여 주는 그림이라면, 우리는 그것을 그리기 위해 그리스도의 사랑을 알아야 한다. 한 번도 보지 못한 것을 어떻게 그림으로 그릴 수 있겠는가? 우리는 결혼 안에서만 정서적, 성적 친밀함을 찾는 것에 집중하는 실수를 범하지만, 그리스도와의 친밀함이 반드시 우선해야 한다. 그분의 사랑은 신실하고 변함이 없으며, 어떤 남성으로부터의 사랑도 절대 이와 같지 않다. 그렇기 때문에 결혼은 그리스도의 사랑의 그림이지 그것을 대신할 수 있는 것이 아니다.

하나님은 우리를 관계적 친밀함(삼위일체 안에 있는 관계적 하나 됨의 반영)을 향한 능력과 필요를 가지고 창조하셨다. 그래서 당신이 기혼이든 미혼이든 친밀함과 사랑을 향한 갈망을 강제로 억누르거나 이들이 존재하지 않는 척한다고 해서 이들이 사라지는 것은 아니다. 섹스로 이를 만족시키려는 시도도 소용없다. 필요하다면 성적 욕구를 분출하지 않고도 살 수 있다.

육체적 성 행위 그 자체로는 친밀함을 향한 당신의 갈망을 충족시킬 수 없다. 예수님은 가장 먼저 그분 자신으로, 그리고 사람들과의 적절하고 순수한 교제의 선물을 통해 그 필요를 충족하기 원하신다. 당신이 미혼 여성이라면, 나는 낸시와 나의 절친한 미혼 친구인 작가 캐롤린 맥컬리(Carolyn McCulley)의 격려를 당신과 나누고 싶다.

> 지역 위기 임신 센터의 봉사자인 나는 섹스 없이 어떻게 살 수 있는지 여러 차례 질문을 받았습니다. 그들은 가볍게 물어오지 않았습니다. 마치 그동안에 겹겹이 쌓인 압박감 때문에 폭발이라도 할 것처럼, 자신은 그렇게 할 수 없다고 크게 염려했습니다. 저는 그들에게 하나님의 은혜

가 충분했다고 확신시켜 주었지만 이들은 여전히 의심했습니다.

저를 불신자로 알고 있던 친구들도 마찬가지였습니다. 제가 실제로 결혼할 때까지 기다리겠다고 했던 사실을 알게 되자 저의 회심에 대한 진정성이 금방 알려지게 되었습니다. 그 후 이 약속은 제 신앙의 다른 영역들보다 중요한 리트머스 시험지가 되었습니다. 제가 회심하고 얼마 되지 않아 한 믿지 않는 남자 고객이 저에게 데이트 신청을 했을 때, 제 동료들은 저 자신과 제 기준을 그 사람에게 분명하게 밝혀야 한다고 말해 주었습니다. "네가 정상이 아니라는 걸 그 사람에게 꼭 말해 줘야 해."라고 말입니다.

"너는 정상이 아니야." 이렇게 당신은 결혼하기까지 성적인 순결과 절제로 말씀의 부름을 받은 크리스천 미혼 여성으로서, 주중에는 섹스로 포화된 사회에서 생활하며 일하고 있습니다. 주말에는 보통 결혼과 가족을 중요하게 여기는 교회 가족들과 교제하고 있겠죠. 하지만 어느 곳에도 자신이 어울리지 않는다고 느낄 겁니다. 얼마가 지나 당신은 그것이 사실이라고 생각하기 시작할 수도 있습니다. 어쩌면 당신은 자신이 정말 정상이 아니라고 생각할 수도 있습니다.

그렇습니다. 당신은 정상이 아닙니다. 하지만 그것은 오히려 좋은 소식입니다. 당신이 죄를 회개하고 예수 그리스도의 완성된 사역과 죄의 형벌을 위해 십자가에서 대신 죽으신 것을 정말로 신뢰한다면 당신은 분명히 '정상'이 아닙니다. 주님께서 당신의 정체성을 되찾으셨고 재정돈하셨습니다.[13]

친애하는 자매들이여, 정상은 과대평가되었다. 이것은 우리를 만족시키지 못한다. 예수님께서 주시는 특별한 생수에 몸을 흠뻑 적시길 바란다. 그분의 사랑만이 당신 마음의 가장 깊은 갈망을 참으로 충족하게 할 유일한 참사랑이다.

진리로 거짓말에 대항하기

거짓말 21.   아무에게도 말할 수 없어.

진 리
- 건강한 섹스와 성생활에는 수치심이 없다. (창 2:25)
- 죄책감은 당신을 하나님께로 돌아오게 하는 그분의 도구이며, 부당한 정죄도 받지 않는다. (요일 2:1; 롬 8:1)
- 수치심은 당신을 하나님으로부터 멀어지게 하려는 사탄의 도구이다. (창 3:10)
- 하나님은 죄와 수치심으로 힘들어하는 이들에게 치유를 가져다주시기 위해 교회를 세우셨다. (약 5:16)
- 당신의 과거와 현재의 성적 유혹이 당신을 정의하지 않는다. 십자가가 당신을 정의한다. (고전 6:9-12)

거짓말 22.   나의 성(性)과 영성은 별개의 문제야.

진 리
- 하나님은 자기 형상에 관한 무언가를 나타내시기 위해 남성과 여성이라는 생물학적 성을 창조하셨다. (창 1:26-27)
- 한 남자와 한 여자가 결혼과 성적 친밀함으로 연합하는 것은 성부 하나님, 성자 하나님, 성령 하나님의 하나 됨을 반영한다. (창 2:24)
- 결혼과 섹스는 복음의 한 그림이다. (엡 5:31-32)

거짓말 23. 이게 바로 나야.

진 리
- 감정은 사실이 아니다. 나의 감정, 곧 마음은 거짓되고 부패하다. (렘 17:9)
- 나의 성생활에 있어 가장 중요한 것은 내가 어떻게 느끼는지가 아니라 하나님께서 말씀하신 것이 참이라는 것이다. (요일 3:20)
- 나의 정체성은 하나님의 형상을 지닌 자이다. (창 1:26-27)
- 나의 정체성이 나의 성적 취향에 있다는 주장은 하나님을 영화롭게 해야 하는 내 인생의 목적을 부정하는 것이다. (롬 1:20-23)

거짓말 24. 섹스에 대한 하나님의 기준은 너무나도 구식이야.

진 리
- 하나님의 기준은 절대 '유행을 타지' 않는다.
  (창 19:5; 38:22; 레 18; 삿 19:22; 왕상 11:1-8; 고전 6:9)
- 성적 온전함이란 나의 성적 선택들이 나의 관계적, 영적 헌신을 지속적으로 표현하는 것이다. (엡 5:3; 살전 4:3-5; 고전 6:13-20)
- 하나님은 내가 결혼을 벗어난 어떠한 형태의 성관계에도 동참하는 것을 원치 않으신다. (레 18:22; 19:29; 20:10; 잠 7:4-27; 마 5:28; 막 7:21-22; 롬 1:27; 고전 6:9; 7:2; 엡 4:19; 5:3-4; 살전 4:3)
- 내가 결혼을 했다면, 하나님은 우리가 집중된 기도의 시간을 위해 절제하기로 함께 동의한 경우를 제외하고, 남편과 정기적이고 상호 간에 즐거운 잠자리를 갖기 원하신다. (고전 7:1-5)

거짓말 25. 나도 성적 욕구를 해소하기 위한 출구가 필요해.

진 리
- 친밀함을 향한 나의 갈망은 정당하다. 섹스라는 육체적 행위는 한 사람이 경험하기를 갈망하는 보다 깊은 친밀함의 표현이다. (창 4:1)
- 성적 표현에 대한 나의 갈망은 덫이 될 수 있다. 하나님의 계획과 질서를 벗어나 추구하면 충족이 아니라 노예의 상태로 이어지게 된다. (갈 5:1)
- 나는 성적 분출구가 없어도 살 수 있지만 하나님의 변함 없는 사랑 없이는 살 수 없다. (잠 19:22)

7장
여성들이
결혼에 관하여
믿고 있는 거짓말

하와의 일기

지금 우리 집은 너무나도 적막하다. 아담과 나는 서로 대화를 안 하고 있다. 어젯밤 크게 다툰 후로…. 좀 더 주의했어야 했는데….

어제는 시작부터 힘겨웠다. 그이는 암소 한 마리가 새끼 낳는 것을 돕느라고 거의 밤을 새웠다. 그런 다음 남은 건초를 저장하는 일 때문에 아침을 먹기도 전에 집을 나서야 했다. 그러고 집에 돌아와서 보니까 열도 나고 땀에 흠뻑 젖어 지쳐서는 기분이 별로 좋지 않았다.

그이가 아픈 아이 둘과 하루 종일 집에 갇혀 있었는데, 왜 저녁 준비가 아직이냐고 물었다. 그래서 저녁이 먹고 싶으면 직접 차려 먹으라고 대답했다. 내가 왜 그 순간에 그 사람에게 집 앞 길을 좀 치워 달라고 말했는지 모르겠다. (온갖 잡초 때문에 정글 같아 보였다.)

어쩌다 보니 우리는 곧 아이들에 대한 말다툼을 하고 있었다. 아담은 아벨에게 자기와 함께 다음 주 특별한 사냥 여행을 갈 수 있다고 말을 했고, 나는 아벨이 너무 어리고, 거기다 아벨을 데려가면서 가인을 두고 가서는 안 된다고 말했다. 아담이 물러서지 않는 바람에 분위기가 꽤나 팽팽했졌고, 우리는 결국 둘 다 해서는 안 되는 말들을 많이 해 버렸던 것 같다. 그래서 나는 일찍 잠자리에 들었고 그가 들어왔을 때는 자는 척을 했다.

우리가 수년을 함께 살아서 그런지 나는 이 결혼이라는 걸 이해했다고 생각했다. 재미있는 사실은, 내가 생각하기에 아담은 우리의 결혼 생활이 대부분 괜찮다고 이야기할 것 같다는 거다. 하지만 나는 때때로 우리가 완전히 남남인 것처럼 느낄 때가 있다. 평생 서로를 알아 왔는데도 말이다.

그이는 언제나 모든 것에 대해 자신이 옳다고 생각한다. 내가 여러 차례 내 입장에서 상황을 보려는 노력을 해 달라 부탁을 해도, 그 사람은 그 어떤 것도 나를 행복하게 해 줄 수 없을 거라고 대답한다. 제발 그이가 내 감정을 좀 더 세심하게 살펴주면 좋겠다.

결혼은 하나님께서 복음과 구원의 이야기를 반영하기 위해 설계하신 것이다. 수천 년 전 에덴동산에서 일어난 일은 이 중요한 그림에 대한 공격이었다. 사탄은 이 신성한 제도를 손상시키는 것으로 하나님의 영원한 계획과 그분의 성품에 강력한 타격을 가했다. 사탄이 기혼 여성에 접근하여 사악한 계획을 시작한 것은 결코 우연이 아니다. 사탄은 그녀에게 하나님과 그분의 성품, 그분의 말씀, 죄와 그것의 결과에 대해 거짓말했다. 그리고 그녀는 사탄의 거짓말에 귀를 기울였고, 그것에 따라 행동했고, 남편에게 가서 함께 죄를 짓도록 했다.

이들 결혼에 미친 영향은 매우 컸다. 수치심이 자유를 대체했다. 가식과 숨김이 투명성과 유대감을 대체했다. 하와와 그녀의 남편이 본래 경험했던 하나 됨은 이제 하나님뿐 아니라 서로를 향한 적의와 증오로 바뀌었다.

이제 남자는 아내를 향한 사랑의 리더십을 제공하는 대신 제멋대로 군림하거나 수동적으로 무관심하려는 양극단을 오가기 시작했다. 여자는 자신의 영적 '머리' 아래에서 누렸던 보호받으려는 마음은 사라지고, 하나님에 대한 독립심을 이제 남편에게까지 드러내게 되어 더욱 큰 속임과 죄에 취약해지게 되었다. 이타적이며 기쁨이 되어야 할 남자와 여자, 그리고 이들과 하나님 사이의 관계는 이제 자기 방어적이며 유독한 관계가 되었다.

이렇게 창조주로부터 독립적으로 기능하려고 시도하는 결혼 생활은 그 이후로 계속되어 왔다. 인생의 다른 모든 영역들에서와 같이, 사탄은 결혼에 대한 파괴적 목적을 달성하기 위해 속임을 사용한다. 남편과 아내가 자신의 거짓말을 믿고 따라 행동하게 할 수만 있다면, 사탄은 이들의 기쁨을 앗아가고 이들의 친밀함을 파괴하는 데 성공할 수 있다. 결혼에 관한 사탄의 거짓말은 여러 가지가 있는데, 그것은 다음과 같다.

> ### 거짓말 26.
> ## "행복해지기 위해서는 나도 남편이 있어야 해."

다른 거짓말과 마찬가지로 이 거짓말도 사실은 진리를 교묘하게 왜곡한 것이다. 진리는 '결혼은 선한 선물이다'는 것이다. 결혼은 보편의 사람들을 위한 하나님의 계획이며, 그리스도 중심적인 결혼 생활에는 큰 기쁨과 복이 있을 것이(고 있어야 한)다. 하지만 사탄은 여성들에게 결혼이 개인적 행복과 성취로 가는 유일한 티켓이며, 자신을 사랑해 주고 자신의 필요를 채워 줄 남편이 없이는 진정으로 행복할 수 없다고 시사하며 결혼에 관한 진리를 왜곡한다.

남편이 생기고 난 후 많은 여성들은 이러한 거짓말의 '변형'을 믿기 시작한다. "행복해지기 위해서는 이런 (혹은 저런) 남편이 필요해." "남편은 나를 행복하게 해 줘야 해." 미르나(Myrna)는 상심의 몇 년을 지나고 나서야 비로소 이러한 사고방식의 어리석음을 깨달았다.

> 남편과 저는 10년을 함께 지내고 헤어졌어요. 저는 남편이 저를 행복하게 해 줄 책임이 있다고 믿었죠. 하지만 남편은 전혀 그렇지 않았고 그렇게 하려고 하지도 않았어요. 저뿐만 아니라 그 사람도 무언가에 얽매여 있었거든요.

진리는 '결혼의 가장 높고 궁극적인 목적이 우리 자신의 행복이 아니라 하나님께 영광을 돌리는 데 있다'는 것이다. 행복을 찾기 위한 목적으로 결혼하는 여성들은 자신이 찾는 것을 거의 찾지 못하여 결국 대부분 실망에 이른다. 행복하기 위해 남편이 꼭 필요하다고 믿는 여성들은 자주 하나님께서 주고자 하신 것보다 못한 상황에 안주한다. 조안(Joan)은 이런 거짓말을 믿어 어떤 예상치 못한 결과를 초래하게 됐는지 내게 이야기해 주었다.

> 대학 시절, 저는 하나님을 기다리면서 독실한 신자를 배우자로 보내주시기를 구하는 것보다 좋은 사람이었지만 그리스도께 헌신되지 않았던 당시 남자 친구와 약혼하고 결혼하는 것이 더 중요했어요. 그래서 저희는 그리스도 안에서 함께 성장할 수 없었죠. 결혼한 지 28년이 지났지만, 저희는 함께 하는 일이 많지 않아요. 제 친구들은 크리스천들이지만 남편의 친구들은 크리스천이 아니거든요. 게다가 제 우선순위는 아이들이고 남편의 우선순위는 일이죠.

이 여성은 행복하기 위해서는 남편이 있어야 한다고 믿었다. 그녀는 이러한 믿음을 좇아 성경의 분명한 가르침에 반해 신자가 아닌 남자와 결혼했다. 그녀는 자신이 원하는 것, 즉 남자를 얻었지만 결국 영혼이 영적으로 쇠약해지게 되었다(시 106:15). 다음의 실제 이야기에서 볼 수 있듯이, 남편이 있든 없든 진리를 깨닫고 받아들여야만 참된 자유를 찾을 수 있다.

> 1. 저는 열네 살 때 아버지를 여의고 열여섯 살에 결혼했어요. 지금 생각해 보면, 제 남편이 저를 지켜 주는 보호자가 되어 주길 바라고, 저의 살아갈 이유로 삼았던 것 같아요. 아이들이 자라고 결혼 생활에 어려움이 생겼을 때도 저는 남편 없이는 살 수 없다는 생각을 떨칠 수가 없었죠. 남편은 저로 인해 갑갑해했어요. 그 갑갑함을 견디지 못하고 숨을 쉬기 위해 이 상황을 벗어나야 한다고 생각하기 시작했죠.
>
> 하나님은 몇몇 친구들을 통해 제가 남편을 놓아 주고 하나님을 붙들어야 한다는 사실을 보여 주셨어요. 그렇게 하고 나니 너무 자유로워지더라고요. 남편도 이 모든 과정 중에 성장했고, 저를 떠나지 않았어요. 36주년 결혼 기념일을 맞아 이 모든 어려움을 극복하게 하시고 인도하신 하나님을 마음 다해 찬송합니다.

2. 저는 결혼하지 않으면 제가 아무 가치가 없는 사람이 될 거라고 생각했어요. 그리고 미혼인 것이 어쩌면 문제가 있는 것일 수도 있다는 거짓말과 씨름해 왔어요. 이러한 거짓말을 믿으면서 저는 하나님과 다른 사람들을 섬기는 기쁨을 빼앗겼습니다. (제 인생의 목표에 지나치게 몰두해 있었던 거죠.)

하나님께서 모든 것을 통치하시고 저를 위한 계획을 갖고 계시다는 사실을 신뢰하기까지 여러 해가 걸렸습니다. 이제 (마흔의 나이에) 저는 남은 인생을 하나님을 섬길 많은 기회들로 활용하고, 그리스도를 더욱 닮아 가는 여성이 되는 데 집중하고 싶어요. 인생은 너무나도 짧잖아요. 하나님은 제가 이 세상의 슬픔과 실망을 행복하게 잘 견딜 수 있도록 영원을 향한 관점을 갖게 해 주셨어요.

나는 두 번째 간증의 마지막 문장이 참 좋다. 이 타락한 세상에서 기혼이든 미혼이든 '슬픔과 실망'으로부터 자유로운 사람은 아무도 없고, 천국에 이르기 전 구름한 점 없는 행복이라는 것은 결코 있을 수 없다. 하지만 이 미혼 여성이 배운 대로여기 이 땅에서 마주하는 어떠한 상황이든 우리는 이 생의 너머를 바라보고 영원을향한 관점을 가지는 것으로 그것을 '행복하게 견딜' 수 있다. 이곳과 천국 사이에서,우리의 결혼 여부나 기혼자의 결혼 여부가 우리에게 궁극적 행복을 제공하거나 빼앗을 수 없다. 나는 만성적으로 불행한 미혼 여성과 기혼 여성 모두 알고 있고, 반대로 '슬픔과 실망'을 직면하고 있음에도 참으로 행복해하는 미혼 여성과 기혼 여성도알고 있는데, 이들은 자신의 결혼 여부와 상관 없는 기쁨의 근원을 발견했다.

나는 결혼 분계선의 양쪽에 직접 서 보았다. 나는 50대 후반까지 미혼이었다. 여기에는 외로움과 동반자에 대한 갈망의 시기가 포함된다. 하지만 내 남은 인생도 여전히 그럴 것이라고 확신했던 그 긴 시기를 통해, 주님은 자상하시게도 내가 그분의따뜻한 손길과 전적인 충분하심을 경험하도록 해 주셨다. 그리고 나에게 주님과 다른 사람들을 "흐트러짐이 없이" 섬길 수 있도록 특권을 주셨다(고전 7:35). 하나님의은혜로 나는 이 시간을 선물로 받았고 이 부르심 가운데 만족과 기쁨의 복을 누렸다.

이후 하나님은 아주 멋진 남자를 내 인생에 보내 주셔서 나를 놀라게 해 주셨다.

(이것은 전혀 과장이 아니다.) 나는 남편 로버트(Robert)를 매우 사랑하고, 이렇게나 다정하고 겸손하고 경건한 남성이 나를 사랑해 주며 소중하게 여겨 주는 사실에 대해 깊이 감사하고 있다. 그러나 그는 하나님을 대체할 수 없다. 그가 아무리 원하다고 해도 내 마음의 가장 깊은 필요를 충족시킬 수 없다. 그리고 이 새로운 결혼 생활은 매우 달콤하면서도 새로운 기회만큼이나 새로운 도전을 가져다 준다.

그럼에도 나는 여전히 이 시간이 '선물'이라고 생각한다. 그리고 이 부르심 안에서 만족과 기쁨을 찾고 있다. 만일 하나님께서 그분의 지혜와 섭리 가운데 언젠가 우리 중 한 사람 혹은 모두가 병에 들도록 하시거나 내가 미망인이 되도록 하신다면, 나는 그리스도께서 이 모든 시간 동안 나에게 주셨던 기쁨의 봄날이 변치 않고 그대로 남아서 상실과 슬픔의 계절을 지탱해 줄 것이라고 믿는다. 이 모든 것 가운데 나는 이제껏 나를 지켜 준 동일한 진리를 의지하고 있다.

♥ 가장 깊은 행복의 근원은 특정한 결혼의 여부 안에서 (혹은 밖에서) 찾을 수 없다. 그것은 어떠한 인간관계에서도 찾을 수 없다. 참되고 지속적인 기쁨은 그리스도 그분 외에 다른 무엇, 다른 누구에게서도 찾을 수 없다.

♥ 행복은 우리가 원한다고 생각하는 모든 것을 얻는 것에서가 아니라, 하나님께서 이미 주신 것에 만족하기로 선택하는 것에서 찾을 수 있다.

♥ 자신의 뜻대로 하기를 주장하는 사람들은 결국 불필요한 마음의 상처를 얻지만, 주님을 기다리는 이들은 마음의 상처로부터 자유하지는 않아도 언제나 그분의 최선을 얻는다.

♥ 하나님은 우리에게 필요한 모든 것을 주시며, 우리를 그분 아들의 형상으로 만드시겠다고 약속하셨다. 만일 남편(혹은 변화된 남편)이 어떠한 여성으로 하여금 예수님을 더 닮아 가도록 하거나 하나님께 더 큰 영광이 된다는 사실을 아신다면, 하나님은 우리의 필요한 것을 그분의 완벽한 방식과 시간에 공급해 주실 것이다.

"내 배우자(혹은 자녀나 친구)를 변화시키는 게 내 일이야."

우리 중 많은 여성들은 타고난 '해결사들'이다. 무엇이 잘못되면 그것을 바로 잡아야 한다. 어떤 **사람이** 잘못되도 그 사람을 바로 잡아야 한다. 이 같은 본능은 누구도 말리기 어려운데 특별히 한집에 사는 사람들에 대해 더욱 그렇다. 그러나 다른 사람들을 변화시키는 것이 나의 책임이라는 인식은 반드시 실망과 불화를 초래한다. 결혼 생활 가운데 이러한 생각은 아내로 하여금 자신을 위한 일을 전혀 하지 못하고 다른 누군가의 잘못과 필요에 집중하게 한다. 더 나아가 이것은 자신의 필요를 돌보거나 주님과의 동행함에 있어 소홀해지게 만든다.

내 남편은 종종 이렇게 말했다. "당신은 배우자(혹은 당신의 직장 동료나 룸메이트)를 변화시킬 수 없어! 당신이 변화시킬 수 있는 유일한 사람은 **당신**이야!" 그리고 몇 년 전 한 친구가 자기 결혼 생활을 통해 배운 진리, 즉 내 결혼 생활에서도 기억해야 할 중요한 진리를 내게 공유해 주었다. "나는 내 남편의 엄마가 아니야. 그리고 남편의 성령님도 아니야." 너무나도 간단한 말이지 않은가? 그러나 너무나도 쉽게 잊어버린다!

그렇다면 배우자의 삶에서 죄나 약점을 발견했을 때, 아무 말도 하지 말고 아무것도 하지 말아야 한다는 뜻일까? 전혀 그렇지 않다. 남편은 당신의 시의적절하고 정중하며 친절한 조언을 필요로 한다. (당신에게 남편의 조언이 필요한 것처럼 말이다.) 하지만 우리가 남편을 변화시키거나 우리가 그의 잘못과 결점이라고 인식한 것을 바로 잡는 일에 집착할 때 우리는 결국 그 사람에 대한, 심지어는 하나님에 대한 불만과 억울함을 품게 될 확률이 높다. 또한 하나님께서 배우자를 통해 원하시는 일을 하지 못하도록 제한할 수도 있다. 나는 때때로 하나님께 이 과정을 기꺼이 내어 드린다면, 그분이 우리 배우자의 삶을 통해 어떻게 역사하실는지 궁금하다.

많은 여성들이 깨닫지 못하는 것은, 설교나 잔소리 혹은 우는 소리보다 훨씬 더 효과적인 두 가지 강력한 도구가 우리에게 있다는 사실이다. 첫 번째는 경건한 삶이다. 하나님은 종종 이것을 사용하셔서 다른 이들에게 저항할 수 없는 확신과 영적 갈망을 불러일으키신다(벧전 3:1-4 참조). 두 번째는 기도이다. 우리가 남편이 변화하기를 바라는 점들을 지속적이고 비판적으로 지적하면, 남편은 방어적이고 저항적이 될 가능성이 높다. 하지만 우리가 우리 염려를 주님께 가지고 나아갈 때, 우리는 훨씬 더 높은 능력, 즉 남편이 자신의 필요를 깨닫도록 돕고, 남편이 필요한 변화를 이룰 수 있도록 동기를 부여하고 그것을 가능하게 하기 위한 훨씬 더 효과적인 분께 호소하게 된다.

마이크 나이제스(Mike Neises)는 나와 함께 'Revive Our Hearts(우리 마음을 소생시키소서) 팀'을 20년 넘게 섬겨 왔다. 나는 그에게 자기 부부가 어떻게 예수님을 만나게 되었는지에 대한 감동적인 이야기를 자주 들었다. 결혼한 지 몇 년이 지나고 두 자녀를 낳았을 때, 영적 지도가 필요하다고 느낀 크리스(Chris)는 크리스천 이웃에게 도움을 요청했다. 이 이웃은 이들의 집에서 이들 부부와 함께 '부부 성경 공부'를 하자고 제안했다. 마이크는 이것이 자기 아내에게 매우 중요한 것임을 알았기 때문에 동의를 하긴 했지만, 자신은 어떤 '종교적인 것'에도 영향을 받지 않을 거라고 단정했다.

머지 않아 크리스는 그리스도의 제자가 되었다. 마이크는 그녀의 삶에서 무엇인가가 달라졌다는 사실을 이내 알아차렸고, 호기심을 느끼긴 했지만 무언가 그를 붙잡고서 그녀를 따르지 못하도록 했다. 그는 당시를 이렇게 기억한다.

> 술이 저를 가장 괴롭혔습니다. 저는 이걸 제 가족으로부터 분리시키기 위해 열심히 노력했죠. 그럼에도 저를 도덕적, 정서적, 육체적으로 파산시키더라고요.

하지만 그 후 몇 달 동안 크리스는 조용히 성령님께서 남편의 마음 가운데 역사해 주시기를 기도했다. 마이크는 이렇게 회상한다.

> 크리스는 계속해서 저를 존중해 주었고 전혀 압박하지 않았습니다. 제 삶에서 자기가 성령님이
> 되려고 하지 않았어요. 만일 그녀가 저에게 설교하기 시작했다면, 저는 아마 저항했을 겁니다.
> 충분히 설교하거나 나무라거나 재촉할 수 있었음에도 아내는 제 앞에서 놀라운 인내와 절제를
> 보여 주었어요. 그게 가장 인상 깊게 남아 있습니다.

어느 날 저녁, 모든 것이 무너져 내렸다. 마이크는 라켓볼을 마치고 '한 잔만' 하기 위해 친구와 술집에 들렀다. 다섯 시간이 지나 바텐더는 그의 이름을 부르며 그에게 전화가 왔다고 이야기했다. 크리스였다. 주님은 그 위기의 순간에 그녀의 침착한 목소리를 사용해 마이크의 눈과 마음을 복음으로 열어 주셨다.

> 저는 너무 창피했습니다. 후회했고요. 이것은 저에게 꼭 필요한 충격적 경험이었습니다. 술에
> 서 깨어난 후, 저는 제 스스로는 이를 절대 통제할 수 없고 그리스도만이 저의 유일한 소망이
> 되신다는 사실을 깨달았습니다.

이 일이 있고 난 직후, 주님은 마이크에게서 술에 대한 욕구를 완전히 거두어 가셨고, 마이크는 이 라이프 스타일에서 벗어나서 다시는 뒤돌아보지 않았다. 그리고 다음 두 달이 지나기 전, 그는 그리스도를 믿었고 구원의 확신을 얻었다. 그렇게 여러 계절을 지나는 동안, 크리스는 계속해서 조용히 기도하는 여인으로 살아가면서 주님께서 두 사람의 삶을 인도하시고 역사하실 것이라 신뢰하고 있다.

하나님께서 개입하실 때

물론 기도의 응답이 크리스의 경우처럼 항상 빠르게 찾아 오는 것은 아니다. 얼마 전 한 결혼식 피로연에서 모르는 한 여성이 다가와 "선생님이 제 결혼을 구해 주셨어요!"라고 이야기를 했다. 기억이 나게 해 달라고 부탁하자, 그녀는 우리가 17년 전 어느 사역 행사에서 만난 적이 있다는 이야기를 들려 주었다. 그때 그녀는 나와 자기 남편의 영적 상태에 대한 마음의 짐을 나누었다고 했다. 그녀가 말했다.

"선생님이 그때 저에게 이렇게 말씀하셨어요." "자매님의 남편을 변화시키는 것은 자매님의 책임이 아니에요. 남편에게 자매님의 마음속 이야기를 하고 뒤로 물러나 하나님께서 나머지 일을 행하시도록 하세요." 그녀는 말을 이어 갔다. "그때부터 그 조언을 실천했어요. 다른 많은 아내들과도 그걸 나누었고요."

그녀는 주님께서 남편을 변화시키시도록 기다린다는 것이 자신에게 어떤 의미였는지 설명을 이어 갔다. 16년이라는 긴 시간 동안 그녀는 하나님께서 자신의 기도를 들어 응답하고 계시다는 증거를 보지 못한 채 마냥 기도하고 기다렸다.

'설명할 수 없을 정도로' 오랜 세월이 흐른 후, 성령님께서 이 여성의 남편에게 빛을 비추시고 극적인 변화를 일으켜 주셨다. 마치 혼수상태에서 방금 깨어난 듯이 갑자기 말씀에 심취했고, 심지어 성경 공부를 하는 중 하나님께서 자신에게 주시는 말씀을 기록하기 위해 메모장도 옆에 두기 시작했다. 그녀는 말했다. "이 변화가 있기 전에는 아침 식사를 위해 이 사람을 깨우는 것조차 너무 힘이 들었어요. 그런데, 지금은 매일 아침 여섯 시 반에 남성 기도 모임을 참석해요!" 심지어 최근에는 어떤 사역에 시간을 더 쏟기 위해 사업을 처분하는 가능성까지 이야기했다고 한다. 신실하신 하나님과 자기 남편을 위해 인내하며 기도한 신실한 아내를 제외하고서, 무엇이 이 남편을 이렇게 변화시켰는지에 대해 인간적으로 설명할 수가 없다.

그런 점에서, 나는 예수님의 어머니인 마리아의 예시가 좋다. 천사가 나타나 그녀에게 그녀가 메시야의 어머니가 될 것이라고 말했는데, 정말 놀라운 경험이었다. 그곳에 있지 않고서는 믿기 어려운 이야기다! 마리아가 요셉에게 무슨 일이 있었는지 이야기했을 때, 그는 처음에 그녀의 설명을 믿지 않았다. 천사를 한 번도 본 적이 없으니 말이다. 이성적으로 그는 그녀가 자신에게 부정했다고 결론을 내렸다.

성경에, 마리아가 요셉에게 하나님께서 말씀하신 것을 믿으라고 압력을 가했다는 흔적은 없다. 대신 마리아는 하나님을 기다리며, 하나님께 자신의 남편과 직접 소통할 기회를 드렸는데, 실제 그렇게 되었다. 천사가 요셉에게 나타났을 때, 요셉은 곧바로 반응했고 믿었다. 마리아는 이 일들을 어떻게 마음에 간직하고 숙고해야 하는지 알고 있었다(눅 2:19 참조). 마리아는 하나님의 능력을 알았고, 하나님께서 자신의 삶과 가족을 위한 계획을 성취하리라고 믿었기 때문에 묵묵히 기다릴 수 있었다.

엄밀히 말해서, 당신의 경건한 삶과 기도가 아무리 절실하고 간절하든 남편이 주님께로 돌아오거나 죄악 된 선택과 습관을 회개할 것이라고 장담할 수는 없다. 하지만 당신이 결혼 생활을 위해 기도하고 주님을 신뢰할 때, 나는 무언가 변화될 것이라고 장담한다. 당신은 점점 더 강해지고 지혜로워질 것이다. 당신의 예시가 다른 사람들에게 영향을 미치고 그들도 역시 하나님을 신뢰하도록 독려할 수도 있다. 그리고 오직 그리스도만이 하실 수 있는 일을 하시도록 당신 자신과 배우자, 결혼 생활을 부단히 그분께 맡길 때, 신비로운 평안을 경험할 수 있을 것이다.

거짓말 28.
"남편은 나를 섬겨야 해."

일부 페미니스트들은 "남자들은 궂은 일을 공정하게 나눠 하지 않는다."라고 불평한다. 그리고 통계에 따르면, 50년이 넘는 페미니즘의 역사에도 불구하고 기혼모들이 기혼부들에 비해 여전히 3배 이상의 요리와 청소, 빨래를 한다고 지적한다.[1]

페이스북의 CEO 마크 저커버그(Mark Zuckerberg)에 이은 차순위 이사 셰릴 샌드버그(Sheryl Sandberg)는 이 모든 것을 바꾸기로 결심했다. 2015년 샌드버그의 린인(Lean In) 단체는 남성들이 가정에서 더 많은 일을 하도록 하기 위해 NBA 스타 르브론 제임스(LeBron James)와 스테판 커리(Stephen Curry), 그리고 농구 연맹의 다른 최고 선수들과 협력했다. 이 선수들은 주요 방송국을 통해 방영되는 NBA 경기 중 공익 광고에서 이 같은 메시지를 전달했다. 남성들이 집안일과 육아에 더 많은 책임을 지고 직장에서 여성의 동등한 권리를 지지할 때, 재정적으로나 정서적으로 더 나아질 수 있다고 말이다. 샌드버그의 노력은 미국에서 가장 큰 규모의 기업과 은행의 지지를 받았

다.[2]

이 광고는 남성들이 가정에서 쓰레기를 버리는 것에서부터 정원 작업, 보수, 수리와 같은 다양한 집안일을 하고 있다는 사실은 언급하지 않았다. 남성이 더 긴 시간 일을 하고[3] 가계 수입의 대부분에 기여하기도 한다는 사실 또한 설명하지 않았다. NBA 선수들은 단순히 남성에게 집안일과 육아에 대해 좀 더 많은 책임을 지라고 가르쳤으며, 이러한 책임이 남성보다 여성의 어깨에 지워지는 것은 공정하지 않다고 시사했다. 샌드버그가 생각하는 사회공학적 유토피아에서는 남성과 여성이 일, 재정, 가정, 양육의 책임을 50 대 50으로 동일하게 나누어야 했다. 역할과 책임에 있어서 남녀 간에 차이가 없어야 한다는 것이다.

크리스천 여성들도 이러한 문화 메시지에 영향을 받은 것이 사실이다. 물론 기독교 공동체가 남성들에게 아내와 자녀들을 사랑하고, 그 사랑을 희생과 섬김으로 표현하도록 독려하는 것은 옳다. 하지만 이러한 강조 가운데서도 우리는 성별에 대한 문화의 생각을 수용하면서 하나님께서 우리에게 맡겨 주신 성별에 따른 역할을 잊어버리지 않도록 주의해야 한다. 창세기 2장 18절에서 우리는 하나님께서 우리에게 주신 목적에 대한 중요한 가르침을 얻을 수 있다.

> 여호와 하나님이 이르시되 사람이 혼자 사는 것이 좋지 아니하니 내가
> 그를 위하여 돕는 배필을 지으리라 하시니라 _창 2:18

하나님은 하와를 아담에게 적합한 "돕는 배필(helper)"로 창조하셨다. 이 히브리어 구절은 말 그대로 '그에게 어울리는 배필'[4] 혹은 '그에게 부합하는 배필'[5]을 뜻한다. 언뜻 보면, 하나님께서 여성을 "그를 위하여" 돕는 배필로 창조하신 사실은 이 여성이 제공하는 도움이 이 남성의 삶을 보다 수월하게 하기 위한 것으로 받아들여질 수 있다. 그래서 여자는 남자가 신경을 쓰지 않도록 양말을 집어 주고, 남자가 자유로이 다른 일을 할 수 있도록 저녁을 요리하고 옷도 빨아 줘야 한다고 생각할 수 있다. 배관공의 조수가 배관공을 돕듯, 배관공이 하기 싫어 하는 온갖 사소하고 궂은 일을

맡아 그를 돕듯이 말이다.

하지만 이 같은 생각은 본문에서 찾아볼 수 없다. 본문에서 돕는 배필로 사용된 단어는 '에제르'이다. '에제르'는 단순히 빨래를 개고 커피를 내리는 사람 그 이상이다. 오히려 '없어서는 안 될 파트너'를 의미한다.[6] 즉, 가장 폭넓은 의미에서의 '지지함'을 의미한다. 여기에서 이 단어는 아담과 하와의 관계를 묘사하기 위해 사용되었지만, 우리와 주님의 관계에서도 자주 쓰였다. 시편 33편 20절, 72편 12절과 같은 구절에서 하나님은 우리의 도움(에제르)이시다. 우리는 그분 없이 아무것도 할 수 없다!

기혼이든 미혼이든 미망인이든, 생물학적 자녀가 있든 없든, 인생의 모든 계절에서 우리는 다른 이들에게 없어서는 안 될 도움을 제공함으로써 하나님의 형상을 독특하게 나타낸다. 우리의 남편, 자녀, 친구, 이웃, 그리고 동료 신자들이 우리를 보고 "당신 없이는 이 일을 할 수 없었을 거예요."라고 말하는 것이 어떻게 우리를 위한 열등한 소명일 수 있겠는가?

그리고 남성이 무엇을 하는 데 있어 여성이 왜 '도움'이 되도록 창조되었는지 이해하는 것 또한 중요하다. 여자는 남자가 원하는 것이면 무엇이든 그것을 돕도록 창조된 존재가 아니다. 하나님은 하나님을 알리고 그분께 영광을 돌리는 일에 남자와 협력하고 동역하도록 여자를 창조하셨다. 하나님은 이렇게 말씀하셨다.

> 내가 내 영광을 위하여 창조한 … 내 아들들을 먼 곳에서 이끌며 내 딸
> 들을 땅 끝에서 오게 하며 _사 43:6-7

여성이 남성의 개인 요리사 겸 가정부가 되어 남성의 삶을 보다 편안하게 하기 위해 존재한다는 생각은 그야말로 말씀의 지지를 받지 못한다. 하지만 성경은 하나님께서 가정에 대한 특별한 책임감을 가지고서 여성을 창조하셨다고 가르친다. 성경은 젊은 여성들에게 "집을 다스리"라고 권면한다(딤전 5:14). "자기의 집안 일을 보살피"는 여성을 칭찬한다(잠 31:27). 그 마음이 가정을 떠나 다른 곳으로 기울어 그 "발"이 언제나 그곳을 향하여 달려가는 여성을 부정적으로 묘사한다(잠 7:11). 그리고

"집안 일을 하"는 것은 나이 든 여성이 젊은 여성에게 반드시 가르쳐야 할 중요한 일의 상위 열 가지에 속한다(딛 2:4-5).

그렇다고 해서, 남편과 다른 가족 구성원이 집안을 돌보는 데 기여할 수 없다거나 기여해서는 안 된다는 의미가 아니다. 하나님께서 남성과는 다른 방식으로 가정과 인간관계에 연결되도록 여성을 지으셨다는 사실을 말하고 있는 것이다. (주님께서 여성과는 다른 방식으로 남성을 일과 재정적 공급, 보호에 연결되도록 만드신 것처럼 말이다.)[7]

잠언 31장의 "현숙한 여인"에 대해 가장 인상 깊게 다가오는 것 중 하나는 그녀가 자기 가족을 돌보는 것부터 시작해 온전히 이타적이라는 사실이다. 그녀는 자기 자녀들을 양육하고 남편을 도우며 가정이 원활하게 운영되고 모든 이들의 필요를 충족시킬 수 있도록 보살핀다. 그녀는 분명 집 밖의 일에도 관심을 둔다. 그녀는 중소기업을 성공적으로 운영하면서 자선 활동에도 참여해 왔다. 그녀는 확실히 바쁜 여성이었다! 하지만 이 같은 노력은 자기 가족(가정)을 향한 마음과 서로 경쟁하거나 분리되지 않았다. 그녀는 다른 일을 추구하거나 자기 인생의 독립적인 의제를 발전시키기 위해 그 소명을 소홀히 하지 않았다. 그녀는 자신의 가족과 다른 사람들을 섬김으로써 주님을 섬기며 하나님께 영광을 돌렸다. 그녀가 손해를 보고 있었다고 생각하지 않기 위해, 성경(잠언 31장)이 그녀에 대해 말하는 내용을 다시 한번 살펴보라.

♥ 그녀는 옷을 잘 입는 사람이었다(22절).

♥ 가족들에게는 이들이 먹고 다른 사람들과 나눌 수 있을 만큼의 충분한 음식이 있다 (15, 22절).

♥ 그녀는 잘 정돈된 삶을 살고 있으며, 정서적으로 안정되어 있고, 미래에 대한 두려움이 없다(21, 25절).

그녀는 어떻게 이 모든 '유익'을 얻게 되었을까? 남편이 그의 팔을 걷어 붙이고 집안일을 도와야 한다고 주장한 것이 아니라 (남자가 그렇게 하는 것에는 분명 아무런 잘못이 없지만) 스스로 섬김의 길을 선택하는 것을 통해서 그러한 유익을 얻은 것이다.

기뻐하는 종

어머니를 공경하는 자녀들에 대해 이야기해 볼까 한다. 남편에게 돕는 배필이 되고자 했던 나의 갈망은 나의 어머니가 보여 주신 모범에 큰 영향을 받았다. 어머니 낸시 드모스(1세, 나는 어머니의 이름을 물려받았다.)는 특별한 은사를 지닌 여성이다. 어머니는 22년 동안 아버지와 함께 독특한 파트너십을 통해 그 모든 은사를 십분 발휘하여 대가족을 일구고 성공적인 사업을 세우며 사역의 열매를 맺으셨다. 어머니는 아버지와 결혼하여 가정을 꾸리시면서 보컬리스트로서의 촉망받는 경력을 포기하셨다. 하지만 한 번도 그것을 희생이라고 생각하지 않으셨다.

여성들이 독립과 경력, 자아실현을 추구하도록 격려받는 1960년대 분위기 속에서 어머니는 남다른 사고의 모범을 보여 주셨다. 그리스도를 섬기고 그분을 영화롭게 하려는 목적을 위한 남편의 마음과 부르심에 여성의 마음과 부르심을 맞추신 것이었다. 어머니는 남편의 '에제르', 즉 '없어서는 안 될 파트너'가 되기를 기뻐하셨다. 어머니는 엄청난 가정의 가사를 능숙하게 관리하시고, 무수히 환대를 베푸셨다. 어머니는 두 분이 착수한 모든 일에 지혜를 제공했고 창의력과 아름다움을 더했다.

이 같은 '돕는 배필'의 역할은 아버지가 어머니에게 요구하신 것이 아니었다. 어머니는 아버지를 진정으로 사랑하셨고 아버지의 파트너이자 지지자가 되는 것을 기쁨으로 여기셨다. 잠언 31장의 현숙한 여인처럼, 어머니는 전혀 짓밟혀 살지 않으셨다. 오히려 아버지는 어머니를 온전한 동역자로 여기며 매우 존중했고, 어머니에게 주신 하나님의 은사가 그리스도와 그분의 나라를 섬기는 일에 활용될 때 힘을 얻으셨다.

한 여성이 자기 남편에게 '에제르'가 되는 모습은 부부마다 다를 수 있다. 내 결혼 생활과 우리 부모님의 결혼 생활도 똑같아 보이지 않는다. 계절마다의 차이도 있을 것이다. 하지만 이러한 현실이 성경이 확립한 '돕는 배필'이라는 역할의 아름다움과 중요성, 또는 이것을 뒷받침하는 영적 진리, 즉 우리가 하는 모든 일을 통해 사랑으로 섬기라는 부르심을 빼앗지는 못한다. 진리는 '우리가 누군가를 섬기고 있는 때가 예수님을 가장 닮은 때'라는 것이다. 하나님 나라에서 참된 위대함은 자신의 개인적 관심을 기꺼이 내려놓고 다른 사람을 우선시하고 섬기는 것으로 나타난다(막 9:33-35).

의심의 여지없이 남성들은 그리스도께서 교회를 사랑하신 것과 같이 아내를 사랑하도록 부름받았으며, 이는 그리스도께서 자신의 신부를 위하여 행하신 것처럼 아내를 위해 기꺼이 섬기고 목숨까지도 내려놓는 것으로 표현된다. 소중한 내 남편은 나를 섬기고 우리 가정을 실질적으로 도와주는 일에 굉장히 열심이다. 나는 내 자신이 큰 복을 받았다고 생각하고 이보다 더 큰 감사가 없다!

사실 우리 부부는 서로 '더 섬기는 것'을 목표로 삼고 있다. 그러나 당신과 내가 우리 각자가 '마땅히 받아야 할 것'이나 우리의 '권리' 혹은 배우자가 우리를 위해 '꼭 해야만 하는 의무'에만 집중한다면, 우리는 우리의 기대가 충족되지 못할 때 쉽게 상처받고 분노하게 될 것이다. 복과 기쁨은 받는 사람보다는 주는 사람이 되기를 구하고, 남편과 함께하며, 남편과 가족, 그리고 다른 이들을 축복하고 섬기도록 하나님께서 우리에게 주신 책임을 다할 방법을 모색하는 것에서 오는 열매이다.

샌드버그의 모델과는 달리 성경은 결혼을 50 대 50, 다른 말로 "당신이 공정한

몫을 하면 나도 내 몫을 할게요."라고 제안하지 않는다. 하나님께서 우리에게 제시하시는 방식은 급진적이다. 하나님은 남편과 아내 모두가 하나님께서 요구하신 것을 위해 100% 올인(all-in)하기 원하신다. 그렇다. 성경은 남편들이 아내를 사심 없이 전심으로 섬기도록 부르신다. 하지만, 남편에게 그렇게 하라고 요구하는 것은 우리 여성들의 책임이 아니다. 하나님 앞에서 우리의 책임은 예수님을 본받아 기쁨으로 종이 되는 것이다. 100%. 올인!

거짓말 29.
"남편에게 순종하면 불행해질 거야."

얼마 전, 한 주요 개신 교단이 다음의 문장을 포함한 결혼과 가정에 관한 성경적 신앙 선언을 채택했을 때, 복음주의계 안에서는 격발이 일어났다.

> 교회가 그리스도의 머리 됨에 자신을 기꺼이 순종하는 것처럼, 아내도 남편의 섬김의 리더십에 자신을 기꺼이 순종해야 한다.[8]

내가 40여 년 전 처음 여성 사역을 시작했을 때만 해도, 이러한 선언은 보통의 여성 성경 공부나 콘퍼런스에서 경각심을 불러일으키지 못했다. 하지만 오늘날 이러한 사고는 얼마나 신중히 단어를 선택했든 교회 안에 있는 많은 이들에게 혐오감 내지는 불쾌감을 느끼게 할 수 있다. 결혼 생활에서의 순종을 선전하는 것은 노예나 가정 폭력을 옹호하는 것과 다름없는 것으로 간주되기도 한다. 점점 더 많은 수의 크리스천 블로거와 작가들은 이러한 가르침을 성경적으로 옹호할 수 없으며, 이것이 여성 학대를 용인하고 부채질한다고 주장한다. (성경을 왜곡하여 자기 아내와 딸, 다른 여성들을 잔인하고 죄악 된 방식으로 대하는 것을 정당화하기 위해 성경을 사용하는 자칭 크리스천 남성들은 여기에 정말 도움이 되지 않는다.)

특히 결혼 생활에서 순종이라는 개념은 우리 시대에 잘 받아들여지지 않고 있다. 하지만 이러한 씨름은 새로운 것이 아니다. 사실 순종은 에덴동산에서 하와가 직면했던 문제의 본질이었다. 뱀이 하와에게 접근한 핵심은 이것에 대한 도전이었다. "너를 다스릴 권리가 하나님에게 있을까?" "다른 누구의 권위에 순종할 필요 없이 너는 너 자신의 삶을 스스로 운영할 수 있어." 뱀은 하와가 하나님의 지시에 순종하면 곧 불행해질 것이고 좋은 것, 필요한 것을 놓치게 될 것이라고 설득했다. 그날부터 지금까지 사탄은 아름답고 거룩하며 강력한 진리를 취해 그것을 추하고 무섭고 바람직하지 않게 보이도록 하는 일을 능수능란하게 해 왔다.

타락한 인간 본성의 핵심은 권위에 대한 문제이다. 솔직히 우리는 누가 우리에게 무엇을 하라고 지시하는 것을 원치 않는다. 우리 스스로 삶을 운영하고 우리 스스로 결정을 내리고 싶어 한다. 권위에 순종하면 자동적으로 불행해질 것이라고 생각한다. 여기서 아내가 남편에게 순종해야 한다는 사실에 대한 저항의 상당 부분은 '순종'이 실제로 무엇을 의미하는지, 무엇을 시사하는지에 대한 몇 가지 근본적 오해 때문이라고 생각한다.

순종에 관한 거짓말

1. 아내는 남편보다 못하다.

순종은 본질적으로 열등함을 함의한다고 주장하는 사람들이 있다. 하지만 성경은 정반대로, 남자와 여자 모두 하나님의 형상으로 창조되었고, 둘 다 하나님 앞에서 동등한 가치를 지니며, 회개와 믿음을 통해 하나님께서 구원하시는 은혜의 대상이 되는 특권을 누린다고 확언한다(창 1:27; 갈 3:28; 벧전 3:7).

2. 순종의 원리는 남편들에게 아내를 가혹하게 하거나 군림할 권리를 준다.

반대로 남편들은 주 예수께서 신부인 교회를 사랑하시고 교회를 위해 자기 생명을 버리신 것처럼, 이타적이고 희생적인 섬김의 방식으로 자기를 사랑하듯 아내를 사랑하라고 명령받는다(엡 5:25-29).

3. 순종하는 아내는 남편에게 조언하거나 자기 의견을 표현할 수 없다.

하나님은 여자를 남편의 '돕는 배필'로 창조하셨다. 즉 남편은 아내의 도움이 필요하다는 뜻이다. 남편은 아내가 다양한 상황에서 제공할 수 있는 지혜와 통찰이 필요하다. 하지만 결국 중요한 것은 아내가 어떠한 문제에 대해 자신의 견해를 다정하게 표현하고, 자신의 염려를 나누고, 특정 방향을 재고하도록 남편에게 호소한 후에는, 기꺼이 한 발 물러나 남편의 결정을 받아들이고 (그것이 그녀로 하여금 죄를 짓도록 하지 않는다는 가정하에) 그 결과에 대해 하나님을 신뢰해야 한다는 것이다.

4. 남편은 항상 옳다.

베드로 사도는 "말씀을 순종하지 않는" 남편들을 둔 여성들에게 구체적으로 말했다. 이러한 남편은 구원을 받지 못했거나 삶의 어떤 영역에서 하나님께 불순종하고 있을 수 있다. 베드로전서 3장 1-2절에 따르면 이 같은 남편에게 영향을 미치는 가장 효과적인 수단은 눈물의 애원, 저항할 수 없는 논리, 끈질긴 상기가 아니라 순종적인 거룩한 삶의 능력이다.

복음의 이야기를 들려주다

순종은 나에게도 그다지 자연스러운 일이 아니다. (사실, 이것은 누구에게도 쉽지 않다.) 나는 거의 모든 것에 확고한 견해를 가지고 있는 강한 여성이다. 그리고 내 인생에서 57년 동안 나 자신에 대해 거의 책임을 져 왔다. 물론, 어렸을 때는 부모님의 권위 아래에 있었다. 대학 시절에는 패서디(Pasadena)나 고속도로에서 과속으로 두 번이나 차를 세워야 했을 때 순종에 대한 중요한 교훈을 배웠다. 성인이 되어서는 상사를 존중하고 순종하는 것을 배웠다. 그리고 오랫동안 하나님의 권위 아래 있어 왔다. 하지만 다른 사람에게 순종하는 것은 일상에서 많이 연습해 오지 못했다.

그런데 2015년 11월 14일, 일리노이주 휘턴 칼리지 교회(College Church)에서 나는 교제한 지 겨우 아홉 달 된 한 남성의 눈을 바라보며 이렇게 말했다.

하나님과 이 증인들 앞에서 … 나는 당신을 존중하고 존경하며, 이 세상에서 나의 머리로 삼아 모든 일에 있어 당신에게 순종할 것을 서약합니다.

여기서 나는 (자발적으로) 한 남자와의 영구적인 언약 관계를 맺고 모든 일에서 그를 존중하고 존경하며 그에게 순종하겠다고 하나님 앞에서 맹세했다! 나는 무슨 생각이었을까? 우리가 모든 것에 의견을 같이할 거라고 생각했을까? 로버트(Robert)의 판단과 결정이 언제나 옳을 거라고 생각했을까? 절대로 아니다. 이 서약을 하면서 내가 보다 열등한 지위로 강등되거나 결혼이라는 감옥에서 종신형을 살겠다고 동의했는가? 전혀 그렇지 않다. 나의 서약은 조금 전 로버트가 나에게 했던 약속에 대한 응답이었다.

> 나 로버트는 당신 낸시를 나의 아내로 맞아 … 그리스도께서 당신의 교회를 사랑하고 보살피신 것과 같이 당신을 사랑하고 보살피며, 그분이 우리를 위해 자신의 목숨을 버리신 것과 같이 당신을 위해 나 자신을 헌신하겠다고 약속합니다.

이보다 여섯 달 앞서 로버트가 우리 집 거실 소파에서 무릎을 꿇고 나에게 사랑을 고백하며 청혼했을 때에도, 강단에서 결혼 서약을 한 이때에도 그는 우리가 에베소서 5장에서 읽었던 신비의 한 부분을 보여 주고 있었다. 바울은 한 남편과 한 아내의 결혼이 한 가지의 이야기를 들려준다고 말한다. "그리스도와 교회에 대하여 말하노라"(32절). 즉, 한 남자가 한 여자와의 언약 관계를 시작하고 그녀를 사랑하며 그녀를 위해 자신을 희생할 때, 그는 그리스도께서 자신의 신부와 관계를 맺으시고 그녀를 사랑하시며 그녀를 위해 목숨을 버리신 방식의 한 그림을 그리고 있는 것이다.

그러나 그것은 크리스천의 결혼이 드러내는 신비의 일부분에 불과하다. 한 여성이 구혼자의 청혼에 기꺼이 '네'라고 대답할 때, 그녀가 그를 존중하고 존경하며 그에게 자신을 순종할 때, 그녀는 교회가 그녀의 하늘 신랑에게 응답하는 방식에 대한 이야기를 하고 있는 것이다.

결혼식 날, 내가 로버트를 "존중하고 존경하며, 이 세상에서 나의 머리로 삼아 모든 일에 있어서" 그에게 순종하겠다고 서약했을 때, 나는 "교회가 자신의 영원한 머리 되신 그리스도를 존중하고 존경하며 그분께 복종하듯"이라고 덧붙였다. 로버트는 나를 잘 사랑하고 잘 이끌어 주면서 이 신비의 한 부분을 보여 주었다. 그의 결단과 리더십에 반응하는 것으로, 나는 다른 부분을 보여 줄 수 있다. 그리고 우리는 함께 위대한 구원의 이야기를 소개한다.

"당신이 학대를 받고 있다면!"

다음은 내 책, 《단장》에서 순종에 관하여 자세히 다룬 내용 중 일부이다.[9]

아내가 순종해야 한다고 해서 남편이 아내를 학대할 수 있는 면허를 주는 것은 절대 아니다. 성경에서 여성들이 남편에게 순종하라는 지시를 받을 때마다 남편은 아내를 사랑하고 소중히 여겨야 한다는 상응하는 명령이 따른다. 남편이 아내를 학대하는 것은 명백한 신체적 또는 언어적 방식이든, 아니면 어떤 목회자가 '세련된 학대'라고 표현했던 더 '고상한' 유형의 조종과 위협이든 전부 정당화될 수 없다.[10]

학대를 받고 있다면(혹은 학대를 받고 있다는 의심이 든다면), 당신은 반드시 도움을 받아야 한다. 순종에 관한 성경적 가르침에는 그러한 대우를 허용하는 내용이 없다. 당신이 (혹은 당신의 자녀가) 신체적 위해나 위협을 받고 있다면, 당신은 안전한 장소로 이동해 정부와 영적 권위자들에게 연락해 보호를 요청해야 한다.

어느 영역에서든 사람들이 하나님께서 세우신 질서를 악용할 때, 문제의 원인은 하나님의 계획 안에 있는 결함이 아니라 그것을 왜곡하는 인류의 죄에서 비롯된다. 따라서 이러한 원리를 결혼에 적용할 때 발생하는 문제에 대한 해결책은, 목욕물과 함께 순종을 내버리는 것이 아니라 성경이 실제로 말하는 것과 우리의 이해 및 실천을 일치시키는 것이다. 그 체계가 하나님의 설계에 따라 작동할 때, 하늘로부터의 복이 우리에게 흘러들어와 그분의 성품과 방식의 아름다움을 우리에게, 우리 안에서, 우리를 통해 드러나기 때문이다.

7장 여성들이 결혼에 관하여 믿고 있는 거짓말

순종의 문제에서 자유케 하는 진리

나는 순종과 관련한 근본적인 문제가 실제로는 하나님을 신뢰하고 우리 자신을 그분의 권위 아래에 두려는 우리의 의지에 달려 있다는 사실을 깨달았다. 우리가 기꺼이 그분께 순종할 때, 그분이 우리 삶에 두신 인간의 권위에 순종하는 것은 그렇게 어렵거나 위협적이지 않을 것이다. 그래서 잠언 21장 1절은 "왕의 마음이 여호와의 손에 있음이 마치 봇물과 같아서 그가 임의로 인도하시느니라"라고 확증한다. 우리 자신을 하나님께서 정하신 권위 아래 기꺼이 두겠다는 의지는 우리가 하나님을 얼마나 크신 분으로 믿는지를 보여 주는 증거이다.

진리는 '보다 높은 권위가 모든 인간의 권위를 통제한다'는 것이다. 따라서 성경적 순종은 우리로 하여금 "왕의 마음"을 주관하시는 지혜로우시고 사랑이 많으시며 전능하신 하늘 아버지가 덮으시고 보호하시는 자리에 놓이게 한다. 문제는 하나님이 어떤 인간의 권위보다 크심을 정말로 믿느냐 하는 것이다. 우리는 그분이 필요시 권위자의 마음을 바꾸실 만큼 크시다고 믿는가? 우리는 그분이 우리에게 가장 좋은 것이 무엇인지 아신다고 믿는가? 그리고 우리는 우리의 삶을 향한 완벽하고 영원한 목적을 성취하실 그분을 기꺼이 신뢰하는가?

베드로전서 3장 1-2절에 따르면, 아내가 남편에게 순종하는 것은 하나님께서 남편의 마음에서 역사하시고 그를 순종으로 이끄실 여지를 남긴다. 베드로는 계속해서 순종하는 마음의 태도가 여성에게서 가장 빛나고 오래 지속되는 아름다움을 만들어 낸다고 말한다.

> 오직 마음에 숨은 사람을 온유하고 안정한 심령의 썩지 아니할 것으로 하라 이는 하나님 앞에 값진 것이니라 전에 하나님께 소망을 두었던 거룩한 부녀들도 이와 같이 자기 남편에게 순종함으로 자기를 단장하였나니 사라가 아브라함을 주라 칭하여 순종한 것 같이 너희는 선을 행하고 아무 두려운 일에도 놀라지 아니하면 그의 딸이 된 것이니라 _ 벧전 3:4-6

마지막 문장은 조금 상상하기 어려울 수 있다. 일반적으로 남편에게 순종하는 아내는 두려움을 느끼고 상처받기 쉽다고 생각할 수 있다. 하지만 베드로는 그녀가 "아무 두려운 일에도 놀라지 아니"한다고 말한다. 이것은 그녀의 소망이 남편이 아니라 하나님께 있기 때문이다. 그녀는 남편과 자신의 상황을 궁극적으로 통제하시며 언제나 자신의 최선의 이익을 위해 돌보시는 분께 자신을 의탁한 사람이다.

내 친구 수잔 헌트(Susan Hunt)는 그녀의 저서 《참된 여성》(The True Woman)에서 순종 이면의 마음을 이렇게 요약한다.

> 나는 순종에 대한 논리적 근거를 제시할 수 없습니다. 예수님께서 우리에게 하늘의 영광을 주시기 위해 하늘의 모든 영광을 버리신 사실은 논리에 어긋납니다. 순종은 논리가 아니라 사랑에 관한 것이기 때문입니다.
>
> 예수님은 우리를 너무나도 사랑하셔서 자원함으로 십자가에 달려 죽기까지 순종하셨습니다. 그분의 명령은 아내들이 남편에게 순종하는 것입니다. 이것은 우리가 사랑하는 구원자에게 순종하여 우리가 사랑하기로 서약한 남자에게 자원함으로 내어 주는 선물입니다.
>
> 하나님은 남자에게 돕는 배필이 필요하다고 말씀하셨습니다. 참된 여성은 이러한 부르심을 기뻐하고, 반대하기보다 긍정하며, 통제하기보다 연민을 갖고, 주인공이 되려고 하기보다 파트너가 되려고 합니다. 또한 겉으로 순종하기보다는 실질적으로 순종하게 됩니다.
>
> 참된 여성은 자기 자신을 순종의 자리에 두는 것을 두려워하지 않습니다. 그녀는 잡으려고 할 필요도 없고, 통제할 필요도 없습니다. 그녀의 두려움은 하나님이 그녀의 하나님이 되시고 그녀 안에 사신다는 언약의 약속에 비추어 녹아내립니다. 순종은 오롯이 주 하나님의 주권적 능력에 대한 그녀의 자신감을 드러낼 뿐입니다. 순종은 그녀의 구원을 반영합니다.[11]

거짓말 30.
"남편이 소극적이라면 내가 주도권을 잡아야 해. 그렇지 않으면 아무것도 할 수 없어."

여성들에게 자신이 이 책에 나오는 거짓말 중 어떤 거짓말을 믿어 왔느냐고 물었을 때, 이 거짓말이 3위를 차지했다. 즉 여성들에게 있어 남성이 소극적인 것보다 더 큰 불만을 제공하는 것은 거의 없다는 뜻이다. 다시 한번 말하지만, 이것은 새로운 싸움이 아니다. 많은 문제들이 그렇듯이 이 모든 것은 에덴동산으로 거슬러 올라간다.

> 여자가 그 나무를 본즉 먹음직도 하고 … 여자가 그 열매를 따먹고 자
> 기와 함께 있는 남편에게도 주매 그도 먹은지라 _창 3:6

이 구절은 다소 이해하기 어려운 장면을 연출한다. 이 부부는 동산에 함께 있었다. 뱀이 이들에게 다가와 남자를 무시하고 여자와 대화를 시도했다. 뱀이 이렇게 이야기한다. "하나님이 참으로 너희에게 동산 모든 나무의 열매를 먹지 말라 하시더냐?"(창 3:1) 이 시점에서 여자가 하지 않은 일에 주목하라. 하와는 자신과 "함께 있는"(6절) 남편을 인식하지 않는다. 뱀에게 "제 남편을 소개할게요."라고 말하지 않는다. 남편에게 "여보, 우리가 어떻게 대답하는 게 좋을까요?" 혹은 "아담, 하나님께서 당신에게 하신 말씀을 뱀에게 말해 주는 게 어떨까요?"라고 묻지 않는다. 하와는 마치 남편이 그곳에 없는 것처럼 뱀과의 대화 전체를 이어 간다. 이 문제에 대해 자기 남편과 상의하지 않고, 남편의 조언이나 뜻을 전혀 묻지 않는다. 그녀는 그저 행동한다. "여자가 그 열매를 따먹고"(6절).

그 동안 아담은 무엇을 하고 있었을까? 아담은 많은 여성들이 자기 남편에 대해 지적하는 그 일을 하고 있었다. 바로 **가만히 있는 것**이다. 아담은 아내가 자신에게 열매를 주었을 때, 그것을 직접 먹은 것 외에는 아무 일도 관여하지 않았다. 이것이 우리에게 일어났던 첫 번째 역할 전도(顚倒)이다.

하나님은 남자를 먼저 창조하셨다. 그리고 그에게 자신이 돌보는 이들을 **이끌고 먹일** 책임을 주셨다. 이 남자로부터 창조된 여자는 남편의 주도에 응답하는 수용자로 만들어졌다. 심지어 남자와 여자 사이 생리학적 차이도 이러한 근본적인 다름을 반영한다. 하지만 위의 이야기에서는 누가 이끌고, 누가 먹이고 있는가? 남자가 아

니라 여자다. 누가 응답하고 있는가? 여자가 아니라 남자다. 그리고 이러한 창조된 역할의 전도는 타락한 남성과 여성이 흔히 서로 관계를 맺는 방식의 패턴이 되었다.

여성으로서 우리는 때때로 주도권을 잡고 싶은 유혹을 받을 수도 있다.[12] 하지만 또 남성들이 이끌어 주기를 바라는데, 그러지 못할 때 화가 나기도 한다. 동산에서 아담과 하와의 경우처럼, 이러한 문제를 두고서 상대방을 원망하기가 쉽다. 남성이 소극적이라고 비난하면서, 만약 이들이 그렇게 소극적이지 않았다면(이들이 무언가를 하기만 했다면), 우리가 대신 나설 필요가 없었을 것이라고 주장하기 쉽다는 것이다.

수년 동안, 나는 여성들이 남편의 소극적인 태도로 인해 주요 재정 문제나 육아에 관한 결정에서부터 보다 평범하고 일상적인 문제까지 다양한 영역들을 책임지도록 '강요한 것'에 대해 불만을 토로하는 것을 들었다. 사회 활동을 하는 사람으로서 나는 일부 남성들이 보이는 소극적인 태도로 인한 여성들의 불만이 무엇인지를 잘 안다. 수년간 수많은 회의에 참석하면서 그 회의에 참석한 남성들이 충분히 결단력 있고 재빠르다고 느끼지 못해, 직접 뛰어들어 책임을 떠맡지 않으려고 혀를 깨물며 참아 본 적도 있다. 남성들이 모든 기도를 여성들에게 떠맡긴 것만 같은 기도 모임에도 참석해 보았다.

하지만 나는 주님께서 우리 주변의 남성들을 움직여 이들이 행동할 수 있도록 공간과 시간을 내어 주는 대신, 우리가 먼저 재빨리 주도권을 잡아챔으로써 이들의 의욕을 꺾고 이들을 무력하게 한 것은 아닌지 궁금하다. 그렇게 하면, 당장에 원하는 목표를 성취할 수 있을지는 몰라도, 그 과정에서 경건하고 지혜로운 리더십을 제공할 남성들의 동기와 용기를 빼앗을 수 있다는 말이다. 나도 아내로서 개인에게 적용해 보자면, 내 사랑하는 남편은 소극적인 것과는 거리가 멀다. 하지만 나보다는 더 균형 잡힌 (그리고 더 지속 가능한) 속도로 삶을 영위하는 편이다. 나는 우리의 관계에서 "듣기는 속히 하고 말하기는 더디 하"는 것의 가치를 배워 가고 있다(약 1:19). 로버트는 거의 모든 것에서 내 생각과 조언을 환영한다. (단, 그의 장비들과 차고 장식은 예외다.) 하지만 내가 늘 직접 나서거나 그에게 발언 기회를 주지 않고 재빠르게 반응하면서 성급하게 말하거나 행동한다면, 남편은 지쳐서 내 곁을 떠날 수도 있다.

또한 남성들이 어떠한 행동을 했을 때, 우리는 이들에게 격려와 인정을 해 주는 대신 그 일을 어떻게 다르게, 혹은 어떻게 해야 더 잘할 수 있을지에 대해 이야기하기도 한다. 다시 말하지만, 나는 내 결혼 생활을 통해 이것을 증언할 수 있다. 나는 타고난 편집자이다. 내 업무의 대부분이 아주 작은 실수도 놓치지 않는 날카로운 눈을 갖도록 요구한다. 남편은 이러한 부분에서 내 적성을 크게 감탄한다. 하지만 이러한 기술을 남편에게 적용한다면, 어떻게 될까? 로버트는 다음과 같은 사실을 알 필요가 있다. 그이가 나를 위해 그렇게 하듯 내가 그 사람을 응원하고 있다는 사실, 그리고 그가 잊어버렸거나 내 생각대로 정확하게 이루어지지 않은 한 가지를 굳이 지적하기보다는 나를 기쁘게 하려고 하는 그이의 노력에 대해 감사하고 있다는 사실을 말이다.

어떤 남편이 아내와 처음 결혼했을 때, 아내와 함께 기도의 시간을 가졌다는 이야기를 들은 기억이 난다. 기도가 끝나자 아내는 그가 기도한 방식을 비평하기 시작했다. 몇 년 후 남편은 이렇게 말했다. "아내와 함께 기도하는 것은 그때가 마지막이라고 결심했어요." 그는 그 무안함을 감당할 수 없었다. 그리고 몇 년이 지나 하나님께서 그의 마음에 새로운 은혜의 역사를 일으키셨을 때, 비로소 그는 다시 한번 아내와 함께 기도하는 것에 용기를 낼 수 있었다.

사실, 여성이 주도권을 잡으려고 하면 남성은 방관하며 지켜 보는 경우가 많다. 우리는 두 마리의 토끼를 다 잡을 수 없다. 여성 스스로가 주도권을 쥐고 있으면서 남성에게 적극적이고 주도적인 '영적 리더'가 되기를 기대할 수는 없다. 남편의 비협조적인 태도로 낙심한 여성들에게 나는 이렇게 묻곤 한다. "자매님이 그 상황을 처리하려고 재빨리 뛰어들지 않으면 어떤 최악의 상황이 일어나나요?" 그렇다. 몇 가지 일은 잘 안될 수 있다. 불편하거나 곤란한 일이 따라올 수도 있다. 하지만 그러한 결과가 오히려 남편이 행동하도록 하는 데 필요한 동기가 될 수 있지 않을까? 필요하다면, 오히려 남편이 어떤 식으로든 실패하도록 내버려 두고 그 결과를 (변함없이 우리를 사랑하시고 주권자이신) 하나님의 손에 맡길 만큼 주님을 신뢰하라.

그분이 행하시도록 기다리라

성경에서 사라는 남편을 경외하고 남편에게 순종한 여성의 모범으로 손꼽힌다. 하지만 그녀는 최소 한 번 하나님께서 생각한 만큼 빨리 행동하지 않으셨을 때, 문제를 스스로 해결하려고 하는 함정에 빠졌다. 10년 전, 하나님은 그녀의 남편 아브라함에게 그가 많은 자손들을 얻고 그들이 큰 민족을 이루게 될 것이라고 약속하셨다. 그런데 그녀의 나이가 76세이기까지 여전히 자녀가 없었다. 기다림에 초조해진 그녀는 누군가는 무얼 해야 한다고 판단했고, 남편에게 행동을 취하라고 압력을 가했다.

> 그에게 한 여종이 있으니 애굽 사람이요 이름은 하갈이라 사래가 아브람(이후에는 사라와 아브라함으로 불린)에게 이르되 여호와께서 내 출산을 허락하지 아니하셨으니 원하건대 내 여종에게 들어가라 내가 혹 그로 말미암아 자녀를 얻을까 하노라 하매 아브람이 사래의 말을 들으니라 _창 16:1-2

사라가 아브라함을 설득한 것은 당시 일반적 관행이었다. 불임 여성이 여종을 일종의 대리모 삼아서 아이를 가지는 일은 사회적으로 널리 받아들여지고 있었다. 처음 사라의 계획은 훌륭하게 진행되는 것처럼 보였다. 하갈은 금방 임신을 했고 자녀를 낳았다. 그런데 머지않아 상황이 악화되었다. 아이가 없는 사라와 임신 중인 여종 사이의 관계는 점점 더 악화되었고, 사라는 아브라함에게 가서 이렇게 말했다. "내가 받는 모욕은 당신이 받아야 옳도다"(창 16:5).

13년이 지나 사라가 90세가 되었을 때, 하나님은 초자연적으로 개입하셔서 아브라함과 그의 아내에게 이들의 자녀를 허락하셨다. 이삭은 이 노년의 부부와 아직 태어나지 않은 미래 세대 모두에게 큰 복을 가져다줄 것이라 했다. 하지만 아브라함과 하갈의 연합을 통해 태어난 아들 이스마엘은 평생 갈등과 슬픔의 근원이 되었다. 사라는 얼마나 여러 번 되돌아보며 후회하고 이렇게 혼잣말을 했을까? "왜 내가 상황을 통제하려고 했을까? 왜 나는 주님을 기다리지 않았을까?"

내가 아는 많은 여성들이 사라의 경험에 공감할 수 있다. 우리는 문제를 우리 스스로 해결하는 것으로써 즉각적인 결과를 얻을 수도 있다. 하지만 결국 우리 입안에는 씁쓸함이 남고, 우리를 행동하도록 만든 이들에게 화가 나서 이들을 원망하게 될 수도 있다. 이렇게 다른 이들의 행동(혹은 주도권의 결핍)에 대해 불안감을 느낄 때, 몇 번이고 되새기게 되는 시편의 충고가 있다.

> 불평하지 말며 … 여호와를 의뢰하고 선을 행하라 … 네 길을 여호와
> 께 맡기라 그를 의지하면 그가 이루시고 … 여호와 앞에 잠잠하고 참
> 고 기다리라 … 온유한 자들은 땅을 차지하며 풍성한 화평으로 즐거워
> 하리로다 _ 시 37:1-11

무언가 해야 할 일이 있는데 남편을 포함해 아무도 그것을 눈치채지 못하고 기꺼이 나서지 않을 때, 가만히 손 놓고 혀를 깨물면서 아무 말도 하지 않으려고 애쓰는 것은 결코 쉽지 않다. 하지만 여기 시편 기자의 말은 그 순간의 좌절감을 덜어 주고 앞으로의 후회를 막아 준다.

불안해하거나 초조해하거나 흥분하거나 화를 내지 않겠다고 마음먹어라. 언제나 신뢰할 수 있는 주님을 의뢰하라. 기다리는 동안 선을 행할 기회를 찾으며, 항상 일하시고 무슨 일이 일어나야 하는지를 홀로 아시는 하나님께 당신의 길을 맡기라. 그리고 무엇보다 잠잠히 있으라. 인내심을 가지고 하나님께서 행하시기를 기다리라. 그분은 적절한 때에 그분의 완벽한 방식으로 그렇게 행하실 것이다.

여러 해 동안 나는 결혼 생활에서 가장 힘든 시기를 통과하고 있는 많은 여성들과 동행해 왔다. 세부 내용과 기여 요인들은 달랐다. 하지만 이 여성들 각자에게는 견딜 수 없을 만큼 고통스러운 시간이었고, 많은 여성들이 화해나 회복의 가능성이 없다고 여겨지는 상황에 다다랐다. 어쩌면 당신(혹은 당신이 사랑하는 누군가)이 현재 그 지점에 있는지도 모르겠다.

로버트와 내가 교제할 때, 사람들은 항상 마치 다 안다는 표정으로 (경고인지, 위로인지, 아니면 둘 모두인지) 우리에게 이런 말을 했다. "결혼 생활은 힘들어!" 이 말이 나를 정말 신경 쓰이게 했다. 나는 여러 번 로버트에게 이야기했다. "왜 이렇게 절망스러운 조언만 해 주는 걸까요? 사람들은 왜 우리에게 경건한 결혼 생활이 얼마나 좋은지를 이야기해 주지 않는 걸까요?"

미국에서 이 책이 출간되는 시점이 결혼한 지 2년 반이 되는 때다. 하나님은 나에게 이보다 더 완벽한 남자를 주실 수 없었을 것이고, 로버트보다 더 다정하고 사려 깊게 아내를 대하는 남성은 없을 것이라고 생각한다. 하지만 지금 나는 결혼을 고심하고 있는 연인들에게 "그리스도와 서로를 사랑하는 두 사람 사이의 결혼은 아주 좋아요. 하지만… 결혼은 많은 노력이 필요해요."라고 말한다. 힘든 일이다. 두 배우자 모두 열심으로 노력하지 않는다면, 결혼 생활은 말 그대로 힘든 일이 될 것이다.

모든 기혼 부부는 서로 잘 맞지 않는다. 남자와 여자가 크게 다르다는 것뿐만 아니라, 본능적으로 자신을 지키려는 경향을 지닌 두 사람이 함께한다는 사실만 보아도 그렇다. 한집에 사는 두 사람은 때때로 무감각해질 수 있다. 서로에게 상처를 주기도 할 것이다. 소통의 오류와 오해도 있을 것이다. 서로의 필요를 충족시키지도 못할 것이다. 사람들이 결혼을 하고 '영원토록 행복하게 사는' 유일한 곳은 동화 속 이 야기뿐이다. 창세기 3장 이후 단 한 번도 쉽거나 고통이 없는 결혼 생활은 없었다.

물론 원수는 이것을 알고 있기에, 이를 적극적으로 활용하고자 노력한다. 어떤 부부가 "결혼합니다"라고 선언하자마자 뱀은 자신의 추악한 머리를 곤추세운다. 신혼 부부를 환송하고 난 후 예식장을 미처 정리하기도 전, 원수는 이 부부의 마음에 분열의 씨앗을 심을 기회를 찾는다. 그는 자신이 크리스천들의 결혼 생활을 찢어 놓는 일에 성공할 때마다 신적 구원을 보여 주는 이 땅의 그림이 훼손되고, 이 세상이 하나님의 성품에 대한 왜곡된 견해를 갖게 된다는 사실도 알고 있다. 즉 어떠한 결혼도 선하고 거룩한 선물을 파괴하려는 이러한 시험에서 자유롭지 못하다. 당신의 결혼도 그렇고 내 결혼도 그렇다.

그렇다면 원수는 어떻게 이 사악한 불화를 일으킬까? 지금쯤이면 당신은 그 답을 알 것이다. 그는 거짓말을 한다. 속임은 그의 가장 효과적인 도구 중 하나이다. 하지만 이 속임은 보통 완벽한 허위 사실로 시작하지 않는다. 대부분 금방 알아차릴 수 있기 때문이다. 부분적 진리와 부분적 속임이 뒤섞여 사실처럼 보이는 생각과 사실처럼 느껴지는 감정으로 교묘하게 시작한다. 단순한 잘못이나 오해로 시작할 수 있다. 당신의 새신랑이 이렇게 했다고 가정해 보자.

- 두 사람이 처음 만난 날의 2주년 기념일을 잊는다.

- 데이트에 한 시간을 늦게 나타나면서 전화하는 것을 잊어버린다.

- 당신과 먼저 상의하지 않고 두 사람이 교회 미취학부서에서 봉사하기로 한다.

- 크리스마스를 친정 부모님과 보내고 싶었는데, 그날 시부모님 댁에 다녀올 거라고 말한다.

- 또는 기타 수천 가지 다른 잘못들 중 한 가지를 저지른다. (나중에 로버트와 내가 결혼하고 몇 주가 되지 않았을 때, 크리스마스 전구를 사러 피어 원에 간 이야기를 들려 달라고 해주세요.)

그렇다면 당신은 어떻게 반응해야 할까? 최선을 다해 정직하고 관대하게 대화를 나누고 용서하며 잊어버리려고 하지 않고 상대방의 잘못을 마음에 담아 두고서 넘어가는 것은 당신의 마음과 머릿속에 자리 잡은 사실이 아닌 것들을 믿는 데 있어 취약해지기 마련이다. 시간이 지남에 따라 이러한 생각은 점점 더 심해지고 확장되어, 당신은 다음의 생각에 이르게 된다.

- 그 사람은 늘 배려심이 부족해.

- 그 사람은 내게 상처 준 것에 대해 신경 쓰지 않아.

- 그 사람은 절대 달라지지 않을 거야.

- _____(직장이나 교회의 다른 남자)가 훨씬 더 사려 깊고 이해심이 많아. 그는 아내를 그런 식으로 대하지 않아.

- _____(다른 남성)과 결혼했다면, 더 행복했을 텐데.

- 결혼 생활이 불가능한 사람들이 있어. 우리는 서로 천생연분이 아닌 게 분명해.

- 이 불행한 결혼 생활을 유지하느니 이혼하는 게 더 나을 것 같아.

- 다른 대안이 없어. 그 사람과 계속해서 같이 살기 힘들 것 같아.

물론 이런 일이 한꺼번에 일어나지는 않는다. 오랜 기간 수많은 상처가 쌓이고 속임에 넘어가다 보면 쉽게 냉담한 마음과 포기로 이어지고, 이것은 여전히 더 많은 상처와 속임을 야기한다. 이러한 악순환은 케이샤(Keisha)와 같은 여성을 다음의 결론으로 이르게 할 수 있다.

> 저에게는 행복할 권리가 있어요. 제 인생은 최소한 절반이 지났고, 남은 인생은 저를 사랑해 주고 소중히 여겨 주는 사람과 행복한 결혼 생활을 하면서 보낼 자격이 있어요. 그 사람이 지금의 제 남편은 아닌 것 같아요.

인간적으로 보면, 이러한 반응은 충분히 이해할 수 있다. 이 지경까지 다다른 여성의 마음에는 분명 수많은 상처가 쌓여 있을 것이다. 그녀는 소망이 없음을 느끼고 결혼 생활의 회복을 위해 계속해서 노력하고 싶은 의지를 잃어 버렸다. 그러나 그녀는 속아 넘어갔다. 그녀에게 있는 인간적 이기심의 도움을 받아 원수의 거짓말이 그녀의 생각 안에 깊이 자리 잡았을 가능성이 있다. 그녀는 마음을 안정시키고 정박시켜 줄 진리가 절실히 필요하다. 어떻게 그 진리에 접근할 수 있을까? 그것은 자신의 가정에 의문을 제기하는 것으로 시작할 수 있다. 여기, 좌절과 고통 가운데 그녀가 정직하게 묻고 답할 수 있는 몇 가지 질문들이 있다.

- ♥ 나는 내 결혼 생활 안에 있는 문제들이 전적으로 (혹은 대부분) 남편의 잘못이라고 믿고 있는가?

- ♥ 나는 내 반응이나 마음이 우리 관계의 단절에 어떻게 기여했을 수 있는지 돌아보는 정직하고 겸손한 태도를 취하고 있는가?

- ♥ 나는 남편만큼이나 나 자신을 하나님의 은혜가 필요한 죄인이라고 생각하는가?

- ♥ 내 관심이 대부분 나 자신, 곧 내 행복과 내 상처에 맞춰져 있진 않은가?

- ♥ 나는 내 삶, 남편의 삶, 결혼 생활의 회복과 성화의 과정보다, 문제를 해결하고 나의 필요를 채우는 데 더 관심을 두고 있진 않은가?

- ♥ 나는 하나님께서 남편의 삶 가운데 나를 은혜의 도구로 사용하시는 것을 기뻐하는가?

- ♥ 나는 하나님을 제외시킨 적이 없는가? 나는 그분이 나와 남편, 우리의 결혼을 위한 선하고 거룩한 목적을 가지고 계시다고 믿는가?

- ♥ 나는 우리 결혼 생활의 어려움(남편의 결점들을 포함)들이 그러한 목적에 기여할 수 있다고 믿는가?

- ♥ 나는 이러한 혼란을 하나님께서 자신의 능력에 대한 증거로서 아름답고 가치 있는 무엇으로 변화시킬 수 있으시다는 것을 믿고 있는가?

여성들이 믿고 있는 거짓말

♥ 이 결혼 생활에서 벗어나기를 원할 때, 나는 혼인 서약의 영속성과 그 약속을 깨는 것의 심각성에 대하여 하신 하나님 말씀보다 내 행복을 우위에 두고 있진 않은가?

질문을 던진 후 다음 단계는 올바른 답을 찾는 것이다. 결혼 생활과 관련한 사탄의 거짓말에 (하나님께서 말씀에 계시하신) 진리로 대항할 용기를 갖지 않는 한 고통과 속임의 악순환은 끊어지지 않을 것이다.

♥ 하나님이 치유하실 수 없는 결혼은 없다. 하나님이 변화시키실 수 없는 사람은 없다.

♥ 결혼의 주된 목적은 하나님을 영화롭게 하고 그분의 구속, 그 언약의 사랑을 드러내는 것이다.

♥ 배우자의 연약함은 우리를 그리스도의 형상으로 닮아가는 데 도움이 되는 하나님의 손에 붙들린 도구가 될 수 있다.

♥ 참된 사랑, 곧 하나님의 사랑은 무조건적이고 변함이 없다. 우리는 혼자의 힘으로 죄 많은 인간을 그렇게 사랑할 수 없지만, 하나님께서 그렇게 하시도록 한다면 그분은 우리를 통해 어떠한 사람도 사랑하실 수 있다. 사랑은 감정이 아니다. 타인의 최선의 이익을 위해 행동하겠다는 약속이다. 하나님의 은혜로 우리는 그 사람에 대한 따뜻한 감정이 없어도 그 사람을 사랑하기로 마음먹을 수 있다.

♥ 하나님은 언약을 지키시는 분이시다. 하나님은 이스라엘 민족이 영적으로 간음하고 다른 연인들을 좇을 때에도 이들에 대한 약속을 지키셨다(렘 11:10; 겔 20:16; 호 2:13 참조). 예수님 역시 자신의 신부, 곧 교회에게 신실하시다. 우리가 그분께 신실하지 못할 때에라도 말이다. 결혼의 목적은 언약을 지키시는 하나님의 사랑과 그리스도와 그분의 백성 사이의 구속 관계를 그림으로 표현하기 위한 것이다.

♥ 그리스도의 고난이 우리가 나음을 입는 수단이었듯이(벧전 2:24-25), 배우자에게 당신의 신실함과 희생적 사랑을 베풀겠다는 의지는 그를 회복시키는 수단이 될 수 있다 (고전 7:12-14).

♥ 하나님의 은혜는 당신이 배우자에게 신실하게 하며, 제한 없이 사랑하고 용서하도록 할 만큼 충분하다.

♥ 결혼 생활에서 어떤 일을 겪든, 배우자가 당신에게 어떻게 하든 하나님은 당신을 절대로 떠나지 않으실 것이다. 그분은 항상 당신과 함께하셔서 극복할 힘을 주실 것이다.

♥ 이생의 신실함에 대한 보상은 영원에 이르기 전에는 충분하게 주어지지 않을 수도 있다. 하지만 신실한 자에게는 하나님께서 반드시 보상해 주실 것이다. 그리고 그 보상은 기다릴 만한 가치가 있다!

몇 년 전, 한 여성이 내 강의를 듣고 찾아와 내게 쪽지를 건네주었다. 쪽지 상단에 손글씨로 이렇게 적혀 있었다.

용서는 하나님의 최선을 받아들이는 유일한 길이다!

그리고 이어진 각 문장에는, 이 여성이 속임에서 벗어나 진리에 이른 가슴 찡한 여정이 담겨 있었다.

> 몇 년 전 남편이 저에게 잘못을 저질렀습니다.
> 저는 이혼 소송을 제기했습니다.
> 아내를 먼저 떠나보낸 한 친구로부터 쪽지를 받았는데,
> 거기에는 "겸손하게 굴어."라고만 적혀 있었죠.
> 저는 그렇게 했습니다. 처음에는 마지못해 꺼리는 마음으로요.
> 제 자신을 낮추고 남편을 사랑하려고 노력하면 할수록,
> 남편은 더욱 멋진 하나님의 사람이 되어 갔습니다.
> 저는 제가 그의 아내인 것이 자랑스러워졌습니다. 정말 기뻤어요!
> 어느 크리스마스 이브, 저희는 서로를 꼭 안아 주었습니다.
> 하나님은 우리가 꿈꾸었던 것 이상으로 결혼 생활의 모든 면을 회복시켜 주셨지요.
> 12월 26일, 우리는 함께 기도했고, 서로를 꼭 안아 주었습니다.
> 그에게 작별 키스를 했지요. 그리고 나서 한 시간 후, 그는 사망했습니다.
> 남편 없이 살아가는 게 쉽지 않지만, 하나님은 제게 후회 없는 삶을 선물로 주셨습니다.
> 저는 기혼 여성들에게 말씀드리고 싶어요. 자신을 겸손하게 하십시오.
> 남편에게 하나님의 사람이 될 수 있는 여유와 시간을 주세요.
> 시간과 희생이 필요하지만, 놀라운 복을 주실 거예요!

원수는 결혼을 망가뜨리기 위해 최선을 다한다. 그의 목표는 마음에 상처를 입

히고, 남편과 아내가 서로에게서 등을 돌리도록 하며, 불가능한 상황이라고 이들을 설득하면서 아무 가망 없음에 갇혀 있다는 느낌을 받도록 하는 것이다. 그의 거짓말로 인해 수많은 삶과 가정들이 무너졌다. 하지만 그리스도는 소망을 가져다주시고, 재를 아름답게 하시며(사 61:3), 만물을 하나님과 화목케 하시기 위하여 오셨다(고후 5:18). 배우자가 어떠한 선택을 하든, 그분의 진리에는 구원하고 회복하고 마음을 새롭게 하는 능력이 있다. 당신이 어려움 가운데서도 이 진리를 끌어안을 때, 언약을 지키시는 그분의 사랑이 당신을 붙드실 것이다. 또한 당신의 삶은 깨어진 관계와 약속의 세상 속에서 그분의 신실하심을 드러낼 것이다.

진리로 거짓말에 대항하기

거짓말 26. 행복해지기 위해서는 나도 남편이 있어야 해.

진 리
- 결혼을 하는 것(혹은 하지 않는 것)이 행복을 보장해 주지는 않는다. (약 1:16-17)
- 나의 가장 깊은 필요를 충족시켜 줄 수 있는 사람은 아무도 없다.
  하나님 외에 그 누구도, 그 무엇도 나를 진정으로 행복하게 해 줄 수 없다.
  (시 62:5; 118:8-9; 렘 17:5-7)
- 하나님은 내가 필요한 모든 것을 공급해 주신다고 약속해 주셨다.
  내가 결혼함으로써 하나님이 더 많은 영광을 받으시고자 하실 때 나에게
  남편을 마련해 주실 것이다. (대상 29:11-12; 욥 42:1-2; 잠 16:9; 고전 7:25-38)
- 주님을 기다리는 이들은 언제나 그분의 최선을 얻는다. 그러나 자신이
  원하는 것을 얻으려고 고집하는 이들은 종종 마음의 상처를 입는다.
  (시 37:4; 106:15; 렘 17:5-8)

거짓말 27. 내 배우자를 변화시키는 게 내 일이야.

진 리
- 경건한 삶과 기도는 아내가 남편의 삶에 영향을 미칠 수 있는 가장 큰 두
  가지 수단이다. (약 5:16; 벧전 3:1-4)

거짓말 28. 남편은 나를 섬겨야 해.

진 리
- 섬김을 받으려고 하면 때때로 실망을 하게 된다. 대가를 바라지 않고 다른
  사람을 섬기려고 하면 결코 실망하지 않을 것이다. (잠 31:10-31; 막 10:42-45)
- 아내에게는 남편의 "돕는 배필", 즉 '없어서는 안 될 파트너'가 되라는
  독특한 부르심이 있다. (창 2:18)
- 우리가 서로를 섬길 때가 예수님을 가장 닮은 때이다. (요 13:5)

거짓말 29. 남편에게 순종하면 불행해질 거야.

진 리
- 순종을 통해, 아내는 교회가 그리스도께 순종하는 그림을 그리는 특권을 갖는다. (엡 5:21-22)
- 순종을 통해, 아내는 남편과 자신의 상황을 궁극적으로 통제하시며 언제나 자신의 최선을 이익을 위해 돌보시는 하나님께 자신을 맡긴다. (잠 21:1)
- 아내의 존중을 담은 순종의 정신은 하나님께 불순종하는 남편에게 영향을 미치는 강력한 도구가 될 수 있다. (벧전 3:3-6)

거짓말 30. 남편이 소극적이라면 내가 주도권을 잡아야 해. 그럴지 않으면 아무것도 할 수 없어.

진 리
- 하나님께서 남편을 움직여 주시기를 기다리기보다 아내가 직접 뛰어들어 주도권을 잡는다면, 남편은 하나님께서 주신 책임을 다하려는 의욕이 떨어질 가능성이 높다. (창 16:1-2; 시 27:14)

거짓말 31. 내 결혼 생활에는 아무런 소망이 없어.

진 리
- 결혼은 언약을 지키시는 하나님의 마음을 반영하기 위해 의도된 평생의 언약이다. (창 2:18-24; 전 5:4-6; 말 2:13-16; 막 10:2-12)
- 하나님께서 치유하실 수 없는 결혼은 없다. 하나님께서 변화시키실 수 없는 사람은 없다. (마 5:44; 18:21-22; 막 11:25)
- 하나님은 결혼 생활에서 각 배우자의 거친 면을 사용하셔서 서로를 그리스도의 형상으로 만드신다. (엡 5:24-27)
- 하나님의 은혜는 한 여성이 그녀의 남편에게 신실하고 그리스도를 닮은 사랑과 용서를 베풀며 인내하도록 하기에 충분하다. (고후 12:9)

8장
여성들이
자녀에 관하여
믿고 있는 거짓말

하와의 일기

아담은 아이를 하나 더 갖자고 얘기하는데, 나는 잘 모르겠다. 이 세상 무엇보다 우리 아들들을 사랑하지만, 엄마가 된다는 것은 쉬운 일이 아니다. 아담은 우리가 어떻게 또 다른 아이를 감당할 수 있을 거라고 생각하는지 도무지 이해할 수가 없다.

요즘 애들 사이에는 많은 긴장이 맴도는 것 같다. 가인은 자신이 동생에게 미치지 못한다고 느끼는 것 같다. 마치 무언가를 증명해야 하는 것처럼 말이다. 가인의 태도가 원래보다 더 나빠졌다. 평소보다 더 혼자 있으려고 하고, 어떤 때는 시무룩하고 우울해하며, 전혀 소통하려고 하질 않는다. 나는 계속해서 아이를 긍정해 주려고 하는데, 내 말은 별 도움이 안 되는 것 같다. 이전에는 하나님과 굉장히 가까웠는데, 지금은 자기가 하나님을 믿는지도 확실하지 않다고 한다.

아이의 아빠는 가인에게 불만이 많다. 서로 잘 공감하지도 못하는 것 같다. 때로는 아담이 아이한테 너무 심하다는 생각이 들기도 한다. 그래서 나는 그이에게 우리도 이런 어려움을 겪었던 시절이 있었다고 상기시켜 주곤 한다.

나는 이 모든 게 아벨에게 어떤 영향을 미칠지 궁금하다. 엄마로서 내가 너무 무력하다고 느껴진다. 이 일을 어떻게 해야 하는지 알려 주는 사람이 아무도 없으니 말이다. 우리 아이들이 잘 성장해 나가기 위해 내가 뭘 더 할 수 있고 뭘 더 해야 하는지가 늘 궁금하다. 내가 더 나은 엄마라면 상황이 달라졌을까?

나의 오랜 친구 메리 카시안(Mary Kassian)은 거짓말 35와 거짓말 36의 내용을 작성하는 등, 이번 장을 연구하고 수정하는 데 커다란 도움을 주었다. 나는 엄마로서 경험한 그녀의 견해를 통해 독자들이 큰 격려를 얻으리라고 생각한다. 메리는 나와 두 권의 책을 함께 썼는데 《참된 여성 101: 신적 설계》(*True Woman 101: Divine Design*)와 《참된 여성 201: 내적 설계》(*True Woman 201: Interior Design*)이다.[1] 메리와 그녀의 사역에 대해서는 GirlsGoneWise.com을 통해 더 알아볼 수 있다.

- 낸시 드모스 월게머스 -

엄마와 자녀의 관계는 인간관계 중 가장 민감하면서도 가까운 관계이기 때문에 많은 여성들이 특히나 이 영역에서 속아 넘어가기 쉽다. 다른 모든 영역에서처럼 사탄에게는 여성의 출산, 자녀, 그리고 엄마로서의 역할과 관련하여 여성을 속이기 위해 사용할 거짓말의 거대한 무기고를 가지고 있다. 사탄이 이러한 거짓말을 하는 의도는 엄마들을 속박하는 것뿐만 아니라, 그의 속임을 다음 세대로 전수하여 이들이 진리를 알지 못하도록, 자유하게 하는 진리의 능력을 경험하지 못하도록 하는 것이다.

이번 장에서는 현대 기독교 문화에서 폭넓게 수용되어 온 몇 가지의 교묘한 거짓말들과 반쪽짜리 진리들에 초점을 맞추려고 한다. 이러한 잘못된 사고방식은 우리 크리스천 가정들에 값비싼 결과를 초래했다. 우리가 그 거짓말들을 알아채고 거절하며 이들을 진리로 대항하지 않는다면, 미래 세대에는 그 결과가 더욱 확대될 것이다.

거짓말 32.
"아이를 몇 명 가질지는 내가 선택해."

"언제 아이를 갖고 싶으세요?" 의사가 묻는다. "지금부터 그때까지 무엇을 할 계획이세요? 그동안 생리는 몇 번 하기를 원하시나요?" 의사는 여성의 대답에 따라 그녀가 원하는 결과를 얻을 수 있는 피임 방법을 추천한다.

1900년대 이전에는 가임기의 여성이 임신의 가능성이 거의, 혹은 전혀 없는 상태에서 성관계를 가질 수 있다는 생각은 상상할 수 없었다. 하지만 20세기 초반 라텍스 고무가 발명되면서, 라텍스 콘돔이라는 임신을 방지할 수 있는 어느 정도 신뢰할 만한 수단이 등장했다. 그리고 나서 마거릿 생어(Margaret Sanger, 1879-1966)라는 한 여성이 등장했다. 10대 후반에 미국 생식권 운동의 창시자인 이 여성에 관한 텔레비전 영화를 우연히 접하게 되었는데, 그 이후 그것을 찾아보려 했지만 더 이상 찾을 수가 없었다. 하지만 그 영화는 내 마음에 지울 수 없는 인상을 남겼고, 그 덕분에 더 많은 연구를 하게 되었다.

1914년 생어는 월간 소식지인 페미니스트 간행물 《여성 저항》(The Woman Rebel)의 1호를 발간했는데, 필자 이름을 적는 줄에 "하나님은 없다, 주인은 없다"라고 적혀 있었다. 그녀는 또 "가족 제한"이라는 소책자 10만 부를 배포했으며, 2년 후 미국 최초의 산아 제한 클리닉을 열기도 했다. 생어의 글은 그녀의 핵심 신념들이 잘 드러나는데, 그중에 하나를 소개한다.

> 자기 몸을 소유하고 통제하지 못하는 여성은 스스로를 자유롭다고 말할 수 없다. 자신이 엄마

가 될 것인지, 되지 않을 것인지를 의식적으로 선택할 수 있을 때까지 어떤 여성도 스스로를 자유롭다고 말할 수 없다.[2]

그녀는 산아 제한(그녀가 만든 용어), 강제 불임 및 분리를 혼합해 '부적합'한 사람들의 생식을 막아 사회를 '개선'해야 한다고 주장했다. 그녀가 정의한 '부적합'에는 장애가 있거나 가난하거나 아프거나 '정신이 박약한'(IQ가 낮은) 이들이 포함되었다.

1950년, 생어의 가족계획협회(Planned Parenthood Federation; 원래는 미국 산아 제한 연맹 American Birth Control League으로 불림)는 먹는 피임약 개발을 위한 연구 자금을 모으기 시작했다. 그녀의 바람은 특별히 사회에서 바람직하지 않은 계층이 '대가족을 만들어 내는 악행'을 종식시킬 수 있는 매우 신뢰할 만한 산아 제한 방법을 개발하는 것이었다.[3] 그리고 10년 후 미국 식품의약국(FDA)은 최초로 먹는 피임약의 사용을 허가했다. 가족계획협회은 여성에게 선사한 자유에 찬사를 보냈다. 인류 역사상 최초로 섹스를 생식 결과로부터 분리할 수 있었다. 이 피임약이 성 혁명과 그에 따른 '여성 해방'/페미니스트 운동을 촉발한 사실은 그리 놀라운 일이 아니다.

마거릿 생어의 생애와 영향력이 우리에게 얼마나 광범위하고 지속적인 영향을 미쳤는지 아무리 강조해도 지나치지 않다. 우리 문화는 생어와 가족계획협회가 주장한 생각, 즉 우리의 출산을 통제하는 것이 인간의 기본적 권리라는 생각을 전면적으로 수용했다. 그들은 여성들에게 이렇게 말한다.

- 당신에게는 자기 몸을 통제할 권리가 있습니다.

- 당신에게는 출산 시기나 출산 여부를 결정할 권리가 있습니다.

- 모든 아이는 기대와 사랑을 받아야 합니다.
  (기대와 사랑을 받지 못하는 아이는 태어나지 말아야 합니다.)

- 당신에게는 성적 쾌락과 충족을 얻을 자격이 있습니다.
  (결혼의 필요성이나 임신에 대한 두려움이 없이)[4]

크리스천 여성들도 이 같은 대중의 생각에 영향을 받는다. 의식을 잃은 환자의 정맥에 정맥 주사를 놓듯 우리의 마음속에 스며든다. 그렇기 때문에 우리는 하나님의 말씀으로 나아가는 것이 매우 중요하다. 성경은 자녀와 생식에 관하여 무엇을 가르치는가?

> ♥ 자녀는 하나님의 복이요, 생육하고 번성하여 땅에 충만하라는 하나님의 명령의 실현이다(창 1:28).

> ♥ 자녀는 하나님께서 우리에게 주시는 선물이며, "여호와의 기업이요, 태의 열매는 그의 상급"이다(시 127:3).

> ♥ 자녀는 우리 삶에 목적과 의미, 기쁨을 준다(시 127:4-5; 잠 23:24).

> ♥ 자녀는 주님께서 주신다(히 2:13; 사 8:18).

> ♥ 하나님은 크리스천 부모가 주님의 훈계와 교훈으로 자녀를 양육하길 기대하신다(창 18:19; 엡 6:4).

더욱이 출산은 하늘의 실재를 이 땅의 그림으로 표현한 것이다. 한 남편과 한 아내의 육체적 연합이 육체적 자녀를 낳는 것처럼, 그리스도와 교회의 영적 연합은 영적 자녀를 낳는다(요 1:12; 갈 4:19). 성경은 태를 열고 닫으시는 분이 주님이시라고 말한다(창 20:18; 29:31; 30:22). 어떤 사람이 간절히 자녀를 원해도 알 수 없는 이유로, 하나님께서 의도적으로 자녀를 갖지 못하게 하실 때가 있다. 예컨대, 한나는 자녀를 갈망했으나 주님은 그녀가 사무엘을 임신하는 것이 합당하다고 보실 때까지 "그녀의 태를 닫으셨다"(삼상 1:1-2:21). 사라 역시 하나님께서 이삭에게 복을 주실 때까지 (사라가 아흔 살이 될 때까지!) 오랜 세월을 기다려야 했다(창 21:1-7; 히 11:11). 이들과 다른 많은 사례들로부터 우리는 하나님께서 인간의 출산과 관련하여 우리가 그분에게 공을 돌려 드리는 것보다 훨씬 더 많은 일을 하신다는 사실을 알 수 있다.

그렇다면 이 모든 것이 자기 가정을 향한 하나님의 뜻을 구하는 크리스천 여성들과 부부들에게 무엇을 의미할까? 오늘날 많은 성경 교사, 크리스천 리더, 그 외 신자들이 취하는 한 가지 대중적 입장이 크리스천 웹사이트에 다음과 같이 요약되어 있다.

> 성경 시대에는 현대의 산아 제한이나 출산 선택이 가능하지 않았기 때문에, 성경은 임신을 방지하거나 장려하기 위해서 이러한 방법들을 사용하는 문제에 대해 침묵하고 있다. 그것이 임시적이든 영구적이든 가족 계획의 목적으로 임신을 방지하는 것은 중립적 행위이며 죄로 간주되지 않는다.[5]

이 몇 페이지를 통해 이 주제와 연관된 성경적 원리와 사회적 함의를 철저하게 분석한다는 것은 불가능하다. 그러나 출산과 피임에 관하여 무엇을 믿어야 하는지 고려할 때(그것이 당신 자신을 위해서든 다른 여성들과의 소통을 위해서든), 나는 당신이 만연한 세계관을 분별 없이 수용하기보다 기도하는 마음으로 하나님의 말씀에서 확인할 수 있는 그분의 관점을 찾고, '자녀는 환영받아야 할 가정의 복'이라는 그분의 뜻을 진지하게 받아들이기를 권하고 싶다. 하나님께서 하늘의 창을 열어 다른 종류의 복, 예를 들어 10만 원권 지폐를 뿌려 주신다면, 우리 중 누가 "제발요! 그만 복 주세요!"라고 하며 항의하겠는가!

내 친구 홀리 엘리프(Holly Elliff)와 그의 남편 빌(Bill)은 이들 삶에서 이 같은 영역을 주님 앞에 내어놓기 시작하면서, 자신들의 마음과 생각이 변화하는 것을 발견했다. 이들은 결혼을 하고 처음 10년 정도 피임을 했고, 자녀를 가질 준비가 되었다고 느낄 때에만 피임을 중단했다. 네 번째 자녀를 임신했을 때가 되어서야 이들은 산아 제한에 대한 이들의 입장을 재고하기 시작했다. 이들이 조언을 구했던 한 친구는 출산에 대해 성경이 어떻게 말하는지를 연구해 보라고 권유했다. 홀리는 그 여정을 다음과 같이 묘사한다.

> 제 인생에 있어 이 영역에서 손을 뗀다고 생각하니 두려웠습니다. 최악의 악몽들 중 하나는 남은 인생 동안 계속해서 임부복을 입어야 한다는 것이었지요. 대가족을 둔 엄마들에 대한 상상

은 그리 아름답지 않았고, 저는 그런 사람이 되고 싶지 않았어요.

이 문제에 관하여 고민이 많았습니다. 그래서 6개월 동안 저는 성경에서 자녀와 출산에 관한 모든 언급을 찾아봤어요. 솔직히 말해서, 저는 제 삶 속 이 영역에 대한 권한을 놓지 않기 위해 방법을 찾고 있었죠. 하지만 저는 반복해서 자녀는 복이요, 태를 열고 닫으시는 분은 하나님이시라는 사실을 발견했습니다.

어느 날 밤 부엌 식탁에 앉아 목록을 써 내려간 기억이 납니다. 맨 위에는 "내가 백만 명의 자녀를 원하지 않는 이유"라고 적었죠. 그리고 하나님 말씀에 대한 제 반대 의견을 기록하기 시작했습니다. 그 목록에는 다음과 같은 두려움이 있었어요.

- 이것이 내 신체에 어떤 영향을 미칠까?

- 평생 아홉 달마다 임신을 하게 되는 것인가?

- 자녀를 더 키울 여력이 있을까?

- 더 많은 아이들을 사랑할 수 있을까?

- 다른 사람들은 어떻게 생각할까?

연필을 내려놓고 제가 적은 것을 다시 읽어 보고서, 저는 제 목록의 대부분이 이기심에 뿌리 내리고 있다는 사실을 깨달았습니다. 이것이 마음의 문제라는 사실이 분명해졌지요. 제 삶의 다른 모든 영역에서 하나님께서 함께하시기를 바라는 것처럼, 우리 가족에 관한 이 영역에서도 하나님께서 주님이 되시도록 하는 것은 제 선택의 문제였습니다.

남편과 저는 저희가 가진 돈으로 무엇을 해야 할지, 어디에서 봉사해야 할지, 어떤 차량을 구매해야 할지를 두고 기도하긴 했지만, 이 영역에서는 이렇게 말해 온 셈이었습니다. "이것은 저희의 결정이에요." 저는 처음으로 주님께 이렇게 기도해 본 적이 없다는 사실을 깨닫게 되었습니다. "저희 가족의 규모에 대한 주님의 뜻은 무엇입니까?"[6]

그날 밤은 홀리가 자기 삶에서 고민하고 있는 이 영역을 그리스도께 내어드리는 전환점이 되었다. 그럼에도 불구하고, 주님께서 이들에게 맡기기 원하시는 자녀의 수를 그분이 결정하시도록 그분을 신뢰하며 평범한 성관계를 즐기겠다고 한 결정에 불안이 없었던 것은 아니다. 그녀는 나에게 이런 말을 했다. "이때 나는 정말 '하나님께서 이 영역을 주관하시도록 맡긴다면, 나에게는 25명의 자녀가 생길지도 몰라.'라고 생각했어."

결과적으로 하나님은 빌과 홀리에게 6명의 자녀를 더 주셨고, 이들 중 둘은 천국에 있다. 지금 12살 미만의 자녀가 15명인 할머니가 된 그녀는 말한다. "돌이켜봐도, 우리는 그 결정을 전혀 후회하지 않아. 이 여섯 아이들이 없었다면 어떻게 되었을지 상상할 수도 없어!"

이 문제와 씨름하다

나와 대화를 나누어 본 많은 여성들은 출산을 주님께 맡기는 것이라는 의미로 처음 생각하기 시작했을 때, 홀리가 가졌던 것과 같은 두려움을 느꼈다. 홀리와 빌은 이 땅에서 결국 8명의 자녀를 가졌다. 당신도 나처럼 많은 자녀를 둔 여성들을 알고 있을 것이다. 또한, 어떤 형태의 피임도 하지 않았는데 고작 두세 명 혹은 자녀를 전혀 갖지 못한 부부들도 있다. 결국, 태를 열고 닫으시는 하나님께서 한 여성이 갖게 될 자녀의 수를 결정하신다.

문제는 우리가 그분을 하나님으로 믿는가, 즉 그분께서 관련된 모든 이들을 위해 선하고 지혜로운 일을 하신다고 신뢰하는가의 문제이다. 이 문제에 대해 당신은 홀리나 다른 누군가가 도달했던 생각에 이르지 못할 수 있다. 그럼에도 나는 순종하는 마음과 그분의 인도하심을 따르고자 하는 진지한 갈망으로 주님을 찾으며, 주님께서 자신들에게 자녀의 수와 시기를 기도로 계획하고 낙태와 무관한 방식의 피임을 사용할 자유를 주셨다고 생각하는 경건한 부부들을 알고 있다.

이것이 당신 자신이나 가족이나 친구가 직면한 문제라면, 내가 호소하고 싶은 것은 다만 이것이다. 성경을 꼼꼼히 살펴라. 군중이나 문화를 그저 맹목적으로 좇지 말라. 자녀와 출산, 그것 안에서의 하나님의 역할을 향한 당신의 태도가 성경이 말하는 것과 일치하는지를 보라. 지혜롭고 경건한 조언을 구하라. 성령님께서 당신을 인도해 주시기를 기도하고 구하라. 그리고 다양한 종류의 피임에 대해 조사하라!

자연 피임법과 차단 피임법은 임신을 방지한다. 그러나 어떤 피임법은 수정란을 파괴하여 이미 시작된 생명을 해치기도 한다. 이것은 분명 하나님께서 허락하시는 것이 아니다. 또한 당신이 혹 피임약을 복용하고 있거나 고려하고 있다면, 관련 사실들을 잘 검토해 보라고 권하고 싶다. 일부 의사들과 의료 전문가들은 적어도 일부 먹는 피임약이 단순히 배란의 억제가 아니라 낙태를 유발할 가능성이 있다고 주장한다. "크리스천이 피임약을 사용할 수 있는가?"라는 기사에서 앨버트 몰러(Albert Mohler)는 그러한 가능성을 인정하고 이렇게 강조한다. "크리스천 부부들은 분명 낙태를 하지 않으면서 피임이 가능한 방법을 선택하기 위해 상당한 주의를 기울여야 한다."[7]

반면, 불임은 많은 부부들이 직면하는 또 다른 어려운 문제다. 미국 질병통제예방센터(CDC)에 따르면 가임기 인구의 12%에 해당하는 약 730만 명의 미국인이 불임이며,[8] 그 영향을 받는 이들의 고통은 결코 작지 않다. 이러한 현실에 대응하기 위해 다양한 '보조생식기술(ART)'이 개발되었다. 이 분야에서의 발전은 출산과 관련한 여성의 선택을 증가시켰고 많은 불임 부부에게 도움이 되었다.

그러나 크리스천에게 이러한 기술 중 일부는 또 다른 윤리적, 도덕적 문제를 제기한다. 예를 들어, 체외 수정(IVF)을 통해 생성된 미사용 배아를 냉동 보관하는 것은 어떠한가?[9] 또 이러한 선택들은 과연 어느 시점에서 임신의 확률을 높이는 것을 넘어 하나님 노릇을 하는 영역으로 넘어가는가? 그리고 하나님께서 당신의 태를 닫으셨다면, 당신은 어느 정도까지 그것을 강제로 열기 위해 노력할 것인가? 도대체 하나님께서 때가 되면 당신에게 자녀를 주실 것이라고 신뢰한다는 말은 무슨 의미인가?

이 모든 문제에서 지혜와 분별을 위한 기도, 그리고 주님을 높이기 위한 갈망은 필수적이다. 다시 말하지만, 그리스도를 사랑하는 모든 여성들이 피임과 기타 출산에 대해 동일한 결정을 할 수는 없다. 하지만 우리가 이 물음들에 어떻게 대답하는지는 생명, 자녀, 하나님의 섭리, 하나님의 주권 등에 대한 우리의 태도에 대해 많은 것을 말해 줄 수 있다.

엄마가 된다는 것의 유산

엄마가 된다는 것은 모든 면에서 나를 자극하여 영적 성장과 하나님의 공급을 신뢰하는 것에 대해 내가 안다고 생각했던 모든 것을 시험하는 일이다. 엄마의 역할을 한다는 것은 나를 늘리고, 나를 소모하며, 나를 쥐어짜고, 나를 빚어 가는 인생의 선택이다.

엄마가 된다는 것은 끝이 없고 역설적인 삶 가운데서 살아가겠다는 것을 의미한다. 위대한 사랑과 위대한 고통이 손잡고 걸어가는 삶, 아주 작은 순간이 엄청난 기쁨을 만들어 내는 삶, 나의 피로나 좌절이나 두려움이나 지혜의 부족이 은혜의 보좌로 향하는 문이 되는 삶이다.

그곳에서 나는 나를 반겨 주시고, 내 지친 어깨에서 무거운 책임을 덜어 주시며, 내가 알고 있는 진리를 상기시켜 주시는 아버지를 발견한다. 지금부터 여러 세대가 지나, 주님의 뜻 가운데 우리 후손들은 그분의 땅 곳곳에 흩어져 그 시대에 존재하는 모든 불경건한 문화의 흐름에 맞서게 될 것이다. 이들은 사람의 마음을 변화시키는 복음의 단순한 진리를 선포할 수 있는 저력을 갖게 될 것이다.[10]

홀리 엘리프(Holly Elliff)

"나는 (더 이상) 아이를 가질 여력이 없어."

기저귀. 이유식. 스포츠 팀. 치아 교정…. 미국 농무부(USDA)는 한 명의 자녀를 요람에서 고등학교 졸업까지 양육하는 데 대략 3억 5천만 원($245,340), 물가 상승률을 감안한다면 4억 3천만 원 정도가 들 것으로 예상했다. 이는 대학 교육비를 지불하기 전의 비용이다!" "자녀 한 명을 기르는 데 얼마의 비용이 드나요?"라고 인터넷 검색을 하면 무수히 많은 육아 및 엄마들의 블로그는 물론 〈CNN Money〉(씨엔엔 머니), 〈Huffington Post〉(허핑턴 포스트), 〈Today's Parent〉(오늘날의 부모)에 이르기까지 온갖 매스컴에서 이 엄청난 액수를 인용하고 있음을 알 수 있다. 젊은 여성들은 자녀 양육 비용이 엄두를 내지 못할 만큼 비싸며, 대가족을 꾸리는 것은 소수의 사람들만이 감당할 수 있는 사치라는 메시지를 듣고 있는 셈이다.

안타깝게도 대부분의 부부, 심지어 신자들까지도 가족 계획을 하는 과정에서 흔히 자녀를 (혹은 어떤 자녀라도) 더 가질 재정적, 정서적, 신체적 혹은 시간적 여유가 없다는 것에 많은 부분 공감하고 있는 것이 사실이다.

● 어떻게 더 많은 자녀의 뒷바라지를 할 수 있을까? 지금도 간신히 생활하고 있는데…. 큰애 대학 등록금은 어쩌지?

● 우리는 아이들이 바라는 라이프 스타일을 제공해 줄 수 없을 거야. 스포츠 팀은 물론이고 음악 레슨도 받을 수 없으니, 아이들의 잠재력을 제한하게 될 것 같아.

● 더 많은 아이들을 감당하는 건 육체적으로 불가능해. 이미 있는 두 아이를 돌보는 것만으로도 지쳐.

● 아이를 가질 준비가 안 된 것 같아. 나는 인내심이 너무 부족해.

● 아이를 더 가지면 부부가 함께할 시간이 부족해져.

- 아이를 더 낳는다고 하면 친구들(혹은 부모님)은 우리가 미쳤다고 생각할 거야. 이미 아이들이 너무 많다고 생각하더라고.

- 나는 아이가 없어서 행복해.

얼마 전 《타임》(*Time*) 매거진은 "자녀가 없는 삶: 모든 것을 가진다는 것은 자녀를 갖지 않는 것을 의미함"이라는 제목의 표지 기사를 실었다. 표지를 장식한 사진이 제목의 핵심을 꽤나 잘 보여 준다. 젊고 탄탄한 몸매의 한 부부가 바닷가에 누워 더없이 행복한 미소를 지으며 카메라를 응시하는 장면이었는데, 그 어디에도 아이가 보이지 않았다.[12] 이 기사를 쓴 저널리스트 로렌 샌들러(Lauren Sandler)는 자녀를 낳지 않겠다고 선택한 여성들의 인구 증가에 찬사를 보냈다. 이들 중 한 명인 뉴요커 제나 존슨(Jenna Johnson)은 자녀가 없는 삶이 왜 훌륭한 선택인지를 이렇게 설명했다.

> 저는 어떤 일이든 할 수 있어요. 내 마음에 드는 예쁜 물건을 사고, 연로하신 부모님과 여행을 계획하고, 늦잠을 자고, 누구와도 대화하지 않고서 하루를 보내고, 조카들을 위해 선물 꾸러미를 보내고, 언어 수업에 등록하고, 즉석에서 친구와 술 한잔 하러 나갈 수도 있지요. 아이들이 있어도 이 모든 일들이 가능은 하겠지만 분명 더 복잡할 거예요. 이런 저의 계획은 직업적으로나 일상적으로나, 장기적인 계획, 심지어 휴가까지도 자녀 때문에 일어나는 모든 우발적인 상황으로부터 자유로워요.[13]

크리스천들도 자녀를 탐탁치 않게 여기는 문화적 메시지의 영향에서 자유롭지 못하다. 에이미 베커(Amy Becker)를 예로 들어보자. 그녀와 그녀의 남편은 모두 기독교 단체에서 일했다. 이들은 '복음을 위하여' 자녀를 갖지 않겠다고 생각했다. 에이미가 자기 결정의 진정한 동기를 깨닫기 전까지 말이다.

> 결혼을 하고 오랫동안 남편과 저는 자녀를 갖지 않기로 했어요. 저희의 바람은 신앙으로 정당화할 수 있었죠. 저희는 풀타임 기독교 사역자로서 학생들과 함께 사역을 했기 때문에, 가정을 꾸리면 복음을 전파하는 데 방해가 될 거라고 생각했거든요. 복음을 위해 가족의 규모를 제한하도록 부름받은 기독교 선교사들처럼 말이죠. 하지만 저희에게 있어 이러한 주장은 자녀의 존

> 재가 우리 생활을 제한하지 않을까 하는 두려움과 양가감정을 감추기 위한 허울이었어요. 우리가 이기심과 두려움의 동기를 감추기 위해 신앙심인 것처럼 들리는 주장을 사용하고 있다는 사실을 깨닫기 위해서는, 다른 크리스천들의 온화한 질문과 증언이 필요했습니다.[14]

결혼의 중요한 목적 중 하나는 주님을 경외하고 따르는 자녀를 키워 내는 것이다(말 2:15). 사도 바울은 젊은 과부들에게 "시집 가서 **아이를 낳고** 집을 다스리고 대적에게 비방할 기회를 조금도 주지 말"라고 권면한다(딤전 5:14). 그는 또한 "여자들이 만일 정숙함으로써 믿음과 사랑과 거룩함에 거하면 그의 해산함으로 구원을 얻으리라"라고 말한다(딤전 2:15). 물론 바울은 엄마가 되고 자녀를 양육해야만 여성들이 영원한 구원을 얻을 수 있다고 말하는 것은 아니다. 오히려 이 문맥에서[15] 바울은 생명을 낳고 양육하라는 하나님의 부르심을 수용하려는 여성의 의지가 참된 구원에 동반되는 열매라고 말하고 있는 것이다. 이는 곧 그녀가 하나님께 속하고 하나님의 길을 따른다는 증거이다.

자녀 환영하기

다른 도시에 사는 어느 한 친구가 네 번째 아이를 임신했다는 소식을 전해 왔다. 그날 아침이 아직도 기억난다. 이들 부부는 무척 기뻐했다. 그러나 그들은 다른 모든 사람들이 자신들의 노력에 전혀 공감하지 못하고 있다는 사실을 곧 발견했다. 그녀는 내게 말했다. "실은, 가장 부정적인 얘기를 우리 교회 사람들에게서 들었어." 수년간 임산부들과 비슷한 이야기를 많이 나누어 본 바로, 애석하게도 이는 자녀가 하나님께서 주신 복이 아닌 다른 것으로 여기는 사고방식을 반영하는 이야기이다.

예수님은 아이들을 자신의 삶으로 환영하시고, 이들을 위해 시간을 내시며, 제자들에게 동일하게 할 것을 촉구하셨는데, 이때 전혀 다른 가치 체계의 모범을 보여 주셨다(마 19:13-15). 뿐만 아니라 제자들이 하나님 나라에서 어떻게 하면 큰 자가 될 수 있는지 알고 싶어 했을 때에도 예수님은 어린아이에게 눈을 돌리셨다.

예수께서 한 어린아이를 불러 그들 가운데 세우시고 이르시되 진실로 너희에게 이르노니 너희가 돌이켜 어린 아이들과 같이 되지 아니하면 결단코 천국에 들어가지 못하리라 그러므로 누구든지 이 어린아이와 같이 자기를 낮추는 사람이 천국에서 큰 자니라 또 누구든지 내 이름으로 이런 어린아이 하나를 영접하면 곧 나를 영접함이니 _마 18:2-5

이 구절은 여성들이 가능한 한 많은 자녀를 가져야 한다고 말하는 것이 아니다. 또는 모든 여성들이 결혼해서 자녀를 낳아야 하는 하나님의 부르심을 받았다고 말하는 것도 아니다. 엄마 됨은 생명을 주시는 분으로부터 오는 선물이며, 우리 세대와 그 이후 하나님의 나라를 확장하는 일에 꼭 필요하다는 사실을 말하고 있는 것이다.

나사렛의 마리아는 아이를 낳는 것이 경제적으로나 문화적으로 바람직하지 않으며 그것이 개인적인 계획, 꿈, 편의를 침해하는 상황에서도 기꺼이 자녀를 낳는 것으로 믿음을 보여 주었던 아름다운 여성의 예이다. 우리는 천사가 방문하여 아들을 낳을 것이라고 했을 때, 이 10대 소녀의 마음에 들었을 수 있는 몇 가지 거절의 마음을 상상해 볼 수 있다.

- 저는 너무 어려요! 저는 아이를 낳을 준비가 안 됐어요.

- 아이에게 매이면 저는 요셉이나 친구들과 함께 시간을 보낼 수 없어요.

- 저는 우선 새 집에 적응하고 싶어요.

- 사람들이 뭐라고 할까요? 아무도 이해하지 못할 거예요.

- 저희는 아직 아이를 키울 여력이 없어요. 요셉이 이제 막 취업을 했거든요.

그러나 마리아에게 이러한 망설임이나 주저함의 흔적이 전혀 보이지 않는다. 그녀의 반응은 다만 이러했다. "주의 여종이오니 말씀대로 내게 이루어지이다"(눅 1:38). 사실상 그녀는 이렇게 말한 것이다. "당신은 저의 주님이십니다. 저는 이것이 저에게 어떤 불편함이나 어려움을 의미하더라도 수용합니다. 제게 중요한 것은 당신이 저를 창조하신 목적을 성취하는 것이기 때문입니다. 저는 당신을 신뢰합니다. 당신께서 이 상황을 책임지시고 제게 필요한 모든 것을 주시리라 확신합니다."

자신의 삶을 향한 하나님의 부르심에 이 같은 방식으로 응답한 나의 어머니에 대해 나는 깊이 감사한다. 뛰어난 클래식 음악가였던 낸시 소쏘만(Nancy Sossomon)이 열아홉 살 나이에 아트 드모스(Art DeMoss)와 결혼했을 때, 이들은 그녀가 성악가로서의 경력을 이어 갈 수 있도록 최소 5년은 자녀를 낳지 않고 기다리기로 계획했다. 하지만 주님은 다른 계획을 가지고 계셨다. 결혼하고 5년도 안 되었는데 여섯 명의 자녀를 주신 것이다! 동시에 어머니는 아버지가 시작하신 사업을 돕고 계셨다. 결혼과 출산의 초기 몇 년 동안 어머니는 얼마 후 낳은 일곱 번째 자녀를 포함해 하나님께서 주신 모든 자녀를 환영했다. 이 부르심에 어려움이 없었던 것은 아니지만, 나는 어머니가 자녀를 낳고서 엄마가 되는 복을 주셔서 감사하다는 말 외에 달리 표현하는 것을 들어 본 적이 없다.

결국 자녀를 가지는 문제는 그 사람의 마음을 반영한다. 당신이 자녀를 갖는 것이거나 더 많은 자녀를 갖는 것을 망설이고 있다면, 나는 에이미 베커의 친구들이 그녀에게 했던 것처럼 당신의 두려움, 태도, 동기를 정직하게 평가해 보라고 조심스럽게 권하고 싶다. 자녀를 더 낳고 싶지 않은 마음이 재정적 두려움으로부터 오는가? 아니면, 특정한 생활 수준을 유지하고 싶은 바람으로부터 오는가? 하나님께서 공급하실 수 있으실지, 공급하실 것인지에 대한 의심으로부터 오는가? 불편을 감수하고 싶지 않은 마음인가? 다른 사람들의 말에 대한 두려움 때문인가? 이기심 혹은 믿음의 부족 때문인가? 부지중에 세상의 신념과 기준을 받아들였기 때문인가?

나는 예수님의 어머니 마리아도 엄마가 되는 것에 대한 어느 정도의 불안이 있었을 것이라고 생각한다. 자녀를 키우는 일은 쉽지 않다. 뒷바라지도 쉽지 않고, 밥을 먹이는 것도 쉽지 않고, 개인적 꿈을 포기하거나 줄이는 것도 쉽지 않다. 엄마가 된다는 것은 여성이 할 수 있는 가장 어려운 일 중에 하나이다.

하지만 진리는 '당신의 연약함과 부족함이 하나님의 은혜라는 무한한 자원을 경험할 수 있는 기회를 제공하며, 내주하시는 그리스도의 영이 그분의 뜻을 행하는 데 필요한 모든 것을 제공해 주신다'는 것이다. 그분은 당신과 함께하시고, 당신을 붙들어 주시며, 당신을 인도하시고, 당신에게 힘 주시며, 그리스도 예수 안에서 영광 가운데 그 풍성한 대로 당신의 모든 필요를 채우신다고 약속하셨다(빌 4:19). 하나님께서 당신에게 자녀의 복을 주심이 합당하다고 여기신다면, 그분은 당신이 자녀를 환영하는 데, 그분의 영광을 위하여 자녀를 키우는 데 필요한 모든 복을 주실 것이다.

> ### 거짓말 34.
> ## "나는 자녀의 성장 과정을 통제할 수 없어/있어."

수년간 여성들이 나에게 요청한 가장 일반적인 유형의 기도 요청은 아마도 자녀들과 손주들의 영적 상태를 위한 기도일 것이다. 이러한 엄마들의 고통과 갈망은 책한 권을 가득 채울 수 있을 정도이다.

> ▌ 제 열여섯 살 딸아이가 아홉 달 전 집을 나가 남자 친구와 살고 있어요. 너무 속상합니다.

> ▌ 제 스물여덟 살 딸아이가 그리스도에 대한 믿음을 부인하고 동성애 관계를 맺고 있어요.

> ▌ 하나님께서 제 열여덟 살 아들에게 상한 마음을 허락해 주셔서, 그를 (어릴 적부터 이어진) 음란물 중독으로부터 구해 주시도록 기도해 주세요.

> ▌ 저는 주님의 일에 전혀 관심이 없는 10대 아들들과 이 아이들을 경건한 자녀로 키우지 못한 제 잘못으로 괴로워하고 있습니다.

나는 자녀를 가져 본 적이 없기 때문에, 이 여성들이 짊어진 엄청난 상심을 단지 상상해 볼 수 있을 뿐이다. 하지만 수년간 상처 입은 엄마들의 이야기를 수없이 들어 본 바로, 원수는 이러한 부모들을 속박하기 위해 두 가지 상반된 거짓말을 사용하는 것 같다. 첫 번째, 자녀가 어떻게 성장하는지에 대해 부모가 미치는 영향은 없다는 것이다. 즉 자녀들이 죄를 시도하는 것은 불가피하므로, 스스로 길을 찾도록 내버려 두어야 한다는 것이다. 그러나 이러한 거짓말을 믿으면, 부모는 어떠한 개인적 책임도 부인하면서 자신이 자녀의 인생에 어떠한 영향도 미칠 수 없다고 생각하게 된다.

두 번째, 자녀의 성장에 대한 책임이 전적으로 부모에게 있다는 것이다. 즉 자녀가 방황하는 것은 모두 부모의 잘못이라는 것이다. 이는 자녀를 잘 키우든 못 키우든 궁극적으로 각 개인이 자기 선택에 대한 책임을 져야 한다는 사실을 인지하지 못하고 있기 때문이다. 자녀가 반항할 때 부모는 종종 이 거짓말 중 하나에서 다른 하나로 생각을 바꾸곤 한다. 그리고 뒤로 물러서 죄를 그대로 방치하든지 아니면 수치와 자기 질책으로 압도를 당한다. 그러나 두 가지 거짓말 모두 실제로는 진리의 교묘한 왜곡이며, 부모들에게 절망과 무력감을 남길 수 있다.

부모처럼 자녀도?

성경에는 불경건한 자녀를 둔 경건한 부모와 경건한 자녀를 둔 불경건한 부모에 관한 기록이 있다. 배경 설명은 거의 없지만, 자녀가 그리스도의 참된 제자가 되기를 갈망하는 부모에게 통찰력을 제공하는 몇 가지 단서들이 있다.

아브라함의 조카, 롯의 이야기는 부모의 모범과 가치관의 영향력을 잘 보여 준다. 경건한 삼촌과 수년간 동행한 롯은 결국 편안하고 풍요로운 삶을 선택했다. 그의 세속적 가치관은 교만, 부도덕, 도착(倒錯)으로 가득한 도시 '소돔'에 가족을 정착하게 만들었다. 우리는 나중에 롯의 아내가 자기 가족들이 거주했던 불경건한 도시를 떠나기 힘들어했다는 사실도 알고 있다(창 19:17, 26; 눅 17:32). 그렇다면, 롯의 딸들이 아버지의 영적 믿음을 무시하고, 다가오는 심판을 피해야 한다는 그의 간청을 거부한 남성들과 결혼했다는 사실은 그리 이상한 일이 아니다. 또한 소돔을 떠난 후

롯의 딸들이 자녀를 얻기 위해 계략을 꾸며 자기 아버지를 술취하게 한 다음 번갈아 동침을 한 사실도 그리 놀라운 일이 아니다(창세기 19장 참조).

신약 성경은 롯이 "의인"이었다고 말한다. 그는 소돔의 노골적 사악함에 직접적으로 동참하지 않았다. 사실 "저 불법한 행실을 보고 들음으로 그(의) 의로운 심령이 상"했다(벧후 2:8). 그에게는 하나님과의 친밀한 관계가 있었지만, 동시에 이 세상의 것들에 대한 욕구도 있었다. 그리고 그는 자신이 보인 모범을 통해 자연스레 가족을 그러한 욕망의 결과로 이끌었다. 롯과 그의 아내가 현세적 가치를 위해 지불한 대가는 높아 보이지만, 파종과 수확의 법칙에 따르면 심긴 씨앗은 반드시 몇 배의 수확을 거둔다. 여러 사람이 지적한 대로, "자녀는 그 부모가 적당하게 용인한 것을 과도하게 변명하기 마련이다."

대제사장 엘리의 가족 이야기는 부모가 자기 자녀의 행동을 위한 경건의 기준을 세우고 그 기준을 적용하기 위해 필요한 훈육을 행하는 일의 중요성을 보여 준다. 엘리는 사사 시대의 암울한 시기에 이스라엘의 제사장이자 헌신된 주님의 종이었다. 하지만 그의 두 아들, 홉니와 비느하스는 이야기가 달랐다. 이들은 상당히 종교적인 환경에서 자랐고 심지어 제사장이 되었지만, "행실이 나빠 여호와를 알지 못"했다(삼상 2:12). 이들은 자신의 신성한 부르심을 더럽혔고, 주님께 속한 제물을 갈취했으며, 심지어 회막에서 시종 드는 여인과 동침을 하기도 했다(삼상 2:13-17, 22).

헌신된 하나님의 사람이 어떻게 이런 아들을 둘이나 낳게 되었을까? 이들은 분명 타락해 가는 주변 문화의 영향을 받았을 것이다. 하지만 성경은 우리에게 이 같은 결과에 영향을 미쳤을 수도 있는 이들 아버지에 대한 몇 가지 사실을 알려 준다. 예를 들어, 우리는 엘리가 사망했을 당시 그가 비만이었다는 사실을 안다(삼상 4:18). 그의 신체적 훈련이 부족했던 것과 그의 아들들이 제사를 드리기 위해 온 사람들에게서 갈취한 고기로 자신의 배를 채운 것, 이 둘은 어떤 연관성이 있을까? 하나님께서 엘리를 대면하도록 보내신 한 선지자의 말이 그 가능성을 암시한다.

너희는 어찌하여 … 내 제물과 예물을 밟으며 네 아들들을 나보다 더
중히 여겨 내 백성 이스라엘이 드리는 가장 좋은 것으로 저희들을 살
지게 하느냐 _ 삼상 2:29

성경은 엘리가 적어도 한 번은 아들들이 무슨 짓을 하고 있는지 듣고, 이들의 악한 행동에 직면했었던 사실을 말해 준다(삼상 2:22-25). 그러나 그때 그는 "매우 늙어" 있었다. 누군가는 그가 왜 그렇게 오래 기다렸는지, 왜 그전에는 자녀의 행동을 간과했었는지 궁금해할 수 있다. 그러나 어찌 됐건, 그의 아들들은 "자기 아버지의 말을 듣지 아니하였"다(25절). 그리고 하나님은 엘리에게 그의 방임적 양육에 대한 책임을 분명히 물으셨는데, 이는 하나님께서 엘리의 어린 제자 사무엘을 통해 주신 메시지로 분명해졌다.

내가 그의 집을 영원토록 심판하겠다고 그에게 말한 것은 그가 아는
죄악 때문이니 이는 그가 자기의 아들들이 저주를 자청하되 금하지 아
니하였음이니라 _ 삼상 3:13

이러한 예가 부모의 영적 상태와 이들 자녀의 성장 사이에 항상 직접적인 인과관계가 있음을 시사하는 것은 아니다. 하지만 부모의 모범과 영향력이 얼마나 중요한지를 잘 보여 준다. 물론 또래 친구, 교사, 오락, 교회 중고등부, 세속 문화도 분명 영향을 미친다. 하지만 하나님은 자신이 주신 양떼를 잘 살피고 돌보는 거룩한 책임을 부모에게 맡기셨다.

경건한 부모의 영향

내가 조금 주제넘는 이야기를 하는 것일 수도 있다. 나는 아직 엄마의 입장에 처해 본 적이 없기 때문이다. 하지만 많은 가정들과 함께 어렵고 힘든 시절을 겪으며 사랑하는 마음으로 지켜봐 왔기에, 감히 독자들과 한 가지의 관찰을 나누고 싶다.

모든 부모는 자기 자녀를 위해 어떠한 종류의 경계를 설정할지 기도하며 결정해야 한다. 이 경계들은 가정마다, 아이마다 다를 것이고 자녀가 커 가면서 분명 변화할 것이다. 하지만 나는 좋은 의도를 가진 크리스천 부모들이 마치 자신은 그 문제에 대해 아무런 발언권이 없다는 듯 허용하는 식의 몇 가지 선택들을 볼 때 다소 어리둥절하고 우려스럽다.

예를 들어, 자녀가 명확한 지침과 책임감 없이 SNS를 사용하도록 허용하는 것, 아무런 감독 없이 하나님을 향한 마음이 없는 또래 친구들과 친밀한 친구 관계를 맺도록 하는 것, 불신자와 이성 교제를 하도록 하는 것, 무례하게 말해도 아무런 지도를 하지 않는 것, 부적절한 옷을 입어도 상관하지 않는 것, 그리고 이 세상의 가치를 홍보하는 음악, 텔레비전, 영화 등을 무분별하게 즐기도록 허용하는 것 등이다. 그러면서 부모들은 이후에 왜 자기 자녀가 그리스도보다 세상을 향해 더 큰 마음을 품고 있는지 궁금해하며 고개를 흔든다.

내가 이 장을 쓰고 있는 지금, 밖에는 약 20cm의 눈이 쌓였고 하루 종일 눈이 내리고 있다. 오늘 같은 날, 어리고 연약한 묘목을 가져다 바깥에 심을 생각을 하는 사람은 없을 것이다. 생존 가능성이 없기 때문이다. 그래서 어린 식물들이 성장하기 위한 최적의 환경을 제공해 주는 온실이 필요하다. 나중에 뿌리가 발달하고 비바람을 견딜 수 있을 만큼 튼튼해지면, 우리는 이들을 바깥에 옮겨 심을 수 있다.

사도 바울은 모든 시대와 모든 문화의 신자들에게 경고한다. "너희 주변 세상이 너희를 그것의 주형 안으로 쥐어 짜 넣지 못하도록 하라"(롬 12:2, Phillips). 다시 말해 우리가 문화의 영향에 의해 만들어지는 것이 아닌, 성령과 말씀으로 충만한 우리의 삶이 그 문화를 관통하고 그것에 영향을 미치도록 해야 한다. 그것이 곧 세상을 본받지 않고, 복음으로 안팎이 변화되고, 이 세상을 변화시키기 위해 하나님께서 사용하실 젊은 세대를 길러 내야만 하는 크리스천 부모들이 직면한 도전이다.

부모가 아무리 경건하고 지혜로운 방향을 제시한다고 해도, 자녀는 때때로 그것

8장 여성들이 자녀에 관하여 믿고 있는 거짓말

을 거절하거나 반항할 수 있다. 하지만 현명한 부모는 자녀에게서 반항의 씨앗이 드러날 때, "모든 아이들이 다 겪어야 하는 일일 거야."라고 하면서 어깨를 으쓱하고만 있지 않을 것이다. 현명한 부모는 필요에 따라 사랑과 단호함으로써 문제를 정면으로 상대하고, 관계를 보존하며, 열린 대화를 유지하고, 계속해서 자녀를 그리스도와 복음으로 인도하기 위해 노력할 것이다.

성경은 각 세대가 다음 세대에게 경건의 유산을 물려줄 책임이 있다고 가르친다. 이것은 엄청난 특권이며 무거운 책임이기도 하다. 우리의 정신을 번쩍 들게 하는 사실은 우리가 뿌린 씨앗에 대한 책임이 우리에게 있다는 것이고, 우리는 그 결과로 인한 수확을 감당해야만 한다는 것이다. 훈련되지 않은 반쪽짜리 주님에 대한 헌신의 씨앗을 심으면서, 다음 세대는 보다 나은 특징을 보일 거라 소망할 수 없다. 균형 잡힌 성경적 진리는, 각 세대에게 자신의 걸음과 순종에 대한 책임이 있다는 것이다. 이들의 부모가 무엇을 했든 하지 않았든 간에 각 개인은 언젠가 하나님 앞에서 자신의 선택에 대한 책임을 져야 한다(신 24:16; 렘 31:29-30).

참된 믿음의 표징

부모는 자녀의 영혼의 영원과 관련해서도 속을 수 있다. 예를 들어, 올바른 공식을 따르고 올바른 방식으로 양육한다면 자녀의 구원이 보장될 것이라고 믿을 수 있다는 것인데, 문제는 우리 자녀들도 우리가 태어났을 때와 똑같이 내재된 죄의 경향을 가지고 태어난다는 데 있다(시 51:5; 58:3; 사 59:2-8). 우리 모두와 마찬가지로, 자녀를 그리스도께로 이끄시고 이들에게 회개와 믿음의 선물을 주시는 성령님의 역사가 없다면, 그들은 결코 그리스도께로 돌아와 구원을 받을 수 없다. 더욱이 우리는 교회 안에서 자라고 어릴 적 신앙 고백을 한 자녀를 참된 크리스천이라고 생각하기 쉽다. 그러나 성경은 분명히 사람이 거듭나지 않고도 하나님에 관한 지식을 알 수 있고, 답을 할 수도 있으며, 심지어 깊은 종교적 체험을 할 수도 있다고 말한다.

오직 하나님만이 사람의 마음을 아신다. 그러나 하나님은 우리 자신이든, 다른 누구이든 그 사람의 신앙 고백을 확인해 볼 수 있는 몇 가지 객관적인 기준들을 우리에게 주셨다. 참으로 구원받은 사람과 종교심을 가지고는 있어도 구원의 고백을 위한 실제적 근거가 없는 사람을 구별할 수 있는 구체적 특징들을 요한일서는 다음과 같이 밝히고 있다.

> 우리가 그의 계명을 지키면 이로써 우리가 그를 아는 줄로 알 것이요
> _요일 2:3

> 이로써 우리가 그의 안에 있는 줄을 아노라 그의 안에 산다고 하는 자는 그가 행하시는 대로 자기도 행할지니라 _요일 2:5-6

> 빛 가운데 있다 하면서 그 형제를 미워하는 자는 지금까지 어둠에 있는 자요 _요일 2:9

> 누구든지 세상을 사랑하면 아버지의 사랑이 그 안에 있지 아니하니 _요일 2:15

> 무릇 의를 행하지 아니하는 자나 또는 그 형제를 사랑하지 아니하는 자는 하나님께 속하지 아니하니라 _요일 3:10

참된 구원의 본질은 고백이나 성과의 문제가 아니라 변화의 문제이다. "그런즉 누구든지 그리스도 안에 있으면 새로운 피조물이라 이전 것은 지나갔으니 보라 새것이 되었도다"(고후 5:17). 참으로 회심한 사람은 새로운 생명과 새로운 마음, 새로운 본성, 새로운 충성, 그리고 새로운 주인을 갖게 된다(골 1:13).

하나님께서 자기에게 속한 사람들과 맺으시는 언약에는 우리가 믿음 안에서 인내할 것이라는 확신이 포함되어 있다. 하나님은 약속하신다. "나를 경외함을 그들의 마음에 두어 나를 떠나지 않게 하고"(렘 32:40). 그리고 히브리서 기자는 끝까지 인내하는 것이 참된 믿음의 표징이라고 말한다. "우리가 시작할 때에 확신한 것을 끝까지 견고히 잡고 있으면 그리스도와 함께 참여한 자가 되리라"(히 3:14).

참으로 회심한 자들이라 하더라도 하나님께 불순종하거나 잠시 동안 타락하는 것은 분명 가능하다. 하지만 참된 신자는 죄를 깨닫게 하시는 성령을 체험하고서는 고의적, 습관적으로 죄를 지을 수 없다. 따라서 부모가 자녀의 삶에 그러한 증거가 전혀 보이지 않는데도 이들이 거듭났다고 가정함으로써 자녀에게 영원한 운명에 대한 잘못된 안정감을 심어 줄 수 있다. 또 자녀의 영혼을 위해 적절한 기도와 영적인 전투를 하지 못하게 될 수도 있다.

그리스도를 알고 사랑하는 부모는 이들 자녀도 그렇게 되기를 바란다. 이들은 자녀들이 하나님을 갈망하며 살 수 있도록 노력하고, 하나님을 갈망하는 부모가 되기를 원한다. 하지만 최고의 부모라 할지라도 자녀의 마음속에 역사하는 일은 성령을 전적으로 의존해야 한다. 그렇기 때문에 어머니의 가장 강력한 자원은 기도이다. 그 기도를 통해 신앙을 거절하며 죄 가운데 살고 있는 당신 자녀의 마음을 위해 싸울 수 있다. "우리의 싸우는 무기는 육신에 속한 것이 아니요 오직 어떤 견고한 진도 무너뜨리는 하나님의 능력이라"(고후 10:4)라는 사실을 아는 것은 우리에게 너무도 큰 위안이 된다. 성경은 우리에게 확신을 준다. "의인의 간구는 역사하는 힘이 큼이니라"(약 5:16). 의로운 엄마나 할머니(혹은 고모, 이모나 친구)가 하는 인내의 기도는 한 자녀의 삶에 큰 변화를 가져올 수 있다.

원수는 한 세대에서 다음 세대로 복음이 전해지는 것을 방해하기 위해 부모에게 거짓말한다. 우리에게는 진리를 사랑하는 부모, 자녀가 그리스도를 사랑하도록 이끌어 줄 부모, 하나님의 영이 이 어린 자녀들의 마음을 사로잡고 다음 세대에 그분의 영광을 드러내도록 기도하는 부모가 너무나도 필요하다.

거짓말 35.
"내 아이는 나의 최우선 순위야."

'헬리콥터 부모'라는 용어를 들어 본 적이 있을 것이다. 이는 자녀에게 지나치게 집중하는 부모를 일컫는 말이다. 대게 자녀의 경험, 특히 자녀의 성공이나 실패에 대해 지나치게 많은 책임을 지려 해서, 그것이 지나치다 못해 헬리콥터처럼 자녀의 주위를 계속해서 맴도는 부모를 의미한다.

최근 몇 년 동안 (말장난을 용서해 주시길) 종교판 헬리콥터 부모들의 증가가 눈에 띈다. 이들은 자녀를 복음 중심으로 돌아가는 라이프 스타일에 참여시키는 대신, 자신의 세계를 자녀 중심으로 돌아가도록 하는 좋은 의도의 엄마들이다. 여기에는 미묘하지만 중요한 차이가 있다. 사탄은 당신 개인의 욕망이 자녀를 돌보는 것보다 더 중요하다는 거짓말을 받아들이게 할 것이다. 그러나 그럴 수 없다면 그는 정반대의 거짓말로 당신을 설득하려고 할 것인데, 바로 당신의 삶에서 가장 중요한 것이 당신의 자녀라는 거짓말이다. 그가 당신을 설득해 당신 자신 혹은 당신의 경력을 우상삼도록 할 수 없다면, 그는 당신을 유혹해 당신의 자녀를 우상화하도록 할 것이다. 사탄은 우리에게 결코 한쪽 전선에서만 오해와 다투는 사치를 허락하지 않는다. 거짓말은 양쪽에서 우리를 공격하는 경향이 있다. 우리는 오늘날의 문화에서 이와 같은 양쪽의 당김을 볼 수 있다.

한편에서 자녀는 평가 절하되기도 한다. 여성들은 자기 경력을 개발하거나, 결혼을 미루거나, 출산을 미루거나, 가족의 규모를 심각하게 제한하거나(하나로 끝내거나), 자녀가 없는 라이프 스타일을 선택하도록 압박받는다. 반면, 자녀는 반신반인(demigods)처럼 취급받기도 한다. 문화는 부모를 압박해 이들 자녀에게 명품 옷가지와 장난감들은 물론, 온갖 최신 최고의 장비와 장치를 제공하도록 한다. 그리고 1년 내내 이들을 스포츠 활동과 댄스, 음악, 미술 수업에 등록시키도록 하고, 이들을 애지중지하며, 이들이 제멋대로 굴도록 하고, 이들의 기분을 살피며, 이들의 모든 변덕에 굴복하게 한다. 부모들이 혼란스러운 것은 당연하다! 그러므로 성경의 균형 잡힌 안내가 필요하다.

성경은 우리가 무엇을 우상화하는 것이 인간의 본성이라고 가르친다(골 3:5). 우리는 어떤 사람이나 관계, 섹스, 돈, 경력, 소유, 성취, 우리가 좋아하는 활동 등을 숭배할 수 있다. 낸시 피어시(Nancy Pearcey)는 우상이란 "우리가 하나님보다 더 원하는 것, 하나님보다 더 의지하는 것, 하나님보다 더 큰 성취를 위해 바라는 모든 것"이라고 설명한다.[16] 당신은 여성이 하나님보다 자녀를 더 원할 수 있다고 생각하는가? 하나님보다 자기 가족을 더 의존할 수 있다고 생각하는가? 성취를 위해 하나님보다 엄마 되기를 더 바랄 수 있다고 생각하는가? 물론이다.

자녀는 하나님께서 주신 놀라운 복이다. 하나님은 자녀를 매우 소중히 여기시며, 부모에게 큰 만족과 기쁨을 가져다주신다. 그러나 그와 동시에 엄마는 자녀를 무엇보다도 소중히 여기고 싶은 유혹을 받을 수 있다. 예수님은 오해의 여지가 없는 말씀으로 부모 자녀 관계에 대한 이러한 사고방식에 도전을 주셨다.

> 아버지나 어머니를 나보다 더 사랑하는 자는 내게 합당치 아니하고 아들이나 딸을 나보다 더 사랑하는 자도 내게 합당하지 아니하며 _마 10:37

자녀들은 자기 부모를 사랑해야 하고 부모들도 자기 자녀를 사랑해야 한다. 성경은 이를 분명하게 말한다. 하지만 자녀를 향한 사랑이 예수님을 향한 사랑보다 더 무거워서는 안 된다. 당신의 가장 최우선 순위는 그리스도를 사랑하고 따르는 것이다. 당신의 자녀는 당신의 최우선이 아니라는 뜻이다.

자녀 중심적 양육의 최종 결과는 대개 자기 중심적인 자녀이다. 이러한 자녀는 세상이 자기 중심으로 돌고, 다른 사람들의 유일한 존재 목적이 내 바람과 필요를 충족시키는 것이라고 생각하며 자란다. 주님은 우리가 자기 중심적이거나 자녀 중심적이기를 원치 않으신다. 그분은 우리가 하나님 중심적이기를 원하신다. 하나님은 당신의 세상이 자녀를 중심으로 돌아가기를 바라지 않으신다. 그분은 당신이 당신의 자녀를 그분의 나라 중심으로 돌아가는 라이프 스타일로 이끌기를 바라신다.

당신의 매일의 걸음은 당신의 마음속에서 무엇이 첫 번째 자리를 차지하고 있는지에 대해 많은 것을 말해 준다. 당신의 행동은 무엇을 말하고 있는가? 당신 자녀에게 자신이 우주의 중심이라고 가르치고 있는가? 아니면, 주님이 아이가 사는 세상의 중심이 되셔야 한다는 것을 보여 주고 있는가? 당신이 부모로서 다음과 같이 행동할 때, 어떠한 메시지를 전달할 수 있게 될지 생각해 보라.

- ♥ 결과적으로 다음 경기에 출전하지 못할 수 있다는 사실을 잘 알면서도, 아들을 축구 경기 대신 교회로 데리고 갈 때

- ♥ 자녀들이 비디오 게임을 하러 슬그머니 자리를 비우는 대신, 식탁에 앉아 손님들과 대화를 나누도록 할 때

- ♥ 딸에게 일주일 용돈의 일부를 따로 떼어 교회 헌금하도록 격려할 때

- ♥ 당신이 하나님의 말씀을 읽는 30분 동안 미취학 자녀에게 자기 방에서 조용히 놀아 주기를 부탁할 때

- ♥ 암에 걸린 여성을 위해 음식을 준비하면서 10대인 자녀를 불러 감자 껍질을 벗기도록 할 때

- ♥ 딸을 또 다른 음악, 댄스, 혹은 치어리딩 수업에 등록시키는 대신, 지역 임신 센터에서 옷가지들을 분류하는 봉사에 함께 데리고 갈 때

- ♥ 상담 중인 여성의 삶에 진리를 전할 수 있기 위해 시외에서 열리는 농구 대회로 그녀를 초청해 함께 차를 타고 갈 때

이는 당신의 삶과 행동을 통해 하나님이 당신 우주의 중심에 계시다는 사실을 보여 주고, 자녀의 우주에서도 하나님이 중심이 되셔야 한다는 사실을 전달할 수 있는 몇 가지 방법들이다. 존 파이퍼(John Piper)는 이렇게 말한다.

> 우리는 모든 것들보다 하나님의 영광을 알며 이를 소중히 여기도록 지음받았다. 그러나 우리가 그러한 보화를 형상들(우상들)과 맞바꿀 때, 모든 것이 무질서해진다. 하나님의 영광의 태양은 우리 영혼의 태양계 중심에서 빛을 발하도록 존재한다. 그리고 그 태양이 빛날 때, 우리 삶의 모든 행성들이 적절한 궤도에 머문다. 하지만 태양이 그 자리를 벗어날 때 모든 것이 흩어진다. 영

> 혼의 치유는 하나님의 영광을 붉게 타오르고 모든 것을 끌어당기는 중심의 자리로 회복시키는 것에서 시작된다.[17]

주의하며 기도하지 않으면, 당신은 분주한 삶에 휩쓸려 그것을 하나님의 영광을 위해 사용하기로 결심하지 않고서 그냥 지나칠 수 있다. 초점을 잃어버릴 수 있다. 인생에서 가장 중요한 것이 자녀가 될 수 있다. 이러한 일이 일어나지 않게 하겠다고 결단하라. 만일 일어난다면 주님을 여러분의 마음과 가족 생활의 중심으로 다시 모시기 위해 필요한 일을 총동원하라.

거짓말 36.
"나는/그녀는 그리 좋은 엄마가 아니야."

"집에 있으면서 쿠키를 굽고 차를 마실 수도 있었겠지만, 저는 제 직업에 충실하기로 했습니다." 1990년대 초 자신의 남편 빌(Bill)과 선거 유세 중에 했던 힐러리 클린턴(Hillary Clinton)의 유명한 재담이다. 클린턴의 말은 집에 있는 전업주부 엄마들(stay-at-home mothers, SAHMs)로부터는 맹렬한 반응을, 집 밖에서 일하는 엄마들(working-outside-of-the-home moms, WOHMs)로부터는 응원을 이끌어 냈다. 양극화된 대중의 반응은 패밀리 서클(Family Circle) 잡지에 실린 민주당 대선 후보인 클린턴의 아내와 공화당 현직 대통령 조지 H. W. 부시(George H. W. Bush)의 아내인 바바라 부시(Barbara Bush) 사이의 대통령 영부인 "베이킹 콘테스트"로 이어졌다.

변호사였던 클린턴은 집 밖에서 풀타임으로 일했다. 반면 부시는 전형적인 전업주부이자 할머니였다. 본질적으로 이 콘테스트의 핵심은 민주당 후보가 공화당 후보보다 쿠키를 더 잘 구울 수 있는지를 가리고자 한 것이 아니었다. 전업 맘(SAHM)과 워킹 맘(WOHM) 중 누가 더 나은 엄마인가 하는 질문에 재치 있는 답변을 제공하기 위한 것이었다. '집에서 구운 쿠키'는 따뜻하고 사랑이 많으며 양육을 잘하는 엄마라는 것을 상징했기 때문이다. 대부분의 사람들은 바바라 부시가 더 맛있는 쿠키를 만들 것으로 예상했다. 그러나 클린턴이 손쉽게 우승을 차지했다. 그럼에도 불구하고 그녀의 승리는 좋은 엄마가 되기 위해 무엇이 필요한지에 대한 문제를 해결하지 못했다. 그녀의 오트밀 초코칩 쿠키(쇼트닝으로 만든)가 보다 전통적인 부시의 초코칩 쿠키(오트밀을 넣지 않고 버터로 만든)를 이긴 후에도 엄마들의 전쟁은 수십 년간 계속되고 있다.

자연 분만 vs 무통 분만. 백신 vs 백신 반대. 애착 육아 vs 울리기 육아. 다정한 양육 vs 체벌 양육. 모유 수유 vs 분유 수유. 유기농 식품 vs 가공 식품. 홈스쿨 vs 사립학교 vs 공립 학교. 전업 맘 vs 워킹 맘. 특히 모두가 전문가인 인터넷에서 엄마 블로거와 누리꾼들의 의견은 종종 280자짜리 단문으로 축소되는 경우가 많기 때문에, 이러한 논쟁은 전투를 우주적 수준으로 격상시키는 몇 가지 논쟁에 불과하다.

사실, 엄마들의 전쟁은 '비교'라는 죄악 된 행위 때문에 존재한다. 우리는 우리의 성과를 미디어, 엄마 블로거, 아동 전문가, 친구, 그리고 수많은 타인이 만들어낸 기준에 비추어 평가한다. 우리는 이 기준에 부합하지 못한 자신을 괴롭히거나, 우리가 '올바른 선택'을 했다고 자만하면서 그렇게 하지 못한 여성들을 무시하기도 한다.

물론 엄마들의 전쟁은 클린턴과 부시의 베이킹 콘테스트가 있기 훨씬 전부터 시작되었다. 우리는 야곱이라는 동일 남성과 결혼한 두 자매, 라헬과 레아의 이야기를 들려주는 창세기에서 그 기원을 찾을 수 있다(창세기 30장). 이 자매들은 자신과 서로를 계속해서 비교했다. 라헬은 자신을 엄마 영역에서의 실패자로 생각한 반면, 레아는 엄마로서의 성공을 자랑했다. 결혼 생활에서는 상황이 역전되었다. 레아는 야곱이 자신보다 라헬을 더 사랑했기 때문에 질투의 아픔을 느꼈다. 계속되는 경쟁과 비교는 두 자매 사이의 관계를 상하게 했고 온 가족을 다툼과 분열로 이끌었다.

거의 모든 엄마들은 좋은 엄마가 되고 싶어 한다. 사탄이 이 깊은 욕망을 이용해 엄마들이 자신을 다른 엄마들과 비교하도록 부추겨 죄를 조장하는 기회로 삼는다.

사탄은 한 엄마가 "나는 그리 좋은 엄마가 아니야."라는 거짓말을 믿도록, 자기에게 죄책, 정죄, 비난을 쌓아 올리도록 유혹한다. 또는 "저 사람은 그리 좋은 엄마가 아니야."라는 거짓말을 믿도록, 그 사람에게 죄책, 정죄, 비난을 퍼붓도록 유혹할 수도 있다. 스펙트럼의 한쪽에서 그녀는 **자신이** 부족하다고 여기며 잘하고 있다고 여기는 다른 엄마들을 부러워한다. 그리고 한편에서는 **다른 이들이** 부족하다고 여기며 자신이 잘하고 있는 것을 자랑한다. 그러나 역사를 통틀어 고대의 작가, 신학자들도 시기와 자랑을 가장 치명적이고 파괴적인 죄로 지목했다. 성경도 다음과 같이 경고한다.

> 그러나 너희 마음 속에 독한 시기와 다툼이 있으면 자랑하지 말라 진리를 거슬러 거짓말하지 말라 이러한 지혜는 위로부터 내려온 것이 아니요 땅 위의 것이요 정욕의 것이요 귀신의 것이니 시기와 다툼이 있는 곳에는 혼란과 모든 악한 일이 있음이라 _약 3:14-16

자신이 육아를 잘하고 있다고 확신하는 엄마는 없다. 솔직히 말해서 모든 엄마들은 때때로 남모를 의문을 가진다. '내가 올바른 일을 하고 있는 걸까?', '내 선택이 아이에게 부정적인 영향을 미치지는 않을까?' 이런 우리의 두려움은 자녀들이 제멋대로 행동하고 버릇없는 행동을 할 때, 아이에게 무뚝뚝하고 짜증을 낼 때, 너무 자주 텔레비전을 보모로 생각할 때, 혹은 냉동고에서 고기를 꺼내 놓는 것을 잊어 또다시 햄버거와 감자 튀김을 위해 드라이브스루 행을 제안할 때 더욱 고조된다. 엄마로서 완전히 실패한 하루를 보냈을 때에는 어떻게 우리 자신을 크리스천이라고 부를 수 있을지를 고민할 정도다.

반대로, 자녀들이 잘 지내는 것처럼 보이면, 우리는 그 공로를 우리 자신에게로 돌리고 우리의 똑똑한 육아 선택들을 과시하고 싶은 유혹을 받는다. 특히 자신과 같이 잘하지 못하는 친구들에게 조언을 아끼지 않고, 자신의 성공을 SNS에 업로드하면서 '대단한 엄마'인 척 행동한다. 엄마들의 전쟁에서 논쟁의 대상이 되는 대부분의 육아 결정들은 사실 옳고 그름의 명확한 문제가 아니다. 몇몇 선택들은 다른 선택들보다 더 우세할 수는 있지만, 대부분은 개인의 취향과 개별 상황의 문제이다. 엄마들 각자 자신과 가족을 위해 무엇이 최선인지 기도하며 결정할 필요가 있다.

교회는 절대 모든 면에서 동일한 쿠키 커터 가족들(천편일률적인 사람들)이 모이는 아늑한 클럽으로 의도되지 않았다. 또한 하나님의 가족 안에 있는 다양성은 좋은 것이지만, 그럼에도 우리 관계에는 부담을 줄 수도 있다. 우리는 어떻게 공존하고 어울려 지낼 수 있을까? 서로 다른 취향에 따른 신자들 간의 갈등은 교회가 시작된 이래로 계속 존재해 왔다. 따라서 로마서 14장은 주님을 사랑하지만 기독교 신앙을 살아 내는 이상적 방법에 대해, 그리고 우리와 의견을 달리하는 사람들과 어떻게 함께 살아야 하는지에 대해 다음과 같이 논한다.

> 그의 의견을 비판하지 말라 어떤 사람은 모든 것을 먹을 만한 믿음이 있고 믿음이 연약한 자는 채소만 먹느니라 먹는 자는 먹지 않는 자를 업신여기지 말고 먹지 않는 자는 먹는 자를 비판하지 말라 이는 하나님이 그를 받으셨음이라 남의 하인을 비판하는 너는 누구냐 그가 서 있는 것이나 넘어지는 것이 자기 주인에게 있으매 그가 세움을 받으리니 이는 그를 세우시는 권능이 주께 있음이라_롬 14:1-4

> 네가 어찌하여 네 형제를 비판하느냐 어찌하여 네 형제를 업신여기느냐 우리가 다 하나님의 심판대 앞에 서리라_롬 14:10

> 이러므로 우리 각 사람이 자기 일을 하나님께 직고하리라 그런즉 우리가 다시는 서로 비판하지 말고 …_롬 14:12-13

성경은 어떤 것은 옳고 어떤 것은 그르다고 가르친다. 하지만 정당한 의견 차이가 있을 수 있는 문제들도 있다고 말한다.[18] 로마의 문제는 크리스천들이 이러한 논쟁의 여지가 있는 문제들을 두고서 서로 판단하고 있었다는 데 있다. 바울은 각 신자가 하나님께 속해 있기 때문에, 하나님께서 적절한 행동을 분명하게 명시하시지 않은 사안에 대해서 다른 신자의 결정에 의문을 제기하는 것은 적절치 않다고 주장했다. 또한 개인적인 의견에 대한 논쟁을 멈추고, 다른 의견을 가진 사람들을 비난하거나 무시하는 일도 멈추라고 했다.

크리스천 엄마로서 우리도 이러한 충고에 귀를 기울여야 마땅하다. 성경은 우리 자신을 다른 사람들과 비교하고 이들이 우리의 기준에 부합하기를 기대하기보다는 우리의 삶을 세심히 살피시는 주님 앞에서 겸손하고 정직하게 살기를 강권한다.

> 만일 누가 아무 것도 되지 못하고 된 줄로 생각하면 스스로 속임이라
> 각각 자기의 일을 살피라 그리하면 자랑할 것이 자기에게는 있어도 남
> 에게는 있지 아니하리라 _갈 6:3-4

당신의 육아 결정을 좌우해야 하는 것은 전문가의 의견이나 교회의 다른 엄마들 의견, 어머니나 시어머니, 친구의 의견 등이 아니다. 가장 중요한 의견은 주님의 의견이다. 주님께서 당신의 마음을 점검하시도록 하라.

♥ 당신의 정체성은 당신과 예수 그리스도와의 관계에 기초하고 있는가, 아니면 엄마로서의 성공 혹은 완벽한 부모가 되는 것에 기초하고 있는가?

♥ 당신은 남편, 자녀, 가정, 근무 환경, 그리고 육아 방식들을 다른 엄마들의 것과 비교하는가?

♥ 당신은 자기 자신이나 문화, 혹은 공동체가 부여한 기준에 도달하지 못하는 것에 대해 죄책감을 느끼는가?

♥ 당신은 자신이 할 수 없는 선택을 하는 다른 여성들의 자유가 부러운가?

♥ 당신은 특정 기준에 도달하지 못하는 당신의 역량 부족이 엄마로서의 실패를 의미한다고 생각하는가?

♥ 당신은 양육 선택에 대한 검증을 위해 주님보다 다른 엄마들을 더 바라보고 있는가?

♥ 당신은 당신이 다른 사람들보다 더 잘하고 있으며 더 나은 육아 결정들을 내리고 있다고 생각하는가?

♥ 당신은 육아의 조언들을 제공하고 엄마들의 전쟁 토론에 직접 참여하는가?

♥ 당신은 자신과 다른 입장을 고수하는 엄마들을 무시하고 있진 않은가?

문제의 일부가 아닌 해결책의 일부가 되기로 결단하라. 은혜를 베푸는 사람이 되라. 육아 의견에 대한 논쟁을 멈추고 다른 의견을 가진 사람들을 비난하거나 무시하는 일도 멈춰라. 무엇보다 참된 사랑은 친절하다는 사실을 기억하라. 이것은 시기하거나 자랑하지 않는다. 교만하거나 무례하지도 않다(고전 13:4-5). 사랑이 많은 하나님 중심의 엄마가 되기를 원한다면, 우리는 모두 다음을 갈망해야 할 것이다.

> 오직 위로부터 난 지혜는 첫째 성결하고 다음에 화평하고 관용하고 양
> 순하며 긍휼과 선한 열매가 가득하고 편견과 거짓이 없나니 화평하게
> 하는 자들은 화평으로 심어 의의 열매를 거두느니라 _약 3:17-18

진리로 거짓말에 대항하기

거짓말 32. 아이를 몇 명 가질지는 내가 선택해.

진 리
- 하나님은 창조주이시고 생명을 주시는 분이시다. (창 1; 2:7)
- 여성의 몸과 출산은 궁극적으로 하나님께서 책임지신다. 그분이 태를 열고 닫으신다. (창 20:18; 29:31)
- 생명은 수정 단계에서 시작한다. 낙태 방식의 피임은 생명을 빼앗는 행위이다. (창 2:7; 9:6; 시 22:9-10; 욥 31:15; 렘 1:4-5)

거짓말 33. 나는 (더 이상) 아이를 가질 여력이 없어.

진 리
- 자녀는 하나님께서 주시는 복이며, 번성하여 땅에 충만하라는 하나님의 명령의 실현이다. 결혼의 목적 중 하나는 "경건한 자손"을 낳는 것이다. (창 1:28; 시 113:9; 127:3-5; 말 2:15)
- 주님은 여성에게 주시는 자녀를 양육하고 부양하는 데 필요한 모든 것을 공급해 주실 것이다. (눅 12:24; 마 6:31-32; 빌 4:13, 19)

거짓말 34. 나는 자녀의 성장 과정을 통제할 수 없어/있어.

진 리
- 하나님은 그분의 언약을 지키고 자기 자녀에게 똑같이 행하도록 가르치는 부모에게 복을 주시겠다고 약속하신다. (시 103:17-18; 행 2:39)
- 부모는 자기 자녀가 하나님과 동행하도록 이들을 강제할 수는 없지만, 경건의 모범을 보이고 하나님을 향한 갈망을 불러일으키며 자녀의 영적 양육과 성장에 도움이 되는 가정 분위기를 조성할 수는 있다. (시 144:12, 15; 사 54:13; 마 5:13-16)
- 자녀의 생활 방식과 무관하게 자녀가 주님을 안다고 가정하는 부모는 자녀에게 거짓된 안정감을 주고 자녀를 위해 적절한 기도를 하지 못할 수도 있다. (렘 32:40; 히 3:14)

거짓말 35. 내 아이는 나의 최우선 순위야.

진 리
- 하나님을 사랑하고 섬기는 것이 모든 신자의 최우선 순위이다.
  (신 10:12; 눅 10:27; 마 12:50)
- 주님을 사랑하는 것보다 자녀를 더 사랑하는 것으로 죄를 지을 수 있다.
  (마 10:37; 눅 14:26)
- 자녀는 부모가 하나님을 우선시하는 것을 보면서 하나님을 우선시하는
  삶을 배운다. (신 6:7; 잠 22:6; 엡 5:1)
- 자녀는 이기적이기보다 이타적인 사람이 되도록 훈련받아야 한다.
  (미 6:8; 엡 6:4; 히 12:9-10; 잠 22:15)

거짓말 36. 나는/그녀는 그리 좋은 엄마가 아니야.

진 리
- 비교의 죄는 자랑과 시기로 이어진다. (약 3:14-18; 잠 8:13; 고전 3:3)
- 결국 모든 엄마는 자신의 육아 선택에 대해 주님께 책임을 져야 한다.
  (롬 14:1-14; 마 12:36; 롬 2:16; 고전 4:5; 갈 6:3-4)
- 나와 육아 의견이 다른 이들을 용납하는 것은 하나님께 영광을 돌리는
  일이 된다. (롬 15:7; 약 3:12-18; 엡 4:2)

9장
여성들이
감정에 관하여
믿고 있는 거짓말

하와의 일기

아벨을 잃은 지 거의 2년이 지났다. 항상 그 아이를 생각하면 가슴이 너무 아프다. 몇 달 동안 가인에게서는 아무 소식도 듣지 못했다. 그 아이가 우리에게 한 일을 생각하면 어떤 때는 너무나도 화가 나는데, 어떤 때는 그 아이가 아기였을 때처럼, 안아 주고 노래를 불러 주고 싶을 때도 있다.

아담은 자기 감정에 대해 전혀 이야기를 하지 않는 사람이다. 어떤 때는 그이에게 감정이라는 게 있는지 궁금할 정도다. 내가 내 마음을 이해시키려고 애쓰면, 그이가 짜증을 내는 것도 같다.

이 텅 빈 외로움의 구덩이에서 도저히 빠져나올 수가 없다. 어떤 날은 침대 밖으로 빠져나오기도 어려울 정도다. 어두움이 나를 삼킬 것만 같다. 얼마나 더 버틸 수 있을지 모르겠다. 내가 아프지 않던 때는 어땠는지도 기억이 나질 않는다. 나는 다시 행복해질 수 있을까?

몇 해 전 참석했던 여성 콘퍼런스에서 우리는 **혼란, 황홀, 분노, 낙심, 슬픔, 자신감, 행복, 외로움, 우울** 등 다양한 감정들을 나타내는 단어 목록의 자석을 나눠 주었다. 각 단어 위에는 해당 감정을 묘사하는 얼굴 그림(line drawing)이 재미있게 그려져 있었고, 이 목록에는 액자 모양을 한 작은 자석이 딸려 왔는데, 거기에는 "오늘 내 감정은…"이라고 적혀 있었다. '오늘 내가 어떤 감정을 느끼고 있는지'를 보여 주는 그림 중 하나를 위로 올려 붙이도록 만들어진 것이다.

감정이 변할 때마다 이 마커를 바꿔 붙인다면, 우리는 꽤나 바쁠 것이다. 실제로, 어떤 여성들은 적어도 한 달에 한 번은 이 감정들 중 대부분을 느낀다고 했다. 다른 무엇보다도, 남성들이 손을 내저으며 "나 그만할래요. 당신을 도저히 이해할 수 없어요!"라고 말하는 것은 종종 우리 여성의 감정적 기질 때문일 수도 있다. 그러니 한편으로 누가 이들을 비난할 수 있을까?

우리가 예측할 수 없거나 통제할 수 없는 감정과 씨름할 때, 우리는 감정 자체가 본질적으로 사악하거나 잘못된 것이며, 그래서 억눌러야 한다고 결론 내리기 쉽다. 그러나 하나님의 형상으로 창조되었다는 것은 우리에게 다양한 감정을 경험하고 표현할 역량이 있다는 의미임을 기억할 필요가 있다. 하나님도 친히 다음과 같이 순수한 감정의 범주를 보여 주셨다.

- ♥ 기쁨 (느 8:10; 요 15:11)

- ♥ 즐거움 (민 14:8)

- ♥ 분노 (민 22:22)

- ♥ 질투 (출 20:5)

- ♥ 슬픔 (사 53:3)

그리고 그분은 우리가 그분의 마음을 반영하고 그분께 영광을 돌리는 방식으로 다양한 감정들을 느끼고 표현할 수 있도록 우리를 설계하셨다. 문제는 우리에게 감정이 있다는 것이 아니다. 감정은 하나님의 선물이다. 문제는 우리의 감정이 (하나님의 것과 달리) 타락으로 오염되었다는 데 있다. 그러니 우리의 과제는 성령님께서 우리 감정의 영역에서 우리를 거룩하게 해 주셔서 이것이 경건한 방식으로 표현될 수 있도록 하는 것이다.

이 과정 중에 하나가 바로, 속이는 자가 우리 감정에 관하여 우리에게 떠넘기는 거짓말들을 분별하고 교정하는 것이다. 우리 감정에 관하여 사실이 아닌 것을 믿게 만드는 것은 그가 써먹는 효과적인 도구들 중 하나이다. 그리고 그와 싸우는 가장 좋은 방법 중에 하나는 다음과 같은 거짓말들에 대항하여 진리를 말하는 것이다.

> 거짓말 37.
> **"내가 무언가를 느낀다면, 그건 틀림없는 사실이야."**

원수는 우리가 사랑받고 있지 못하다고 느끼면, 실제 사랑받지 못한다고 믿기를 원한다. 우리가 어떠한 압력에 대항할 수 없다고 느낀다면, 실제로 그 일을 해낼 수 없는 것이다. 하나님께서 우리를 버리셨거나 우리가 염려할 만한 방식으로 어떤 문제에서 부당한 행동을 하셨다고 느낀다면, 하나님은 정말로 우리를 실망시키신 것이다. 즉 우리의 상황이 절망적이라고 느낀다면 소망은 없어야 하는 것이며, 구원받지 못했다고 느낀다면 우리는 아직 구원받지 못한 것이고, 용서받지 못했다고 느낀다면 우리는 용서받지 못한 것이 틀림없다는 것이다.

그러나 진리는 '우리의 타락으로 인해 우리의 감정은 현실과 거의 관련이 없다'는 것이다. 많은 경우, 우리의 감정은 실제로 무엇이 사실인지에 대한 신뢰할 만한 척도가 아니다. 우리의 감정이 하나님과 그분의 진리라는 변하지 않는 실재보다 끊임없이 변화하는 우리의 상황에 매여 있을 때, 우리의 감정은 격렬히 요동하기 쉽다.

사실 우리의 기분을 끌어 올리는 데는 많은 것이 필요하지 않다. 맑고 화창한 날, 직장에서의 승진, 친구의 칭찬, 큰 프로젝트의 성공적 완수, 체중 2-3kg 감량이면 충분하다. 반면, 기분이 저하되는 것도 지루한 날들의 연속, 회사에서 힘들었던 하루, 실망스러운 전화, 한 달에 한 번 있는 그날, 잠 못 이루는 밤을 포함해 (이것에 국한되지 않고) 다양한 요인에서 올 수 있다. 여기에 '큰' 사건들, 예를 들어 5년 만에 넷째 아이를 출산하거나, 멀리 이사를 가거나, 실직을 하거나, 배우자 혹은 자녀가 죽거나, 알츠하이머에 걸린 부모를 돌보거나, 갱년기를 지나거나, 암 진단을 받는 등의 일들이 더해지면 감정은 정말로 엉망진창이 될 수 있다.

만일 우리가 이것으로부터 자유를 누리려면, 우리의 감정이 반드시 신뢰할 만하지는 않다는 사실을 깨닫고 진리에 일치하지 않는 감정은 무엇이든 기꺼이 거절할 수 있어야 한다. 때때로 우리의 감정을 사로잡는 롤러코스터를 탈 때마다, 우리는 끊임없이 우리의 마음과 생각을 진리로 가져가야 한다.

> ♥ 하나님은 우리가 선하다고 느끼든 그렇지 않든 선하시다(시 136:1).

> ♥ 하나님은 우리가 사랑받는다고 느끼든 그렇지 않든 우리를 사랑하신다(렘 31:3, 요 3:16).

> ♥ 우리가 용서받았다고 느끼든 그렇지 않든, 우리는 우리를 대신해 흘리신 예수 그리스도의 피를 믿는 믿음으로 용서받는다(갈 2:16).

> ♥ 하나님은 결코 우리를 떠나지도 버리지도 않으신다. 우리가 외롭거나 버림을 받았다고 느낄 때에도 하나님은 항상 우리와 함께하신다(신 31:6).

'코니(Connie)'는 자신의 믿음이 진리가 아닌 자신의 감정에 기초해 왔음을 인정한다. 진리가 자신의 감정을 다스리도록 할 수 있다는 사실을 깨달은 후, 그녀의 사고방식이 어떻게 변화했는지 주목하라.

깨닫기 전: 저는 하나님의 자녀였지만 평생 진리의 특정 측면들이 저를 제외한 모든 사람들에게 적용된다고 믿어 왔어요. 하나님은 그들에게 선하셨지만 저에게는 선하지 않으세요. 하나님은 그들을 사랑하셨지만 저를 사랑하지는 않으셨어요. 다른 사람들은 하나님께 큰 가치를 지니지만, 저는 아니에요. 저는 하나님이 선하시고 저를 사랑하시며 제가 그분께 큰 가치를 지닌 사람이라는 '사실'을 알고는 있지만, 그러한 사실과 제 마음에서 느끼는 감정 사이에는 간극이 있었어요. 하나님께서 저를 사랑하시고 제가 그분에게 그렇게 큰 의미라면, 분명히 저는 제가 사랑받고 있다고, 가치 있다고 느낄 거예요.

깨달은 후: 《여성들이 믿고 있는 거짓말》에 관한 선생님의 세미나를 통해 하나님은 그분의 진리가 제 감정과 무관하게 유효하다는 사실을 보여 주셨어요. 그 무엇도 하나님 혹은 그분의 말씀과 성품이 갖는 진리를 바꿀 수는 없어요. 그분은 저에게 선하세요. 그분은 정말로 저를 사랑하세요. 저는 그러한 진리를 붙들거나 혹은 사탄의 거짓말을 믿기로 선택할 수 있어요. 하지만 하나님의 진리는 불변하고 반박할 수 없어요.

빌립보서 마지막 장에서, 사도 바울은 변화하는 감정을 직면해 온전한 정신과 정서적 안정을 유지할 수 있는 처방을 제공한다.

> 주 안에서 항상 기뻐하라 … 아무 것도 염려하지 말고 다만 모든 일에
> 기도와 간구로 너희 구할 것을 감사함으로 하나님께 아뢰라 … 무엇에
> 든지 참되며 … 이것들을 생각하라 _ 빌 4:4, 6, 8

그리하면?

> 모든 지각에 뛰어난 하나님의 평강이 그리스도 예수 안에서 너희 마음
> 과 생각을 지키시리라 _ 빌 4:7

거짓말 38.
"감정을 제어하는 건 불가능해."

원수는 이 거짓말을 사용해 우리가 감정에 의해 지배당할 수밖에 없다고 믿게 만든다. 우리가 감정을 느끼는 것 자체를 어찌할 수 없다는 사실은 일리가 있지만,

진리는 우리 감정이 우리의 삶을 운영하도록 내버려 두어서는 안 된다는 것이다. 그러니까 다가오는 건강 검진 때문에 불안을 느끼는 것은 어쩔 수 없다고 해도, 결과에 대한 걱정을 멈출 수 없는 것은 아니다. 매달 특정한 시점이면 날카로움과 예민함을 느끼는 것은 어쩔 수 없다고 해도, 그렇다고 해서 그날 당신에게 거슬리는 사람이 누구든 그에게 무례하게 말하거나 불친절하게 행동하는 것을 자제할 수 없는 것은 아니다. 당신 인생의 외로운 시절, 한 유부남이 당신에게 관심을 보여 그에게 감정이 끌리는 것은 어쩔 수 없다고 해도, 그렇다고 해서 그와 '사랑에 빠지는 것'을 막을 수 없는 것은 아니라는 말이다.

이와 관련된 또 다른 거짓말은 크리스천들이 슬픔이나 낙심, 분노, 외로움을 느껴서는 안 된다는 것, 즉 우리가 참으로 영적인 사람이라면 항상 행복할 것이라는 주장이다. 이는 사실이 아니다! 자동차 계기판의 경고등처럼, 특정 감정들은 어떤 문제의 지표가 될 수 있고 특정한 상황에서는 죄로 이어질 수도 있다. 하지만 단순히 부정적 감정을 느끼는 것 자체가 죄는 아니다. 중요한 것은 그 감정으로 우리가 무엇을 하느냐이다. 성경은 우리에게 "분을 내어도 죄를 짓지 말"라고 이야기한다 (엡 4:26). 우리 마음속에서 올라오는 분노를 느낄 때, 우리는 그 분노를 죄악 된 반응을 정당화하는 데 사용할 수 있다. 그러나 그 분노로 우리를 그리스도께 더 가까이 나아가게 할 수도 있다.

우리는 무슨 수를 써서라도 고통을 피하도록 장려하는 문화 속에서 살고 있다. 따라서 우리가 제어할 수 없다고 느끼게 만드는 정황에서 하나님을 신뢰하거나 이를 하나님께 맡기려 하기보다 오히려 이 부정적인 감정들을 느끼지 않으려고 노력한다. SNS와 과학 기술에 대한 우리의 집단적 중독은 깨어진 세상을 살아가는 현실에서 벗어나기 위한 한 가지 방법에 불과하다. 우리는 고통스러운 감정이나 상황에 직면하는 것을 피하기 위해 몇 시간 스크린을 들여다보고 싶은 유혹을 받을 수 있다. 하지만 그렇게 한다고 해서 정말로 만족감을 얻을 수 있을까? 그것이 불안, 분

9장 여성들이 감정에 관하여 믿고 있는 거짓말

노, 지루함, 괴로움을 지속적으로 누그러뜨릴 수 있을까? 몇 시간 동안 휴대폰에 있는 사진이나 노트북의 SNS 게시물들을 스크롤 하다 보면, 당신의 마음이 진실로 평안함을 느끼는가? 그 모든 클릭들이 당신을 쉴 만한 물가로 인도하는가? 그것들이 당신의 영혼을 회복시키는가? 과학 기술에는 하나님의 말씀을 열고, 그분의 선하심을 묵상하며, 그분의 진리로 우리를 변화시키는 일을 대신할 만한 가치가 없다. 다른 어떤 대체물도 우리를 궁극적으로 만족시킬 수 없다. 와인 한 잔도, 한밤중 여는 냉장고도, 넷플릭스를 몰아 보는 것도 이러한 약속을 하거나 지킬 수 없다.

> 주께서 심지가 견고한 자를 평강하고 평강하도록(온전한 평강으로) 지키시리니 이는 그가 주를 신뢰함이니이다 _사 26:3

단순히 부정적인 감정에서 벗어나는 것보다 우리에게는 하나님께서 주신 선택, 그러니까 이들을 '온전한 평강'으로 맞바꾸는 방법이 있다. 우리가 분노, 불안, 괴로움, 절망, 미움, 정죄와 같은 부정적 감정의 무게 아래에서 고통당할 때, 우리는 단순히 그러한 부정적인 감정들에서 벗어나거나 그들을 좋은 느낌의 대체물로 교체하기보다 하나님에 대한 우리의 심지를 견고히 하고 하나님의 진리를 바라보는 법을 배워야 한다. 우리의 피난처가 되시는 하나님의 진리를 향해서 걷지 말고 달려 가야 한다. 성경은 어떠한 폭풍 속에서도 우리의 감정을 안정시킬 수 있는 수단이 되는 약속과 명령으로 가득하다.

♥ 하나님의 말씀은 약속한다. "내가 너희와 항상 함께 있으리라"(마 28:20). 따라서 우리는 외로움에 시달릴 필요가 없다.

♥ 하나님의 말씀은 약속한다. "나의 하나님이 너희 모든 쓸 것을 채우시리라"(빌 4:19). 따라서 우리는 주택 담보 대출을 어떻게 갚을지 걱정하며 밤을 지샐 필요가 없다.

♥ 하나님의 말씀은 약속한다. "산들이 떠나며 언덕들은 옮겨질지라도 나의 자비는 네게서 떠나지 아니하며"(사 54:10). 따라서 우리는 불확실한 미래를 두려워하며 살 필요가 없다.

♥ 하나님의 말씀은 말한다. "너희는 마음에 근심하지도 말고 두려워하지도 말라"(요 14:27). 이는 우리가 어떤 상황에서도 두려움에 굴복할 필요가 없다는 뜻이다.

♥ 하나님의 말씀은 말한다. "아무 것도 염려하지 말고"(빌 4:6). 이는 스트레스가 많은 상황에서도 걱정할 필요가 없다는 뜻이다.

♥ 하나님의 말씀은 말한다. "범사에 감사하라"(살전 5:18). 우리 주변의 모든 것이 무너져 내리는 것 같을 때에도, 우리는 감사하기로 선택할 수 있다는 뜻이다.

♥ 하나님의 말씀은 말한다. "너희 원수를 사랑하며"(마 5:44). 우리에게 아무리 큰 잘못을 저지른 사람일지라도, 우리는 성령의 능력을 힘입어 사랑하기로 선택할 수 있다는 뜻이다.

♥ 하나님의 말씀은 말한다. "아무에게나 혐의가 있거든 용서하라"(막 11:25). 이들이 우리에게 얼마나 깊은 상처를 주었든 혹은 큰 죄를 지었든 우리가 용서하기로 선택할 수 없는 사람이 없다는 뜻이다.

내면에서 어떠한 감정들이 소용돌이 치든, 우리는 하나님의 은혜로 우리 마음을 하나님께 고정하고 그분을 '신뢰하고 순종하기'로 선택할 수 있다. 성경은 우리를 바로 그렇게 하라고 권면한다.

> 그러므로 너희가 그리스도와 함께 다시 살리심을 받았으면 위의 것을 찾으라 거기는 그리스도께서 하나님 우편에 앉아 계시느니라 위의 것을 생각하고 땅의 것을 생각하지 말라 그리스도의 평강이 너희 마음을 주장하게 하라 _ 골 3:1-2, 15

> 모든 생각을 사로잡아 그리스도에게 복종하게 하니 _고후 10:5

우리가 마음을 그리스도께 고정하고 모든 생각을 진리에 복종시킬 때, 성령은 우리의 감정을 거룩하게 하사 그분의 다스림 아래 두신다. 그리고 우리의 상황이 지금 당장 바뀌지는 않더라도, 그분은 우리에게 초자연적인 평안과 신실한 은혜를 주신다.

"갱년기를 지나면서 많은 여성들이 경험하는 세 가지 주요 징후들이 있습니다."
50세가 되어 내 몸에 일어나고 있는 일에 대한 답을 듣기 위해 병원 진료실에 앉아
있었다. 의사가 물었다.

"열감이 있으신가요?"

"네."

"밤에는 잠도 잘 안 오시죠?"

"맞아요."

"감정의 변화는요?"

그때, 갑자기 내 눈에 눈물이 차 올랐고 흔들리는 고개를 떨구고 있을 수밖에 없
었다. 그랬던 2년여가 지나 너무 행복하다. 그때는 때때로 내가 마치 열두 살처럼
느껴지기도 했다. 그 시기 동안 감정과 반응을 조절하는 것이 얼마나 어려웠는지 당
신도 그 경험을 해 보았다면, 굳이 더 덧붙이지 않아도 알 것이다.

열두 살 이야기가 나왔으니 말하자면, 그해에 나는 특별한 이유도 없이 1년 내내
울었다. 돌이켜 보면, 나는 그때 어른이 되어 가면서 내 몸에 일어났던 몇몇 변화들
을 그때보다 지금 더 잘 이해한다. 하지만 내 몸에서 일어나던 그 변화들이 그해 내
가 자주 느꼈던 변덕스러움과 지나친 수다스러움에 대한 핑계가 될 수 없다는 사실
역시, 그때보다 지금 더 잘 이해한다.

바람직하지 못했던 행동의 핑계를 찾는다면, 더욱이 원수의 거짓말에 넘어가면
그것은 언제나 쉬운 일이다. 만일 우리가 우리 자신의 감정을 통제할 수 없다고 믿
는다면, 특별히 우리가 감정적으로 취약하거나 통제를 벗어났다고 느낀다면, 우리
의 반응도 스스로 통제할 수 없다고 믿게 된다. 우리 자신의 감정을 너무나도 빠르

게 믿을 뿐 아니라 훨씬 더 빨리 이들에게 복종하게 된다. 그러나 그다음에 벌어지는 일은 그리 아름답지 않다.

- 밤 10시 초콜릿 아이스크림에 대한 갑작스러운 식욕을 느끼고 … 냉장고로 달려가 먹기 시작한다.

- 밤 늦게까지 안 자고 심야 영화를 보고 싶다는 생각에 … 휴식을 취하라는 몸의 신호를 무시한다.

- 다음 날 아침 침대에서 일어나고 싶지 않아 … 이불을 머리 위로 뒤집어 쓰고 직장에 병가를 낸다.

- 집을 청소하고 싶지 않아 … 정말로 우울해질 만큼 집이 엉망이 될 때까지 방치한다.

- 울분을 터뜨려야 할 필요를 느껴 … 가서 고함을 치고 나중에 사과한다.

우리가 이러한 평범한 일상 속에서 우리의 행동을 감정이 통제하도록 내버려 둔다면, 우리는 인생의 중요한 전환기나 어려운 시절 가운데 감정에 휘둘리기 더 쉬워질 것이다.

최근 수십 년간 여성의 인생 주기에 대한 많은 연구와 논의가 있었다. 이러한 연구 중 일부는 우리가 "심히 기묘"하게 지어진 존재라는 사실(시 139:14)에 대한 이해를 증진시켰다. 하지만 일부 여성들에게는 통제를 벗어난 태도와 행동에 대한 핑곗거리를 제공하기도 했다. 우리 중 우리의 부정적 기분과 반응을 월경 주기의 탓으로 돌리고 싶은 유혹을 받아 보지 않은 사람이 있을까? 이러한 사고방식은 마리(Marie)의 결혼을 거의 파경으로 이어지도록 했다.

> 저는 52세가 되어서야 이 거짓말이 어떻게 제 마음을 완전히 속였는지 알 수 있었습니다. 남편은 제가 진리를 깨달을 수 있도록 무지 노력했어요. 하지만 저는 그이의 말을 전혀 들으려 하지 않았죠. 월경 전 증후군(PMS) 지지자들에게 너무나도 크게 속고 강화되어서 그랬던 것 같아요. 제가 깨닫기 전에 남편이 제 눈앞에서 떠날 수도 있다는 가능성을 왜 전혀 생각하지 못했을까요?

9장 여성들이 감정에 관하여 믿고 있는 거짓말

일부 여성들의 경우, 어려운 임신이 불규칙한 감정 변화와 변덕스러운 행동을 '설명'하기도 한다. 내가 만난 어떤 여성은 갱년기가 되면 신경 쇠약에 걸리기로 미리 마음을 먹기도 했다. 물론, 우리 몸에 일어나는 일은 우리에게 분명 감정적, 정신적, 심지어 영적으로도 영향을 미친다. 우리가 누구인지에 대한 이러한 다양한 면모들을 각각 분리할 수 없으며, 서로 불가분의 관계로 얽혀 있다. 하지만 자신의 육적이고 죄악 된 태도와 반응을 몸의 상태나 호르몬의 변화를 가지고서 정당화할 때, 우리는 함정에 빠지게 된다.

몇 년 전, 강연 일정이 몰려 있던 탓에 육체적, 감정적으로 지쳤었던 때가 생각난다. 그때 나의 태도와 말씨는 꽤나 거칠었고, 부정적이었으며, 전반적으로 함께 지내기 어려운 사람이었다. 나는 무의식적으로 내 기분 때문에 나 자신을 정당화하고 있었다. 이때 우연히 내 환심을 샀던 친구가 나를 쳐다보며 한마디했다. "낸시, 너의 피곤함을 육욕의 핑계로 삼지 마." 고백하건대, 그 순간에는 그 친구의 책망이 별로 고맙지 않았다. 마음이 쓰렸다. 하지만 그때 그 말은 나에게 진리를 일깨워 주는 꼭 필요한 말이었다.

자연의 다양한 양상과 마찬가지로, 하나님은 우리의 몸도 계절과 주기 안에서 기능하도록 설계하셨다. 물론, 인생의 각 시기에는 그만의 과제가 따른다. 타락의 결과 중 하나는 출산에 슬픔과 고통이 수반된다는 것이다. 하지만 이러한 결과를 출산 때만 느끼는 것은 아니다. 예를 들어, 월경 주기와 관련해 일부 여성들이 경험하는 어려움은 우리의 타락한 상태를 실질적으로 상기시켜 준다. 하지만 매달 돌아오는 월경 주기는 하나님께서 우리를 여성으로 만드셨고, 우리가 여성이기 때문에 생명을 잉태하고 양육할 수 있는 능력이 있음을 상기하게 한다.

나는 젊은 시절 이것이 하나님께서 나를 만드셨고 인생의 각 계절마다 그분을 영화롭게 하는 일로 부름받았다는 사실에 대한 정기적인 암시임을 깨달았다. 나를 비롯한 많은 여성 친구들은 노화의 과정에 동반되는 새로운 도전들을 경험하고 있다. 어떤 날에는 이 도전들이 우리를 압도하고 낙담하게 하며 혼란스럽게 할 수도 있다. 하지만 하나님께서 우리의 몸을 만드셨다! 그분은 우리 몸이 어떻게 작동하는지 (우리보다 더 잘) 이해하신다. 월경 주기, 호르몬, 임신, 갱년기가 그분의 허를 찌르는 것이라고 생각하는가? 시편 기자는 우리 육체의 창조와 관련된 하나님의 돌보심과 주권적인 계획을 인하여 그분을 찬송한다.

> 주께서 내 내장을 지으시며 나의 모태에서 나를 만드셨나이다 내가 주께 감사하옴은 나를 지으심이 심히 기묘하심이라 주께서 하시는 일이 기이함을 내 영혼이 잘 아나이다 내가 은밀한 데서 지음을 받고 땅의 깊은 곳에서 기이하게 지음을 받은 때에 나의 형체가 주의 앞에 숨겨지지 못하였나이다 내 형질이 이루어지기 전에 주의 눈이 보셨으며 나를 위하여 정한 날이 하루도 되기 전에 주의 책에 다 기록이 되었나이다 _ 시 139:13-16

얼마나 놀라운가! 당신이 태어나기 훨씬 전부터, 하나님은 당신 몸의 모든 분자와 수정에서 무덤에 이르기까지 인생의 모든 날을 꼼꼼히 생각하시고 계획하셨다. 하나님은 당신이 월경을 시작하게 될 날과 임신을 언제, 몇 번이나 하게 될 지, 그리고 배란이 정확히 언제 멈출지를 정하셨다. 그분은 모든 계절과 변화를 통해 당신의 몸 안에서 일어나는 일을 정확히 알고 계신다.

이렇게 지혜로우시고 사랑이 많으신 창조주께서 성숙의 단계에 있는 우리의 호르몬 수치를 알지 못하신다거나 우리 인생의 모든 계절에 따른 공급에 실패하신다는 상상을 할 수 있는가? 하나님은 우리에게 쉽거나 문제가 없는 여정을 약속하지 않으셨다. 우리의 모든 필요를 채우시며 인생의 모든 단계와 연관된 여러 도전과 어려움들에 대응할 수 있는 은혜를 주시겠다고 약속하셨다.

하나님은 훌륭한 영양제, 보조 식품, 운동과 같은 수단을 통해 당신의 필요를 채우실 수 있다. 의료 전문가의 지혜와 자원을 사용해 도움을 주실 수도 있다. 어려운 시절 당신을 격려하고 당신과 동행할 이해심 많은 친구들을 당신 곁에 두실 수도 있다. 혹은 이 모두를 동원하실 수도 있다. 그것이 무엇이든 하나님은 당신이 그분을 당신의 도움으로, 지지자로, 목자로 바라보는 동안, 당신이 안전하게 각각의 시기를 지나갈 수 있도록 하실 것이다.

누군가 '갱년기' 혹은 '에스트로겐'을 주제로 책을 써 내기 전에, 프란치스코 살레시오(Francis de Sales, 1567-1622)는 다음과 같이 모든 세대의 여성들을 위한 지혜로운 충고의 말을 했다. 이 말은 수년 전 《여성들이 믿고 있는 거짓말》 초판에 이것을 포함했을 때보다 오늘 나이 든 여성인 나에게 더욱 의미 있고 힘이 되는 말이다.

> 이생의 변화와 기회를 두려움으로 바라보지 마세요. 오히려 이들이 다가올 때, 하나님께서 자신의 소유 된 당신을 그것으로부터 구해 주실 것이라는 온전한 소망으로 그것을 바라보세요. 그분은 이제껏 당신을 지켜 주셨습니다. 그분의 다정한 손을 굳게 붙잡으면, 그분이 모든 것을 지나도록 당신을 안전하게 이끄실 것입니다. 그리고 당신이 버틸 수 없을 때에는 그분의 팔로 당신을 안아 주실 것입니다. … 오늘도 당신을 돌보시는 영원한 아버지께서 당신을 내일도, 그리고 날마다 돌보아 주실 것입니다. 당신을 고통으로부터 막아 주시든, 그것을 견딜 무한한 힘을 주시든 말입니다. 그러므로 모든 불안한 생각과 상상을 내려놓고 평안히 지내세요.[1]

바울이 데살로니가 교인들에게 보낸 첫 번째 서신 말미에 쓴 기도는 1세기의 신자들만을 위한 기도가 아니다. 남성들만을 위한 기도도 아니다. 나는 이 기도가 여성들이 삶의 모든 계절마다 청할 수 있는 기도라고 믿는다. 우리가 믿음을 가지고 하나님께서 그렇게 하시도록 허락할 때, 하나님의 응답을 기대할 수 있는 기도이다.

> 평강의 하나님이 친히 너희를 온전히 거룩하게 하시고 또 너희의 온
> 영과 혼과 몸이 우리 주 예수 그리스도께서 강림하실 때에 흠 없게 보
> 전되기를 원하노라 너희를 부르시는 이는 미쁘시니 그가 또한 이루시
> 리라 _살전 5:23-24

우울증은 내가 개인적으로 알고 있는 많은 여성들, 나나 우리 단체에 연락해서 도움과 희망을 간절히 바라는 여러 여성들에게 있어 매우 실제적이고 고통스러운 문제이다. 실제로, 남성들보다 두 배나 더 많은 여성들이 우울증으로 고통받고 있다.[2]

우울증은 각기 다양한 크기, 모양, 색깔로 나타난다. 그것이 가볍든 무겁든 어떤 형태이든, 우울증은 삶을 변화시킨다. 심한 경우에는 생명을 위협할 수도 있다. 그러나 우울증 자체보다 더 위험한 것이 있는데, 바로 원수들이 이러한 우울증에 관한 거짓말(혹은 어떠한 경우 절반의 사실들)을 퍼뜨리고 있다는 것이다. "나는 지속적인 우울함을 잘 견뎌 내지 못해."라는 말이 그러한 거짓말 중에 하나이다. 이 외에도 우울증과 관련해 수많은 거짓말들이 있다. 예를 들어,

- 영적이지 못한 사람들만 우울해져요.

- 우울증은 항상 죄에 뿌리를 두고 있어요.

- 우울증은 절대로 죄에 뿌리를 두고 있지 않아요.

- 우울증은 순전히 생리학적(혹은 뇌나 호르몬의) 문제예요.

- 우울증은 순전히 영적인 문제예요.

- 우울증에 대한 답은 가장 먼저/늘 약물 및/혹은 상담에서 찾아야 해요.

- 크리스천들은 우울증을 절대 약물 및/혹은 상담으로 치료해서는 안 돼요.

- 우울증의 신체적·정서적 영향은 그것에 수반되었을 수도 있는 영적·심리적 문제를 다루지 않고도 효과적 치료가 가능해요.

● 우울해하고 있는 사람들에게는 참소망이 없어요.

● 정말로 원하는 크리스천들은 누구나 우울증에서 치유될 수 있어요.

지금까지 살펴본 다른 주제들과 마찬가지로, 우울증에 관한 이러한 거짓말들과 우리를 자유롭게 하는(이것에 상응하는) 진리는 책 한 권의 주제가 될 수 있다. 하지만 나는 우울증에 너무나도 자주 동반되는 이 어둠 속에, 한 줄기의 빛이나마 비춰 주고 싶다.

가장 먼저, 우울증은 사람을 가리지 않는다. 그리고 우울증의 존재가 꼭 어떤 사람의 영적 지표는 아니다. 19세기 영국의 목회자, 찰스 스펄전(Charles Spurgeon)과 같은 독보적인 영적 거장도 성인 시절 내내 심각한 우울증을 경험했다. 그가 이렇게 기억한 시기도 있었다. "나의 영이 너무나도 깊이 가라앉아 나는 아이처럼 몇 시간이고 울었는데, 그러고도 내가 왜 울었는지를 알지 못했다."[3] 스펄전은 말했다. "나는 안개뿐 아니라, 형체를 알 수 없고 막연하지만 모든 것을 덮어 버리는 절망과도 싸워야 했다."[4] 지금 당신도 이 "모든 것을 덮어 버리는 절망"에 익숙할지도 모르겠다.

우울증과 불안은 복잡한 문제이다. 우리는 이들의 원인은 물론, 다양한 유형의 치료가 장기적으로 미치는 영향에 대해서 아직 배워야 할 것이 많다. 개인적 경험과 유전적 소인, 기타 다양한 생리학적, 심리학적 요인들 간의 상호 관계를 이해하기 위한 많은 연구가 진행되어 왔다. (스펄전이 평생 우울증과 싸우는 데 기여했을 수 있는 많은 요인들도 확인이 되었다.)

어떤 사람들은 유전적 요인이나 일반적인 인간의 결함 때문에 우울증에 더 취약한 것으로 보인다. 또한 이 깨어진 세상에서 사람들은 자신이 선택하지 않은 일, 자신이 통제할 수 없는 상황, 자신의 '잘못'이 아닌 일 등 우울하게 하는 여러 가지 일들을 겪게 된다. 자연재해, 실직, 만성적인 육체의 고통이나 질병, 굶주림과 기아, 전쟁, 사랑하는 이의 죽음 중 어떤 것이라도 여러 차례 우울증을 유발할 수 있다. 또 거절, 유기, 신체적 및 언어적 학대, 성폭행, 인종 차별, 억압, 불의 등 타인의 죄로 인해서 받는 타격도 있다. 어떤 수준에서든 질병(육체적이든 감정적이든 혹은 정신적이든), 고통, 우울증은 타락한 세상에서 사는 한 피할 수 없는 결과다. 사도 바울이 로마서 8장에서 우리에게 상기시켜 준 것처럼, 온 창조 세계가 무거운 죄에 짓눌려 "탄식" 하며 마지막 구원을 갈망하고 있다.

우울증은 또 우리 자신의 죄 혹은 우리에게 상처가 되는 상황이나 범죄에 대한 반응, 곧 배은망덕, 억울함, 용서하지 못함, 불신, 권리 주장, 분노, 자기 중심성으로 인해 야기되거나 악화될 수 있다. 이러한 문제들이 제대로 다루어지지 않는다면, 그 결과는 필연적으로 우리의 몸과 영혼 안에서 나타나 매우 실제적인 신체적, 정서적 문제를 일으키게 될 것이다.

많은 경우, 약물 치료는 우울증 증상 완화에 도움이 될 수 있다. 하지만 우울증 이 기질적, 신체적 문제가 아닌 다른 원인으로 인해 발생하거나 유발된 경우에는 약 물 치료가 장기적으로 효과적인 해결책이 되지 못한다. 적절한 약물 치료는 우울증 을 겪는 사람을 안정시켜 명확한 생각을 하도록 하고, 문제에 기여한 비생리적인 문 제들을 해결할 수 있는 좋은 기회를 제공한다. 하지만 어떠한 처방 약도 영혼의 보 다 깊은 문제를 '치유'할 수는 없다. 우울증으로 고통받고 있는 사람이 자기 내면의 마음 문제를 해결하려 하지 않는다면, 일시적 증상 완화 이상의 효과를 경험하기는 어려울 것이다.

성경 속 우울증

당신은 성경에 등장하는 수많은 사람들이 우울증으로 고통받았다는 사실을 알 고 있는가? 이들의 이야기는 우울증의 원인 중 일부(전부는 아님)에 대한 유익한 통찰 을 제공해 준다. 어떤 경우에는 이들의 싸움이 이들 자신의 자존심, 이기심, 분노의 결과에 지나지 않았음을 볼 수 있다.

예를 들어, **아합 왕**은 자신의 뜻대로 일이 되지 않자 우울해졌다. 아합이 너무나도 원했던 땅을 이웃이 팔지 않겠다고 거절하자, 그는 "근심하고 답답하여 … 침상에 누워 얼굴을 돌리고 식사를 아니"했다(왕상 21:4). 아합의 아내 이세벨은 남편에게 그가 원하는 것을 얻도록 돕겠다는 약속을 하며 그를 우울에서 꺼내 주려 했다. "일어나 식사를 하시고 마음을 즐겁게 하소서 내가 이스르엘 사람 나봇의 포도원을 왕께 드리리이다"(왕상 21:7). 나는 거울에서 때때로 아합의 영을 본다. '내 뜻'대로 되지 않는 일에 대한 반응으로 감정적 포기를 할 때가 있다. 깊은 곳에서는 화가 나지만 그 화를 바깥으로 표현하기보다 감정의 구덩이로 가라 앉혀 이세벨이 아합에게 그랬던 것처럼 누군가 나를 알아봐 주고 내 기분을 풀어 주기를 바라는 것이다.

요나의 이야기는 하나님의 뜻에 저항하고 원망하는 것이 어떻게 우울증과 자살 충동을 일으킬 수 있는지를 보여 준다. 요나가 마땅히 멸망해야 한다고 생각한 니느웨 사람들을 하나님께서 멸망시키지 않으셨을 때, 요나는 "매우 싫어하고 성내며" 이렇게 기도했다. "여호와여 원하건대 이제 내 생명을 거두어 가소서 사는 것보다 죽는 것이 내게 나음이니이다"(욘 4:1-3). 하나님의 반응은 요나로 하여금 그의 분노를 직면하도록 했다. "여호와께서 이르시되 네가 성내는 것이 옳으냐?"(욘 4:4) 잠시 후, 요나에게 그늘이 되어 준 박넝쿨이 시들어 죽어 그의 우울이 더 심해졌을 때 똑같은 대화가 반복되었다. 하나님은 이 선지자에게 우울증의 원인이 '상황' 때문이 아니라 '하나님의 주권적 선택에 대한 분노'의 반응이었음을 보기 원하셨던 것이다.

한나는 경건한 여성이었지만 오랜 시간 동안 충족되지 못한 갈망과 피곤해진 관계를 한꺼번에 상대하면서 우울해졌다. 남편은 한나를 매우 사랑했지만, 그녀를 괴롭게 하는 문제들을 해결할 힘은 없었다. 주님만이 아시는 이유로, 주님은 한나의 태를 닫으셨고 그녀는 자녀를 낳을 수 없었다. 남편의 다른 아내 브닌나는 아이를 임신하고 출산하는 데 아무런 문제가 없었고, 남의 상처에 소금을 뿌리듯 한나에게 그러한 사실을 상기시키는 데 주저하지 않았다.

> 여호와께서 그에게 임신하지 못하게 하시므로 그의 적수인 브닌나가
> 그를 심히 격분하게 하여 괴롭게 하더라 매년 한나가 여호와의 집에
> 올라갈 때마다 (남편이 그같이 하매) 브닌나가 그를 격분시키므로 그가 울
> 고 먹지 아니하니 _ 삼상 1:6-7

이처럼, 우리가 처한 상황 가운데 하나님의 손길을 보지 못하거나 우리 삶에 대한 그분의 뜻을 두고서 하나님과 다툴 때, 우리는 한나처럼 감정적이며 영적인 우울증을 경험할 수 있다.

시편 32편에서 우리는 **다윗 왕**이 바셋바와 우리아에 대한 자기 죄를 고백하지 않음으로 일어난 육체적이고 감정적인 고통을 확인할 수 있다.

> 내가 입을 열지 아니할 때에 종일 신음하므로 내 뼈가 쇠하였도다 주
> 의 손이 주야로 나를 누르시오니 내 진액이 빠져서 여름 가뭄에 마름
> 같이 되었나이다 _ 시 32:3-4

다윗은 자기 죄 때문에 경험한 우울과는 대조적으로, 자신의 죄와 직접적으로 연관되지 않은 강렬한 감정적 어둠의 때를 주기적으로 겪었다. 가장 솔직하고, 듣는 이의 가슴을 미어지게 하는 시편들이 그의 깊은 절망을 표현한다.

> 내게 굽히사 응답하소서 내가 근심으로 편하지 못하여 탄식하오니 /
> 내 마음이 내 속에서 심히 아파하며 사망의 위험이 내게 이르렀도다
> 두려움과 떨림이 내게 이르고 공포가 나를 덮었도다 _ 시 55:2, 4-5

> 내 눈물이 주야로 내 음식이 되었도다 _ 시 42:3

다윗은 그러한 고통의 시간을 통해, 자기 마음을 향해 하나님의 성품에 관한 진리로 권면하는 것의 중요성을 배웠다.

> 내 영혼아 네가 어찌하여 낙심하여 내 속에서 불안해 하는가 너는 하
> 나님께 소망을 두라 그가 나타나 도우심으로 말미암아 내가 여전히 찬
> 송하리로다 내 속에서 낙심이 되므로 주를 기억하나이다 _ 시 42:5-6

의사이자 목사인 마틴 로이드 존스(Martyn Lloyd-Jones)는 그의 대표 저서인《영적 침체》(*Spiritual Depression*)에서 이 시편을 우울증으로 힘들어하고 있는 이들에게 적용한다.

> 여러분들의 영혼에 말씀하셔야 합니다. "내 영혼아 네가 어찌하여 낙심하는가?" 무엇이 여러분들을 불안하게 합니까? 여러분 자신에게 강권하며 이렇게 말씀하십시오. "너는 하나님께 소망을 두라." 우울하고 불행한 방식으로 하는 불평 대신 말입니다. 그런 다음 여러분 자신에게 하나님을, 그분이 어떤 분이신지를, 그분이 무엇을 하셨고 무슨 일을 행하셨는지를, 그리고 무엇을 행하시겠다 약속하셨는지를 상기시키셔야 합니다.[5]

야고보서의 마지막 장에서, 우리는 우울증으로 넘어져 앞으로 나아가기에 무력하다고 느끼는 이들을 위해 격려하고 실제적 도움을 주는 본문을 발견한다.

> 너희 중에 고난 당하는 자가 있느냐 그는 기도할 것이요 즐거워하는 자가 있느냐? 그는 찬송할지니라 너희 중에 병든 자가 있느냐? 그는 교회의 장로들을 청할 것이요 그들은 주의 이름으로 기름을 바르며 그를 위하여 기도할지니라 믿음의 기도는 병든 자를 구원하리니 주께서 그를 일으키시리라 혹시 죄를 범하였을지라도 사하심을 받으리라 그러므로 너희 죄를 서로 고백하며 병이 낫기를 위하여 서로 기도하라 의인의 간구는 역사하는 힘이 큼이니라 _약 5:13-16

여기서 야고보가 병든 자들을 언급한 것은 단순히 계속되는 두통이나 계절 알레르기를 지칭한 것이 아니다. 두 가지 다른 헬라어 단어가 이 구절들에서 모두 '병든'이라고 번역되었다. 첫 번째(14절)는 '연약한, 허약한, 기운이 없는, 무력한'을 의미하는 단어이다.[6] 두 번째(15절)는 '지친, 병든, 혹은 어지러운'을 의미한다.[7] 즉, 단순한 육체적 질병 이상을 이야기하고 있는 것이다. (물론 육체적 질병이 감정적, 정신적으로 우리를 연약하게 만들 수 있지만 말이다.) 몸과 영혼 전체가 영향을 받는다. 그것이 삶의 정황이든, 자신의 죄이든, 아니면 둘 모두이든 주변에 약해지고 풀이 죽은 누군가를 떠올려 보라. 그녀는 지치고 탈진했으며, 너무 힘겨워 자신의 상태에 대해 아무것도 할 수 없는 무력감을 느낀다. 만성적으로 낙담을 겪어 와서 어쩌면 우울증 진단을 받을지도 모른다. 그렇다면 우리는 이 성경 구절로부터 우울증에 걸린 사람들을 위해 무엇을 얻을 수 있는가?

위를 보다

내 눈에 띄는 첫 번째 통찰은 **우리가 무엇을 느끼든, 무슨 일을 겪고 있든 우리의 첫 번째 반응은 주님을 향해야 한다는 사실**이다. 번영을 하든 피해를 입든, 행복하든 슬프든, 건강하든 병들든, 우리는 다른 무엇인가를 하기에 앞서 하나님의 임재를 인정하면서, 그 모든 과정에서 하나님이 우리와 동행해 주시고, 그 상황에 적절히 대응하도록 우리를 지도해 주시며, 그러한 상황에 대처할 수 있는 하나님의 자원을 공급해 주시기를 간구해야 한다.

그러나 대개, 우리의 첫 번째 반응은 주님이 아닌 **다른** 사람이나 **다른** 무엇을 향한다. 우리가 상처를 입고서 위안이나 안도나 탈출을 찾을 때, 우리는 우리가 찾을 수 있는 가장 즉각적이고 가시적인 해결책을 잡으려는 경향이 있다. 결과를 빨리 얻을 수 있고, 고통을 덜어 줄 수 있으며, 가급적 너무 많은 노력을 필요로하지 않는 무언가를 원한다.

사실, '영혼의 어두운 밤'에는 성경을 펼쳐 놓고 무릎을 꿇어 하나님께서 우리에게 말씀하기 원하시는 것에 귀를 기울이는 것보다 친구에게 전화를 걸어 도움을 요청하는 것이 더 쉽다. 지금의 상태가 되도록 기여했을 수도 있는 태도나 행동을 따져 보기 위해 애써 노력하는 것보다 음식, 술, 운동, 잠으로써 고통을 감추는 것이 더 쉽다. 자신을 겸손히 하고 자신의 배은망덕이나 용서하지 못함, 분노를 인정하는 것보다 SNS나 넷플릭스를 보거나 꿈의 휴가를 계획하거나 어떤 취미에 몰두하여 우리의 감정을 무감각하게 만드는 것이 더 쉽다. 하나님께서 어떻게 우리의 고통을 사용하셔서 우리를 거룩하게 하시고 자기를 영화롭게 하실지 구하고 찾는 것보다 의사나 치료사, 항우울제에 의존하는 것이 더 쉽다. 물론 이러한 수단들 모두 어느 정도의 도움이 될 수 있다. 하지만 우리 삶에 하나님의 은혜가 임하지 않는다면, 이들은 부족하고 일시적인 완화에 불과하다. 우리의 가장 깊은 필요를 충족하는 것은 "모든 위로의 하나님"이시다(고후 1:3).

그렇다고 다른 모든 방법이 틀렸다거나 무익하다는 뜻은 아니다. 충분한 수면은 두 명의 미취학 아동과 한 명의 신생아를 키우는 엄마의 감정에 큰 차이를 만들어 낼 수 있다. 때때로 식이 요법의 변화는 우리의 신체적 안녕에 큰 영향을 미치고, 이것은 다시 우리의 감정적, 정신적 안녕에 영향을 미친다. 신체 운동은 우울증과 관련된 신체적 증상을 다루는 데 도움이 되기도 한다. 의사는 우리의 감정 상태에 영향을 미치는 생리학적 문제를 진단하고 치료할 수도 있다. 특히 친구는 우리의 생각을 다시금 진리로 향하게 하는 데 격려를 제공해 줄 수도 있다. 그리고 때때로 우리는 우리의 손을 잡고 그분의 은혜의 보좌로 걸어갈 수 있도록 도와줄 사람이 필요하다. 그러나 인생의 문제에 대한 해결책을 찾기 위해 우리의 마음을 **위로** 향하지 않고 **밖으로** 향하면, 우리는 그것의 근원 혹은 이유가 무엇이든 이내 절망에 빠져 아무런 소망이 없다고 느낄 수밖에 없다.

밖을 내다보다

야고보서 5장이 강조하는 두 번째 진리는 **상처 입은 사람들을 돕는 데 있어 그리스도의 몸이 갖는 중요성**이다. 오늘날 어떤 사람들은 이 분야의 '전문가들'만 감정적, 정신적 문제가 있는 이들을 효과적으로 섬길 수 있다고 생각한다. 정신 건강 분야에서 훈련을 받은 이들이 설 자리가 없다는 말이 아니다. 내 소중한 친구들 중에는 주님을 사랑하고 지혜로운 이들, 특히 기독교적이고 성경적인 세계관을 가진 전문가들로부터 우울증과 학대, 트라우마의 후유증을 해결하기 위해 큰 도움을 받은 이들이 있다. 그러나 이뿐만 아니라, 하나님은 절망에 빠져 도움을 필요로 하는 이들을 돌보기 위해 그리스도의 몸에 풍성한 자원을 제공해 주셨다.

하나님은 우리에게 그분의 말씀과 그분의 영을 주셨다. 우리는 하나님의 말씀이라는 연고를 가지고서 상처 입은 자들에게 어떻게 발라 주어야 할지를 배울 필요가 있다. 그래서 야고보는 고난으로 인해 연약해지고 병들었을 때, 하나님의 사람들이 예수님의 이름으로 은혜를 베풀도록 하라고 이야기한다. 먼저는 혼자 기도하라. 어렵겠지만 교회의 영적 리더들과 당신의 필요를 나눌 수 있도록 은혜를 구하라. 그다음 당신의 고통을 통해 드러내신 죄가 있다면 고백하라. 그리고 주님께서 영적 목자들의 기도와 돌봄[8]을 통해 당신을 강하게 하시고, 위로하시고, 격려하시도록 하라.

야고보는 필요한 경우 용서를 베풂으로 고통 중에 있는 이들을 치유할 수도 있다고 말한다. 이러한 치유나 회복은 짧은 시간 안에 즉각적이거나 완전하게 이루어지지 않을 수도 있다. 하나님께서 이 세상의 모든 육체의 질병을 전부 치유하지 않으시는 것처럼, 당신의 감정적 혹은 정신적 괴로움이 이 땅에서의 여정 내내 당신과 함께할 수도 있다. 하지만 당신은 당신의 고통이 얼마나 길게 지속되든 하나님께서 당신과 함께 걸어가실 것이며, 그분의 은혜가 당신을 지키시고 거룩하게 하심으로 말미암아, 언젠가는 온전하고 완전하게 치유될 것이라고 확신할 수 있다.

우리에게는 고통당하는 이들을 세밀하게 돌보시는 구원자가 계시다. 그분은 연약하고 힘겨워하는 이들에게 친절하시며 이들을 긍휼히 여기신다. "상한 갈대를 꺾지 아니하며 꺼져 가는 등불을 끄지 아니하고"(사 42:3). 그리고 말씀은 우리가 상처 입은 이들에게 동일한 긍휼을 보이도록 강권한다. "마음이 약한 자들을 격려하고 힘이 없는 자들을 붙들어 두며 모든 사람에게 오래 참으라"(살전 5:14). 이것은 우리가 어려움에 처한 이들에게 하나님의 마음을 전하려고 할 때, 그리스도의 몸 안에 있는 우리 모두를 위한 유익한 말씀이다.

당신은 다른 누군가의 우울증을 '고칠' 수는 없지만 위로와 도움, 인내를 제공할 수는 있다. 판단하지 않고 들어 줄 수 있다. 혼자 있으려고만 하는 우울한 사람들을 위해 가끔 안부를 확인하거나, 그녀가 무언가에 힘들어하고 있을 때 실질적인 도움을 제공할 수도 있다. 작은 친절의 몸짓으로도 큰 차이를 만들어 낼 수 있다. 그리고… 맞다! 우울한 사람을 돕는 데는 인내가 필요하다. 그녀에게는 당신에게 반응할 감정적 에너지가 없을 수도 있고, 심지어 화를 낼 수도 있기 때문이다. 따라서 당신은 사랑을 전하고 진리를 말하되 온유함과 은혜로 누군가를 충분히 부드럽게 대할 줄 아는 것이 필요하다. 더불어 기도가 강력한, 어쩌면 가장 강력한 방식의 돌봄이라는 사실을 잊지 말라.

구원자에게 붙들리다

스티븐 알트로게(Stephen Altrogge)라는 작가는 수년간의 개인적 경험을 바탕으로 우울증을 다음과 같은 방식으로 묘사한다.

> 당신이 어디를 보든 어둡게 보일 거예요. 음산하고 암울하며 절망적이고 무기력하죠. 우울증으로 향하는 대기실에는 "이곳에 들어오시는 모든 분들은 희망을 버리세요."라고 적혀 있어요.[9]

하지만 스티븐은 절망에 굴복하지 않는다. 그는 우울과 절망의 구름을 걷어 낼 수 있는 공식이 없다는 사실을 인정한다. 그럼에도 불구하고 그는 우울한 이들에게 믿음을 위해 싸우라고 권면한다. 자신의 감정과 진리를 분리하라고 말하며, 참된 것에 닻을 내릴 수 있도록 도와줄 신실한 친구를 찾으라고 말한다. 정말로 하고 싶지 않은 일이더라도 단순하고 실용적인 단계를 밟아 "더 명확하게 생각하고, 사물을 더 정확하게 보며, 하나님의 약속을 보다 수월하게 처리하고 수용할 수 있도록" 당신의 육체를 재충전하며 보살피라고 말한다. 그리고 마지막으로 스티븐은 그의 동료들에게 참된 소망은 오직 그리스도 안에서만 찾을 수 있음을 상기시킨다.

> 우울증 가운데 있는 당신의 소망은 결국 예수님께 달려 있습니다. 당신이 낙하하고 있는 것처럼 느낄 때에도 그분은 당신을 붙들고 계시며, 당신이 어둠 가운데 있을 때에도 당신의 목자가 당신 바로 곁에서 걷고 계십니다. 그분은 슬픔에 압도당하고 황량함에 삼킨 바 되는 것이 무엇

> 인지를 아십니다. 인생을 붙드는 당신의 손이 혹 흔들리더라도, 당신을 붙드는 그분의 손은 흔들리지 않을 것입니다.[10]

이것이 진리다. 물론 진리가 모든 고통과 슬픔을 없애 주지는 않는다. 적어도 이 생에서는 말이다. 하지만 진리는, 17세기 작가 존 번연(John Bunyan)이 그의 기독교 고전인 《천로역정》(*The Pilgrim's Progress*)에서 말한 것처럼, "곤고의 산(Hill Difficulty)"이라고 부르던 것을 당신이 오르는 동안 "천성(Celestial City)"이 앞에 있음을 알게 하여 인내와 믿음으로 걸어갈 수 있게 해 준다.[11] 그때 그곳에서 모든 고통과 우울, 눈물은 영원히 자취를 감추고, 모든 슬픔과 죄를 자신의 것으로 짊어지신 구원자의 임재에 가려져 그분의 영원한 안식과 기쁨으로 들어갈 것이다.

우리의 가장 어두운 감정들을 다룰 때, 우리는 단지 '기분 좋아짐'이 크리스천 삶의 궁극적인 목표가 아님을 기억해야 한다. 하나님은 자신과 동행하는 사람들이 모든 어려운 감정들로부터 자유로워질 것을 약속하지 않으신다. 우리가 육체를 가지고 있는 한, 우리는 다양한 정도의 고통과 고난을 경험할 것이다. 다음 장에서 살펴보겠지만, 우리 삶의 초점은 우리 자신의 기분을 좋게 하기 위해 무언가를 바꾸거나 '해결'하기보다, 이 세상에서 하나님의 영광과 그분의 구원 목적에 맞춰져야 한다. 다른 모든 것은 소모적이다. 참된 기쁨은 우리 자신을 그 목적에 내어 주는 것으로부터 찾아온다.

진리로 거짓말에 대항하기

거짓말 37. 내가 무언가를 느낀다면, 그건 틀림없는 사실이야.

진 리
- 내 감정을 항상 신뢰할 수는 없다. 감정은 많은 경우 현실과 연관이 거의 없으며, 나를 쉽게 속이고, 사실이 아닌 것을 믿도록 한다. (시 119:29-30; 렘 17:9-10)
- 진리와 일치하지 않는 모든 감정은 거절해야 한다. (시 33:4; 51:6; 56:3-4; 엡 4:14-15; 빌 4:8-9)

거짓말 38. 감정을 제어하는 건 불가능해.

진 리
- 내 감정에 휘둘려서는 안 된다. (시 6:1-10; 사 54:10; 마 5:44; 28:20; 엡 4:26; 빌 4:4-7; 살전 5:18)
- 나는 마음을 진리에 고정하고, 모든 생각을 진리에 복종하며, 하나님께서 내 감정을 통제하시도록 선택할 수 있다. (시 42:11; 사 26:3; 50:10; 요 10:10; 17:17; 고후 10:5; 빌 4:8-9; 골 3:1-2)

거짓말 39. 호르몬 변화로 생기는 반응은 어쩔 수가 없어.

진 리
- 하나님의 은혜를 힘입어, 나는 내 감정과 상관없이 그분께 순종하기로 선택할 수 있다. (빌 2:12-13; 약 4:7)
- 불경건한 태도, 반응, 행동을 핑계할 수 없다. (살전 5:23-24)
- 나의 육체적, 감정적 주기와 계절은 나를 만드시고 돌보시며 내 삶의 모든 단계를 예비하신 분의 통제 아래 있다. (시 139:1-18)

진 리
- 우울증의 육체적, 감정적 징후는 영혼 안에서 다루어져야 하는
문제들의 결실인 경우도 있다.
(삼상1:6-7; 왕상21:4, 7; 시 32:3-4; 42:3-8; 55:4-5; 애 3:1-33; 욘 4:1-4)
- 나는 나의 감정과 상관없이, 감사하고 하나님께 순종하며
다른 사람들에게 손을 내밀기로 선택할 수 있다. (빌 4:4-7)
- 하나님은 우리에게 강력한 자원, 곧 그분의 은혜, 성령, 말씀, 약속,
그리스도의 몸을 주셔서 우리의 감정적 필요를 돌보도록 하신다.
(시 25:4-5; 롬 8:26; 고후 12:9)

10장

여성들이

상황에 관하여

믿고 있는 거짓말

하와의 일기

정말 다사다난한 한 해였다. 가인의 손자들 중 하나가 자기 아버지의 건축 일을 돕다가 추락했다는 이야기를 들었다. 꽤나 많이 다친 것 같다. 가인과 그의 가족들과는 소통이 거의 없어서 자세한 이야기는 듣기 어려운 상황이다. 우리 관계는 여전히 껄끄럽다. 그때의 기억도 때로는 너무 고통스럽고…

올해 수확은 내 기억으로 역대 최악이었다. 우리가 생존할 정도의 식량을 얻기 위해서만도 아담은 엄청난 시간을 추가 작업해야 했다. 하루 일을 마치고 집에 돌아올 때면 고단해서인지 아무 말도, 아무것도 하고 싶어 하지 않았다.

이 모든 시간 동안 내가 그 사람에게 용기를 북돋아 주었다고 말하고 싶지만, 나에게도 나만의 어려움들이 있었다. 이제는 예전처럼 에너지가 넘치지도 않고, 특히 집에 아이가 네 명이나 있는 상황에서 집안일을 해내는 것이 버겁게 느껴질 때가 많다. 남편, 아이들, 손주들, 그리고 집안일까지 감당하면서 나 자신을 위한 시간을 가질 수 있을지 모를 정도로 바쁘게 살아가고 있다.

때때로 이 압박감이 너무 크게 느껴질 때면, 나는 내 주변의 모든 일과 모든 사람들에게 짜증이 나는 나 자신을 발견한다. 아이들과 아담에게 화풀이하게 되는 것도 너무 속상하다. 너무 피곤해서 그런 건데….

아담과 단둘이 함께 시간을 보낸 지 너무 오래 되었다. 잠시나마 이 모든 것으로부터 벗어날 방법이 있다면 좋겠다. 그러면 내가 더 잘 대처할 수 있을지도 모를 텐데…. 무언가는 달라져야 한다.

어디 이런 날이 하루뿐이겠는가. 제대로 되는 일이 하나도 없는 날, 당신도 경험해 보았을 것이다. 주디스 비오스트(Judith Viorst)의 대표 어린이 도서인 《가혹한, 끔찍한, 좋지 않은, 매우 나쁜 날》(The Terrible, Horrible, No Good, Very Bad Day)에서 당신은 이 특정한 하루에 관한 이야기를 읽어 볼 수 있다.

불쌍한 알렉산더(Alexander)의 입장에서는 모든 것이 다 잘못되고 있었다. 처음부터 마지막까지 그의 하루는 정말 곤란한 경험의 연속이었다. 알렉산더는 입안에 껌을 물고 잠이 들었다가, 일어나 보니 껌이 머리에 붙어 있었다. 학교에서는 끔찍한 하루를 보냈고, 치과 진료도 제대로 받지 못했으며, 신발 가게에 들렀다가 매우 불쾌한 경험을 했다. 그것이 끝이 아니었다. 저녁에는 먹기 싫은 라이머콩(lima beans)을 먹어야 했고, 목욕을 하는 동안에는 눈 안에 비누가 들어갔으며, 너무나도 싫어하는 기차 잠옷을 입어야만 하는 상황에까지 이르렀다. 그렇게 하루를 마치면서 알렉산더가 한숨을 내쉬며 "에휴. 호주로 이사를 가야겠어!"라고 마음먹었다고 해서, 과연 누가 이 안쓰러운 소년에게 뭐라고 할 수 있을까?'

알렉산더만 이렇게 반응한 것은 아닐 것이다. 우리 역시 하나님께서 우리를 사람이 살지 않는 어딘가로 불러 주시기를 바랐던 때가 있을 것이다! 사실, 시편 기자가 고백했던 것도 그런 것이었다. 그는 모든 것이 그를 압박하는 듯했고, 분명 더 이상은 감당할 수 없다고 느꼈다.

> 만일 내게 비둘기 같이 날개가 있다면 날아가서 편히 쉬리로다 내가
> 나의 피난처로 속히 가서 폭풍과 광풍을 피하리라 _ 시 55:6, 8

하나님께서 처음 이 땅을 창조하셨을 때, 그분은 자신이 만드신 모든 것을 보시고 "심히 좋았더라"라고 말씀하셨다. 가장 작은 분자에서 가장 광활한 은하까지 모든 것이 질서정연했다. 모든 것이 완벽한 조화를 이루며 존재했다. 혼란이나 상심, 갈등이나 불만 같은 것은 존재하지 않았다. 그리고 앞서 보았듯이, 아담과 하와는 완벽한 환경을 누렸다. 모든 것이 잘 돌아갔다. 부서지거나 고쳐야 할 것은 없었다. 누구도 늦거나 피곤해하거나 성질을 부리지 않았다. 빚을 지거나 두통에 시달리거나 병에 걸리거나 죽는 사람도 없었다. 누구의 마음도 상처 입지 않았고 무례한 말을 하거나 소송을 거는 사람도 없었다.

하지만 하와와 그녀의 남편이 사탄의 거짓말에 귀를 기울이고 그것을 좇아 행동했을 때 모든 것이 변했다. 한때는 땅에서 사람이 먹을 수 있는 식량을 쉽게 얻을 수 있었지만, 이제 남자는 자기 가족을 부양하기 위해 땅에서 나는 가시덤불, 엉겅퀴와 씨름해야만 했다. 해산은 여자에게 기쁘고 자연스러운 경험이 되어야 했지만, 이제는 출산의 진통과 고통을 견뎌야만 했다. 타락한 인간의 경험은 가시덤불과 산통 외에도 다음을 포함한다.

공포, 수치, 죄책, 실망
논쟁과 소송
눈물과 짜증
허리케인, 홍수, 지진
범죄와 폭력
빈곤, 불평등, 인종 차별, 전쟁
관절염, 종양, 암

속임이 세상에 들어온 사건은 광범위한 결과를 가져왔다. 물 한 컵에 식용 색소 한 방울을 떨어뜨린 것처럼, 죄는 인간과 환경에 관한 모든 것을 오염시켰다. 이것이 오늘날 우리가 처한 상황이다. 이것이 우리의 상황이다. 하나님께서 여전히 우리와 함께 계시지만 우리의 일상과 현실은 타락한 세상이다. 그리고 사탄은 여전히 이 상황들과 관련하여 우리를 속이려고 하며, 그것은 이내 불필요한 실망, 분노, 절망을 초래한다. 그러므로 우리가 우리의 삶을 균형 잡힌 시각으로 바라보고 소망을 붙들기 위해서는 하나님의 진리가 너무나도 절실히 필요하다!

> ### 거짓말 41.
> ## "상황이 달랐다면, 나도 달랐을 거야."

몇 년 전 두 살배기 아이와 한 살배기 쌍둥이를 둔 젊은 엄마하고 이야기를 나누었던 기억이 난다. 그녀는 한숨을 쉬며 말했다. "저는 절대 참을성 없는 사람이 아니었어요. 쌍둥이를 낳기 전까지는요." 이 여성은 누구나 한 번쯤은 믿었던 것을 믿었다. 바로 지금 우리의 모습이 우리가 처한 상황 때문이라는 것 말이다.

아마 당신도 나처럼 이렇게 말해 본 경험이 있을 것이다. "그 여자 때문에 **너무** 화가 나!" 그 말은 본질적으로 이런 말이다. "나는 정말 친절하고 상냥하고 다정하고 자제력 있고 성령 충만한 여성이야. **하지만** 내가 화를 내는 건 **그 여자** 잘못이야! 그 여자가 나에게 무슨 짓을 했는지 말해 줘도 너는 믿지 못할 거야." 그리고 어쩌면 이렇게 주장할 수도 있다.

- 아이가 건조기에 물을 채우고 거실 가구에 버터를 칠하지 않았다면, 저는 흥분하지 않았을 거예요!

- 부모님이 저를 무가치하게 느끼지 않으셨다면, 제 결혼 생활은 그렇게 어렵지 않았을 거예요.

● 남편이 다른 여자와 도망가지 않았다면, 이렇게 억울하진 않았을 거예요.

그러니까 우리가 진짜로 말하고 있는 것은 "누군가(혹은 무언가가) 나를 이렇게 만들었어."이다. 우리의 상황, 곧 우리의 성장, 우리의 환경, 우리의 주변 사람들이 달랐다면 우리도 달랐을 것이며, 우리는 더 인내심 있고, 더 다정하며, 더 자족하고, 더 함께 살기 쉬운 사람이었을 것이라고 말이다. 그러나 만일 우리의 상황이 우리의 모습을 만든다면 우리는 모두 희생자들이다. 원수는 우리가 이것을 믿길 바란다. 우리가 희생자들이라면 우리에게는 책임이 없고, 우리도 우리의 모습에 어쩔 수 없으니 말이다. 하지만 하나님은 다른 사람의 실패가 아닌 우리 자신의 반응과 삶에 대해서는 우리 각자에게 책임이 있다고 말씀하신다.

진리는 '우리의 상황은 지금의 우리를 만들지 않는다'는 것이다. 단지 우리가 어떤 사람인지를 드러낼 뿐이다. 쌍둥이를 낳기 전까지는 자신이 절대 참을성 없는 사람이 아니었다고 믿는 성난 엄마는, 하나님께서 그녀의 진짜 모습을 보여 주셔서 그녀를 변화시키기 위해 일련의 상황을 가져오시기까지 자신이 얼마나 참을성 없는 사람인지를 인지하지 못했다. 원수는 우리가 달라질 수 있는 유일한 방법이 우리의 상황이 바뀌는 것이라고 우리를 설득한다. 그래서 우리는 종종 '라면' 게임을 한다.

● 만일 우리가 이사할 필요가 없었더라면…

● 만일 우리가 친정 부모님과 더 가까이 살았더라면…

● 만일 우리에게 더 큰 집(더 많은 옷장과 수납공간)이 있었더라면…

● 만일 우리가 돈이 더 많았더라면…

● 만일 남편이 그렇게 많은 시간 일할 필요가 없었더라면…

● 만일 내가 결혼을 했었더라면…

- 만일 내가 결혼하지 않았더라면…

- 만일 내가 다른 사람과 결혼했었더라면…

- 만일 내가 자녀가 있었더라면…

- 만일 내가 자녀가 이렇게 많지 않았더라면…

- 만일 내가 그 아이를 잃지 않았더라면…

- 만일 내 남편이 의사소통을 할 수 있었더라면…

- 만일 내 남편이 영적 리더였더라면…

우리는 우리가 다른 상황에 있었더라면 더 행복했을 것이라고 속아 왔다. 하지만 진리는 '우리가 우리의 현재 상황을 만족하지 못한다면 다른 상황에서도 행복하지 않다'는 것이다.

19세기 작가 엘리자베스 프렌티스(Elizabeth Prentiss)는 50대가 되었을 때 남편이 새로운 직장을 얻어 뉴욕에 있는 집을 떠나 시카고로 이사해야 한다는 사실을 알게 되었다. 이사는 모든 친구들을 떠나야 한다는 의미였고, 그녀의 연약한 건강에도 위협이 되었다. 한 친구에게 보낸 편지에 그녀는 이렇게 썼다.

> 이 문제에서 하나님의 뜻 외에는 그 어떤 것도 알고 싶지 않아. … 지난 겨울의 경험은 장소나 위치가 행복과 거의 무관하며, 우리가 궁궐에서도 비참할 수 있고 지하 감옥에서도 빛날 수 있다는 사실을 깊이 각인시켜 줬어. … 어쩌면 이 가슴 아픈 경험이야말로 우리가 이 땅의 순례자이자 이방인이라는 사실을 상기시키는 데 꼭 필요한 것일지도 몰라.[2]

조지 워싱턴(George Washington)의 아내 마사(Martha) 역시, 그녀의 친구 머시 워렌(Mercy Warren)에게 보낸 편지에서 동일한 신념을 표현했다.

> 나는 행복과 불행의 대부분이 상황이 아닌 우리 성향에 달려 있다는 것을 경험으로부터 배웠
> 어. 그래서 앞으로 지금껏 내가 어떤 상황에 있더라도 쾌활하고 행복하게 지내기로 결심했어.
> 우리는 어디를 가든 우리 마음속에 이 두 가지 씨앗들 중 하나를 가지고 다니니까.³

수세기 전, 사도 바울은 그의 기쁨과 안녕이 자신의 상황에 달려 있는 것이 아니
라 하나님의 변함없는 사랑과 신실함, 그리고 하나님과 맺고 있는 관계의 상태에 달
려 있기 때문에 어떠한 상황에서도 기뻐하고 만족할 수 있다는 사실을 배웠다. 따라
서 그는 다음과 같이 말할 수 있었다.

> 어떠한 형편에든지 나는 자족하기를 배웠노니 나는 비천에 처할 줄도
> 알고 풍부에 처할 줄도 알아 모든 일 곧 배부름과 배고픔과 풍부와 궁
> 핍에도 처할 줄 아는 일체의 비결을 배웠노라 _ 빌 4:11-12

엘리자베스 프렌티스와 마사 워싱턴, 그리고 사도 바울은 모두 삶을 변화시키는
진리를 깨달았다. 우리가 우리의 상황을 통제하지는 못하더라도, 우리의 상황이 우
리를 통제할 수는 없는 것이다.

우리는 지혜로우시고 사랑이 많으시며 주권자이신 하나님께서 우리 삶의 모든
상황을 통제하신다는 사실을 믿을 수 있다. 기쁨과 평화, 그리고 안정은 우리 삶에
영향을 미치는 모든 상황들이 가장 먼저는 우리를 사랑하시는 그분의 손가락 사이
를 지나며, 그분이 이 세상과 우리의 삶에서 이루어 가시는 위대하고 영원한 계획의
일부라는 사실을 믿을 때 찾아온다.

거짓말 42.
"굳이 고난받을 필요 없잖아."

많은 유명 작가와 교사들은 죄인들이 예수님께 나아오기만 하면 끝없는 평안과
기쁨, 천국의 집, 그리고 이 세상에서 번영하는 삶을 누릴 수 있다고 약속해 왔다.

제자 됨으로의 부르심이 결여된 그런 류의 설교는 크리스천의 삶에서 벌어지는 싸움에 있어 인내가 거의 없는 '제자' 세대를 양산해 냈다. 그리스도를 따르는 삶에서 피할 수 없는 시련과 고난을 만나 소망이 꺾이면, 이들은 쉽게 환멸을 느끼고 가장 빠른 퇴로를 찾아 달려 나간다.

이것이 바로 정확히 원수가 원하는 것이다! 우리가 겪는 고난이 부당하거나 불필요한 것이라고 설득해, 우리로 하여금 하나님의 뜻과 목적에 분개하고 저항하게 만든다. 그러나 예수님과 그분을 따르는 사도들이 전한 메시지는 십자가를 지라는 부름이었으며, 전쟁에 참여하라는 부름, 고난을 받으라는 부름이었다. 사도 바울은 고난이 모든 신자를 위한 하나님의 커리큘럼에서 필수 과목임을 가르쳤다. "우리가 하나님의 나라에 들어가려면 많은 환난을 겪어야 할 것이라"(행 14:22). 이는 사탄이 우리가 고난에 대해 믿기 바라는 것과는 정반대이다.

아서 매튜스(Arthur Mathews)는 1938-1949년 사이, 그러니까 공산당이 정권을 잡았을 당시 중국에서 선교사로 활동했다. 그는 아내와 딸과 함께 4년간 가택 연금되어 있다가 1953년 중국을 떠난, 마지막 중국 내지 선교의 선교사들 중 하나였다. 그의 글에는 자기 부인에 대한 약속과 고난 중에서도 하나님의 계획과 목적을 기꺼이 받아들이려는 의지가 잘 반영되어 있다.

> 우리는 삶의 상황들을 우리가 소중히 여기는 소망과 편의에 어떤 영향을 미칠 수 있는지에 따라 바라보고, 그것에 따라 우리의 결정과 반응을 형성하는 경향이 있습니다. 어떠한 문제가 닥치면 우리는 하나님께 달려가는데, 그분의 관점을 구하기 위해서가 아니라 문제를 피하기 위해 달려갑니다. 우리의 자기 염려 하나님께서 그 문제를 통해 이루고자 하시는 일보다 우선시 됩니다.
>
> 도피주의 세대는 안전, 번영, 육체적 안녕을 하나님께서 주시는 복의 증거로 읽습니다. 따라서 하나님이 고난과 고통을 우리 손에 건네실 때, 우리는 그분의 신호를 잘못 읽고 그분의 의도를 잘못 해석합니다.[4]

우리가 하나님의 마음과 의도를 신뢰하지 않는다면, 우리는 고난을 자연스럽게 거절할 것이다. 하지만 17세기 청교도 작가 윌리엄 로(William Law)가 권면한 대로, 우리는 고난을 성화의 길이자 하나님과 더 친밀해지는 문으로서 환영하고 수용하는 법을 배워야 한다.

> 모든 내적 어려움과 외적 어려움, 모든 실망, 고통, 불안, 유혹, 어둠, 적막감을 자기를 부인하고 고난당하신 구원자와 더 온전한 교제로 들어가는 참된 기회와 복된 계기로 여기고 당신의 두 손으로 받아들이라.[5]

진리는 '하나님은 우리의 즉각적이고 일시적인 행복보다 우리의 거룩에 더 큰 관심을 가지신다'는 것이다. 그분은 우리가 거룩하지 않고서는 진정 행복할 수 없다는 것을 알고 계신다. 또한 진리는 '고난이 아니고서는 거룩해지는 것이 불가능하다'는 것이다. 예수님 자신도 이 땅에서 사시는 동안 설명할 수 없는 방식으로 "고난을 통하여 온전하게" 되셨고(히 2:10) "그가 아들이시면서도 받으신 고난으로 순종함을 배"우셨다(히 5:8). 만일 우리가 예수님과 같이 되기를 원한다면, 하나님께서 이러한 갈망을 충족시키기 위해 어떠한 수단을 선택하시든 우리는 저항할 수 없다.

신약 성경의 모든 저자들은 고난이 없이는 우리의 삶에 구원과 성화의 열매를 맺을 수 없다고 인식했다. 실제로 베드로는 고난이 우리의 부르심이라고까지 주장을 하는데, 이는 일부 기독교 리더들이나 순교자들뿐 아니라 모든 하나님의 자녀에게 그렇다는 것이다. "이를 위하여 너희가 부르심을 받았으니 그리스도도 너희를 위하여 고난을 받으사 너희에게 본을 끼쳐 그 자취를 따라오게 하려 하셨느니라"(벧전 2:21). 참된 기쁨은 고통이 없는 것이 아니라 그 고통 가운데 우리를 거룩하게 하시고 지키시는 주님의 임재이다. 그것이 며칠, 몇 주, 몇 달, 몇 년이 걸리든 그 모든 과정을 통해 우리는 그분의 약속을 품는다.

모든 은혜의 하나님 곧 그리스도 안에서 너희를 부르사 자기의 영원한 영광에 들어가게 하신 이가 잠깐 고난을 당한 너희를 친히 온전하게 하시며 굳건하게 하시며 강하게 하시며 터를 견고하게 하시리라 _벧전 5:10

거짓말 43.
"상황은 절대 바뀌지 않을 거야. 영원히 그대로일 거야."

이 거짓말은 많은 여성들을 낙심과 절망에 가두어 버린다. 물론 진리에 따르면, 당신의 괴로움이 무엇이든 간에, 육체적 고통이든, 학대의 기억이든, 문제가 많은 결혼이든, 제멋대로인 자녀로 인한 상심이든, 그것이 오랜 시간 지속될 수 있다. 그러나 그 괴로움이 영원하지는 않을 것이다. 여기 이 땅에서 살아가는 평생 지속될 수도 있다. 하지만 '평생'이 '영원'은 아니다. 진리는 (영원에 비추어 볼 때) '지금으로부터 한두 시간 후 우리가 주님의 임재 안에 있을 때, 이생에서 일어난 모든 일이 마치 쉼표처럼 한 호흡에 지나지 않는다'는 것이다.

한 여성이 결혼 생활의 복잡하고 어려운 상황에 대해 이야기를 나누고 싶어 나에게 전화를 걸어 왔다. 상황은 늘 그러했고, 앞으로도 무엇이 바뀔 기미가 전혀 보이지 않았다. 대화 중 그녀의 말에 감동을 받았다. "이것이 평생 지속된다고 해도 괜찮아요. 그 시간은 짧고, 영원은 길다는 사실을 아니까요. 언젠가는 이것도 화면의 깜박임같이 지나갈 거예요." 그녀는 자신의 '운명'에 체념한 사람처럼 말한 것이 아니었다. 그녀는 상황이 달라지기를 간절히 바랐다. 하지만 그녀는 시간과 영원의 관점을 가지고 있었기에 시험 가운데서도 신실할 수 있었다.

한 집회를 마친 후, 또 다른 여성이 나에게 다가와 말했다. "어려운 때에도 배우자에게 신실하라고 해 주신 말씀에 감사하고 싶어요." 이어서 그녀는 까탈스럽고 신앙이 없는 남성과 40년 동안 이어 온 결혼 생활에 대해 이야기해 주었다. 그녀는 말했다. "이 기간 동안 주변에 좋은 크리스천 분들을 포함해 많은 분들이 저에게 이 결혼 생활에서 벗어나라고 조언해 주셨어요. 하지만 하나님은 제가 했던 서약을 계속해서 생각나게 해 주시더라고요, 저는 그를 떠나는 것이 옳지 않다고 믿었습니다."

그녀는 잠시 멈추었다가 말을 이어 갔다. "기다리길 정말 잘했다는 생각이 들어요. 1년 전에 남편이 구원을 받았거든요. 하나님은 오랜 시간 동안 남편을 진정으로 변화시키고 계셨어요. 그리고 그뿐 아니라…" 그녀는 두 눈에 눈물을 머금고 부드럽게 이야기했다. "이 여정의 결과로 하나님께서 제 삶 가운데 이루신 놀라운 변화들이 있는데요. 선생님도 믿기 어려우실 거예요."

우리는 왜 이러한 관점을 갖는 것이 그렇게 어려울까? 아마도 우리가 이 땅에 너무 매여 있어서 대부분 40년을 영원처럼 느끼기 때문일 것이다! 우리는 어려운 일을 그토록 오래 견디고 싶어 하지 않는다. 그러나 40년, 혹은 더 긴 시간이라 할지라도 그것은 영원의 관점에서 보았을 때 하찮은 시간일 뿐이다. 우리의 고통이 이 땅에서 얼마나 오래 지속되든, 하나님의 말씀은 그것이 영원히 지속되지 않는다고 확언한다.

> 그러므로 우리가 낙심하지 아니하노니 우리의 겉사람은 낡아지나 우리의 속사람은 날로 새로워지도다 우리가 잠시 받는 환난의 경한 것이 지극히 크고 영원한 영광의 중한 것을 우리에게 이루게 함이니 우리가 주목하는 것은 보이는 것이 아니요 보이지 않는 것이니 보이는 것은 잠깐이요 보이지 않는 것은 영원함이라 _고후 4:16-18

> 생각하건대 현재의 고난은 장차 우리에게 나타날 영광과 비교할 수 없도다 _롬 8:18

> 저녁에는 울음이 깃들일지라도 아침에는 기쁨이 오리로다 _시 30:5

당신의 흐느끼는 밤이 몇 달, 심지어 몇 년간 지속될 수 있다. 그러나 만일 당신이 하나님의 자녀라면 그것은 영원히 지속되지 않을 것이다. 하나님은 당신이 당하는 고난의 기간을 정확히 정해 두셨다. 그러니 당신의 삶 가운데 그리고 당신의 삶을 통해 그분의 거룩하고 영원한 목적을 성취하시는 데 필요한 것보다 고난이 더 오래 지속되지는 않을 것이다. 이생에서 고난이 사라지지 않는다고 해도 하나님의 말씀에 담긴 수백 가지의 약속을 찾아보라. 언젠가 모든 고난이 끝나고 난 후에 믿음은 눈에 보이는 실상이 되며, 어둠은 빛으로 변하고, 신실함은 끝없는 기쁨으로 보상받을 것이라고 하나님은 약속하셨다.

> 광야와 메마른 땅이 기뻐하며 사막이 백합화 같이 피어 즐거워하며 …
> 여호와의 속량함을 받은 자들이 돌아오되 노래하며 시온에 이르러 그
> 들의 머리 위에 영영한 희락을 띠고 기쁨과 즐거움을 얻으리니 슬픔과
> 탄식이 사라지리로다 _사 35:1, 10

어둠의 세력이 지금 이 순간 아무리 강력하게 보여도, 인생의 마지막 장은 이미 쓰여졌고 하나님은 승리하신다! 앞으로 일어날 일에 대한 진리를 믿으면, 진리는 반드시 우리를 소망으로 채우고 우리로 하여금 지금과 그때 사이에서 인내할 수 있도록 할 것이다.

거짓말 44.
"더 이상은 감당 못하겠어."

여기 또 다른 거짓말이 있다. 원수는 우리가 이 거짓말을 믿어 패배와 절망 가운데 살기를 바란다. 그래서 우리로 하여금 이것을 믿게 하려고 열심히 노력한다. 한 여성이 다음과 같은 편지를 보내왔다.

저에게는 한 살 된 남자 쌍둥이가 있습니다. 두 달 동안 중이염과 감기로 쉼 없이 아픈 바람에 아이들의 불평과 짜증이 멈추질 않더라고요. 저는 제 자신과 남편, 제 말을 들어 주는 모든 사람들에게 자꾸만 "더는 못 참겠어!"라고 얘기했습니다. 이 거짓말이 일종의 자기 충족 예언으로 저에게 스트레스가 되더군요. 마침내 제가 "아니야, 하나님의 은혜로 나는 참아 낼 수 있어! 하나님은 내가 이들에 대한 나의 의무를 다할 수 있도록 해주실 거야!"라고 얘기했을 때, 긴장과

┃ 스트레스의 가장 큰 부분이 해소되는 것을 느꼈습니다.

우리는 모두 더 이상은 계속할 수 없다고, 더 이상은 못 견디겠다고 느껴 본 적이 있을 것이다. 다른 속임의 영역들과 마찬가지로 이 거짓말을 물리치는 열쇠는 진리로 대항하는 것이다. 우리의 감정이나 상황이 우리에게 무엇을 말하든 진리인 하나님의 말씀은 "내 은혜가 네게 족하도다"라고 말씀하신다(고후 12:9). 우리 대부분은 이 구절에 익숙하다. 그러나 자기 삶의 정황이나 시험과 관련하여 이 말씀을 정말로 믿는 사람은 거의 없다. 우리가 정말로 믿는 것은 다음과 같다.

- ● 더 이상은 아픈 아이를 데리고 밤을 지샐 수 없어.

- ● 더 이상은 이 결혼 생활을 지속할 수 없어.

- ● 더 이상은 시어머니에게서 상처받을 수 없어.

- ● 더 이상은 세 명의 10대 자녀, 치매에 걸린 어머니와 계속 한 집에 살 수 없어.

- ● 더 이상은 못 참겠어.

그러나 우리가 믿든 믿지 않든, 우리가 하나님의 자녀라면 그분의 은혜는 우리에게 족하다. 이것이 진리이다. 물론 이것은 그분이 의도하지 않으신 책임을 우리 스스로 짊어지지 않았다는 사실을 전제로 한다. 그 짐이 하나님께서 주신 것이라면 우리는 그분의 은혜로 나아갈 수 있다. 그분의 은혜는 우리 삶의 모든 순간, 모든 상황, 모든 세부 사항, 모든 필요, 모든 실패 가운데 그야말로 족하다. 이것이 당신과 내가 우리의 마음에 영원히 들려주어야 하는 진리인 것이다.

♥ 너무 지쳐서 내 앞에 놓인 끝내지 못한 일들을 도저히 감당할 수 없을 것만 같을 때, '그분의 은혜가 내게 족하다.' (이것을 큰 소리로 말하라. 다시 한번 말하라. 믿어질 때까지 말하라.)

- ♥ 가족 혹은 회사 동료가 나를 정말 힘들게 해서 더는 반응하기 어려울 때, '그분의 은혜가 내게 족하다.'

- ♥ 거친 말로 내 불만을 표출하고 싶은 유혹을 느낄 때, '그분의 은혜가 내게 족하다.'

- ♥ 그날, 내 식욕에 몇 번이고 굴복했을 때, '그분의 은혜가 내게 족하다.'

- ♥ 가족에게 실수하고 화를 내며 성질이 급해졌을 때, '그분의 은혜가 내게 족하다.'

- ♥ 어느 방향으로 가야 하고 어떤 결정을 내려야 할지 모를 때, '그분의 은혜가 내게 족하다.'

- ♥ 사랑하는 사람의 무덤 옆에 서서 견디기 힘든 상실감과 슬픔으로 마음이 찢어질 때, '그분의 은혜가 내게 족하다.'

당신은 무엇을 위해 하나님의 은혜가 필요한가? 제멋대로인 자녀? 병든 몸? 애정이 없는 남편? 은행에 돈이 없는가? 아빠 없이 세 명의 자녀를 양육하느라 고군분투 중인가? 다음 달 월세를 어디서 구해야 할지 모르겠는가? 일자리를 잃었는가? 새로운 도시로 이사를 와서 정 붙일 곳이 없는가? 요양원에 계시는 부모님을 찾아뵙기 위해 매주 몇 시간 운전을 해야 하는가? 교회가 분열 중인가? 비참할 만큼 외로운가? 죄책감에 시달리고 있는가? 약물에 중독되었는가? 호르몬이 통제되지 않는가? 물음에 답을 해 보라. 당신의 이야기가 무엇이든, 당신의 상황이 어떠하든 **하나님의 은혜는** 바로 지금 **당신에게 족하다.** 그것이 무엇이든 간에 그분은 그분의 신적 자원을 동원해 당신의 모든 필요를 충족시킬 수 있다.

하나님의 자녀여, 당신의 하늘 아버지는 그분의 은혜가 당신과 동행하는 곳이 아니면 그 어디로도 당신을 인도하지 않으실 것이다. 당신 앞에 놓인 길이 절망스러울 만큼 길어 보일 때, 담대하길 바란다. 눈을 들기 바란다. 모든 고통이 끝날 그날을 바라보길 바란다. 그리고 당신이 그분 앞에 설 때 일생의 모든 눈물과 슬픔은 그분 얼굴의 아름다움, 영광과 비교하여 참으로 희미하게 보여 당신은 분명 이렇게 고백할 것이다. "그분의 놀라운 은혜가 저를 안전히 집으로 데리고 와 주셨습니다."

거짓말 45.
"내가 제일 중요해."

당신은 분명 이러한 메시지를 광고에서, 즉 옥외 게시판, 범퍼 스티커, SNS 등 다양한 곳에서 보았을 것이다.

▌ 당신이 제일 중요해요.

이 광고 캠페인 이면에 담긴 철학은 인류의 역사만큼이나 오래되었다. 이것은 실제로 뱀이 하와에게 했던 말과 정확히 일치한다. "**네가** 제일 중요해." 그는 이때부터 이 캠페인을 효과적으로 운영해 왔다.

한 작가는 다음을 관찰했다. "대부분의 사람들에게 이 우주에서 가장 큰 사람은 바로 자기 자신이다. 이들의 삶은 '나'라는 단어의 끝없는 변형으로 이루어져 있다."[6] 이것은 사실이다. 인생에 대한 우리의 본능적 반응은 자기 중심적이다. '이게 **나에게** 어떤 영향을 미치지?' '이게 **나를** 행복하게 할까?' '이 일이 왜 **나에게** 일어났을까?' '그녀는 **나를** 어떻게 생각하지?' '**내** 차례야.' '아무도 **내** 생각에 관심이 없어.' '그는 **내** 마음에 상처를 줬어.' '**내** 시간이 필요해.' '**내** 공간이 필요해.' '그는 **내**가 뭘 원하는지 전혀 생각하지 않아.'

그런데 우리는 자기 우주의 중심이 되는 것만으로는 만족하지 못한다. 우리는 하나님을 포함해 다른 모든 사람들의 우주에서도 중심이 되기를 원한다. 다른 사람들이 우리의 행복을 증진하고 우리의 필요를 채우기 위해 헌신하지 않을 때, 우리는 쉽게 상처를 받고 자기 중심적인 우리의 욕구를 채우기 위해 대안을 찾기 시작한다.

당신은 교회가 하나님을 중심으로 모든 것이 돌아가는 곳이라고 생각할 수 있다. 그러나 꼭 그런 것만은 아니다. 래리 크랩(Larry Crabb) 박사는 그의 책 《고통 속에서 하나님을 발견하다》(*Finding God*)에서, 복음주의 교회가 얼마나 이 같은 속임에 넘어갔는지에 대해 통찰력 있는 분석을 제공한다.

> 사람들이 스스로 가치 있고 사랑받을 만한 존재로 느끼게 해주는 일이 교회의 중점 사역이 되었다. 자기 부인과 희생적인 섬김을 통해 하나님을 예배하기보다 내면의 유아성을 인정하고, 아픈 기억을 치유하고, 중독을 극복하고, 우울증에서 벗어나고, 자아상을 개선하고, 자기 보호을 위한 경계를 설정하는 법을 배우는 데 급급하다. 자기 혐오 대신 '자기애'를, 수치심 대신 '자기 용납'을 배우느라 여념이 없다.
>
> 교회는 그 에너지를 온통 고통에서 벗어나는 데 점점 더 많은 비중을 차지하고 있다. 상당히 우려가 된다. 우리는 고통을 통해 하나님을 더욱 굳게 붙잡고서 씨름하기보다는, 고통 자체를 제거하는 데만 몰두한다. 하나님을 찾는 것보다 기분을 좋게 만드는 것이 더욱 중요해졌다.
>
> 그 결과, 우리는 우리가 사랑받고 용납받은 존재임을 느끼게 하는 성경 구절은 애송하지만, 우리를 더 높은 곳으로 부르시는 성경 말씀은 은근슬쩍 넘어간다. 우리는 하나님의 용납과 구속의 사랑, 그리고 그리스도 안에 있는 우리의 새로운 정체성과 같은 놀라운 진리들을 왜곡해 우리 자신을 높이는 데만 이용할 뿐, 자신을 미워하는 자들까지 사랑할 정도로 은혜로우신 하나님, 모든 이름 위에 뛰어난 영광을 받기에 합당하신 하나님에 관한 놀라운 계시는 제대로 보지 않는다.
>
> 하나님께서 우리를 높여 주셨기 때문에 비로소 그분이 높임받을 자격이 있다니! 순서가 잘못되었다. "어린양께 영광을!"이라고 찬양하는 이유가 하나님의 놀라운 은혜 때문이 아니라, 우리가 가장 중요시하는 것, 우리를 좀 더 괜찮은 사람으로 만들어 주셨기 때문이라니! **이제 중요한 것은 하나님이 아니라 우리 자신이 되었다.**[6]

사도 바울은 잘 알고 있었다. 그는 하나님께서 우리를 위해 존재하시는 것이 아니라, 우리가 그분을 위해 존재하는 것이라고 말했다.

> 만물이 다 그로 말미암고 그를 위하여 창조되었고 또한 그가 만물보다
> 먼저 계시고 만물이 그 안에 함께 섰느니라 그는 몸인 교회의 머리시
> 라 그가 근본이시요 죽은 자들 가운데서 먼저 나신 이시니 이는 친히
> 만물의 으뜸이 되려 하심이요 _골 1:16-18

어떻게 바울은 한밤중에 로마의 감옥에서 온몸이 아파 괴로우면서도 하나님께 찬송을 부를 수 있었을까? 어떻게 돌에 맞고, 파선되고, 오해를 받고, 친구와 원수 모두에게서 거절을 당했을 때에도 신실함을 잃지 않고 "항상 기뻐"할 수 있었을까? 어떻게 굶주리고 피곤했을 때에도 "항상 기뻐"할 수 있었을까?

그 비결은 그가 자신이 살아가는 이유를 분명히 했다는 데 있다. 그는 자기 자신을 기쁘게 하기 위해 혹은 자신의 필요를 충족하기 위해 살지 않았다. 다메섹 도상에서 회심한 순간부터 그에게는 한 가지 불타는 열정이 있었는데, 바로 하나님의 영광과 기쁨을 위해 사는 것이었다. 그에게 중요한 것은 그리스도를 알고 다른 사람들이 그분을 알도록 하는 것이었다.

> 내가 달려갈 길과 주 예수께 받은 사명 곧 하나님의 은혜의 복음을 증
> 언하는 일을 마치려 함에는 나의 생명조차 조금도 귀한 것으로 여기지
> 아니하노라 _ 행 20:24

바울에게 결론은 다음과 같았다. "사는 것이 그리스도니"(빌 1:21). 그것이 해결된 순간, 다른 것은 그리 중요하지 않았다.

코람데오

코람데오(*Coram Deo*)는 '하나님 앞에서'라는 뜻의 라틴어다. 몇 년 전, 한 여성이 나에게 창조주가 계획하신 대로 살아간다는 것이 어떤 의미인지, 간결하게 표현한 캘리그라피 글귀를 새겨 넣은 액자를 보내왔다.

> **Coram Deo**
> 하나님 앞에서
> 그분의 권위 아래에서
> 그분의 영광을 위하여
> 전 생애를 살다.

나는 코람데오의 삶을 산다는 것이 어떤 의미인지 내게 본을 보여 준 세 명의 여성들을 소개하며 이번 장을 마치려고 한다.

신디(Cindy)는 긴 편지를 통해 자신의 이야기를 들려주었다. 신디는 18살 나이에 결혼을 했고, 21살이 되었을 때 세 명의 자녀를 두었다. 어릴 때 침례를 받기는 했지만, 예수 그리스도와 인격적 관계를 갖는다는 것의 의미는 알지 못했다. 그러나 그녀가 30대가 되던 해, 암으로 고생하시던 어머니가 혼수상태에 빠져 병원에 누워 지내게 되시면서, 신디는 기드온 성경책을 집어 들고서 주님께 도와달라고 부르짖었다. 그리고 그녀는 이렇게 적었다. "그때부터 제 마음에 하나님을 알고 싶은 열망이 생겼어요."

그 뒤로 몇 년간 신디의 가족은 점점 더 많은 고난을 당했다. 그녀의 14살 딸은 가출을 했고, 두 아들들은 학교에서 계속 문제를 일으켜 파출소를 오갔다. 그리고 신디는 언젠가 이혼을 할 결심으로 두 주간 남편을 떠나 있기도 했다. 하지만 일련의 상황을 통해 하나님은 그녀에게 남편에 대한 새로운 연민을 허락하셨고, 그녀는 다시 집으로 돌아왔다.

이렇게 혼란스러운 와중에 신디는 근처 교회에서 열린 한 집회에 참석했다. 그리고 그곳에서 하나님의 사랑과 예수님이 죄인들을 구원하시기 위해 어떻게 죽으셨는지에 대한 복음을 들었다. 그때 그녀는 회개와 믿음으로 그리스도께 돌아왔고, 새로운 피조물이 되었다.

그러나 집안의 상황은 계속 악화되었다. 자녀들은 완전히 통제 불능이었다. 딸은 아버지가 집에 들어오지 못하게 하자 1년 동안 노숙을 했다. 그 후 이 딸은 결혼을 했고, 다섯 명의 자녀를 낳았다. 그런데 신디가 나에게 편지를 썼을 당시, 그녀의 딸은 이혼 중이었다.

한 아들은 해병대에서 불명예 제대를 한 것도 모자라 감옥에서 4년을 보냈다. 아들과 아버지는 소원해졌고 몇 년간 서로 연락하지 않았다. 다른 아들은 약물 중독자가 되었다. 그는 술집 살인 사건에 연루되어 교도소에서 22년을 복역했다. 감옥에 있는 동안 신앙 고백을 했지만, 영적인 것에 더 이상 어떠한 관심도 두지 않았다. 신디는 암울한 상황 전반에 대한 자신의 관점을 공유하는 것으로 편지를 마무리했다.

> 우리 집에는 크리스마스나 추수감사절이 없답니다. 우리 가족이 과연 정서적으로나 영적으로 치유될 수 있을까요? 오직 주님만 아시겠지요. 하지만 하나님은 저의 주님이시고, 저는 그분이 저를 사용하셔서 저희 가족에게 복음의 증거와 빛이 될 원하신다고 믿습니다. 제가 가족에게 하나님의 놀라운 은혜의 진리를 보여 주지 않는다면, 누가 보여 주겠어요? 이곳을 떠나서 평화와 기쁨이 있는 어떤 섬에 가서 사는 게 더 쉽겠지만, 하나님은 저를 지금 이 자리에 있도록, 그래서 구원받지 못한 남편과 자녀들에게 복음의 증거가 되도록 저를 선택해 주셨어요.
>
> 어떻게 하면 남편이 교만을 버리고 예수님을 만나도록 할 수 있을까요? 저는 어떻게 하면 제 딸이 하나님의 무조건적인 사랑의 진리를 깨닫도록 할 수 있을까요? 어떻게 하면 출소한 이후 하나님께 등을 돌린 제 큰아들을 도울 수 있을까요? 어떻게 하면 제 남편이 자식들과 화해하도록 도울 수 있을까요? 오직 하나님의 능력과 지혜와 사랑으로만 가능하겠지요. 그러니 저는 제 마음과 뜻과 목숨과 힘을 다해 이렇게 고백합니다. "네, 주님. 주님께서 원하시는 것은 무엇이든 하겠습니다."

가족들이 하나님과 멀어져 희미한 소망의 빛줄기조차 볼 수 없을 때에도, 그녀는 코람데오였다.

제니 톰슨(Jennie Thompson)의 남편은 2년간 치열한 백혈병 투병 끝에 주님 곁으로 갔다. 7세 이하의 남자 아이들 넷을 둔 젊은 과부 제니는 남편이 떠나고 석 달 후에 쓴 편지에서 하나님의 마음과 목적에 대해 놀라운 관점을 표현했다.

> 주님은 이 시간 동안 우리를 신실하게 붙들어 주셨습니다. 제 인생이나 제 아이들의 인생을 위해 이 길을 선택할 리는 절대 없었겠지만, 저희는 다른 방식으로는 결코 배울 수 없을 많은 것들을 우리의 상황 속에서, 그리고 우리의 상황을 통해서 배웠습니다. 우리의 상황이 아니었다면 하나님께 이처럼 영광을 돌릴 수 없었을 겁니다. 그러니 저는 그 상황을 허락하신 하나님을 찬양함이 마땅합니다.

> 하나님은 우리의 창조주이시며 전능하신 하나님으로서 마땅히 받으셔야 할 영광을 받기 원하십니다. 우리의 행복은 그분의 뜻 안에 있고, 그 뜻을 행하는 것의 부산물입니다. 그것이 바로 제 가장 친한 친구이자 남편이자 아이들의 아버지였던 분의 무덤 옆에서, 눈물을 흘리면서도 여전히 평안과 기쁨을 누릴 수 있는 이유입니다.

제니 역시 코람데오의 삶을 살았다. 그 길이 남편의 무덤으로 이어지는 길이었을 때에도 말이다.

마지막으로, 내 소중한 친구이자 기도 파트너인 재니스 그리솜(Janiece Grissom)이 손과 팔에서 마비와 저림을 경험하기 시작했을 때가 생각 난다. 수많은 검사와 병원 진료 끝에 한 신경과 의사는 그녀가 루게릭병에 걸렸다는 사실을 확인했다. 당시 재니스는 41세였고, 4세부터 12세 사이 네 명의 자녀를 둔 엄마였다.

그 후 10개월간, 이 병은 서서히 약해져 가는 그녀의 몸의 한 부분을, 그다음에는 또 다른 부분을 잠식해 나갔다. 전화 통화를 할 기회가 있을 때마다 재니스는 항상 자신이나 자신의 예후에 집중하기를 거부했다. 내 목소리를 듣게 될 때면 그녀는 늘 이렇게 말했다. "낸시, 네 생각을 정말로 많이 했어! 널 위해 어떤 기도를 해 줄까?"

그해 10월, 나는 재니스와 그녀의 남편 팀(Tim)과 함께 아칸소주에 있는 재니스의 집을 방문했다. 이때 그녀는 리클라이너(안락의자)에 매여 있었다. 팔이나 다리를 사용하지 못했고 이미 폐활량의 50퍼센트를 잃어 말하는 것도 힘들었다. 나는 이 부부가 이 질병의 참화를 직면하면서도, 얼마나 하나님을 의식하고 하나님 중심으로 살아가고 있었는지를 보며 다시 한번 깊은 감동을 받았다. 그날 저녁 재니스는 이 말을 반복해서 했다. "하나님은 우리에게 너무나도 좋은 분이셨어!" 저녁이 무르익어 가면서, 우리 몇몇은 그녀의 의자 주변을 둘러싸고 함께 기도한 다음 그녀가 가장 좋아하는 찬송가 중 한 곡을 불렀다.

> 하나님의 완벽한 평화, 눈부시게 아름다운 강물과 같네.

> 여호와를 의지하면 그 마음이 온전한 복을 받고
> 그분이 약속하신 완벽한 평화와 쉼을 얻으리.[7]

그다음 주, 재니스의 몸 상태는 급격히 악화되기 시작했다. 그녀는 음식물을 삼킬 수 없어 병원으로 이송되어 영양 공급 튜브를 삽입했다. (그리고는 결국 다시 집으로 돌아오지 못했다.) 12월 13일 저녁, 나는 그녀의 상태를 알아보기 위해 그녀의 남편에게 전화를 걸었다. 그는 기력이 거의 다 빠져서 속삭이듯 이렇게 말했다. "하지만 놀라운 일은, 그녀가 여전히 깨어 있는 시간의 대부분을 다른 사람들을 위해 기도하는 데 사용하고 있다는 거예요." 그리고 몇 시간이 지나지 않아 제니스는 마지막 숨을 내쉬었고 주님의 품에 안겼다.

재니스 그리솜은 자신이 살아온 방식대로 세상을 떠났는데, 곧 하나님과 다른 사람들을 자기 자신보다 더 사랑한 것이다. 그녀의 마음에서 가장 중요한 것은 그녀 자신, 그러니까 그녀의 건강, 안위, 미래가 아니었다. 그녀의 모든 것은 하나님이었다. 중요한 것은 그녀의 삶을 향한 그분의 목적에 '네'라고 대답하여, 그분을 영화롭게 하는 것이었다. 그녀의 유일한 갈망은 사도 바울이 표현한 것처럼, "지금도 전과 같이 … 살든지 죽든지 내 몸에서 그리스도가 존귀하게 되게 하"는 것이었다(빌 1:20).

살든지 죽든지, 코람데오!

하나님의 임재 안에서 살아간 세 명의 삶. "내가 제일 중요해."를 믿지 않기로 거절한 세 명의 여성들. 내 친구이자 작가 수잔 헌트(Susan Hunt)는 이 거짓말에 대항하는 진리를 아름답게 요약한다.

> 역사는 구원의 관한 이야기이다. 이 이야기는 나보다 훨씬 더 큰 이야기이다. 나는 이 구원 드라마의 주인공이 아니다. 핵심도 아니다. 하나님의 은혜로, 나는 그 드라마의 일부이다. 나의 부차적 줄거리는 전체에서 없어서는 안 되는 부분이다. 이 이야기에서 작은 역할을 맡는 것이 나 자신의 보잘것없는 연출에서 주연이 되는 것보다 훨씬 더 중요하다. 이것은 영원토록 지속될 우

여성들이 믿고 있는 거짓말

> 주적 이야기이다. 은혜와 기쁨으로 내 역할을 감당할 것인가, 아니면 정말로 아무 의미 없는 짧고 보잘것없는 이야기를 선택할 것인가?[8]

중요한 것은 당신이 아니다. 나도 아니다. 하나님이 가장 중요하시다. 이것이 진리이다. 이 진리가 적어도 지금 여기서 '당신의 상황'은 바꾸지 못하더라도, **'당신'**은 변화시킬 것이다. 진리가 당신을 자유롭게 할 것이다.

진리로 거짓말에 대항하기

거짓말 41.   상황이 달랐다면, 나도 달랐을 거야.

진 리
- 내 상황이 나를 만들지 않는다. 내가 어떤 사람인지 드러낼 뿐이다.
  (마 6:21; 15:19; 눅 6:45)
- 현재 상황에 만족하지 못한다면 다른 상황에서도 행복할 수 없다.
  (빌 4:11-12)
- 내가 내 상황을 통제할 수는 없지만, 내 상황이 나를 통제할 수도 없다.
  (히 13:5; 약 1:2-5)
- 내 삶에 영향을 미치는 모든 상황은 가장 먼저 나를 사랑하시는 하나님의
  손가락 사이를 걸러 온다.
  (창 45:8; 50:20; 욥 1:8-12; 14:5; 시 139:16; 마 10:29-31; 롬 8:28)

거짓말 42.   굳이 고난받을 필요 없잖아.

진 리
- 고난을 떠나서 예수님을 닮아 간다는 것은 불가능하다. 우리의 삶에는
  고난을 떠나서 맺힐 수 없는 구원의 열매가 있다. (히 5:8; 벧전 4:1)
- 고난은 하나님과 더 친밀해지는 문이 될 수 있다. (행 14:22; 벧전 2:21; 3:9)
- 참된 기쁨은 고통이 없는 것이 아니라 고통 가운데 있는 그리스도의
  임재이다. (시 23:4; 히 2:10, 17-18; 벧전 5:10)

거짓말 43. 상황은 절대 바뀌지 않을 거야. 영원히 그대로일 거야.

진 리
- 나의 고난이 혹여 오래 지속될 수는 있어도 영원히 지속되지는 않을 것이다. (시 30:5, 11-12; 롬 8:18; 고후 4:8-18)
- 나의 고통스러운 상황은 하나님께서 내 삶 가운데, 그리고 내 삶을 통해 그분의 영원한 목적을 이루시는 데 필요한 시간보다 한 순간도 더 오래 지속되지 않을 것이다. (창 21:5-7; 40:23-41:1; 요 11:17)
- 모든 고통, 고난, 눈물은 언젠가 영원히 사라질 것이다. (사 35:1, 10; 계 21:1-7)

거짓말 44. 더 이상은 감당 못 하겠어.

진 리
- 내 상황이 어떠하든, 내 형편이 어떠하든 그분의 은혜가 내게 족하다. (시 130:5; 고후 12:7-10)
- 하나님은 내가 감당할 수 있는 은혜보다 더 큰 짐을 결코 나에게 지우지 않으실 것이다. (고후 11:22-30)

거짓말 45. 내가 제일 중요해.

진 리
- 하나님은 모든 것의 시작과 끝이시며, 중심이시다. 모든 것이 그분에 의해, 그분을 위해 창조되었다. 그분이 제일 중요하다! (행 20:24; 골 1:16-18)

3부
진리 안에서 걷기

LIES
Women
BELIEVE

11장
진리로
거짓말에
대항하기

우리는 지금까지 오늘날의 크리스천 여성들 다수가 믿고 있는 다양한 거짓말들을 살펴보았다. 그러나 우리가 원수의 무기고에 있는 거짓말 모두를 철저히 규명한 것은 아니다. 속임에는 무한한 변형이 있고, 사탄은 타고난 우리의 성향에 맞게 이를 조정한다. 마치 노련한 어부처럼, 사탄은 자신이 의도한 먹잇감을 유인해 낼 확률이 가장 높은 미끼, 곧 우리가 해롭다고 생각할 확률이 가장 낮은 미끼를 고른다. 사탄은 우리가 진리를 믿지 않는 한 우리가 무엇을 믿든 상관하지 않는다. 진리는 그의 왕국과 통제를 허물어지도록 하기 때문이다.

마지막으로 사탄의 거짓말에 대항할 진리(12장)를 자세히 살펴보기 전에, 한 걸음 물러나 이 책의 두 가지 핵심 내용을 복기해 보자.

♥ 거짓말을 믿으면 우리는 속박에 빠진다.

♥ 진리에는 우리를 자유롭게 할 능력이 있다.

우리는 앞서 영적 속박에 빠지는 과정이 우리가 사탄의 거짓말에 귀 기울일 때 시작된다는 사실을 살펴보았다. 우리는 우리가 보는 영화, 우리가 듣는 음악, 우리가 읽는 책과 잡지, 우리가 방문하는 웹사이트, 그리고 우리가 교제하는 친구들을 통해 불경건한 사고방식에 노출되는 것이 썩 나쁘지 않다고 생각할 수 있다. 이 거짓된 철학이 우리의 사고에 얼마나 미묘하게 영향을 미치는지 깨닫지 못하기 때문이다. 따라서 하나님은 "악인들의 꾀를 따르지 아니하며 죄인들의 길에 서지 아니하며 오만한 자들의 자리에 앉지 아니하"는 자에게 특별한 복을 약속하신다(시 1:1).

사탄의 거짓말이 우리 마음속으로 들어오도록 허용하는 순간, 이 과정은 이 거짓말들을 곱씹는 것으로 지속된다. 우리가 이 거짓된 사고방식을 즉시 거절하지 않고 마음에 품는다면 우리는 조만간 이를 믿기 시작할 것이다. 그리고 우리가 믿는 것은 자연스럽게 행동으로 이어지게 되는데, 이내 우리의 삶에는 패턴이 형성되고 이것이 결국 우리를 노예로 삼는다.

숀드라(Shondra)의 간증은 우리가 사실이 아닌 것을 믿을 때 어떻게 하나님과 다른 이들과의 관계에서 자유를 경험하지 못하게 되는지 보여 준다.

> 저는 하나님이 저를 정말로 사랑하지 않으시며 용납하지 않으셨고 저를 무가치하게 여기셨다고 믿었어요. 저는 완벽주의라는 속박에 빠져 인정을 구했던 거죠. 그래서 하나님과의 관계에서 제가 완벽한 크리스천이 되는 것으로만 하나님을 기쁘시게 할 수 있다고 생각했습니다. 죄를 지으면 그분이 저를 용납해 주지 않으실 거라고 말이죠. 덕분에 저는 더 이상 크리스천으로 살아 나갈 수가 없었습니다. 저에게 죄가 없지 않음을 알았기 때문이죠. 이런 저의 잘못된 생각이 저를 정죄하고 속박 가운데 가두었습니다.
>
> 저의 교만은 두 가지 방식으로 분명해졌습니다.[1] 우선 저는 저의 죄를 부인했습니다. 하나님께서 저를 용납하지 않으실까봐 제가 완벽하지 못하다는 사실을 인정할 수 없었죠.[2] 저는 인간적인 노력이 언제나 실패로 귀결된다는 사실을 앎에도 불구하고, 거룩해지기 위해서 스스로의 노력에 의존했습니다. 거기에서 오는 실패가 저를 더욱 하나님께 용납될 수 없는 사람으로 느끼게 만들었고, 이러한 노력, 실패, 죄, 죄책감의 순환은 하나님과의 관계에서 참된 용서, 자유, 기쁨을 경험하지 못하게 만들었습니다.

다른 사람들과의 관계에서 저는 사람들을 행복하게 하는 것으로써 인정과 용납을 받으려 했습니다. 사람들을 배려하는 사람, "예스-우먼"(yes-woman)이 되었죠. 사람들을 행복하게 할 때, 제가 가치 있는 사람이 되는 것 같았거든요. 대립하거나 실망을 야기하는 일은 회피했기에 제 인간관계는 정직하지 못했습니다. 저는 제 문제로 그 누구라도 귀찮게 하고 싶지 않아서, 제 진짜 감정들을 감추었어요. 아무도 진정한 제 모습을 알고 있는 사람이 없었기에, 저는 매우 외로웠습니다. 그리고 저를 '이용한' 이들에 대해서는 억울함과 불만을 느꼈습니다. (사실은 제가 자처한 일인데 말이죠.)

저는 어떤 개인적인 한계도 용납할 수 없었습니다. 모든 실수 혹은 결점을 제가 무가치하다는 증거로 보았습니다. 저는 계속해서 도달하기에 너무 높은 목표들을 설정하는 바람에 당연히 거기에 미치지 못했죠. 저는 저 자신에게 절대적 완벽을 요구했습니다. 그리고 그걸 성취하지 못했을 때에는 제 자신을 무자비하게 비판했고요. 제가 스스로 부여한 압박감은 참을 수 없는 지경이 되어, 30대 중반이 되었을 때 저를 우울증으로 밀어 넣었습니다.

최근 저는 제가 속박되어 있다는 것과 제가 믿고 있던 거짓말의 횡포로부터 자유로워져야 한다는 사실을 깨달았습니다. 하지만 여전히 큰 소리로 주님께 도움을 요청하는 게 망설여지는데, 마음 깊은 곳에서 연약하고 죄악 된 제 상태를 인정하면 하나님께서 저를 거절하실 거라고 생각하기 때문입니다.

그리고 나서 숀드라는 내가 "우리를 자유롭게 하는 진리의 능력"에 관하여 강의했던 한 지역 교회 여성 집회에 참석했다. 그녀의 마음에 불이 켜지는 것만 같았고, 그녀는 처음으로 소망을 품기 시작했다.

집회 중에 성령님은 제가 하나님의 말씀을 등한시한 죄를 깊이 깨닫게 해 주셨습니다. 그분의 말씀은 진리이고, 제 삶에서 사탄의 거짓말이라는 요새를 물리치려면 하나님의 말씀으로 제 삶을 가득 채워야만 했죠. 저는 이것이 정말로 저의 유일한 소망이라 믿습니다. 제 마음과 생각을 진리이신 하나님의 말씀에 지속적으로 노출시키지 않고서는 그렇게 할 수 없습니다. 저는 매일 하나님의 진리를 읽고 묵상하는 데 시간을 할애하기로 다짐했습니다. 제 마음을 새롭게 하는 것은 계속해서 이 거짓말들에 대항하고 하나님의 말씀으로 이들을 반박하는 과정이 되리라는 사실을 깨달았거든요. 저는 성경에는 초자연적인 능력이 있고 진리가 저를 자유케 할 것이라는 그분의 약속을 믿습니다!

이 책을 읽으면서 당신이 거짓말에 귀를 기울였고, 그것을 믿었으며, 그것에 따라 행동했던 특정 영역을 발견한 적이 있는가? 당신 삶의 영적인 속박의 영역, 곧 하나님 앞에서 당신이 자유롭게 걷지 못하는 영역이 있는가? 그것이 크고 뿌리 깊은 문제일 수도 있고 상대적으로 중요하지 않은 문제일 수도 있다. 당신이 패배했고 수년간 큰 소리로 구원을 요청해 온 영역일 수도 있다. 혹은 이제 막 처음으로 인식하게 된 문제일 수도 있다. 그것이 무엇이든 우리가 살펴본 대로 속박에서 자유로 가는 길에는 적어도 세 가지의 단계가 필요하다.

> **1단계.** 속박 혹은 죄악 된 행동의 영역을 식별하라.
> **2단계.** 속박 혹은 행동의 뿌리에 자리한 거짓말을 찾아내라.
> **3단계.** 거짓말을 진리로 대체하라.

진리에는 모든 거짓말을 이길 능력이 있다. 이것이 바로 원수가 당신이 깨닫지 않기를 바라는 것이다. 당신이 원수의 거짓말을 믿는 한, 그는 당신을 속박 가운데 둘 수 있다. 하지만 당신이 이 진리를 알고, 그것을 믿고, 그것에 따라 행동하는 순간, 감옥의 문은 활짝 열리고 당신은 자유를 얻게 될 것이다.

진리에는 우리를 자유롭게 하고(요 8:32), 우리의 마음과 정신을 거짓된 생각과 감정으로부터 보호하는 능력이 있다. 하나님의 것이 아닌 감정이나 생각, 예를 들어 화가 나거나 비합리적이거나 두렵거나 통제하거나 원망하는 생각에 사로잡힌 것처럼 느껴지는 순간들이 있다. 그때가 피난처를 찾아 진리로 달려가야 하는 때이다. 하나님의 말씀은 약속한다. "그가 너를 그의 깃으로 덮으시리니 네가 그의 날개 아래에 피하리로다. 그의 진실함은 방패와 손 방패가 되시나니"(시 91:4).

진리에는 우리를 성결케 하는 능력, 곧 우리의 마음과 정신, 영혼을 정화하는 능력이 있다. 예수님은 십자가에 달리시기 직전 제자들에게 말씀의 깨끗하게 하는 능력을 상기시켜 주셨다(요 15:3). 두 장 뒤에 그분은 아버지께 이렇게 기도하셨다. "그들을 진리로 거룩하게 하옵소서. 아버지의 말씀은 진리니이다"(요 17:17). 말씀에 다가갈 때 나는 이렇게 기도하곤 한다. "아버지, 저를 당신의 말씀으로 씻어 주세요. 아버지의 말씀은 진리입니다. 그 진리로 저의 마음을 깨끗하게, 저의 정신을 정하게 해 주시고, 당신의 말씀 안에 저를 담가 주세요."

진리의 길을 선택하기

원수가 거짓말로 우리를 공격할 때마다 우리는 인간의 이성이나 감정이 무엇을 말하든 상관없이 진리에 따라 우리의 마음을 권면하고 진리에 따라 행동하는 법을 배워야 한다: 내가 피곤함, 좌절감, 육신에 굴복하려고 할 때, 내 마음과 감정이 사실이 아닌 것들 때문에 소용돌이칠 때, 나는 그 순간 그 거짓말들에 대항하는 진리를 찾아내기 위해 노력한다.

그리고 나 자신에게 진리를 말해 준다. 때로는 큰 소리로, 필요하다면 반복해서 들려준다. 내가 믿어 온 거짓말들을 끌어내리고 진리가 그 자리를 대신할 때까지. 나는 내가 진리라고 알고 있는 바에 따라 행동할 은혜를 주시도록 하나님께 간구한다. 시간이 지날수록, 나는 몇 번이고 격동하는 나의 감정을 잔잔하게 하고 혼란스러운 생각에 안정과 정신을 회복시키는 '진리의 능력'에 놀라움을 금치 못한다.

몇 년 전에 일어난 일이지만, 오랫동안 뭉근히 끓어오르던 문제가 끓는점에 도달한 어느 회의에 참석했던 기억이 아직도 생생하다. 논의 중 한 사람이 나에 대해 어떠한 말을 했는데, 근거도 없는데다가 내 명예를 심각하게 훼손하는 발언을 했다. 나는 큰 충격을 받았다. 그 후 몇 시간에 걸쳐 원수는 내 마음과 감정을 아수라장으로 만들기 시작했다. 나는 오로지 그 사람이 어떤 잘못을 했는지, 내가 얼마나 깊은 상처를 받았는지에 대한 생각뿐이었다. 나는 억울하다는 생각이 내 마음에 뿌리를 내리도록 했고, 나 자신을 어떻게 변호하고 내 무죄를 어떻게 입증해야 할지를 파악하는 데 집착했다. 나는 감정을 통제하기 어려웠고 분노와 자기 연민의 나락으로 떨어졌다. 지금 돌이켜보면, 내가 다음과 같은 여러 거짓말들에 귀를 기울였고 이것들을 믿고 있었음을 깨닫는다.

- ● '아무개'는 내게 상처를 줄 작정이었어.

- ● 나는 더 나은 대우를 받을 자격이 있어. 내가 이런 일을 겪으면 안 돼지.

- ● 전적으로 그 사람 잘못이야. 나는 완전히 결백해.

- ● 피해는 되돌릴 수 없어.

- ● '아무개'는 나를 화나게 했어.

- ● 나에게는 화를 낼 권리가 있어.

- ● 나에게는 자신을 변호하고 다른 사람들에게 진실을 알릴 권리가 있어.

- ● 그냥 지나칠 수 없어. 나도 내 이런 기분을 어쩔 수 없어.

이 거짓말들을 믿은 후 몇 시간 동안 내적 혼란과 싸움을 겪었다. 다음 날 아침 성경을 펼쳐 그 전날 읽다가 멈춘 곳에서 다시 읽기 시작했는데, 마태복음 5장과 6장이었다. 그곳에서 나는 진리와의 정면 충돌을 경험했다.

> 온유한 자는 복이 있나니… / 긍휼히 여기는 자는 복이 있나니… / 화평하게 하는 자는 복이 있나니… _마 5:5, 7, 9

> 누구든지 네 오른편 뺨을 치거든 나는 너희에게 이르노니 악한 자를 대적하지 말라 왼편도 돌려 대며 / 너희 원수를 사랑하며 너희를 박해하는 자를 위하여 기도하라 _마 5:39, 44

> 너희가 사람의 잘못을 용서하면 너희 하늘 아버지께서도 너희 잘못을 용서하시려니와 너희가 사람의 잘못을 용서하지 아니하면 너희 아버지께서도 너희 잘못을 용서하지 아니하시리라 _마 6:14-15

이제 선택의 기로에 섰다. 계속해서 거짓말들을 믿을 것인가, 아니면 진리를 수용할 것인가? 내 감정은 가해자를 붙잡고 싶었다. 원한을 품으려 했고, 계속해서 화를 내고 싶어 했다. 어떻게 해서든 내게 상처를 준 사람에게 나도 상처를 주고 싶었다. 하지만 그러한 선택이 결국 자유로 이어지지 않는다는 사실을 알았다.

나는 주님 앞에 무릎을 꿇고 눈앞에 펼쳐진 성경을 바라보며 진리를 붙들었다. 나는 내가 먼저 용서해야 한다는 것과 그 사람에게 복수를 하거나 사랑하지 않을 어떠한 권리도 포기해야 한다는 사실을 알았다. 나는 진리에 따라 내 마음을 권면하기 시작했다. 용서하지 않았을 때의 결과, 다른 사람들에게 자비를 베풀지 않았을 때 내가 포기해야 할 자비, 그리고 내가 그분의 명령에 기꺼이 순종했을 때 받게 될 복에 대해 생각했다.

나는 내게 상처를 준 사람에게 강제로 용서를 구하거나 거룩한 반응을 보이도록 스스로를 설득할 수 없었다. 하지만 나 자신의 '고통'으로부터 눈을 들어 "우리의 질고를 지고 우리의 슬픔을 당하"신 그분을 향할 수는 있었다(사 53:4). 나는 예수님께서 그렇게 하셨기 때문에 내 감정을 아버지의 뜻에 맡길 수 있었다. 그리스도께서 내 잘못을 용서하셨기 때문에 나에게 잘못한 사람을 용서할 수 있었다. 그리스도께서 나의 벌을 지시고 내게 은혜를 베푸시기 위해 십자가에 달리셨기 때문에, 나는 다른 사람이 벌받는 것을 보기 원하는 내 갈망을 내려놓을 수 있었다.

나는 하나님께 순종하고 용서하기로 **선택**했다. 내 감정이 곧 뒤따라올 것이라고 생각했다. 나는 무릎을 꿇고 마침내 항복의 백기를 흔들었다. 나 자신과 모든 문제를 주님께 내어 드리고서 내 의지의 행위로 내게 상처 준 그 사람을 용서하기로 동의했다.

물론 내 감정은 쉽게 회복되지 않았다. 한 동안은 원망하거나 교묘하게 보복하고 싶은 유혹에 시달렸다. 하지만 하나님의 은혜로, 나는 계속해서 진리를 내 마음에 새기고 그 진리에 따라 행동하기로 선택했다. 나는 관계를 재건하고 내게 상처 준 그 사람에게 시간과 노력을 투자할 방법을 모색하기 시작했다.

그 후 몇 주간에 걸쳐 내 감정은 서서히 내 의지를 따라왔다. 그리고 시간이 지나자 주님은 내가 왜 그런 반응을 보였는지 알려 주셨고, 내가 모르고 있었던 더 깊은 마음의 문제를 보여 주셨다. 이러한 상황과 경험들을 전부 사용하셔서 나를 더욱 예수님 닮아 가도록 만드실 만큼이나 그분이 나를 진정 사랑하신다는 사실이 얼마나 감사한지 모른다.

변화시키는 진리의 능력

영적 자유는 진리를 알고, 믿으며, 그것에 따라 행동할 때 맺는 달콤한 열매이다. 진리를 어떻게 알 수 있는가? 우리는 진리가 단순히 어떤 생각이나 철학이 아님을 기억해야 한다. 진리는 인격, 곧 주 예수 그리스도이시다. 그분은 자신에 대해 "내가 곧 … 진리요"라고 말씀하셨다(요 14:6). 예수님은 사람들에게 종교적 체계를 가리키지 않으시고, 자신을 가리키셨다. 그리고 그분의 제자라고 주장하는 이들에게는 이렇게 말씀하셨다.

> 너희가 내 말에 거하면 참으로 내 제자가 되고 진리를 알지니 진리가
> 너희를 자유롭게 하리라 / 그러므로 아들이 너희를 자유롭게 하면 너
> 희가 참으로 자유로우리라 _요 8:31-32, 36

거짓말을 버리고 진리 안에 걷는 것은 틀에 박힌 기계적 자립의 과정이 아니다. 우리가 단순히 우리의 마음을 뒤집고 몇 마디 말을 외친다고 해서, 자유 안에서 걸을 수 있는 것이 아니다. 원수의 거짓말이 만연하고 파괴적이기 때문에, 우리 모두는 죄로 인해 깊은 상처를 입었으며, 우리의 생각을 변화시키기 위해 성령과 하나님의 말씀을 의존해야 한다. 십자가는 모든 시대의 죄인을 위한 자유의 기념비이다. 그곳에서 예수님은 우리가 진정으로 자유로워질 수 있도록 우리의 죄책을 짊어지셨

고 십자가의 고통을 견디셨다.

> 그리스도께서 우리를 자유롭게 하려고 자유를 주셨으니 그러므로 굳
> 건하게 서서 다시는 종의 멍에를 메지 말라 _갈 5:1

이것이 처음에는 매우 단순하게 들릴 수도 있지만, 그리스도께서 우리를 자유롭게 하셨기 때문에 우리가 자유롭게 살 수 있다는 것은 혁명과 해방의 진리이다. 그분은 우리 어깨에서 죄의 멍에를 벗기기 위해 무거운 짐을 짊어지셨다. 그 십자가 때문에 자유가 정말로 가능해졌다!

그렇다고 해서 우리가 자유 가운데 걷기 위해 진정 아무런 노력이 필요하지 않다는 뜻은 아니다. 우리는 매일 마음을 새롭게 하고(롬 12:2), "이를 위하여 부르심을 받(아) 영생을 취하"며, "믿음의 선한 싸움을 싸"워야 한다(딤전 6:12). 하지만 우리의 노력조차도 하나님께서 시작하셨고, 그분의 은혜와 능력에 의존하며 그분의 영으로 움직이고, 십자가의 능력으로 우리 안에서 역사한다. 자유 안에서 걷는다는 것은 다만 행동을 수정하는 것의 문제가 아니라 그리스도께서 우리의 생명이 되시도록 하는 것, 즉 우리 삶 가운데 매 순간 그분을 의지하고 성령의 역사에 반응하는 것이다.

참된 자유는 성경 안에서 자신을 계시하신 예수님과의 생명력 있는 성장의 관계 안에서만 찾을 수 있다. 우리가 그분을 알고 싶다면, 진리를 알고 싶다면, 우리는 그분의 말씀을 읽고 연구하고 묵상하는 일에 열심을 내어야 한다. 대체할 수 있는 방법도 없고 지름길도 없다. 원수는 끊임없이 거짓말로 우리를 대적하고 있다. 그의 속임과 싸우기 위해서는 우리의 생각과 마음이 그리스도로 채워지고 그분의 말씀으로 충만해야 한다.

그러나 진리를 아는 것만으로는 충분하지 않다. 우리는 그 진리에 반드시 순복해야 한다. 하나님의 말씀과 일치하지 않는 모든 영역에서 우리의 생각 혹은 라이프 스타일을 기꺼이 바꾸어야 한다는 뜻이다. 우리는 대다수의 사람들이 그렇게 생각한다고 해서, 또는 우리가 늘 그렇게 믿어 왔다고 해서, 또는 잘 알려진 크리스천 작

가가 그러한 입장을 지지했다고 해서, 좋은 의도의 친구나 상담가가 그렇게 말해 주었다고 해서, 어떤 특정 견해가 진리라고 가정해서는 안 된다. 우리가 믿고 행하는 모든 것은 하나님 말씀의 빛 안에서 평가되어야 한다. 그것이 우리의 유일한 절대 권위이다.

진리를 따라 사는 것은 속임을 거부하고 진리를 받아들이는 의식적 선택이 필요하다. 이것이 시편 기자가 다음과 같이 기도한 이유이다. "거짓 행위를 내게서 떠나게 하시고 … 내가 (진리의) 길을 택하게 하소서"(시 119:29-30). 성경을 펼치거나 선포되는 말씀을 들을 때마다, 우리는 하나님께 우리의 눈을 열어 달라고, 우리가 속아 넘어갔던 모든 영역을 보게 해 달라고 기도하며, 다음과 같은 마음의 자세를 가져야 한다. "주님, 당신의 말씀이 진리입니다. 당신이 무엇을 말씀하시든 제가 따르겠습니다. 그것이 좋든 좋지 않든, 마음에 내키든 내키지 않든, 그것에 동의하든 동의하지 않든, 그것이 말이 되든 되지 않든, 제 삶을 당신 말씀의 권위 아래 두기로 선택합니다. 순종하겠습니다." 우리가 진리를 알고, 알고 있는 진리를 따라 걸을 때, 하나님은 우리가 다른 사람들도 진리를 따라 살도록 인도하는 도구가 되길 원하신다.

> 사랑 안에서 참된 것을 하며 범사에 그에게까지 자랄지라 그는 머리
> 니, 곧 그리스도라 … 그런즉 거짓을 버리고 각각 그 이웃과 더불어 참
> 된 것을 말하라 이는 우리가 서로 지체가 됨이라 _엡 4:15, 25

서문에서 나누었던 것처럼, 나는 많은 여성들이 진리를 통해 자유로워지기를 바라는 마음에서 이 책을 쓰게 되었다. 야고보서의 마지막 구절이 그 비전을 잘 표현해 준다.

> 내 형제들아 너희 중에 미혹되어 진리를 떠난 자를 누가 돌아서게 하
> 면 너희가 알 것은 죄인을 미혹된 길에서 돌아서게 하는 자가 그의 영
> 혼을 사망에서 구원할 것이며 허다한 죄를 덮을 것임이라 _약 5:19-20

진리를 떠나 미혹된 자를 "돌아서게" 한다는 생각은 우리 시대 대부분의 사람들에게 생소하다. 미혹이 우리의 문화에 넘쳐 나면서 많은 신자들은 편협하거나 마음이 좁은 사람이라는 꼬리표 달기를 두려워해, 불화를 일으키거나 비판하는 사람이 되기를 원하지 않는다. 그저 '서로 참견하지 않고 지내는' 것이 더 쉬워 보인다. 그러나 그리스도와 그분의 말씀 안에는 사람들을 자유롭게 하는 진리가 있다. 이것이 복음이다! 그리고 우리가 사랑하는 이들을 어둠, 속임, 죽음으로부터 구해 낼 다른 방법은 없다. 우리가 진심으로 이들을 위한다면, 이들을 하나님의 사고방식으로 회복시키기 위해 기도하며 적극적으로 노력해야 한다.

진리를 배우고, 믿고, 그것에 순종하고, 그것대로 살아 내자. 진리가 우리 문화와 공공연히 충돌하더라도 말이다. 그런 다음 미혹된 형제자매들이 그리스도께로 돌아오기를 구하며 그 진리를 담대함과 확신, 긍휼을 가지고 선포하자.

12장
우리를
자유롭게 하는
진리

이 책을 한창 집필하고 있는 중에도, 나는 내가 언급했던 바로 그 거짓말들을 믿고 따르고 있는 나 자신을 발견했다. "해야 할 일은 많은데, 시간이 없네!" "오늘 아침 주님과의 시간은 줄여도 괜찮아." "내 감정을 어떻게 할 수가 없어." "내가 이렇게 행동하는 건 피곤해서야… 방해가 너무 많아서야… 할 일이 너무 많아서야." "더 이상은 못 참겠어!"

그러나 바쁘고 들볶이고 상처 입은 순간마다 하나님은 내 마음을 다시금 진리로 향하게 해 주셨다. 내가 진리에 귀 기울이고, 그것을 묵상하고, 믿으며, 그것에 순종하면서, 하나님의 영은 나를 자유롭게 해 주셨다. 내 마음과 감정은 안정되었고, 나는 내 상황을 하나님의 관점으로 볼 수 있었다. 하나님과 더욱 동행하면 할수록 진리의 능력에 대한 경외심도 커져 갔다!

우리는 이미 사탄의 많은 거짓말들과 그에 대항하여 단단히 붙잡아야 할 진리들을 살펴보았다. 이번 마지막 장에서는 내가 계속해서 되새기게 되는 21가지 진리를 강조하려고 한다. 이 진리들은 내 마음과 의지, 감정을 위한 견고한 기초이자 방어 요새가 되어 주고 있다. 이것이 바로 나를 자유롭게 하는 진리이며, 당신을 자유롭게 할 진리이다.

이번 장을 대충 훑어보기보다는 시간을 들여 음미하기를 권한다. 우리를 자유롭게 하고 삶을 변화시키는 진리들이기에 그렇다. 당신의 사고가 하나님의 사고방식과 일치할 때까지 이들을 묵상하고, 반복해서 소리 내어 말해 보라. 이 목록과 각 진리에 상응하는 핵심 성경 구절을 함께 암송하는 것도 좋다. 먼 훗날 당신이 거짓말을 믿고 있다는 사실을 인식할 때, 이 목록으로 돌아가 이것을 되새기라. 당신의 마음을 새롭게 하고, 진리를 따라 당신의 마음을 권면하라.

1. 하나님은 선하시다. (시 119:68; 136:1)

햇볕이 쨍쨍하고, 은행에 돈이 있고, 신체 건강하고, 모든 사람들이 당신을 멋있다고 생각할 때, 하나님의 선하심을 믿는 것은 그리 어렵지 않다. 하지만 직장을 잃거나, 사랑하는 이가 불치병에 걸리거나, 당신의 교회가 끔찍한 분열을 겪는 중이거나, 혹은 당신의 남편이 당신과의 결혼 생활을 더 이상 유지하고 싶지 않다고 말할 때, 원수가 틈을 타 당신으로 하여금 하나님의 선하심을 의심하게 할 수 있다.

진리는, 우리의 상황, 감정, 생각과 무관하게 하나님은 선하시다는 것이고, 그분이 하시는 모든 일도 선하시다는 것이다.

2. 하나님은 나를 사랑하시고 그분의 최선을 주기 원하신다. (롬 8:32, 38-39)

하나님은 우리가 사랑스럽거나 가치가 있기 때문이 아니라, 자신이 사랑이시기 때문에 우리를 사랑하신다. 그분의 사랑을 얻고 그럴 만한 자격을 갖추기 위해 우리가 할 수 있는 일은 하나도 없다. 우리는 이 무조건적인 사랑을 이해할 수 없지만, 그것을 믿고 받는다면 그분의 사랑은 우리를 변화시킬 것이다.

하나님은 선하시고 우리를 완벽히 사랑하시기 때문에, 우리로 하여금 그분이 계획하신 모든 기쁨을 이생에서 경험하길 원하신다. 그리고 우리는 그분 안에서만 이러한 참되고 영원한 기쁨과 성취를 얻을 수 있다. 하나님은 우리를 너무나도 사랑하셔서 우리가 온전한 만족의 유일한 근원이신 그분께 나아 오기를 간절히 원하신다.

3. 나는 그리스도 안에서 완전히 용납되었다. (엡 1:4-6)

당신은 부모, 배우자, 친구, 자녀에게서 거절을 당했을 수 있다. 하지만 당신이 그리스도 안에 있다면 당신은 그분 안에서 용납되었다. 우리는 그분께 용납되기 위해 무언가를 수행할 필요가 없다. 여러 영적 고리들을 뛰어넘지 않아도 된다. 거룩하신 하나님께 용납될 만한 자가 되기 위해 우리가 할 수 있는 일은 아무것도 없다. 하지만 타락하고 정죄받고 가치 없는 죄인들인 우리는 하나님 앞에서 그분이 보시기에 깨끗하고 부끄럽지 않고 받으실 만한 모습으로 설 수 있다. 어떻게 그럴 수 있을까? 순전하고 죄 없으신 하나님의 아들 예수님이 그분께 받아들여지고, 우리가 예수님 안에 있기 때문이다.

4. 하나님만으로 충분하다. (시 23:1)

"여호와는 나의 목자시니 내게 부족함이 없으리로다." 아마도 당신은 어렸을 적부터 이 구절을 들어 보았을 것이다. 당신은 이 구절을 믿는가? 정말로 그분이 **당신의** 목자이심을 믿는가? 진리는 '우리가 그분과 함께한다면 지금과 영원히 우리의 평안과 행복을 위해 필요한 모든 것을 얻을 수 있다'는 것이다.

5. 하나님은 신뢰할 수 있는 분이시다. (사 26:3-4)

하나님은 약속을 지키신다. 하나님은 결코 우리를 떠나지도 버리지도 않으시겠다고 약속하셨다(히 13:5). 하나님은 그분을 신뢰하는 자들이 절대로 실망하지 않을 것이라고 약속하셨다. 그것을 의심하고 싶은 유혹을 받을 때 스스로를 이렇게 상기시키는 것이 도움이 될 수도 있다. "하나님은 나를 한 번도 실망시키신 적이 없으시고, 앞으로도 그러실 거야!"

6. 하나님은 실수하지 않으신다. (사 46:10)

사람들은 우리 삶에 영향을 미치는 심각한 실수를 할 수도 있다. 하지만 하나님은 언제나 그분의 영원한 목적들을 성취하시고, 인간의 어떤 실패에도 방해받지 않으신다. 우리가 그리스도 안에 있다면 우리의 삶은 그분의 손안에 있고, '우리를 사랑하시는 그분의 손가락에 (먼저) 걸러지지' 않은 것은 우리에게 절대로 닿을 수 없다. 하나님은 그분 자녀의 삶에서 결코 실수하지 않으신다. 누군가는 이렇게 말했다. "하나님의 뜻은 우리가 하나님이 알고 계신 것을 안다면 선택했을 바로 그것이다." 우리가 영원 가운데 서서 이 땅에서의 존재를 되돌아볼 때, 우리는 지금은 믿음으로만 볼 수 있는 것을 눈으로 보아 알게 될 것이다. 그분이 모든 일을 탁월하게 행하셨음을 말이다.

7. 하나님의 은혜가 내게 족하다. (고후 12:9)

하나님의 자녀로서 우리는 그분의 은혜를 넘어서는 상황에 절대 직면하지 않을 것이다. 죄가 더한 곳에 은혜가 더욱 넘친다(롬 5:20). 우리가 약할 때 그분은 강하시다. 우리의 잔이 비었을 때에도 그분의 잔은 가득 차 있다. 우리의 자원이 하나도 남아 있지 않을 때에도 그분의 자원은 고갈의 기미조차 보이지 않는다.

당신이 지금 이 순간 어떠한 일을 겪고 있든 그분의 은혜가 당신에게 족하다. 당신이 내일 혹은 내년, 지금부터 50년 후에 어떠한 일을 겪든 그때에도 그분의 은혜가 당신에게 족할 것이다.

가장 큰 상처가 되었거나 지저분한 과거의 기억과 상처, 실패를 다루기에도 그분의 은혜가 족하다. 평생 미혼으로 지내는 것, 혹은 반 세기에 걸쳐 까탈스러운 남편과 결혼 생활을 유지하는 것에도 그분의 은혜가 족하다. 네 명의 자녀를 기르기 위해 애쓰는 한 부모 엄마에게도 그분의 은혜가 족하다. 세 명의 유아, 혹은 세 명의 10대를 둔 엄마에게도, 엄마가 되기를 갈망하는 여성에게도 그분의 은혜가 족하다. 연로하신 부모를 돌보는 여성과 빈둥지 부모, 갱년기를 지나는 여성, 복지 수당으로 생활하는 과부, 요양원에 머무는 장애인에게도 그분의 은혜가 족하다.

우리는 우리 자신에게 이 진리를 말해야 하고, 서로에게 말해야 한다. 모든 계절과 모든 상황 속에서 그분의 은혜가 족하다. 나에게 족하고 당신에게 족하다.

8. 그리스도의 피는 내 모든 죄를 덮기에 충분하다. (요일 1:7)

당신이나 내가 이제껏 범한 죄는 물론 우리가 앞으로 범할 수 있는 죄 가운데, 그리스도의 피라는 충분한 제물로 용서받지 못하거나 덮을 수 없는 죄는 없다. 그러나 이것이 우리로

하여금 죄를 더욱 가볍게 여기도록 해서는 안 된다. 오히려 우리의 죄가 예수님의 생명의 피를 요구했다는 사실을 깨닫고 마음이 상하여 겸손해져서 내주하시는 성령의 능력으로 순종의 길을 선택하겠다고 다짐해야 한다. 시편 기자가 인정한 것처럼 말이다. "여호와여 주께서 죄악을 지켜보실진대 주여 누가 서리이까 그러나 사유하심이 주께 있음은 주를 경외하게 하심이니이다"(시 130:3-4).

9. 그리스도의 십자가는 나의 죄 많은 나의 육신과 싸워 승리하기에 충분하다.
(롬 6:6-7)

그리스도의 죽으심과 그분과의 연합을 통해 당신과 나는 죄의 지배와 권세로부터 자유로워졌다. 우리는 더 이상 죄의 노예가 아니다. 우리가 죄를 지을 때 그것은 어쩔 수 없어서가 아니라, 우리의 옛 주인에게 굴복하기로 선택했기 때문이다. 진리는 '우리는 죄를 짓지 않을 수 있다'는 것이다(롬 6:14).

10. 내 과거는 나를 괴롭힐 수 없다. (고전 6:9-11)

바울은 고린도 교회의 신자들에게 이 점을 지적했는데, 이들 중 어떤 이들에게는 파란곡절의 과거가 있었다. 바울은 죄가 우리를 하나님과 분리시키지만, 그리스도를 통해 죄인 중에 괴수라도 깨끗해지고 새로워질 수 있다는 사실을 상기시켰다.

당신은 간통을 했거나 살인자, 알코올 중독자, 혹은 레즈비언이었을 수도 있다. 아이를 낙태했거나 성적으로 음란했을 수도 있다. 정욕이나 분노, 음식이나 교만의 노예였을 수도 있다. 그러나 당신이 그리스도 안에 있다면 그것은 더 이상 당신의 정체성이 아니다. 당신은 예전의 당신이 아니다. 똑같은 사람이 아니다. 당신은 예수 그리스도의 피로 씻김을 받았고, 그분의 거룩한 목적을 위해 구별되었으며, 하나님께서 보시기에 의롭다고 선언되었다.

진리는 '우리의 과거에 일어난 일들, 즉 우리의 성장 과정, 우리의 잘못, 다른 이들에게 저지른 실수들이 더 이상 장애물이 되지 않는다'는 것이다. 오히려 하나님의 은혜로, 그것들은 더 큰 승리와 결실을 위한 디딤돌이 될 수 있다.

11. 하나님의 말씀은 나를 인도하고, 나를 가르치고, 나를 치유하기에 충분하다. (시 19:7; 107:20; 119:105)

오늘날 하나님 말씀의 능력이 우리 삶을 근본적이며 지속적으로 변화시키고, 우리를 속박으로부터 구조하며, 우리 삶을 위한 하나님의 뜻을 드러낸다고 정말로 자신하는 이들은 거의 없는 것 같다. 너무나도 자주, 성경은 여러 귀중한 자료들 중의 하나로 간주되거나 다른 모든 방법을 시도하고 나서 최후 수단으로 간주된다.

진리는 '하나님의 말씀은 살아 있고 능력이 있다'는 것이다. 고통받는 마음을 위한 약이며, 괴로워하는 정신을 위한 평화이다. 우리 발에 등이고 우리 길에 빛이다. 우리가 무엇을 필요로 하든, 우리가 처한 상황이 어떠하든, 하나님의 말씀은 그 필요와 우리가 사랑하는 이들의 필요를 채우기에 충분하다.

우리 주변에서 아파하거나, 수치를 당하거나, 반항하거나, 혹은 허우적거리고 있는 이들은 우리의 의견과 제안을 들을 필요가 없다. 이들은 하나님의 말씀을 들어야 한다. 그분의 명령과 약속, 방법을 깨달아야 한다. 우리는 이들을 진리로 가리키고 그분의 말씀을 이들의 상황에 어떻게 적용해야 할지 겸손과 사랑으로써 보일 때 우리의 사랑을 입증할 수 있다.

12. 하나님은 성령의 능력을 통해 내게 명령하시는 모든 일을 할 수 있도록 하신다.
(살전 5:24; 빌 2:13)

우리가 하나님을 의지할 때, 하나님은 순종할 수 있는 은혜를 주시지 않으면서 무엇을 하도록 명령하지 않으신다. 따라서…

> 우리가 용서할 수 없는 사람은 없다(막 11:25).
> 우리가 사랑할 수 없는 사람은 없다(마 5:44).
> 우리는 범사에 감사할 수 있다(살전 5:18).
> 우리는 모든 상황 속에서 만족할 수 있다(히 13:5).

문제는 우리가 하나님께 순종하지 못하는 것, 즉 우리에게 깊은 상처를 남긴 부모를 용서하지 못하고, 어려운 동료를 사랑하지 못하고, 폭풍 가운데 감사하지 못하고, 방 한 칸의 집에 만족하지 못하는 것이 아니다. 진짜 문제는 우리가 용서하지 않는 것, 그러니까 우리에게 사랑하려는 의지가 없다는 것이며, 우리가 하나님께서 주신 것에 감사하거나 만족하지 않는다는 것이다.

성령의 능력으로 우리는 용서하기로 **선택**할 수 있고, 그분이 우리를 통해 다른 이들을 사랑하시도록 **선택**할 수 있고, 모든 상황 속에서 감사하고 만족하기로 **선택**할 수 있다.

13. 하나님 앞에서 내 행동, 반응, 선택에 대한 책임은 내가 진다. (겔 18:19-22)

우리가 우리 삶에 허락하신 상황을 통제하지 못할 수도 있다. 예를 들어, 우리가 태어난 가정, 우리의 전반적인 신체적 외모, 자라 온 환경, 그리고 우리 삶에 영향을 미치고 그것을 형성하는 다른 많은 요인들에 대해서는 선택의 여지가 없다. 그러나 하나님의 은혜로, 우리는 희생자가 될 필요가 없다. 우리는 하나님께서 우리 삶에 허락하신 상황에 어떻게 반응할지 선택할 수 있다.

자신의 선택에 대해 개인적인 책임을 지기 시작할 때, 우리 삶의 죄악 된 행동이나 부정적 패턴에 대해 다른 사람들이나 상황을 탓하지 않을 때, 우리는 우리가 무력한 희생자라는 의식으로부터 벗어날 수 있다. 우리는 상황과 관계없이 자유롭게 하나님께 순종할 수 있게 된다.

14. 심은 대로 거둘 것이다. (갈 6:7-8)

오늘 당신과 내가 하는 선택들은 훗날 합당한 결과를 가져올 것이다. 오늘 우리가 하는 모든 이기적인, 죄악 된, 방종한 선택은 우리 자신의 삶은 물론 다른 사람들의 삶, 잠재적으로는 후대에까지 죄와 고통의 수확을 거둘 씨앗을 심는 일이다. 반면 순종의 모든 행동은 몇 배의 복된 수확을 생산할 씨앗이다. 수확이 즉각적으로 이루어지는 경우는 드물다. 하지만 분명히 온다.

15. 참된 기쁨으로 가는 길은 통제권을 내어 드리는 것이다. (마 16:25; 눅 1:38; 벧전 5:7)

우리 모두가 참된 자유와 평화를 경험하는 유일한 방법은 고삐를 놓아 버리는 것, 즉 하나님께서 우리의 모든 문제를 관리해 주실 것을 믿고 그분께 통제권을 넘겨드리는 것이다.

한번은 나를 실망시킨 동료에 대한 분노와 씨름했던 적이 있다. 우리가 때때로 그러는 것처럼, 나는 그 상황을 내 마음속으로 계속 곱씹었다. 결국에는 한 친구에게 전화를 걸어 나를 위해 기도해 달라고 부탁했다. 전화를 끊을 즈음 친구가 말했다. "낸시, 이걸 어떻게 표현해야 할지 모르겠는데, 기억해…**넌 하나님이 아니야.**"

하나님이 하나님 되시도록 하는 것은 왜 이렇게 어려운 걸까? 우주의 운영권을 그분께 넘겨드리는 것은 왜 이렇게 어려운 걸까? 진리는 '하나님께서 다스리고 계신다'는 것이다. 그분은 우리를 사랑하시고 일하시는 중에 주무시거나 무엇을 부주의하게 놓치시는 일이 없다. 자유로 향하는 길은 우리 자신의 통제권과 우리를 염려하게 하는 모든 일을 그분께 내어 드리는 것이다. 그때서야 우리는 오직 그분만이 행하실 수 있는 일을 그분이 행하시는 모습을 보게 될 것이다.

16. 하나님께서 정하신 권위에 대한 순종은 하나님을 영화롭게 하고 복을 가져온다. (롬 13:1; 벧전 3:1-6)

우리가 하나님께서 정하신 권위에 순종할 때, 우리는 하나님의 창조 질서의 선하심을 세상에 드러내고, 우리의 소망이 그분 안에 있음을 표현하며, 우리를 다스리는 권위를 가진 자들의 삶에서 하나님이 역사하시도록 하고, 우주를 다스리시는 그분의 권리를 선포한다. 이때 사탄은 하나님을 그분의 보좌에서 끌어내리려는 그의 노력에 실패하고, 우리는 하나님과 협력해 그분의 왕국을 세운다.

17. 개인의 거룩함은 어떠한 현세적인 쾌락보다 더 중요하다. (엡 5:26-27)

세상의 사고방식과 반대로, 지금 여기에서의 행복이 최고의 선은 아니다.

하나님은 단순히 현세적 의미에서 우리를 행복하게 하시려고 우리를 구원하신 것이 아니다. 그분이 우리를 구원하신 것은 "모든 불법에서 우리를 속량하시고 우리를 깨끗하게 하사 선한 일을 열심히 하는 자가 자기 백성이 되게 하려 하심"이다(딛 2:14). 예수님은 하늘 자기 집을 뒤로하고 이 땅에 내려 오사 자기 생명을 주셨는데, 이는 우리가 우리 자신과 우리 자신의 쾌락을 위해 살지 않고, 우리를 창조하신 분의 기뻐하심을 위해 자유롭게 살 수 있도록 하신 것이다.

거룩의 길을 선택하려면 때때로 개인적 편안과 편의를 희생해야 할 때가 있다. 하지만 우리의 어떠한 희생도 일시적이며, 때가 이르러 영원 가운데 얻게 될 기쁨이나 만족과는 비교할 수 없다.

18. 하나님은 내가 당면한 문제들을 해결해 주시는 것보다 나를 변화시키시고 자기 자신을 영화롭게 하시는 데 더 관심이 많으시다. (롬 8:29)

하나님께 가장 중요한 것은 모든 피조물이 하나님의 영광을 드러내는 것이다. 그분의 의도는 우리를 그분의 형상으로 만드시기 위해 필요한 모든 일을 행하시는 것이다. 우리를 가장 애태우는 문제들 중 몇몇은 사실 하나님께서 우리 삶 가운데 하나님께서 궁극적인 목적을 성취하시기 위해 의도하신 수단들이다. 난감한 상사, 재정 상황, 건강 문제, 엉망진창인 결혼 생활에 대해서 해결책이나 탈출을 하나님께 요구하는 것은 하나님께서 우리의 삶에 주시고자 하시는 훨씬 더 높은 선(善)을 상실하게 할 수도 있다. 하나님께서 우리를 자기 아들의 형상으로 빚으시기 위해 의도하신 바로 그 수단일 수 있는 문제에 저항하는 것은 얼마나 어리석고 근시안적인 모습인가.

19. 적절하게 대응하면, 고난은 내 인생에서 달콤한 열매를 맺을 것이다. [벧전 5:10]

고난이 우리를 거룩하게 하고 예수님의 형상을 닮아 가는 데 필수적인 하나님의 손에 들린 도구라는 사실을 깨닫게 되면, 고난에 대해 완전히 다른 시각을 갖게 된다.

예레미야서에서 우리는, 고난이 우리 삶에서 정화 작용을 하도록 허용하지 않을 때 어떠한 일이 일어나는지에 대한 생생한 그림을 볼 수 있다.

> 모압은 젊은 시절부터 평안하고 포로도 되지 아니하였으므로 마치 술
> 이 그 찌끼 위에 있고 이 그릇에서 저 그릇으로 옮기지 않음 같아서 그
> 맛이 남아 있고 냄새가 변하지 아니하였도다 _ 렘 48:11

예레미야 시대 포도주를 만드는 과정에서 포도 과즙은 가죽 부대에 부어져 쓴 찌꺼기나 침전물이 바닥에 가라앉을 때까지 몇 주 동안 그대로 방치된다. 이후에는 또 다른 부대로 부어져 더 많은 찌꺼기가 분리될 수 있도록 한다. 모든 찌꺼기가 제거되고, 포도주가 순전하고 달콤해질 때까지 이 과정을 계속해서 반복한다.

예레미야는 이러한 과정을 상대적 안락과 편안의 역사를 지닌 모압 민족에 대한 비유로 사용했다. 모압은 고난에서 고난으로 '부어지는' 정화의 과정을 거치지 않았다. 그 결과, 이 민족 안에는 되고 쓴 죄의 찌꺼기들이 남아 있게 되었다. 이 백성들은 '변화되지 않았다.'

고난은 우리를 이 그릇에서 저 그릇으로 부으시는 하나님의 수단이다. 우리를 흔들어 자아와 죄의 찌꺼기가 분리된 순전하고 달콤한 성령의 포도주만이 남도록 하시는 것이다.

20. 고난은 영원히 지속되지 않을 것이다. (고후 4:17-18)

우리가 계속해서 불 가운데 있고 이 그릇에서 저 그릇으로 반복해서 '부어지는 것'만 같을 때, 우리의 감정은 이것이 영원히 계속될 것이라고 말한다. 그럴 때 우리는 하나님께서 우리의 고난에 대한 특정한 목표를 염두에 두고 계시다는 사실을 상기할 필요가 있다. 하나님은 그분의 목적을 이루시기 위해 필요한 강도와 기간을 정확히 알고 계신다. 하나님은 우리의 고난이 그분의 뜻을 성취하시기에 필요한 것보다 더 오래 지속되거나, 더 심해지는 것을 허락하지 않으실 것이다.

하나님은 언젠가 "다시는 사망이 없고 애통하는 것이나 곡하는 것이나 아픈 것이 다시 있지 아니하리"라 약속하셨다(계 21:4). 그러므로 사랑하는 자매여, 당신의 두 눈에 눈물이 차오르고 포기하고 싶은 유혹을 받을 때 용기를 내라. 고개를 들어 큰 소리로 은혜를 구하고, 계속 나아가며, 감사하고, 끝까지 함께하시겠다고 약속하신 분을 바라보며, 당신의 믿음을 보상받게 될 날이 머지 않았다는 것을 기억하라.

21. 중요한 것은 내가 아니라 그분이시다. (골 1:16-18, 계 4:11)

우리는 모두 이 세상이 우리를 중심으로 돌지 않는다는 사실을 정기적으로 상기할 필요가 있다! 당신과 나를 포함한 온 우주는 높이 들리시고 자기 보좌에 앉으신 분을 중심으로 돌돌아가도록 창조되었다.

삶의 정황에서 경건한 방식으로 대응하기 전에 먼저 정리되어야 할 기본 문제가 있다. 내 인생의 목적은 무엇인가? 우리 인생의 목표가 다른 사람의 눈에 보이는 행복, 인정, 사랑, 혹은 성공이라면, 우리의 안녕을 위협하는 모든 것은 우리의 목표를 달성하는 데 방해가 되는 적이다.

반면에, 우리가 하나님의 기쁨과 영광을 위해 존재한다는 사실에 동의한다면, 우리는 우리 삶에 찾아 오는 모든 일들을 그분의 주권적인 뜻과 목적의 일부로 받아들일 수 있다. 우리는 어려운 일에 분개하거나 저항하지 않고, 우리를 예수님과 같이 만드시고 자신을 영화롭게 하시기 위해 주권적으로 설계하신 친구로써 이를 받아들일 것이다. 우리는 그분의 얼굴을 바라보며 이렇게 말할 수 있을 것이다. "저는 중요하지 않습니다. 주님이 중요하십니다. 이것이 주님을 기쁘시게 한다면 저도 기쁩니다. 정말로 중요한 것은 주님께서 영광을 받으시는 것입니다."

에필로그

하와의 일기

LIES
Women
BELIEVE

오늘은 증손자들 중 한 명인 게난(Kenan)이 그의 아내와 두 딸을 데리고 잠시 들렀다. 정원에서 거둔 신선한 과일과 야채를 나눠 주겠다고 말이다. 게난의 가족은 지금까지도 우리에게 굉장히 잘했지만, 특히 나이가 들어 체력적 한계를 더 많이 느끼는 요즘 우리에게 정말 더 잘한다.

내 눈은 계속해서 안 좋아지고 있다. 하지만 여러 면에서 나는 이제서야 내가 제대로 앞을 보기 시작했다고 생각한다. 사실 예전에 젊고 건강했을 때는 앞을 제대로 보지 못했다. 뱀을 믿는 내가 얼마나 어리석은지를 보지 못했고, 한 가지 잘못된 선택이 우리 삶에 가져올 아픔도 보지 못했고, 우리 자녀들이 겪게 될 고통도 보지 못했다. 하나님께서 우리가 지었던 첫 번째 죄와 그로 인한 저주에 대해 궁극적으로 아담에게 책임을 묻고 계신다는 것을 알지만, 나는 여전히 뱀의 거짓말에 굴복했다는 자책감을 느끼고 있다.

그 당시에는 내가 너무나도 원했던 것, 내게 꼭 필요하다고 생각했던 것만 눈에 보였다. 원하는 것을 얻었지만 그 뒤에 따라오는 모든 결과들을 상상할 수 없었다. 그 한순간의 탐닉이 그렇게 엄청난 고통과 후회를 가져온 것이다. 수년간 도망치고, 숨고, 상처 입은 후에야 비로소 하나님께서 우리를 얼마나 사랑하시는지, 그리고 어떻게 우리 최선의 이익을 항상 마음에 두셨는지가 보인다. 이제 나는 그분의 방식이 얼마나 완벽한지, 왜 우리가 그분께 귀를 기울이고 모든 일을 그분의 방식대로 하는 것이 중요한지를 분명히 알 것 같다. 사실이 아닌 것을 믿으며 그렇게 긴 세월을 낭비하지 않았으면 좋았을 텐데 하는 아쉬움이 남는다.

돌이켜보면, 하나님께서 우리를 얼마나 긍휼히 여기셨는지 놀라울 따름이다. 그 끔찍한 날 이후로 우리를 영원히 단념하실 수도 있었는데, 그분은 우리와의 관계를 단 한 번도 포기하신 적이 없으셨다. 두 아들을 잃고 난 후에도 하나님은 우리에게 셋을 주셨고, 이후에 네 명의 아들딸들을 더 주셨다. 그래서 특별히 셋은 하나님께서 우리 삶에 주신 회복과 기쁨을 상징하는 아이다.

또 하나님은 언젠가 다른 아들이 태어날 거라고 약속하셨다. 뱀이 우리에게 그러했듯이 그 아들을 공격하고 그에게 상처를 입힐 거라고도 하셨지만, 그는 반격해 그 뱀에게 최종적이고 치명적인 타격을 줄 거라고 하셨다.

몇 년 전, 내 남편과 함께 우리 모두를 타락의 상태로 밀어 넣은 것은 여자인 나였다. 나는 절대 내가 저지른 피해를 복구할 수 없다. 하지만 얼마나 큰 은혜인지! 하나님은 다른 한 여자를 사용하셔서 이 아들을 이 세상에 보내 주시겠다고 말씀하셨다. 그분을 통해 내 모든 죄의 영향들이 역전될 거라고 말이다. 아… 나는 하나님의 뜻에 저항했는데, 그분은 나를 거절하지 않으셨다. 내 용서를 예비해 주셨고, 여전히 내 삶을 사용하시고, 내가 열매 맺도록 하실 계획을 가지고 계시는 그분은 진정 구원의 하나님이시다.

하나님의 약속이 언제, 어떻게 성취될지는 모르겠다. 하지만 나는 그분의 말씀을 믿는다. 이 세상을 떠날 때까지 나는 진리 안에서 걷고, 그분께 순종하며, 내가 사랑하는 이들도 그렇게 하도록 이들에게 영향을 미치며 살고 싶다.

한 번 믿은 거짓말이 내 삶과 가족을 파멸로 이끌었다.

그러나 하나님의 진리의 능력으로 이제 나는 자유로워졌다!

감사하며

LIES
Women
BELIEVE

이 새로운 개정 증보판을 현실로 만들기 위해 여러 사랑하는 친구들과 동료들(동시에 친구들인!)이 저와 함께 애써 주셨습니다. 제가 특별히 은혜를 입은 분들을 소개합니다.

무디 출판사의 친구들. 20여 년 전, 이 책의 메시지를 출판하는 일의 비전을 품어 준 첫 번째 분들입니다. 이분들의 격려가 없었다면 이 책은 절대 쓰이지 못했을 겁니다. 이분들은 또 이 메시지를 계속해서 관리해 주셨지요. 이 책은 100만 권 넘게 인쇄되었는데, 그것의 결과로 얼마나 많은 여성들이 진리로 자유로워졌는지는 영원이 되어야만 알 수 있을 것입니다. 특별히 이 신판에 자신을 쏟아 부어 준 주디 듀나건(Judy Dunagan), 코너 스테르치(Connor Sterchi), 에릭 피터슨(Erik Peterson), 랜들 패이리트너(Randall Payleitner), 애슐리 토레스(Ashley Torres)에게 감사합니다.

에린 데이비스(Erin Davis). 이분은 앞뒤를 재지 않고 이 프로젝트에 뛰어들어, 검토 팀을 꾸리고, 의견을 수집하고, 이 책을 엄청난 수의 조각들로 쪼갠 후 용감하게 다시 하나로 묶어 주었습니다. 고맙습니다! 이 책의 메시지를 위한 당신의 애정을 사랑합니다.

검토 팀. 에린 데이비스(Erin Davis), 주디 듀나건(Judy Dunagan), 다나 그레쉬(Dannah Gresh), 안드레아 호그(Andrea Hogue), 메리 카시안(Mary Kassian), 캐롤린 맥켈리(Carolyn McCulley), 이분들의 사려 깊고 정직하고 격렬한 비평은 몇 달간 제 삶을 매우 어렵게 만들었지만, 이 책이 훨씬 더 나아지도록 만들어 주었습니다. 얼마나 감사한지 모릅니다.

앤 뷰캐넌(Anne Buchanan). 이분은 최고의 편집자입니다. 마지막 단계에서 반영된 이분의 새로운 시각과 예리한 의견은 이 책에 큰 도움이 되었습니다.

Revive Our Hearts 팀. 이분들은 정말 최고입니다! 이분들은 매일 수많은 방식으로, 대부분은 보이지 않는 곳에서 여성들을 그리스도 안에 있는 자유와 온전함, 열매 맺음으로 불러내는 일에 조용히 헌신하고 계십니다. 집필 기간 동안 제가 집중할 수 있도록 세계 최고의 행정적 지원을 제공해 준 마틴 존스(Martin Jones), 마이크 나이제스(Mike Neises), 샌디 빅셀(Sandy Bixel), 해나 쿠르츠(Hannah Kurtz)와 연구 지원을 해준 던 윌슨(Dawn Wilson)에게 특별한 감사를 전합니다.

에릭 월게머스와 월게머스 & 제휴 팀. 이번 프로젝트의 많은 부분들에 친절하게 베풀어 주신 도움은 너무나도 큰 선물이 되었습니다.

제가 격리되어 있는 동안 정기적으로 저의 안부를 확인해 주고, 진행 상황을 물어 주고, 식료품과 직접 요리한 음식들을 가져다주고, 격려의 문자와 이메일을 보내 주고, 로버트와 내가 함께 만나자는 초청을 연달아 거절하는 상황을 인내하며 기다려 준 **다정한 친구들**(당신이 누구인지 당신은 알 거에요)도 있습니다. 우리는 여러분을 다시 만나길 고대합니다!

사랑하는 기도의 친구들. 이분들이 있어 얼마나 큰 복인지 모릅니다! 집필의 시간 동안 이 메시지가 필요하다는 믿음으로 로버트와 저를 둘러싸 지지해 주어서 너무 고맙습니다. 이분들의 기도는 우리 돛에 바람을 불어넣어 주었습니다.

나의 소중한 남편. 어떤 말을 해야 할까요? 2017년의 여름, 그 환상적인 날씨와 비밀 정원, 새들의 합창, 매미의 노래, 강 너머로 지는 석양, (직접 만든) 데크 위에서 나란히 앉아 했던 작업, 그이가 《남성들이 믿고 있는 거짓말》을 집필하는 동안 나는

《여성들이 믿고 있는 거짓말》을 수정했던 그날을 잊지 못할 거예요. 남편은 이 긴 여정의 모든 걸음마다 제 곁에 있어 주었습니다. 매 순간 기도해 주었고 제가 적당한 표현을 찾아내는 데도 도움을 주었으며, 주말 늦은 밤까지 이어졌던 집필을 은혜로 인내해 주었고, 제 머리에 산소가 필요할 때에는 '미니 휴가'를 데려가 주었으며, 축 늘어져 있는 제 영혼을 일으켜 주었고, 결승점에 이르는 모든 순간 저를 응원해 주었습니다. 이런 식의 사랑은 처음 받아 보았어요.

　　마지막으로 예수님, 당신을 향한 저의 감사를 표현하기에는 영원도 부족할 거예요. 당신은 저를 자유롭게 한 진리이십니다. 제 마음을 다해 당신을 사랑합니다!

미주

LIES
Women
BELIEVE

서문

1 Nancy DeMoss Wolgemuth, *Adorned: Living Out the Beauty of the Gospel Together* (Chicago: Moody, 2017).

2 Nancy DeMoss Wolgemuth, *Lies Women Believe Study Guide*, rev. ed. (Chicago: Moody, 2018). 《여성들이 믿고 있는 거짓말 컴패션 가이드》라고 불리는 이전 버전은 여전히 시중에서 구할 수 있다. 이전 버전은 《여성들이 믿고 있는 거짓말》 신판의 모든 측면을 다루지 않으니 컴패션 가이드 말고 스터디 가이드를 찾아보라.

3 Nancy DeMoss Wolgemuth and Dannah Gresh, *Lies Young Women Believe: And the Truth That Sets Them Free* (Chicago: Moody, 2008); Dannah Gresh, *Lies Girls Believe and A Mom's Guide for Lies Girls Believe* (Chicago: Moody, 2018); Robert Wolgemuth, *Lies Men Believe: And the Truth That Sets Them Free* (Chicago: Moody, 2018).

1장: 진리냐, 결과냐

1 Thomas Brooks, *Smooth Stones Taken from Ancient Brooks: Collected Sayings of Thomas Brooks*, comp. C. H. Spurgeon (Morgan, PA: Soli Deo Gloria, 1996, orig. pub. 1860), 93.

2장: 여성들이 하나님에 관하여 믿고 있는 거짓말

1 A. W. Tozer, *The Knowledge of the Holy* (New York: HarperCollins, 1961), 1.

2 Pat Barrett and Anthony Brown, "Good Good Father," © 2014 Common Hymnal Digital (BMI) Housefires Sounds (ASCAP), Tony Brown Publishing Designee (BMI), worshiptogether.com Songs, sixsteps Music (ASCAP), Vamos Publishing (ASCAP), Capitol CMG Paragon (BMI) (adm. at CapitolCMGPublishing.com). All rights reserved. Used by permission. International copyright secured. All rights reserved. Used by permission.

3 Matt Maher, "Your Grace Is Enough," © Thankyou Music PRS adm. world- wide at CapitolCMGPublishing.com excluding Europe which is adm. by Integrity Music, part of the David C. Cook family, Songs@integritymusic.com / Spiritand song. Com Pub BMI. All rights reserved. Used by permission. International copy- right secured. All rights reserved. Used by permission. 50% control CapitolCMG. © 2003, [2008] Thankyou Music PRS administered worldwide at CapitolCMG Publishing. com excluding Europe which is administered by Kingswaysongs and Matt Maher. Published by Spirit & Song®, a division of OCP. All rights reserved. Used by permission 50% control OCP..

4 Stuart Townend and Keith Getty, "In Christ Alone," © 2002 Thankyou Music (PRS) (adm. worldwide at CapitolCMGPublishing.com excluding Europe, which is adm. by Integrity Music, part of the David C. Cook family. Songs@integritymu sic.com). All rights reserved. Used by permission. International copyright secured. All rights reserved. Used by permission.

5 G. Campbell Morgan, *Exposition of the Whole Bible: Chapter by Chapter in One Volume*, G. Campbell Morgan Reprint Series (Eugene, OR: Wipf & Stock, 2010, orig. pub. 1959), 36.

6 Helen H. Lemmel, "Turn Your Eyes Upon Jesus"(1922).

3장: 여성들이 자기 자신에 관하여 믿고 있는 거짓말

1 "Meg Ryan: What She Really Thinks of Herself," *Ladies' Home Journal*, July 1999, 98.

2 W. E. Vine, *The Expanded Vine's Expository Dictionary of New Testament Words*, ed. John R. Kohlenberger III with James A. Swanson (Minneapolis: Bethany, 1984, orig. pub. 1940),

751.

3 Elisabeth Elliot, *A Lamp unto My Feet: The Bible's Light for Daily Living* (Ada, MI: Revell, 2004), Day 28, 83-84.

4장: 여성들이 죄에 관하여 믿고 있는 거짓말

1 Amy Bloom, *Self*, April 1999, 40.

2 Arthur Bennett, ed., *The Valley of Vision: A Collection of Puritan Prayers & Devotions* (Carlisle, PA.: Banner of Truth, 1975, 2002 edition), 124, 143.

3 Robert Lowry, "Nothing but the Blood"(1876).

4 John Alexander, "And That's That: Sin, Salvation, and Woody Allen," *The Other Side*, January/February 1993, 55.

5 Bennett, ed., *Valley of Vision*, 137.

5장: 여성들이 우선순위에 관하여 믿고 있는 거짓말

1 *Seasons of the Heart: A Year of Devotions from One Generation of Women to Another*, compiled by Donna Kelderman (Grand Rapids: Reformation Heritage Books, 2013), June 24에서 인용. 언어가 원본에서 약간 업데이트 되었다.

2 Nancy Leigh DeMoss, *A Place of Quiet Rest* (Chicago: Moody, 2000).

3 이 부분의 일부 자료는 다음 책의 10장에서 발췌한 것이다. Nancy DeMoss Wolgemuth, *Adorned: Living Out the Beauty of the Gospel Together* (Chicago: Moody, 2017), 209-214.

6장: 여성들이 성에 관하여 믿고 있는 거짓말

1 Mary Kassian, *Girls Gone Wise in a World Gone Wild* (Chicago: Moody, 2010), 135-136.

2 Nicole Braddock Bromley, *Hush: Moving from Silence to Healing after Childhood Sexual Abuse* (Chicago: Moody, 2008).

3 "Nicole Braddock Bromley," OneVOICE (website), http://iamonevoice.org/nicole.

4 Bobbi Dempsey, *The Everything Tantric Sex Book: Learn Meditative, Spontaneous, and Intimate Lovemaking* (Avon, MA: F+W Media, 2007), 157.

5 Sheena McKenzie, "Mona Lisa: The Theft That Created a Legend," CNN (website), updated November 19, 2013, http://www.cnn.com/2013/11/18/world/europe/mona-lisa-the-theft/index.html. See also Sidonie Sawyer, "The Mona Lisa Stolen by Museum Worker," *Huffpost*, May 26, 2015, https://www.huffingtonpost .com/sidonie-sawyer/the-mona-lisa-stolen-by-museum-worker_b_7432448.html.

6 "Rosaria Butterfield on Sexuality," video uploaded by The Gospel Coalition on August 13, 2015, transcribed by the author, https://vimeo.com/136256875.

7 위의 책.

8 Juli Slattery with Abby Ludvigson and Chelsey Nugteren, *Sex and the Single Girl* (Chicago: Moody, 2017), 40.

9 여기에 나열된 '두 가지 약속'은 다음에서 발췌한 것이다. Slattery, *Sex and the Single Girl*, 42.

10 이 목록은 다음에서 인용한 것을 조금 수정한 것이다. Juli Slattery and Dannah Gresh, *Pulling Back the Shades: Erotica, Intimacy, and the Longings of a Woman's Heart* (Chicago: Moody, 2014), 61-63.

11 John R. Kohlenberger III and James A. Swanson, *The Hebrew English Concordance to the Old Testament* (Grand Rapids: Zondervan, 1998), word #3359.

12 Strong's Concordance and Thayer's Lexicon accessed through Bible Hub, s.v. *enecho* (Strong's #1758), http://biblehub.com/greek/1758.htm.

13 Carolyn McCulley, "Sex and the Single Woman," in John Piper and Justin Taylor, eds., *Sex and the Supremacy of Christ* (Wheaton, IL: Crossway, 2005), 186-87.

7장: 여성들이 결혼에 관하여 믿고 있는 거짓말

1 Amanda Marcotte, "Think Today's Couples Split Household Chores? Think Again," *Los Angeles Times*, December 13, 2016, http://www.latimes.com/opinion/ op-ed/la-oe-0512-marcotte-housework-men-20150512-story.html.

2 Kelly Wallace, "Sheryl Sandberg Teams Up with LeBron James to Get Men to #LeanIn," CNN, March 5, 2015, http://www.cnn.com/2015/03/05/living/feat- sheryl-sandberg-lebron-james-men-lean-in/.

3 Joan C. Williams, "Why Men Work So Many Hours," *Harvard Business Review*, May 29, 2013, https://hbr.org/2013/05/why-men-work-so-many-hours.

4 Gordon J. Wenham, *Genesis 1-15*, vol. 1 of *Word Biblical Commentary*, gen. eds. David A.

Hubbard and Glenn W. Barker (Dallas, TX: Word, 1987), 68.

5 Brian C. Howell, *In the Eyes of God: A Metaphorical Approach to Biblical Anthropomorphic Language* (Eugene, OR: Pickwick Publications, 2013), 124.

6 Kenneth A. Mathews, *Genesis 1-11:26,* vol. 1A of *New American Commentary: An Exegetical and Theological Exposition of Holy Scripture*, gen. ed. E. Ray Clendenen (Nashville: B&H, 1996), 214.

7 창세기에 대한 더 구체적인 학습과 남녀 역할에 대한 설명은 다음을 참조하라. Mary A. Kassian and Nancy Leigh DeMoss, *True Woman 101: Divine Design: An Eight-Week Study on Biblical Womanhood* (Chicago: Moody, 2012).

8 Southern Baptist Convention, "Baptist Faith and Message," article 18 ("The Family"), rev. June 2000, http://www.sbc.net/bfm2000/bfm2000.asp.

9 Nancy DeMoss Wolgemuth, *Adorned: Living Out the Beauty of the Gospel Together* (Chicago: Moody, 2017), 268.

10 Dave Dunham, "A Word About Polite Abusers," Pastor Dave Online, June 30, 2016, https://pastordaveonline.org/2016/06/30/a-word-about-polite-abusers.

11 Susan Hunt, *The True Woman: The Beauty and Strength of a Godly Woman* (Wheaton, IL: Crossway, 1997), 218, 223.

12 남성/여성 역할과 관련한 타락의 결과에 대한 자세한 내용은 다음을 참조하라. Raymond C. Ortlund Jr., "Male-Female Equality and Male Headship: Genesis 1-3," in *Recovering Biblical Manhood and Womanhood: A Response to Evan- gelical Feminism*, ed. John Piper and Wayne Grudem (Wheaton, IL: Crossway, 1991), 95-112.

8장: 여성들이 자녀에 관하여 믿고 있는 거짓말

1 Nancy Leigh DeMoss and Mary A. Kassian, *True Woman 101: Divine Design—An Eight Week Study on Biblical Womanhood* (Chicago: Moody, 2012); Mary A. Kassian and Nancy Leigh DeMoss, *True Woman 201: Interior Design—Ten Elements of Biblical Womanhood* (Chicago: Moody, 2012).

2 Margaret Sanger, *Woman and the New Race* (n.p: Figgy Tree, 2016, orig. pub. 1920), 64.

3 Laura Enriquez, "10 Eye-Opening Quotes from Planned Parenthood Founder Margaret Sanger," Life News, March 11, 2013, http://www.lifenews.com/2013/03/11/10-eye-opening-quotes-from-planned-parenthood-founder-margaret-sanger.

4 미국 가족계획협회에서 발췌한 내용을 수정함. "Margaret Sanger— 20th Century

Hero," report issued August 2009, https://www.plannedparenthood .org/
files/7513/9611/6635/Margaret_Sanger_Hero_1009.pdf.

5 "What Does the Bible Say about Family Planning?," GotQuestions.org, https:// www.
gotquestions.org/family-planning.html.

6 Holly Elliff with Bill Elliff, *Turning the Tide: Having More Children Who Follow Christ* (Niles,
MI: Revive Our Hearts, 2008), 4-5.

7 Albert Mohler, "Can Christians Use Birth Control," Albert Mohler (website), June 5, 2012,
http://www.albertmohler.com/2012/06/05/can-christians-use-birth- control-4/.

8 Donna Christiano, "Fertility Treatment Options," *Parents*, 2011, http://www.parents
.com/getting-pregnant/infertility/treatments/guide-to-fertility-methods, accessed
November 19, 2017.

9 Laura Bell, "The Fate of Frozen Embryos," Parenting (website), http://www.parenting .com/
article/the-fate-of-frozen-embryos, accessed November 10, 2017.

10 Elliff, *Turning the Tide*, 14-15.

11 Mark Lino, "How Much Will It Cost to Raise a Child?" United States Department of
Agriculture (website). August 18, 2014, http://blogs.usda.gov/2014/08/18/how-
much-will-it-cost-to-raise-a-child.

12 Lauren Sandler, "The Childfree Life: When Having It All Means Not Having
Children," *Time*, August 12, 2013, http://content.time.com/time/subscriber/
article/0,33009,2148636-1,00.html.

13 Sandler, "The Childfree Life," Time, http://content.time.com/time/subscriber/
article/0,33009,2148636-3,00.html.

14 Amy Julia Becker, "How Many Kids Should We Have?" *Christianity Today*, July 2010,
http://www.christianitytoday.com/women/2010/july/how-many-kids-should-we-
have.html.

15 디모데전서 2장 15절은 4장 16절에서 바울이 디모데에게 한 권면과 같은 문법 구조를
갖는다. "네가 네 자신과 가르침을 살펴 이 일을 계속하라 이것을 행함으로 네 자
신과 네게 듣는 자를 구원하리라." 바울은 설교가 디모데의 역할이며, 그의 부르
심 안에서 인내하는 것은 참된 회심에 수반된다고 말한다. 설교는 디모데에게 있
어 구원의 수단이 아니라 필수적 열매였다.

16 Nancy Pearcey, *Finding Truth: Five Principles for Unmasking Atheism, Secularism, and Other
God Substitutes* (Colorado Springs, CO: David C. Cook, 2015), 36.

17 John Piper, *Seeing and Savoring Jesus Christ* (Wheaton, IL: Crossway Books, 2004), 15.

18 Robert Mounce, *Romans*, vol. 27 of *New American Commentary: An Exegetical and Theological*

Exposition of Holy Scripture, gen. ed. E. Ray Clendenen (Nashville: B&H, 1995), 256.

9장: 여성들이 감정에 관하여 믿고 있는 거짓말

1 Francis de Sales, *Daily Strength for Daily Needs*, ed. Mary W. Tileston (Boston: Little, Brown, 1899), 29에서 인용.

2 "Depression in Women: Understanding the Gender Gap, Mayo Clinic (website), http://www.mayoclinic.org/diseases-conditions/depression/in-depth/depression/ art-20047725, accessed November 11, 2017

3 "Spurgeon on Depression," Plentiful Redemption (website), May 16, 2013, https://plentifulredeemer.wordpress.com/2013/05/16/spurgeon-on-depression/.

4 위의 책.

5 D. Martyn Lloyd-Jones, *Spiritual Depression: Its Causes and Cure* (Grand Rapids: Eerdmans, 1965), 21.

6 Blue Letter Bible, s.v. astheneō ("sick"), https://www.blueletterbible.org/lang/ lexicon/lexicon.cfm?t=ESV&strongs=g770.

7 Blue Letter Bible, s.v. kamnō ("sick"), https://www.blueletterbible.org/lang/ lexicon/lexicon.cfm?Strongs=G2577&t=ESV.

8 존 맥아더(John MacArthur)는 야고보서 5장 14절의 "기름을 바르며"(직역하면 "기름을 문지르며")의 의미를 설명한다. ① 아마도 이것은 정결하게 하는 기름 부음을 지칭했을 수 있다. (레 14:18; 막 6:13에서 한 설명 참조) ② 반면에 야고보가 박해로 흠씬 두들겨 맞아 멍이 든 신자들을 의학적으로 치료해 주는 것을 염두에 두었을 수도 있다. 이 기름 부음은 장로들이 신자들을 격려하고 위로하고 더 단단하게 한 사실에 대한 은유로 이해하는 것이 나을 것이다. *The MacArthur Study Bible, New King James Version* (Nashville: Word Bibles, 1997), 1934.

9 Stephen Altrogge, "How to Fight for Faith in the Dark: Three Lessons for Depression," Desiring Godwebsite, http://www.desiringgod.org/articles/how-to-fight- for-faith-in-the-dark.

10 위의 책.

11 John Bunyan, *The Pilgrim's Progress, in John Bunyan, Legacy of Faith Library* (Nashville: B&H, 2017), 191.

1 Judith Viorst, *Alexander and the Terrible, Horrible, No Good, Very Bad Day* (New York: Atheneum; Simon & Schuster, 1972).

2 George Lewis Prentiss, ed., *More Love to Thee: The Life and Letters of Elizabeth Prentiss* (Amityville, NY: Calvary, 1994), 374.

3 Harry C. Green and Mary W. Green, "The Pioneer Mothers of America," 1912, Verna M. Hall, comp., *The Christian History of the American Revolution: Consider and Ponder* (San Francisco: Foundation of American Christian Education, 1988), 76에서 인용.

4 R. Arthur Mathews, *Ready for Battle: 31 Studies in Christian Discipleship* (Wheaton, IL: Harold Shaw, 1993), 123, 71.

5 William Law, *Daily Strength for Daily Needs*, ed. Mary W. Tileston (Boston: Little, Brown, 1899), 17에서 인용.

6 Larry Crabb, *Finding God* (Grand Rapids: Zondervan, 1993), 17-18.

7 Frances R. Havergal, "Like a River Glorious"(1874).

8 Susan Hunt, *The True Woman: The Beauty and Strength of a Godly Woman* (Wheaton, IL: Crossway, 1997), 75.